www.nwb.de

Praxishandbuch für Steuerfachangestellte 2.0

Praxishilfe für den Berufsalltag

Von Mario Tutas, Steuerberater

unter Mitarbeit von
Sönke Arendt, B. A., StB
Kathrin Baumann
Anika Hildebrand
Ingo Kruse, Dipl.-Betriebswirt (FH), StB, V
Christian Lange
Sabine Schütt
Malte Stoye

2., umfassend überarbeitete und aktualisierte Auflage

nwb

ISBN 978-3-482-**65962**-1
2., umfassend überarbeitete und aktualisierte Auflage 2018

Satz: Griebsch & Rochol Druck GmbH, Hamm
Druck: medienHaus Plump GmbH, Rheinbreitbach

VORWORT

Liebe Leser,

nun ist es soweit. Wir präsentieren euch heute die 2. Auflage unseres Praxishandbuchs für Steuerfachangestellte. Auch dieses Mal haben einige meiner Kollegen und Mitarbeiter alles bei der Erstellung gegeben. Wie auch bereits in der Vorauflage, haben wir uns dazu entschlossen, unsere Leser – dich – zu duzen.

Mein Name ist Mario Tutas und ich bin Steuerberater und Partner der TKP Tutas, Kruse & Partner Steuerberatungsgesellschaft (www.tkp.de). Mein Team hat mit großem persönlichem Einsatz dieses Buch für dich geschrieben. Wir wollen dir nicht zu viele theoretische Ansätze vermitteln (diese verändern sich ohnehin im Steuerrecht nahezu täglich), sondern dir viele praktische Lösungsansätze sowie Hilfen für die Umstellung bzw. Einführung von Prozessen zur Verfügung stellen.

Wir haben in diesem Buch versucht, dir die Inhalte also die Theorie und die Praxis noch näher zu bringen. Neu ist, dass es eine Unterteilung in Praxis und in vertiefende Inhalte gibt. Die Neuauflage soll dir die Umsetzung vereinfachen und gleichzeitig die Möglichkeit geben, die Theorie zu festigen. Es sind auch weitere Inhalte hinzugekommen. Lass dich einfach überraschen.

Das Buch vermittelt Lösungen für die du sicher die Zustimmung der Kanzleileitung benötigst. Hole diese immer ein, wenn du Prozesse umstellen möchtest. In der Regel wird die Kanzleileitung dankbar sein, dass du dir Gedanken zur Verbesserung der Arbeitsqualität der Kanzlei machst. Du wirst ebenfalls feststellen, dass es große Freude bereitet, an der Verbesserung des Kanzleiablaufs mitzuwirken.

Wie auch bei der ersten Auflage, haben wir uns wieder mit dem NWB Verlag zusammengesetzt und die Notwenigkeit für eine Zweitauflage geprüft und sind zu dem Entschluss gekommen, dass es sinnvoll ist, eine Erweiterung bzw. Aktualisierung zu veröffentlichen. Dabei möchten wir die Gelegenheit nutzen, uns beim NWB Verlag für die sehr gute Zusammenarbeit zu bedanken.

Nun möchte ich dir gern – in alphabetischer Reihenfolge – das Autorenteam der zweiten Auflage vorstellen:

Name:	Sönke Arendt
Berufsbezeichnung:	Steuerberater
zuständig bei TKP für:	Teamleiter, Jahresabschlüsse
Erstelltes Kapitel:	Betriebsprüfung, Rechtsbehelfe

Name:	Kathrin Baumann
Berufsbezeichnung:	Steuerfachangestellte
zuständig bei TKP für:	Finanzbuchhaltung, Lohnbuchhaltung
Erstelltes Kapitel:	Neuaufnahme Mandant, Mandatsbeendigung, neuer Mitarbeiter

Name:	Anika Hildebrand
Berufsbezeichnung:	Steuerfachangestellte
zuständig bei TKP für:	Finanzbuchhaltung, Jahresabschlüsse, Steuererklärungen
Erstelltes Kapitel:	Finanzbuchhaltung und Jahresabschluss (Intern und Praxishilfen)

Name:	Ingo Kruse
Berufsbezeichnung:	Steuerberater, Wirtschaftsprüfer
zuständig bei TKP für:	Partner, Wirtschaftsprüfung
Erstelltes Kapitel:	Jahresabschluss (Fragenteil)

Name:	Christian Lange
Berufsbezeichnung:	Steuerfachwirt, Steuerfachangestellter
zuständig bei TKP für:	Steuererklärungen, Jahresabschlüsse
Erstelltes Kapitel:	Steuererklärungen, weitere Anträge

Name:	Sabine Schütt
Berufsbezeichnung:	Steuerfachangestellte, zertifizierte Lohn- und Gehaltsbuchhalterin (IFU/IWIST)
zuständig bei TKP für:	Lohnbuchhaltung
Erstelltes Kapitel:	Lohnbuchhaltung

Name:	Malte Stoye
Berufsbezeichnung:	Auszubildender zum Steuerfachangestellten
zuständig bei TKP für:	Finanzbuchhaltung
Erstelltes Kapitel:	Kontinuierlicher Verbesserungsprozess/Interne Prozesse

Name:	Mario Tutas
Berufsbezeichnung:	Steuerberater
zuständig bei TKP für:	Partner, Unternehmensberatung, Kanzleicoach
Erstelltes Kapitel:	Vorwort, Konzeption Buch

Du siehst, eine bunte Mischung – vom Auszubildenden bis zum Wirtschaftsprüfer. Jeder hat seinen eigenen Schreibstil, den wir bewusst unverändert gelassen haben.

Ich möchte mich bei meinen Mitarbeitern und meinem Partner für deren tolle Leistung bedanken. Es macht mich sehr stolz ein solches Team zu haben! – Die Resonanz der Leser zur ersten Auflage war überwältigend. Vielen Dank hierfür! Wir würden uns auch zu dieser Auflage über zahlreiches Feedback freuen.

Abschließend noch ein Hinweis: Wir arbeiten in unserer Kanzlei mit der DATEV als Softwareanbieter. Soweit es hier technische Hilfen gibt, haben wir darauf verwiesen. Ich bin mir aber sicher, dass auch andere Anbieter gleichwertige Hilfen anbieten.

Nun wünsche ich dir viel Spaß mit diesem Praktikerbuch,

Mario Tutas

TKP Wir kümmern uns.

INHALTSVERZEICHNIS

ABKÜRZUNGSVERZEICHNIS

A

Abs.	Absatz
AdV	Aussetzung der Vollziehung
AfA	Abschreibung für Abnutzung
AG	Aktiengesellschaft
Alt.	Alternative
AN	Arbeitnehmer
AO	Abgabenordnung
Az.	Aktenzeichen

B

BGB	Bürgerliches Gesetzbuch
BMF	Bundesministerium für Finanzen
BpO	Betriebsprüfungsordnung
BRD	Bundesrepublik Deutschland
BWA	Betriebswirtschaftliche Auswertung
BZSt	Bundeszentralamt für Steuern

D

d. h.	das heißt
DMS	Dokumentenmanagementsystem
Dok.	Dokument
DV	Durchführungsverordnung

E

EB	Eröffnungsbilanz
ELStAM	Elektronische Lohnsteuerabzugsmerkmale
EStG	Einkommensteuergesetz
EÜR	Einnahmenüberschussrechnung

F

Fibu	Finanzbuchhaltung
FG	Finanzgericht
FGO	Finanzgerichtsordnung

G	
GbR	Gesellschaft bürgerlichen Rechts
GDPdU	Grundsätze zum Datenzugriff und zur Prüfbarkeit digitaler Unterlagen
GewSt	Gewerbesteuer
ggf.	gegebenenfalls
GmbH	Gesellschaft mit beschränkter Haftung
GWG	Geringwertige Wirtschaftsgüter

H	
HGB	Handelsgesetzbuch

I	
i. d. R.	in der Regel
IdNr.	Identifikationsnummer
i. H.	in Höhe
i. S.	im Sinne
i.V.	in Verbindung

J	
JA	Jahresabschluss
JVZ	Jahresverkehrszahlen

K	
KG	Kommanditgesellschaft
KL	Kanzleileitung
KSt	Körperschaftsteuer
KStG	Körperschaftsteuergesetz
KVP	Kontinuierlicher Verbesserungsprozess

L	
lfd.	laufend/e/en/es
LuL	Lieferung und Leistung
LSt	Lohnsteuer

M	
Mdt.	Mandant

N

Nr.	Nummer

O

o. a.	oben aufgeführte/n
o. g.	oben genannte/r/s
OHG	Offene Handelsgesellschaft

R

rd.	rund

S

s.	siehe
S.	Seite
SB	Sachbearbeiter/in
Sek	Sekretariat
SGB	Sozialgesetzbuch
SKR	Standartkontenrahmen
sog.	sogenannte/r/s
StB	Steuerberater
StBVV	Steuerberatervergütungsverordnung
SuSa	Summen- und Salden(liste)

T

TL	Teamleiter
TKP	Tutas, Kruse & Partner Steuerberatungsgesellschaft

U

USt	Umsatzsteuer
UStG	Umsatzsteuergesetz

V

v.	vom
vgl.	vergleiche
VoSt	Vorsteuer
VZ	Veranlagungszeitraum; Vorauszahlung

Z

z. B.	zum Beispiel
ZM	Zusammenfassende Meldung

A. Interne Prozesse

I. Neuaufnahme Mandant

Dein Vorgesetzter kommt in dein Büro und gibt dir die Daten eines neuen Mandanten. Der erste Gedanke ist wohl bei jedem: „Warum bekomme ich die Arbeit schon wieder?“ Wahrscheinlich freut sich niemand im ersten Moment darüber, weil es eine Menge Arbeit bedeutet und es oft so ist, dass viele wichtige Informationen zu diesem Mandat noch nicht vorliegen.

Ich habe meinen Chef mal darauf angesprochen, warum man die Informationen, die man für einen Neumandanten braucht, selber erfragen muss. Das ist doch doppelte Arbeit wenn der Chef bereits das Erstgespräch mit dem Mandanten hatte. Mein Chef erklärte mir daraufhin seine Sichtweise:

Im Erstgespräch will er die Mandanten nicht mit so vielen Fragen bedrängen und womöglich noch eine Liste abarbeiten. Im Erstgespräch geht es vielmehr darum, den Mandanten zu gewinnen und ihm erst einmal die Kanzlei vorzustellen – natürlich erfährt mein Chef in dem Gespräch schon viele Dinge über den Mandanten, die er sich dann auch notiert und an die entsprechenden Mitarbeiter weitergibt. Es ist wichtig, dass zunächst Vertrauen zwischen dem potenziellen Mandanten und der Kanzlei aufgebaut wird. Das wird nicht erreicht, wenn der potenzielle Mandant gleich im ersten Gespräch alle Vollmachten unterzeichnen soll.

Wenn der Mandant nun später anruft und sich für uns entscheidet, gibt es bei uns eine Übergabeliste zwischen dem Chef und dem Sachbearbeiter. Ab dem Zeitpunkt des Anrufs und der Entscheidung für unsere Kanzlei geht die Verantwortlichkeit auf mich über und ich kümmere mich dann darum. Die nachfolgende Liste hilft dir dabei, alle wichtigen Informationen zusammenzutragen. Du besprichst die Liste mit deinem Chef und versuchst, möglichst viele Punkte abzuarbeiten. Falls mal ein Punkt nicht geklärt wird, kann man diesen beim Mandanten erfragen. So wird aber sichergestellt, dass der Mandant nicht nach Informationen gefragt wird, die er bereits mitgeteilt hat.

Übernehme gerne die Liste und ergänze sie um Positionen, wenn es bei euch in der Kanzlei anders gehandhabt wird. Du kannst deinem Chef auch gerne die Liste vorschlagen, vielleicht übernehmt ihr es ja in eure internen Abläufe.

Wenn wir alle Information verarbeitet haben, erhält der Mandant von uns einen Infobrief. Hier steht nochmal alles Wichtige drin, vor allem auch seine direkten Ansprechpartner. Dann weiß der Mandant gleich, an wen er sich wenden kann und wird nicht erst von A nach B geschickt. Das kommt bei Mandanten immer sehr gut an und vereinfacht die Arbeit auf beiden Seiten.

Wir schicken im nächsten Schritt die Anzeige der Mandatsübernahme an Dritte. Diese sind ebenfalls dankbar, wenn sie von vornherein einen festen Ansprechpartner haben.

TKP-TIPP

Unsere Mandanten erhalten als Willkommensgruß eine kleine Überraschung! Bei uns bekommen sie beispielsweise ein Buch – vielleicht habt auch ihr eine Idee für ein kleines Präsent für eure Neumandanten?

Dokumentation zur Übergabe von Neumandanten
Kanzleileitung → Fibu-SB, Lohn-SB, JA-SB

A. Teilnehmer:

____________________	____________________
(Kanzleileitung)	(Fibu-SB)
____________________	____________________
(Lohn-SB)	(JA-SB)

B. Name des Unternehmens: ______________________________

C. Rechtsform des Unternehmens:

☐ Einzelunternehmen	☐ GbR	☐ KG	☐ GmbH
☐ Freiberufler	☐ OHG	☐ GmbH & Co. KG	
☐ Limited	☐ Limited & Co. KG		

D. Vorlagen vorhanden?

Vertretungsvollmacht	Ja	Nein
Bankenvollmacht	Ja	Nein
Einzugsermächtigung	Ja	Nein
Einsicht i. d. Steuerkonto	Ja	Nein

E. Finanzbuchhaltung:

- ☐ entfällt (nur Beratung und JA)
- ☐ Bf.-Hilfe
- ☐ Monatsbuchführung
- ☐ Vierteljährliche Buchhaltung
- ☐ Sollbesteuerung
- ☐ Ist-Besteuerung
- ☐ Bilanzierung
- ☐ EÜR
- ☐ Basis-Paket
- ☐ Medium-Paket
- ☐ Premium-Paket
- ☐ Controlling-Basis
- ☐ Controlling-Basis-Plus
- ☐ Controlling-Premium
- ☐ OPOS-Buchhaltung
- ☐ OPOS-Buchhaltung-Plus
- ☐ Kontoauszugsmanager

erster zu buchender Zeitraum: ____________________

Sonstiges: ____________________

____

F. Lohnbuchhaltung:

- ☐ entfällt (nur Fibu, Beratung und JA)
- ☐ Baulohn
- ☐ Normallohn
- ☐ LSt monatlich
- ☐ LSt 1/4 jährlich
- ☐ LSt jährlich

☐ DATEV (Lohn & Gehalt/LODAS)

☐ anderes Programm:

erster zu bearbeitender Lohnzeitraum: ___

erster zu buchender Zeitraum: ___

Sonstiges: ___

___

G. Jahresabschluss:

☐ entfällt (nur Beratung)

☐ mit Plausibilität ☐ ohne Plausibilität

erster zu bearbeitender JA: ___

Sonstiges (z. B. vereinbarter Fertigstellungstermin): ___

___

H. Honorarvereinbarungen:

☐ Steuerberatungsvertrag

Konditionen: ☐

☐ sonstige Vereinbarungen

Konditionen: ☐

sonstiges: ___

___

Cuxhaven, den

Persönlich/Vertraulich

Tutas, Kruse & Partner

Altenwalder Chaussee 98

27472 Cuxhaven

Infobrief: Belegvorbereitung/-sortierung der laufenden Finanz- und Lohnbuchhaltung

Sehr geehrte Damen und Herren,

wir möchten uns noch einmal herzlich für das uns entgegengebrachte Vertrauen bedanken.

Um die Zusammenarbeit zu erleichtern, möchten wir den Inhalt des Gesprächs mit Ihrem in unserem Hause für Sie zuständigen Finanzbuchhaltungssachbearbeiter gern wie folgt zusammenfassen:

Ihre Ansprechpartner:

Beratung	Steuerberater Mario Tutas
Telefon:	04721/5082-0
E-Mail:	tutas@tkp.de
Finanzbuchhaltung	Herr/Frau Muster
Telefon:	04721/5082-xx
E-Mail:	muster@tkp.de
Lohnbuchhaltung	Herr/Frau Muster
Telefon:	04721/5082-xx
E-Mail:	muster@tkp.de

Zeitpunkt der Zusendung der Buchführungsbelege:

Wie mit Ihrem o. g. Sachbearbeiter/in abgestimmt, übergeben Sie uns die Buchführungsbelege am XX. des dem Buchführungsmonat folgenden Monats.

Die erste von uns erstellte Finanzbuchführung MM/JJJJ wird zum TT.MM.JJJJ bei uns eingereicht.

Einrichtung des Belegablagesystems:

Bitte beachten Sie die Hinweise in unseren Pendelordnern. Sollten Sie hierzu Fragen haben, rufen Sie bitte Ihren Finanzbuchhaltungssachbearbeiter an. Dieser wird Ihnen gern behilflich sein.

Rückgabe der Buchführungsbelege:

Mit Verbuchung des Pendelordners erhalten Sie von uns einen Auswertungsbrief. Ab diesem Zeitpunkt steht der Pendelordner zur Abholung in unserem Büro bereit.

(**Alt.**: Mit Verbuchung des Pendelordners erhalten Sie diesen in der verschlossenen Versandtasche zurück.)

Die gebuchten Belege sind auszusortieren und entsprechend den gesetzlichen Aufbewahrungsfristen aufzubewahren.

Ihre Lohnbuchhaltung:

Der für Sie zuständige Lohnexperte aus dem Hause TKP wird sich in den nächsten Tagen zwecks Überreichung des Lohn Info Ordners mit Ihnen in Verbindung setzen.

In der Anlage übersenden wir Ihnen unsere Allgemeinen Geschäftsbedingungen mit der Bitte um Unterschrift und Rücksendung an uns.

Des Weiteren erhalten Sie das Buch „die Mäusestrategie für Manager". Das Buch regt zum Nachdenken an und macht Mut für notwendige Veränderung. Erfinden Sie sich neu!

Wir freuen uns, Sie dabei begleiten zu dürfen!

Sollten sich hierzu noch Fragen ergeben, stehen wir Ihnen selbstverständlich gern zur Verfügung.

Mit freundlichen Grüßen

Sparkasse Muster

Postfach 4711

27472 Cuxhaven

Anzeige unserer Mandatsübernahme

Tutas, Kruse & Partner, Altenwalder Chaussee 98, Cuxhaven

Sehr geehrter Herr Mustermann,

hiermit zeigen wir Ihnen an, dass wir das Mandat für o. g. Mandanten übernommen haben.

Gemäß der von unserem Mandanten unterschriebenen Vollmacht zur Weiterleitung von Daten stehen die auf dem Rücktelefax genannten Auswertungen für Sie auf Abruf zur Verfügung. Kreuzen Sie einfach die benötigten Unterlagen an und wir werden diese dann unaufgefordert zur Verfügung stellen. Sollte dieses einmal nicht wie besprochen funktionieren, teilen Sie uns dieses bitte kurz mit. Wir werden dann die Hinderungsgründe aufgeben oder die Unterlagen sofort nachreichen.

Als Ansprechpartnerin steht Ihnen für den o. g. Mandanten zur Verfügung:

Frau Muster
Telefonnummer: 04721/5082-xx
E-Mail: xxx@tkp.de

Sollten sich hierzu noch Fragen ergeben, stehen wir Ihnen selbstverständlich gern zur Verfügung.

Mit freundlichen Grüßen

Rückfax an 04721/5082-xx
Tutas, Kruse & Partner
Steuerberatungsgesellschaft

Frau Baumann

unser Kunde: Tutas, Kruse & Partner, Altenwalder Chaussee 98, Cuxhaven

Gern hätten wir die folgenden Auswertungen:

Unterjährige Auswertungen *):

- ☐ Betriebswirtschaftliche Auswertung
- ☐ Summen- und Saldenliste
- ☐ Vorjahresvergleich
- ☐ Kapitalflussrechnung
- ☐ Soll-/Ist-Vergleich

*) bitte ankreuzen, wenn Auswertung gewünscht

Gewünschter Unterrichtungszeitraum:

- ☐ monatlich
- ☐ vierteljährlich
- ☐ jährlich
- ☐ wie folgt:

Jährliche Auswertungen:

- ☐ betriebliche Steuererklärungen
- ☐ Jahresabschluss/Gewinnermittlung
- ☐ private Steuererklärungen
- ☐ betriebliche Steuerbescheide
- ☐ private Steuerbescheide

*) bitte ankreuzen, wenn Auswertung gewünscht

Die gewünschten Unterlagen senden Sie bitte an folgende E-Mail-Adresse:

____

Ansprechpartner in unserem Hause ist:

______________________ Tel.: ____________

Bitte nicht ausfüllen

- ☐ in Pro Check eingepflegt
- ☐ Kopie zum Mandanten
- ☐ in DMS eingepflegt

II. Mandatsbeendigung

„Haben Sie die Unterlagen schon an den Mandanten gegeben?" Ja klar, war meine Antwort. Die hatte ich dem Mandanten bereits beim Verlassen der Kanzlei ausgehändigt. Leider konnte ich das nicht nachweisen, und so gab es einen Streit zwischen meiner alten Kanzlei und dem Mandanten, da der Mandant der festen Überzeugung war, dass er seine Unterlagen noch nicht bekommen hatte. Du siehst – es ist sehr wichtig darauf zu achten, dass die Übergabe der Dokumente schriftlich dokumentiert wird.

1. Mandatsbeendigung durch Mandant

1.1 Gründe

Der erste Schritt bei einer Mandatsbeendigung durch den Mandanten, ist die Gründe für den Entschluss zu erfahren. Falls der Fehler auf unserer Seite liegt, können wir dadurch lernen und machen den gleichen Fehler nicht noch einmal. Oftmals gibt es ganz verschiedene Gründe für die Beendigung.

Wichtige Gründe für eine außerordentliche, fristlose Kündigung können seitens des Mandanten schwerwiegende fachliche Fehlleistungen oder Interessenkollision durch den Mandanten sein. Die Gründe für eine außerordentliche Kündigung solltest du immer genau prüfen – es reicht nicht aus, wenn z. B. die Finanzbuchhaltung fehlerhaft erstellt wurde.

1.2 Vorgehensweise nach Kündigung

Bei der Mandatskündigung sind sofort sämtliche Sachbearbeiter des Mandanten zu informieren, damit keine Arbeiten mehr erfolgen. Ebenfalls ist dem Finanzamt die Mandatsniederlegung mitzuteilen, damit wir keine Bescheide oder andere Unterlagen vom Finanzamt erhalten.

Ganz wichtig ist es, mit dem Mandanten zu klären, welche Arbeiten noch von unserer Kanzlei erstellt werden müssen, und ab wann der neue Steuerberater die Arbeiten übernimmt, um weitere Unstimmigkeiten zu vermeiden. Wir empfehlen, dieses immer schriftlich zu dokumentieren.

Zu klären ist auch, ob noch Arbeiten abgerechnet werden müssen. Wenn die Kündigung auf ein vertragswidriges Verhalten des Steuerberaters zurückzuführen ist, kann die Teilarbeit nur abgerechnet werden, wenn das Ergebnis auch für den Mandanten verwertbar ist.

TKP-TIPP

Am besten ist es, die letzte Rechnung als „Schlussrechnung" zu betiteln, damit der Mandant weiß, dass keine weiteren Gebühren mehr anfallen. Das sollte natürlich als Erstes mit der Kanzleileitung besprochen werden.

1.3 Zurückbehaltungsrechte prüfen

Durch das Zurückbehaltungsrecht (§ 273 BGB) kann der Steuerberater die Herausgabe von Mandantenunterlagen von der Bezahlung des Honorars abhängig machen. Die Herausgabe der Handakten kann verweigert werden, bis die Gebühren und Auslagen vollständig bezahlt sind. Ich habe den § 273 BGB zur Kenntnis beigefügt:

„§ 273 Zurückbehaltungsrecht

(1) Hat der Schuldner aus demselben rechtlichen Verhältnis, auf dem seine Verpflichtung beruht, einen fälligen Anspruch gegen den Gläubiger, so kann er, sofern nicht aus dem Schuldverhältnis sich ein anderes ergibt, die geschuldete Leistung verweigern, bis die ihm gebührende Leistung bewirkt wird (Zurückbehaltungsrecht).

(2) Wer zur Herausgabe eines Gegenstands verpflichtet ist, hat das gleiche Recht, wenn ihm ein fälliger Anspruch wegen Verwendungen auf den Gegenstand oder wegen eines ihm durch diesen verursachten Schadens zusteht, es sei denn, dass er den Gegenstand durch eine vorsätzlich begangene unerlaubte Handlung erlangt hat.

(3) Der Gläubiger kann die Ausübung des Zurückbehaltungsrechts durch Sicherheitsleistung abwenden. Die Sicherheitsleistung durch Bürgen ist ausgeschlossen."

1.4 Herausgabe der Mandantendaten

Der Steuerberater muss dem Mandanten sämtliche Unterlagen zur Verfügung stellen. Um die Kanzlei zu schützen, ist es auch hier ratsam, die Herausgabe der Unterlagen quittieren zu lassen, da die Beweispflicht der Herausgabe der Unterlagen beim Steuerberater liegt. Bei der Übergabe der Unterlagen ist darauf zu achten, dass auch der gesamte aufbewahrungspflichtige Datenbestand übergeben wird. Somit lassen sich Schadensersatzansprüche gegenüber der Kanzlei vermeiden. Ich habe dir eine Vorlage beigefügt. Benutze sie gerne oder ändere sie nach deinen Wünschen ab.

Wir arbeiten in der Kanzlei mit dem Programm von der DATEV. Nach Beendigung werden sämtliche Bestände an das Rechenzentrum geschickt. Hier werden die Daten dann gespeichert. So werden Rückfragen vermieden und der Datenübertrag kann reibungslos stattfinden.

Wenn ein Mandat beendigt wurde, muss geprüft werden, ob wir das Kontoauszugsmanagerverfahren genutzt haben. Dieses muss zusätzlich beendet werden, da sonst ggf. weitere Kosten verursacht werden. Wichtig ist hierbei das du die Abmeldung zeitnah machst. Die Abmeldeerklärung muss vom Mandanten unterschrieben an seine Bank weitergeleitet werden.

Wenn alle Arbeiten endgültig abgeschlossen sind, wird der Mandant auf „inaktiv" gesetzt. So erscheinen seine Aufträge nicht mehr im Programm.

1.5 Verabschiedung Mandant

Ein Mandant sollte dennoch, aus welchen Gründen auch immer er das Mandatsverhältnis beendet hat, anständig verabschiedet werden. Damit wird die Möglichkeit gegeben, ohne „Gesichtsverlust", jederzeit wieder zur Steuerberaterkanzlei zurückzukommen. Außerdem verringert sich das Risiko der negativen Mundpropaganda.

TKP-TIPP

Bei einem Mandatsabgang verschicken wir an Mandanten, bei denen eine Rückkehr wünschenswert wäre, eine Flasche Wein und ein Schreiben, in dem wir uns noch einmal für die gute Zusammenarbeit. Falls der Mandant später wieder in unsere Kanzlei zurückkommen möchte, kann er dies gerne tun.

2. Mandatsbeendigung durch den Steuerberater

Die Niederlegung des Mandanten ist zu prüfen. Die Kündigungsfrist ist zu beachten. Nach § 627 Abs. 1 BGB kann der Mandatsvertrag jederzeit mit sofortiger Wirkung sowohl vom Mandanten als auch vom Steuerberater fristlos gekündigt werden, ohne das besondere Kündigungsgründe vorliegen müssen.

Der Steuerberater darf allerdings nicht zur „Unzeit" kündigen (§ 627 Abs. 2 Satz 1 BGB). Der Mandant muss nach der Kündigung noch die Möglichkeit haben, seine steuerlichen Angelegenheiten durch einen anderen Steuerberater bearbeiten zu lassen, ohne dass ihm schwere Nachteile entstehen. Zur Vermeidung von Rechtsverlusten des Auftragsgebers hat der kündigende Steuerberater in jedem Fall noch diejenigen Handlungen vorzunehmen, die zumutbar sind und keinen Aufschub dulden.

Gründe für eine außerordentliche, fristlose Kündigung können unter anderem sein

- dass der Mandant die Zahlung der Gebühren verweigert,
- dass der Mandant die Überlassung der benötigten Unterlagen verweigert,
- unsoziales Verhalten gegenüber dem Steuerberater oder dem Sachbearbeiter oder auch
- bei einer geplanten Steuerhinterziehung. – Hier ist das Mandat sofort niederzulegen.

Falls ein großes Mandat von einer Kündigung betroffen wäre, solltest du prüfen, welche Konsequenzen das für die Kanzlei hat und dies unbedingt mit der Kanzleileitung besprechen. Eventuell könnten andere Mandate, die in einer Geschäftsbeziehung zu dem gekündigten Mandat stehen, ebenfalls kündigen.

2.1 Durchführung Niederlegung Mandant

Bei einer Mandatskündigung sind sämtliche Sachbearbeiter des Mandanten zu informieren damit die Arbeiten eingestellt werden.

Dem Mandanten ist die Niederlegung in jedem Fall schriftlich mitzuteilen. Wenn es sich um einen jahrelangen Mandanten handelt, empfiehlt es sich, ihm die Gründe persönlich zu nennen. Auch wenn wir das Mandat niederlegen, ist es wichtig, dem Mandanten für die Treue zu danken und ihm alles Gute für die Zukunft zu wünschen.

Auch in diesem Fall muss das Finanzamt und die Hausbank über die Mandatsniederlegung informiert werden, damit wir keine Unterlagen mehr erhalten.

Die nächsten Schritte sind identisch wie bei der Mandatsniederlegung durch den Mandanten auch. Es ist zu prüfen, ob noch Gebühren offen sind und ab wann der neue Steuerberater die Tätigkeit übernimmt. Mit der Herausgabe der Mandantendaten verhält es sich gleich. Auch hier musst du auf das Zurückhaltungsrecht achten.

Ich habe dir zwei Vorlagen beigefügt: Zum einen die Herausgabe von Mandantendaten – lasse dir das unbedingt quittieren wenn du die Unterlagen an den Mandanten zurückgibst. Die andere Vorlage ist für das Finanzamt und/oder die Bank. Natürlich kannst du auch diese Vorlage beliebig ergänzen, falls wir etwas vergessen haben.

2.2 Vorlagen

Brief an Finanzamt/Bank zur Information über Mandatsniederlegung

Herausgabe Mandatsunterlagen

DATUM
TT.MM.JJJJ

Hiermit bestätige ich den Erhalt folgender Unterlagen:

SACHBEARBEITER/IN
Herr/Frau XXX

optional

- Abschlussordner
- Steuerunterlagen
- Buchhaltungsordner
- Lohnordner
- ...

TELEFON DURCHWAHL
0XXX/XXXXX

UNSER AKTENZEICHEN
XXXXXXXXX

Datum Unterschrift

Persönlich/Vertraulich
Finanzamt ABC
Postfach 11 11 11
99999 Musterstadt

Niederlegung Mandat

Steuernummer 12 345 12345

Max Mustermann, ABC Straße 1, 99999 Musterstadt

Sehr geehrte Damen und Herren,

hiermit teilen wir Ihnen mit, dass das o. g. Mandat mit sofortiger Wirkung/

Alt.: mit Wirkung zum TT.MM.JJJJ niedergelegt wurde.

Bitte wenden Sie sich zukünftig an den Steuerpflichtigen selbst.

Sollten sich hierzu noch Fragen ergeben, stehen wir Ihnen selbstverständlich gern zur Verfügung.

Mit freundlichen Grüßen

III. Das Sekretariat

Als Mitarbeiter des Sekretariats solltet ihr stets ein „offenes Ohr“ für alles und jeden haben, gleichermaßen für die Kanzleileitung, den Kollegen und selbstverständlich für die Mandanten.

Grundsätzlich solltet ihr keine Tätigkeit oder Aufgabe scheuen. Dies betrifft vermutlich vor allem kleinere Kanzleien mit wenigen Mitarbeitern. Dort wird es nicht ausbleiben, auch als Steuerfachkraft, zumindest vertretungsweise, Sekretariatsaufgaben zu erledigen.

Ich selbst bin keine Steuerfachkraft, sondern gelernte Einzelhandelskauffrau und bei TKP im Sekretariat mit großer Freude tätig. In meiner Position ist Präsenz, Spontanität und Flexibilität gefragt.

Leider wird diese Position gelegentlich unterschätzt. Das Vorurteil, dass die Damen oder Herren vom Sekretariat den ganzen Tag nur mit Telefonieren und Kaffeekochen beschäftigt sind, ist noch immer sehr verbreitet. – Weit gefehlt!

Stets gute Laune, positives Denken und ständige Hilfsbereitschaft, solltet ihr euch auf die Fahne schreiben. – Dann läuft´s!

1. Umgang mit Mandanten

Das Sekretariat hat sich in den letzten Jahren stark gewandelt. Es ist kein Verwaltungsort mehr, sondern vielmehr ein Produktionsort für Informationen und Kommunikation.

Das Sekretariat (oder auch Front Office) ist das Aushängeschild einer Steuerkanzlei. Die Tätigkeiten und Aufgaben sind äußerst vielfältig, erfordern ständige Konzentration, Sorgfalt und die Fähigkeit des Multitaskings.

Die Mitarbeiter im Front Office sind zuständig für den persönlichen und telefonischen Empfang der Mandanten, hier wird der erste Eindruck vermittelt.

Eine oberste Pflicht ist die besondere und gesetzlich verankerte Pflicht der Verschwiegenheit. Kenntnisse über persönliche und wirtschaftliche Gegebenheiten über den Mandanten dürfen niemals nach außen oder an fremde Dritte weitergegeben werden.

Das bedeutet:

- Unterlagen und Akten niemals offen liegen lassen, denn das Sekretariat ist ein „offener“ Raum.
- Bei Telefonaten und deren Weiterleitung sind keine Namen der Beteiligten zu nennen. – Es könnte jederzeit eine „dritte“ Person mithören.
- Insbesondere bei der Weiterleitung von E-Mails müssen wir immer darauf achten, dass vertrauliche Angaben oder Anlagen entfernt oder vorher abgestimmt werden.
- Schriftstücke und Dokumente sind stets fachgerecht unzugänglich zu entsorgen (in den sog. „Schredder“ oder ggf. die Datenschutztonnen).

Zu den Aufgaben des Sekretariats zählen beispielsweise:

- Betreuung der Mandanten am Empfang und am zentralen Telefon
- Telefongespräche entgegennehmen und weiterleiten sowie Telefonate selbständig führen
- Terminkalender für den Chef und teilweise für die verschiedenen Abteilungen führen

- Sitzungen und Veranstaltungen vorbereiten, organisieren und betreuen
- Reisen organisieren
- Sekretariatsablage selbständig führen, vertrauliche Akten verwalten
- Zeitschriften und Zeitungen auswerten, archivieren und in Umlauf geben
- Fachbücher verwalten
- Bewirtung und Betreuung von Mandanten
- Handling des Postein- und Postausgangs und anschließende Verteilung der Post
- Elektronische Kommunikation (E-Mails überwachen, weiterleiten, schreiben und versenden)
- Dokumente und Eingangspost scannen und elektronisch weiterleiten
- Büromaterial und Geschenke verwalten, teilweise auch beschaffen
- ggf. Erledigung kleiner Einkäufe und Bankenwege
- Allgemeine Verwaltungstätigkeiten

Freundlichkeit, ein ansprechendes, gepflegtes Äußeres und ein eleganter Business-Look sind Standard für Mitarbeiter im Empfangsbereich.

Zur persönlichen Kompetenz gehören gleichermaßen Belastbarkeit, sicheres Auftreten, Teamfähigkeit, Flexibilität, Kreativität und Kommunikationsfähigkeit.

Selbständiges und eigenverantwortliches Arbeiten sollte selbstverständlich sein.

1.1 Gesprächsvorbereitung – Gesprächsnotiz

- immer Block und Stift bereithalten;
- elektronischen Arbeitsplatz mit den relevanten Programmen, wie z. B. Outlook und Mandanten-Stammübersicht, geöffnet halten;
- den Gesprächspartner mit Namen ansprechen – ggf. noch einmal höflich nachfragen;
- auf das Wesentliche beschränken;
- Konzentration auf den Gesprächspartner legen;
- Vermittlung der Hilfsbereitschaft;
- durch Fragetechnik das Gespräch steuern;
- aktiv zuhören, indem das Gehörte kurz zusammengefasst wird – dies kann auch am Ende eines Gesprächs erfolgen;
- den Gesprächspartner ernst nehmen und nicht unterbrechen;
- freundliche Verabschiedung
- Wichtig: Telefonisch getroffene Vereinbarungen oder Zusagen unbedingt einhalten, ggf. eine kurze Zusammenfassung per E-Mail an den Mandanten und den entsprechenden Sachbearbeiter schicken.

Nicht nur die Stimme, auch die Wortwahl bestimmt die Atmosphäre am Telefon. Sprachliche Verstärker mit positiver Wirkung können gezielt zur Verbesserung der Gesprächsstimmung eingesetzt werden:

- ... wir für Sie
- ... ich für Sie
- gut ...
- selbstverständlich .../natürlich .../gerne ...
- sicher .../sicherlich ...
- ich kümmere mich um.../dafür sorge ich...
- da kann ich helfen...
- das werde ich veranlassen...
- Sie können sich darauf verlassen...
- Entschuldigung .../entschuldigen Sie bitte...
- tut mir leid .../leider.../bedauerlicherweise...
- haben Sie bitte Verständnis...

Aussagen wie,

- ... „im Moment sind alle Leitungen besetzt“...
- ... „bleiben Sie am Apparat“...
- ... „da sind Sie bei mir falsch“...
- ... „der zuständige Sachbearbeiter ist nicht da“...
- ... „rufen Sie später wieder an“...
- ... „da kann ich Ihnen nicht helfen“...

sind unprofessionell und ein absolutes „No go“!

Falls ein Rückruf erforderlich ist, muss generell weitergegeben werden:

- der Name des Anrufers
- Grund des Rückrufwunsches oder ein Stichwort dazu
- Telefonnummer (vollständig)
- Zeitfenster des zugesagten Rückrufs

Der Ablauf eines Telefonats sollte folgenden Standard haben:

Möglichst beim zweiten Telefonklingeln abheben, deutlich die jeweils einheitliche Grußformel, unter Angaben des persönlichen Namens, sprechen. Langsam und deutlich sprechen. Dabei lächeln – der Teilnehmer „sieht“ den Gesichtsausdruck. Die Mimik überträgt sich auf die Aussprache. Eine freundliche Grundhaltung überträgt sich auf das Gespräch und kann bereits insoweit den Gesprächsverlauf positiv beeinflussen.

1.2 Rückrufgarantie

Die Mandanten schätzen die Einhaltung von Terminen und Fristen. Dieses sind Hauptpunkte guter Betreuung. Die rasche Erreichbarkeit des zuständigen Sachbearbeiters und die Tatsache, dass sie garantiert zurückgerufen werden, sollte selbstverständlich sein.

Aufgabe des Sekretariats ist hier die Unterstützung der Kollegen.

Abschließend ein wichtiger Hinweis:

Die Aufgabe des Sekretariates ist es, ein- und ausgehende Telefonate zu erledigen. Es ist eine reine Vermittlerrolle. Niemals dürfen fachliche oder steuerliche Aussagen getätigt und (oder) Versprechungen zugesagt werden, deren Einhaltung nicht garantiert werden kann. Hier sind ausschließlich die Sachbearbeiter oder die Kanzleileitung zuständig.

Ebenso trägt das persönliche Verhalten gegenüber den Mandanten wesentlich zum positiven Erscheinungsbild der Kanzlei bei.

„Der Mandant muss zu jedem Zeitpunkt spüren, dass er bei uns zu Gast ist" durch,

- freundliches und sympathisches Auftreten
- höfliche Umgangsformen
- persönliche Zuwendung
- Interesse am Mandanten
- gepflegtes Erscheinungsbild
- Hilfsbereitschaft

Ein stets sauberes, aufgeräumtes und ordentliches Sekretariat hinterlässt ebenfalls einen positiven Eindruck. Große Stapel von Papieren und Akten stören eher den guten Eindruck und vermitteln ein unstrukturiertes Arbeiten.

2. Persönlicher Umgang mit Mandanten und Beschwerden

Bei persönlicher Begrüßung des Mandanten im Sekretariat aufstehen und nicht am Arbeitsplatz sitzen bleiben. Dieses sollte einen positiven Eindruck hinterlassen. Aufrechte Körperhaltung, ggf. Begrüßung per Hand, und mit dem Namen ansprechen.

Zunächst versuchen, durch etwas Small Talk eine „menschliche Brücke" zu bauen. – Lächeln ist ansteckend. Freundlichkeit ist dienstleistungssteigernd. Den Mandanten in seinem Anliegen nicht unterbrechen, vielmehr aufmerksam zuhören und Blickkontakt halten.

Nur dann besteht die Chance, die Wünsche und Anliegen des Mandanten deutlich zu erkennen und zu erfüllen. Den Mandanten ungezwungen über seine Lieblingsthemen sprechen lassen, auch wenn es Reklamationsthemen oder Beschwerden sind. Dies ist ein sensibles Thema. Hier ist besondere Aufmerksamkeit geboten. In solch einem Fall unverzüglich den Sachbearbeiter oder die Kanzleileitung benachrichtigen, ins nächste leere Büro oder Besprechungszimmer bitten. Ein solcher Fall ist beiderseits unangenehm und sollte nicht unnötig Aufsehen erregen. Grundsätzlich gilt hier zunächst „der Mandant befindet sich im Recht", möglichst entschuldigende Worte finden und eine kurzfristige Lösung in Aussicht stellen, sobald der Sachbearbeiter oder Chef sich dem Problem stellt.

Es gibt kein:

„dafür bin ich nicht zuständig"

„der Zuständige ist gerade nicht da, rufen Sie später an oder kommen Sie wieder vorbei"

„ich kann Ihnen da im Moment nicht helfen"

Oder gar: „Sie sind nicht der Einzige, der sich über Frau/Herrn X beschwert"

2.1 Wartende Mandanten und Terminplanung

„Niemand wartet gerne"... Das kann sich unter Umständen negativ auf das geplante Gespräch auswirken und die Zuverlässigkeit der Kanzlei beim Mandanten in Frage stellen. Damit dieser Fall zur Ausnahme wird, ist es Aufgabe des Sekretariats, Termine so präzise wie möglich zu planen und vorzubereiten. Hintergrundwissen, um Belange und Vorlieben des Mandanten, das zu besprechende Thema und die etwa benötigte Zeit, sind Voraussetzung für den reibungslosen Tagesablauf. Eventuelle Unterlagen sind bereitzustellen, damit diese nicht erst dann vom Sachbearbeiter angefordert oder herausgesucht werden müssen. Außerdem wird dem Mandanten gegenüber Kompetenz und Interesse signalisiert.

Der Tag im Sekretariat sollte mit der gedanklichen Planung, dem zeitlichen Terminablauf beginnen. Überprüfung der Vollständigkeit der benötigten Unterlagen, den betreffenden Sachbearbeiter oder Kanzleileiter an den Termin erinnern, ggf. auch den Mandanten (beispielsweise durch einen kurzen Anruf: „Hallo Herr XXX, XXX mein Name von der Kanzlei XXX, ich wollte nur fragen, ob es bei dem Termin heute um xx Uhr in unserem Hause bleibt?").

TKP-TIPP

Hier empfiehlt sich das Pflegen einer Terminmappe in Form eines herkömmlichen Pultordners mit nummerischem Register (1-31).

Selten sollte der Mandant länger als zehn Minuten warten. Falls ein Wartezimmer vorhanden ist, sollte dieses gepflegt-gediegen eingerichtet sein.

Kreative Gestaltung verkürzt die Wartezeit durch (beispielsweise):

- Einrichten einer Mandanten-Bibliothek mit dem Hinweis der Möglichkeit, angefangene Bücher auszuleihen. Auch das Bereitlegen eines persönlichen Lesezeichens ist eine gute Idee.
- Angebot der Nutzung sog. „Lesehilfen" in verschiedenen Dioptrien, falls die eigene Brille vergessen wurde.
- Malbücher und Malstifte für Kinder bereitlegen.
- Fernseher und I-Pad mit eigener Web-Site.
- Bereitlegung einer Mitarbeiterbroschüre, in der alle Mitarbeiter mit Lichtbild vorgestellt werden.
- Jeweils aktuelle Ausgabe der Tageszeitung.

Selbstverständlich ist das Angebot eines Getränks (diverse Kaffee und Teespezialitäten, sowie Wasser oder Softdrinks stehen zur Auswahl).

Gleiches gilt, wenn der Mandant vor der vereinbarten Zeit zu einem Termin erscheint. Sollte dies passieren, trotzdem den betreffenden Terminpartner im Büro informieren. Eventuell hat der Kollege oder Chef auch schon vorher Zeit, den Besucher zu empfangen. Einen guten Eindruck hinterlässt auch, sich als Sekretariatsmitarbeiter Zeit für ein persönliches Gespräch zu nehmen. Dieser Small Talk muss nicht Fachbezogen sein. Beispielsweise kann man Fragen nach der Familie, dem letzten Urlaub usw. stellen.

Fazit: Dem Mandanten stets mit äußerster Höflichkeit und Wertschätzung entgegenkommen und ihn willkommen heißen.

3. Organisation des Postein- und Postausgangs

Sorgfalt und Konzentration sind hier gefragt. Posteingänge, egal, ob als herkömmlicher Eingang per Post, als E-Mail, Fax oder persönliche Abgabe bzw. Zustellung, sind schriftlich zu dokumentieren oder elektronisch zu verarbeiten. Hier erlaubt definitiv keine Ausnahme die Regel. Fast ausschließlich handelt es sich in der Steuerkanzlei um Vorgänge, die termin- bzw. fristgerecht zu bearbeiten oder erledigen sind. Das Bearbeiten und die tägliche Kontrolle der Termine und Fristenlisten sind ein fester Pflichtbestandteil des Sekretariats. Im Falle der nicht fristgerechten Bearbeitung durch den Sachbearbeiter, ist die Kanzleileitung rechtzeitig davon in Kenntnis zu setzen. Zuvor sollte der Kollege natürlich einmal erinnert werden. Die korrekte Ablage des Posteingangs durch das Sekretariat ist selbstverständlich Voraussetzung für die reibungslose und termingerechte Bearbeitung der Dokumente. Wenn die Zuständigkeit eines Vorgangs nicht eindeutig ist, muss dies durch persönliche Nachfragen mit den Kollegen geklärt werden. Jeder Posteingang, jede Akte, Notiz oder Mitteilung ist einem Sachbearbeiter oder der Kanzleileitung zuzuordnen.

Gleiches gilt für die Verarbeitung des Postausgangs. Jedes Dokument ist der Kanzleileitung zur Unterschrift vorzulegen. Hierbei sind die Postausgangsmappen an einer zentralen Stelle im Sekretariat bereit zu legen. Nach Kontrolle und Unterschrift der Mappen durch die Kanzleileitung, sind diese zu kontrollieren und ggf. an den jeweiligen Sachbearbeiter zurückzugeben, falls diesem ein Fehler unterlaufen sein sollte, der auf dem Dokument vermerkt wurde. Danach erfolgt die Erfassung im Postausgangsbuch (manuell oder elektronisch, je nach Bürosystem). Besondere Aufmerksamkeit erfordern hier Steuererklärungen jeglicher Art. Neben dem Eintrag in das Postausgangsbuch, empfiehlt es sich eine separate Excel-Liste zu führen, in der Genanntes eingetragen wird, wann welche Erklärung wohin geschickt wurde bzw. übergeben worden ist. So ist zu jedem Zeitpunkt nachvollziehbar, an welchem Ort sich welche Erklärung befindet. Nicht zu vergessen ist die Handhabung des Ein- und Ausganges der sog. Pendelordner mit den Finanzbuchhaltungen der Mandanten. Auch über diesen ist eine Liste zu führen. Die Ordner sind nach Vereinbarung mit dem jeweiligen Sachbearbeiter an einem zentralen Ort im Sekretariat zur Abholung bzw. Durchtausch so bereitzustellen, dass die Akten nicht für die Mandanten sichtbar sind (Verschwiegenheitspflicht). Es empfiehlt sich ein Regal unter dem Empfangstresen.

4. Arbeits- und Büromaterial

Ein nicht zu unterschätzender Bereich ist die ständige Bestandskontrolle der Arbeits- und Büromaterialien, damit nicht beispielweise am Freitag festgestellt wird, dass keine AGBs für die Abschlüsse vorhanden sind. Frühestens gehen diese am darauffolgenden Montag beim Lieferanten in den Postausgang. Vor Mitte der Woche können somit keine Abschlüsse gedruckt werden. Zwar bittet das Sekretariat alle Kollegen darum, eine kurze Info zu geben, falls irgendein Artikel zur Neige geht, doch leider klappt das nicht immer. Beispielsweise könnte dies eine feste Aufgabe für einen Auszubildenden sein.

TKP-TIPP

Empfehlenswert ist die Erstellung einer Liste. Regelmäßig, bestenfalls an einem fest vereinbarten Wochentag, ist die Bestandsliste dem Sekretariat vorzulegen, welches anschließend festgelegt, wann welcher Artikel bestellt werden soll.

Hier Beispiele üblicher Bürobedarfsartikel:

Toner, Druckpapier, Briefpapier (bedruckt + blanko), Binderücken und Deckel, Allgemeine Auftragsbedingungen, Vollständigkeitserklärungen, allgemeine Formulare und Bescheinigungen (individuell nach Bedarf der Kanzlei), Visitenkarten, Briefumschläge und -marken, Bindematerialien, Akten und Mandanten-Ordner, Arbeitsgeräte, Schreibutensilien, und sonstiger Bürobedarf den jeweiligen Gewohnheiten Kanzlei angepasst.

Ideal wäre es, wenn ein Mandant die benötigten Arbeitsartikel liefern kann. Zum Beispiel eine Druckerei oder ein technischer Büroausstatter. Generell empfiehlt sich, möglichst einen Mandanten mit Kanzleiaufträgen zu berücksichtigen. Das schafft zusätzlich Bindung zum Unternehmen beiderseits.

5. Allgemeine Aufgaben und Verwaltungstätigkeiten

Das Sekretariat ist sowohl für die Mandanten, Kollegen, ja generell für jeden, der ins Büro kommt, die zentrale Anlaufstelle. Dafür gilt es gut gerüstet zu sein. Stets sollte dafür gesorgt sein, dass die Versorgung mit Getränken, Lebensmitteln, Putz und Reinigungsutensilien reibungslos funktioniert. – Man kann einem Mandanten keinen Kaffee anbieten, wenn Milch und Zucker fehlen. Bei uns erledigt dies beispielsweise morgens der/die Auszubildenden auf dem sog. Botengang. Auch hier ist die regelmäßige Bestandskontrolle durchzuführen. Dem Boten ist eine Geldbörse mitzugeben, in dem sich ein abgezählter Betrag befindet. Für jede Ausgabe ist ein Beleg nötig. Anschließend müssen der mitgegebene Betrag und die Belege miteinander verrechnet werden. Differenzen werden nicht akzeptiert. In den meisten Kanzleien gehört auch die Führung der Kasse zu den Aufgaben des Sekretariats. Das Kassenbuch muss stets korrekt und auf tagesaktuellem Stand gehalten werden.

Ein weiteres wichtiges Thema sollte die Sauberkeit und Ordnung im Büro sein. Insbesondere der Besprechungs- und Warteraum, in dem Mandanten empfangen werden, müssen sauber sein. Auch der Aufenthaltsraum und die Küche für die Kollegen sollte eine Wohlfühlzone sein – und bleiben. Benutztes Geschirr, Speisereste und üble Gerüche sollten immer umgehend entfernt werden. Hier die Kollegen bitten, dieses in Eigeninitiative zu erledigen. Eine Regelung, wer die Putz- und Handtücher wäscht, muss zuverlässig getroffen werden (sofern dies nicht durch eine Reinigungsfirma erledigt wird). Der morgendliche Kontrollgang durch die Kanzlei ist unerlässlich. Nichts ist peinlicher, als einem Mandanten, möglichst noch in Begleitung des Chefs, in ein Besprechungszimmer zu geleiten, in dem noch gebrauchtes Kaffeegeschirr vom Vortag vergessen worden ist. Neben der Sauberkeit, muss auch darauf geachtet werde, dass keinerlei Notizblöcke, Unterlagen oder Aktenordner vom Vor-Termin liegengeblieben sind. Denn auch hier gilt die strenge Regel der Verschwiegenheit.

Des Weiteren muss ständig kontrolliert werden, ob die ausgelegten Broschüren, Magazine, Flyer und Zeitschriften aktuell sind. Diese sollten immer auf dem Stand der letzten Ausgabe sein. Sind Exemplare vergriffen, diese aus dem Archiv nachräumen oder neu bestellen.

Falls Kalender aushängen, immer darauf achten, dass der Datums-Reiter richtig eingestellt ist und das Monatsblatt stimmt.

Büropflanzen müssen gepflegt werden. Verwelkte Blätter entfernen und regelmäßig die Blätter entstauben. Gerne übersehen werden ausgefallene Leuchtmittel, besonders ausgefallene Deckenbeleuchtung und Leuchtstoffröhren müssen regelmäßig ausgewechselt werden.

Je nach Kanzlei und deren Organisation werden die Aufgaben und Zuständigkeiten selbstverständlich angepasst.

Grundsätzlich ist das Sekretariat die zentrale Ein- und Ausgangsposition für die Mandanten, Kollegen und Geschäftsleitung. Jeder ist freundlich zu begrüßen und optimal zu unterstützen, um allen den Arbeitsalltag zu erleichtern. – Manchmal reichen auch schon ein freundliches Lächeln und ein Gruß am Morgen.

ANMERKUNG

Mario Tutas aus dem Blickwinkel der Kanzleileitung: Das Sekretariat ist sehr wichtig für den Erfolg jeder Steuerkanzlei. Wenn diese Aufgabe nicht professionell erledigt wird, dann kann die fachliche Arbeit noch so gut sein, allerdings wird der Mandant trotzdem nicht zufrieden sein. Also: Wenn du vertretungsweise im Sekretariat tätig bist, dann sei dir dieser Verantwortung bewusst. Wenn du in einer „größeren“ Kanzlei tätig bist und es festes Sekretariatspersonal gibt, dann akzeptiere deren Leistung, denn das Sekretariat leistet einen sehr wichtigen Beitrag für den Erfolg einer jeden Steuerkanzlei!

IV. Umgang mit Kollegen

Damit es in der Kanzlei optimal abläuft sollten sich alle Mitarbeiter als ein Team verstehen. Man zieht zusammen an einem Strang, um seinen Mandanten den besten Service anbieten zu können. Der grundsätzliche Umgangston sollte freundlich und höflich sein. Mit dem einen versteht man sich besser, mit dem anderen eher weniger, dennoch sollte immer gegenseitiger Respekt gewahrt werden. Schließlich arbeitet man zusammen und nicht gegeneinander.

Was bei der Kommunikation miteinander helfen könnte, ist das so genannte Vier-Ohren-Modell. Dies ist eine Theorie des deutschen Psychologen Friedmann Schulz von Thun, die besagt, dass es vier Ebenen gibt, auf denen man Gesagtes verstehen kann, wodurch das Gesagte beim Hörenden ganz anders aufgefasst werden kann, als es der, der es gesagt hat, überhaupt gemeint hat. Es ist in der Kommunikation die Regel, dass man sich missversteht und nicht die Ausnahme! Mit diesem Wissen im Hinterkopf kann einigen Missverständnissen vorgebeugt werden:

- **Die Sachebene:** Auf dieser Ebene geht es um Zahlen, Tatsachen und Fakten
- **Die Beziehungsebene:** Bei ihr dreht sich alles um die Beziehung, die die beiden Gesprächspartner mit einander haben und daher um den Tonfall, die Art und Weise der Formulierung und wie die Informationen ausgedrückt werden.
- **Die Ebene der Selbstoffenbarung:** Hier steht der mitteilende im Vordergrund und so erfährt der Zuhörer Informationen über diesen. Was denkt er über das, was er sagt, wie ist er allgemein eingestellt, etc.
- **Die Appellebene:** Wünsche, Appelle, Ratschläge, oder Handlungsanweisungen werden übersendet.

Am anschaulichsten verdeutlicht diese vier Ebenen ein Beispiel: Hier die Aussage eines Mannes an seine Frau im Auto sitzend: „Die Ampel ist grün."

- Auf der **Sachebene** betrachtet ist die Aussage einfach zu prüfen: Sie ist wahr. Wenn die Frau die Nachricht auf dieser Ebene wahrnimmt, würde sie die Aussage eventuell kurz bestätigen und losfahren.
- Auf der **Beziehungsebene** hat dieser Satz eine ganz andere Bedeutung. Die Frau könnte verstehen, dass ihr Mann sagt, dass sie endlich fahren soll, oder dass er ihr damit zu verstehen gibt, dass er denkt, er könne besser Auto fahren und seine Frau würde seine Hilfe benötigen.
- Auf der **Selbstoffenbarungsebene** könnte aus dem Satz herausgelesen werden, dass der Mann seine Frau beim Autofahren unterstützen möchte, da er mehr wahrnimmt als sie.
- Auf der **Appellebene** könnte der Satz als Aufforderung verstanden sofort loszufahren und sich zu beeilen.

Gesagt wurde immer das Gleiche, nämlich „die Ampel ist grün." Du siehst an diesem Beispiel wie unterschiedlich etwas aufgefasst werden kann. Im Zweifel einfach nachfragen: „Ich habe es so verstanden, dass du mir sagen möchtest, dass ich schlechter Auto fahre als du." Jetzt hat der Gesprächspartner die Möglichkeit seine Aussage zum Ausdruck zu bringen. Also entweder mit Bestätigung oder mit dem Hinweis, dass es eine rein sachliche Aussage gewesen ist ohne weitere Überlegungen.

Dass sich allerdings Probleme und Missverständnisse nicht immer vermeiden lassen, sollte jedem klar sein. Um Probleme oder Fehlverhalten anzusprechen, gibt es eine Vier-Schritt-Methode, die, wenn man sie beachtet, dafür sorgt, dass man niemandem Vorwürfe macht, sondern sich sachlich mit dem jeweiligen Problem beschäftigt und dies auch seinem Zuhörer so darlegt. Wir wenden diese Methode in unserer Kanzlei bei Konflikten an.

Die vier Schritte lauten **Verhalten**, **Wirkung**, **Gefühl** und **Wunsch**:

- Zunächst solltest du Deinem Gegenüber sachlich und möglichst genau beschreiben, was dich stört, allerdings nicht mit Vorwürfen, oder Beschuldigungen, sondern mit klaren Bezügen (z. B.: Ich habe bemerkt,...; Mir ist aufgefallen,...) – hier wird nur der Sachverhalt ohne jede Wertung dargestellt!
- Im zweiten Schritt solltest du deutlich machen, was das beschriebene Fehlverhalten für Folgen haben wird, oder haben könnte. Benenne dabei alle relevanten Aspekte (z. B.: Das wird zur Folge haben,...; Ich befürchte, dass wird...).
- Beschreibe danach, wie du dieses Verhalten bewertest (z. B.: Ich empfinde dabei...; Für mich fühlt sich dieses...an).
- Abschließend solltest du Deinen Wunsch äußern, was sich zukünftig ändern sollte, bzw. mitteilen, welche Schlussfolgerung du daraus gezogen hast (z. B.: Deshalb habe ich mir überlegt,...; Daher bitte ich Sie...; Deshalb habe ich mich entschieden,...).

Natürlich können damit nicht alle Probleme aus der Welt geschafft werden, aber solange du dich an diese vier Schritte hältst, fühlt sich Dein Gegenüber zumindest nicht von unbegründeten Vorwürfen überrumpelt. Es ist sicher auch Übungssache diese vier Schritte auch bei höchsten Emotionen anzuwenden. Sollte es dennoch einmal zu einem Konflikt kommen, gebe ich dir den Hinweis auf die drei grundsätzlichen Streittypen mit auf den Weg, so dass du damit besser umgehen bzw. darauf eingehen kannst.

Der erste Streittyp ist der **Powerer**. Dieser ist der Überzeugung seine Gefühle immer gleich herausbringen zu müssen. Er hat Angst davor nicht wahrgenommen zu werden und benötigt daher immer sofort Bestätigung. Er verhält sich so, dass jeder sieht, wie viel er in ein Unterfangen investiert. Als gute Absicht steht hinter dieser Variante, dass Probleme immer gleich geklärt und Konflikte offen ausgetragen werden. Die Wut wird rausgelassen und ist damit weg. Dabei allerdings besteht die Gefahr andere zu verletzen und abzuwerten. Auch besteht bei Powerern häufig ein Hang zum Dominanzstreben. Der Powerer äußert die Kritik aber nur in der Sache, und nicht auf die Person selbst.

Powerer solltest du am besten ausreden lassen und nicht unterbrechen. Bei ihnen solltest du nicht kleinlich auf jedes Wort sondern besser die Agenda dahinter beachten. Versuch nicht Powerer zu verändern, sondern schätze sie so wert, wie sie sind und lass sie das auch wissen. Solltest du mit ihnen mal nicht weiterkommen, vereinbare am besten einen neuen Termin. Hierbei ist es wichtig, dass du dem Powerer mitteilst, dass du verstanden hast, welches Problem er hat und du dich darauf nur besser einstellen möchtest, bevor ihr das ganze final besprechen könnt. Dann kommt i. d. R. schnell Ruhe in das Gespräch.

Der zweite Streittyp ist der **Maurer**. Dieser versucht zwischenmenschliche Beziehungen zu schützen, indem er kleinere Probleme nicht anspricht und sich nicht über diese aufregt und ist der Überzeugung, es sich leisten zu können mehr für eine Beziehung zu unternehmen, als für sich selbst. Mit anderen aneinander zu geraten stellt für ihn eine Bedrohung dar und er hat Angst vor Kritik und auch davor, sich wirklich auf jemanden einzulassen. Er versucht mit seiner Ruhe Beziehungen zu schützen.

Maurer möchten andere nicht verletzen, versuchen aber diese zu ändern, so dass die Streitgrundlage entfällt. Sie lassen daher leider andere häufig im Unklaren und bringen sich nicht ein. Mit Maurern sollten gewisse Streitgrundsätze vereinbart werden, so zum Beispiel, dass es nicht immer um ein“ alles oder nichts“ geht, und auch, dass Auszeiten in Ordnung sind, aber man sich wieder versöhnen muss. Eine nützliche zu vereinbarende Regel kann sein: „Wer schmollt, kommt wieder!“

Der dritte Streittyp sind die **Kränker**. Diese sind der Überzeugung zu wissen, was jetzt genau in diesem Moment notwendig ist und benötigen darauf eine Reaktion, um sich lebendig zu fühlen. Sie denken keine Schwäche zeigen zu dürfen und versuchen ihr Gegenüber zu erreichen, mit allen zur Verfügung stehenden Mitteln.

Kränker kommen offen und direkt auf den Punkt. Sie halten andere auf Distanz, wollen aber im Grunde den Kontakt halten. Im Streit versuchen sie andere nieder und fertig zu machen und Schwachpunkte auszunutzen um sich selbst mächtiger zu fühlen. Das ist in dem Moment für das Gegenüber sehr unangenehm. Sie versuchen die Kontrolle zu behalten und wollen immer Recht haben, was zu Abgrenzung und Einsamkeit führt. Kränker wollen beachtet und wertgeschätzt werden.[1]

1 Vgl. auch wortwuchs.net/vier-ohren-modell; leadion.de/2015/11/20/streittypen.

V. Umgang mit Dritten

Beim allgemeinen Umgang mit Gesprächspartnern möchte ich hier vorweg auf das Kapitel Umgang mit Kollegen verweisen, in dem der Umgang mit verschiedenen Gesprächspartnern und auch eine sachliche Vorgehensweise, zum Ansprechen von Problemen, beschrieben werden.

Ein Angestellter einer Steuerberatungskanzlei sollte einen Betriebsprüfer in den Räumen der Steuerberatungskanzlei willkommen heißen, ihn mit der vorbereiteten Daten-CD ausstatten und ihm für Rückfragen zur Verfügung stehen. Die vorbereitete Daten-CD funktionierte nicht, die verantwortlichen Kanzleiinhaber waren nicht erreichbar. Da dachte sich der Angestellte: „Wenn ich die Daten exportiere sieht der Prüfer genau das, was wir auch sehen, wenn wir die Konten der Buchführung in unserem Programm durchschauen. Um hier keine Zeitpläne zu verpfuschen, und schließlich ist man ja hilfsbereit, setze ich den Prüfer einfach an einen Computer einer Kollegin im Urlaub, dann kann er sich das Ganze da anschauen und er sieht, wie kooperativ wir sind und drückt dadurch bestimmt mal ein Auge mehr zu.“

Was der Angestellte nicht wusste ist, dass bei der Buchführung zu den Konten hinterlegte Notizen nicht mitexportiert werden, wenn ein Export nach GDPdU durchgeführt wird. Er hat dem Betriebsprüfer hierdurch also Zugang zu Informationen verschafft, die er nicht erhalten sollte.

Grundsätzlich kann ich dir beim Umgang mit Dritten nur raten, Vorsicht walten zu lassen bei den Informationen, die du herausgibst. Natürlich bist du als zuvorkommender Dienstleister höflich, umgänglich und hilfsbereit, allerdings darf keine Information, die für dich und deine Kollegen und den jeweiligen Mandanten völlig normal ist und die natürlich sofort parat und gedanklich griffbereit sein muss, sollte dieser Mandant anrufen, an eine dritte, nicht autorisierte Quelle weitergegeben werden. Die Bandbreite von möglichen Dritten erstreckt sich hier vom Finanzamt über Banken, aber, je nach Mandant und jeweiliger Information, könnte dies auch der Ehegatte oder ein Angestellter des Mandanten sein. Bevor du also an irgendjemanden Informationen herausgibst überlege dir gut, ob dieser jemand, diese Informationen auch ganz sicher erhalten darf. Bist du dir unsicher, kann ich dir nur raten, auf jeden Fall vorher die Erlaubnis beim Mandanten darüber einzuholen. Die Verschwiegenheit ist elementar für die Zusammenarbeit zwischen Mandanten und Steuerkanzlei. Gib niemandem Informationen weiter, sofern dir dieses nicht ausdrücklich – am besten schriftlich – vom Mandanten erlaubt worden ist!

Erst vor kurzem erhielt ich einen Anruf einer Angestellten eines Mandanten, bei dem ich die Finanzbuchführung betreue. Meine Kollegin, die die Lohnbuchführung betreut, war an dem Tag nicht im Haus, jedoch benötigte meine Anruferin dringend die Lohnabrechnung der letzten drei Monate eines Kollegen von ihr. Ich versicherte ihr am Telefon, dass ich mich umgehend darum kümmern würde und ihr die angeforderten Unterlagen kurzfristig zumailen würde, weswegen ich mir ihre E-Mail-Adresse notierte, sowie, da ich noch nie zuvor mit ihr gesprochen hatte, die Telefonnummer, von der sie mich angerufen hatte. Die Telefonnummer deckte sich mit der betrieblichen Nummer unseres Mandanten, was mir schon einmal versicherte, dass sie keine fremde Person ist, die aus irgendeinem Grund an diese vertraulichen Informationen gelangen wollte, aber ob diese Angestellte nun berechtigt war diese Informationen zu erhalten wusste ich dadurch immer noch nicht. Gerade was das Gehalt betrifft, bin ich überzeugt, dass viele Unternehmer nicht wünschen, dass die jeweilige Belegschafft weiß, wer wie viel erhält und da ich meine Kollegin nicht fragen konnte, die Anfrage aber offensichtlich eilig war, habe ich den Mandanten, mit dem ich die Rückfragen zur Buchführung auch telefonisch kläre, kurz mobil angerufen und ihm die Sachlage erläutert, dass seine Angestellte diese Informationen bei mir angefordert habe und ob ich sie ihr durchgeben dürfe. Ich war mir natürlich vorher nicht sicher, wie der Mandant reagiert und ich denke, bei verschiedenen Menschen wird man hier auch auf verschiedene Arten von Reaktion treffen. Ich hatte Glück, denn mein Gesprächspartner bedankte sich für den Anruf und die Anfrage und gab mir die Erlaubnis, die Information weiterzugeben, was ich anschließend mit gutem Gewissen erledigte.

TKP-TIPP

Bei unklaren Verhältnissen nie vertrauliche Informationen herausgeben, vorher um Erlaubnis fragen, ggf. lieber auf einen anderen Tag verschieben, dabei ruhig erläutern, warum man verschiebt. Auch wenn der Anrufer evtl. mit Unverständnis reagiert sachlich und höflich bleiben und erklären, dass man sich erst absichern muss, bevor man vertrauliche Informationen weitergibt. Dies zeugt absolut von professionellem Verhalten und deine Mandanten werden es dir danken.

Wenn du mit Banken zu tun hast, behalte dabei immer im Hinterkopf, dass diese auch Dienstleister sind. Und das wahrscheinlich nicht nur für den Mandanten, wegen dem sie dich gerade anrufen. Sei also immer höflich und hilfsbereit.

Auch bei der Weitergabe von Informationen an Banken gibt es Punkte, die vor der Übersendung beachtet werden müssen. Wenn diese sich von sich aus melden und zum Beispiel Abschlüsse, oder monatliche Auswertungen anfordern, sollte auf jeden Fall vorher mit dem Mandanten darüber gesprochen werden, wofür die Bank diese wünscht, ob diese überhaupt weitergeleitet werden dürfen bzw. ob diese so in Ordnung sind oder, ob sie noch geändert werden müssen. Erwünscht sich der Mandant zum Beispiel einen Kredit, ist es natürlich besser, wenn das betriebliche Ergebnis möglichst hoch ausgewiesen wird, was für gewöhnlich im Gegensatz dazu steht, wie man eine Buchführung anfertigt, nämlich mit möglichst niedrigem betrieblichen Ergebnis für möglichst wenig Steuern. Hier sollte der Mandant auf jeden Fall vorher noch einmal darauf hingewiesen werden, dass es Auswirkungen auf das eventuelle Vorhaben haben kann und dass es hier evtl. einen Spielraum gibt, um das Ergebnis anzupassen, sollte dies noch gewünscht werden. Die Grenzen hierbei sind natürlich die Legalität der Wahlrechte. Eine Auswertung für die Bank und eine für das Finanzamt mit unterschiedlichen Ergebnissen darf es nicht geben. Damit würde dem Mandanten auch nicht geholfen werden, sondern eher das Vertrauen bei den Banken verspielen.

Im Umgang mit Dritten kommt man um eine Institution ganz sicher nicht herum: Dem Finanzamt. Im Allgemeinen kann ich dir nur raten, mit dem Finanzamt freundlich und höflich zu interagieren. Dort sind auch nur Menschen, die ihre Arbeit machen, und letztendlich die von dir eingereichten Fälle bearbeiten.

TKP-TIPP

Lasse dem Finanzamt alle Unterlagen zukommen, die es zur tatsächlichen Beurteilung eines Sachverhaltes auch benötigt. Das Motto lautet hier: So viel wie nötig, so wenig, wie möglich. Solange du aber noch unsicher im Umgang mit vertraulichen Informationen bist und nicht genau weißt, ob du dies oder jenes nun sagen darfst, oder nicht, halte dich lieber bedeckt. Teile Deinem Gegenüber mit, dass du dich lieber vorher mit einem Chef, oder einem Kollegen beraten müsstest und dich kurzfristig zurück melden würdest. Du musst ja niemandem sagen, dass du nicht antwortest, weil du dir nicht sicher bist, ob du das, was du weißt, nicht sagen darfst, sondern ein allgemein gehaltener Spruch, wie zum Beispiel: „Ja, dazu habe ich Informationen hier. Ich werte diese aus, kläre sie mit der Kanzleileitung ab und melde mich im Verlauf des Tages, spätestens morgen wieder bei Ihnen.", sind keinesfalls Eingeständnisse von mangelndem Wissen oder Entscheidungsfreudigkeit, sondern besagen, dass man sich um die Anforderung ordentlich kümmern wird. Insbesondere beim Finanzamt bin ich deswegen noch nie auf Unverständnis gestoßen.

VI. Schriftverkehr

Vorne weg sei gesagt, dass du Dich, was den Schriftverkehr angeht, vor allem an die direkten, individuellen Vorgaben deines Chefs bzw. der Kanzlei allgemein halten solltest, auch wenn diese z. T. nicht konform sind mit den Sachen, die du in der Berufsschule gelernt hast. Dein Chef hat nun einmal das Sagen und wenn er nach Anreden in Briefen möchte, dass du ein Ausrufezeichen verwendest, dann tust du das i. d. R. einfach, ob es für dich nun Sinn macht, oder nicht. Oder wenn die Anrede nicht „sehr geehrte Damen und Herren" lauten soll, sondern „sehr geehrter Mandant, sehr verehrte Mandantin", nimm dies erst einmal so hin und beachte es entsprechend. Solltest du nach ein paar Monaten merken, dass du einen innovativen, kritikfähigen und wandlungsbereiten Chef hast kannst du für solche Dinge, die du anders handhaben würdest, ja einen Verbesserungsvorschlag einreichen bzw. das direkte Gespräch suchen.

Als Hinweise zum Verfassen von Briefen kann ich dir folgende Tipps geben:

- Halte dich bei Briefen an eine förmliche Art und Ausdrucksweise, egal, an wen du den Brief schreibst. Auch wenn du mit dem Mandanten beim „Du" seien solltest, macht es einen negativen Eindruck, wenn dieser den Brief „Moin, hier ist Dein Jahresabschluss..." beispielsweise bei der Bank vorlegen sollte.
- Zwischen E-Mails und Briefen sollte hier aber durchaus unterschieden werden. Bei einer Übersendung per E-Mail, oder einer kurzen Auskunft darfst du hier durchaus einen persönlicheren Ton verwenden, sofern dies im Allgemeinen von Deiner Kanzleileitung gewünscht, bzw. gestattet, wird.
- Formuliere dein Anliegen genau aus und antworte ggf. auch direkt auf Fragen. Setzte eine Frist, nenne am besten das explizite Datum, vermeide Formulierungen wie: „binnen zwei Wochen".
- Schreibst du jemanden, zum Beispiel vom Finanzamt, direkt an, dann sprich ihn/sie in der Anrede und dem Rest des Briefes auch direkt an. Dies ist notwendiger Respekt und alles andere würde seltsam wirken.

Auf Grund des geltenden Zeichnungsrechts für Steuerberater, was besagt, dass Steuerberater die „wesentliche Korrespondenz" persönlich unterschreiben müssen, wirst du voraussichtlich nicht viel, sofern überhaupt, selber unterschreiben müssen, was du anfertigst. Sei darüber nicht verärgert, dies hat nichts mit mangelndem Vertrauen zu tun. Dein Chef ist gesetzlich dazu verpflichtet die „wesentliche Korrespondenz" selbst zu unterzeichnen und bevor hier noch vorher groß sortiert wird, wird einfach häufig die gesamte Ausgangspost vom Chef unterschrieben. So erhält er einen Einblick, wer sich mit was befasst hat und auch, was in seiner Kanzlei so vor sich geht. Schließlich muss er auch nach außen hin die Verantwortung für all das tragen, was aus seiner Kanzlei kommt, selbst, wenn er das Zeichnungsrecht an einen Angestellten abgegeben hätte, von daher kann man es ihm ja auch kaum verdenken, dass er dies noch einmal überfliegen will um ggf. Rücksprache zu halten, oder Fehler korrigieren zu lassen.

Um Zeit zu sparen, kann man sich für die Ausgangspost Vorlagen anfertigen. Bei der DATEV ziehen sich die einzelnen Platzhalter aus den Vorlagen die jeweiligen mandatsbezogenen persönlichen Daten, Anreden, Adressen und so weiter, ja sogar die jeweiligen Steuerberechnungen aus den einzelnen Programmen. Hier sind ein paar Beispiele:

Übersendung Einkommensteuerbescheid

Persönlich/Vertraulich
Frau Maxi Musterfrau
Musterstraße 1
11111 Musterstadt

Steuerbescheide für das Jahr 2015

Sehr geehrte Frau Musterfrau,

den uns übersandten Einkommensteuerbescheid für das Jahr 2015 vom TT.MM.2016 haben wir geprüft und nicht zu beanstanden./**Alt.**: zu beanstanden.

Der Bescheid entspricht in vollem Umfang der eingereichten Steuererklärung. **Alt.**: In folgenden Punkten ist das Finanzamt der eingereichten Erklärung nicht gefolgt:

Alt.: Der Bescheid ergeht unter dem Vorbehalt der Nachprüfung nach § 164 Abs. 1 AO. Wir weisen Sie darauf hin, dass das Finanzamt Ihren Betrieb möglicherweise für eine Betriebsprüfung für das Veranlagungsjahr vorgemerkt hat.

Aus dem Bescheid ergibt sich eine Einkommensteuernachzahlung (**Alt.**: -erstattung) i. H. von XX.XXX,XX €, die bis spätestens TT.MM.2016 an die Finanzkasse des Finanzamts X unter Angabe Ihrer Steuernummer und des Verwendungszwecks entrichtet werden muss. (**Alt.**: die zum Fälligkeitstag aufgrund der erteilten Einzugsermächtigung von Ihrem Konto abgebucht wird.)

Alt.: Die Steuererstattungen erfolgen auf die angegebene IBAN-Nummer bei der X-Bank im o. g. Steuerbescheid.

Bitte beachten Sie ebenfalls die neu festgesetzten Vorauszahlungen ab TT.MM.JJJJ.

Die Bescheide haben wir archiviert.

Alt.: Gegen diesen Bescheid ist das Rechtsmittel des Einspruchs zulässig.

Alt.: Für den Fall, dass Sie unsere Kanzlei mit der Führung des Einspruchsverfahrens beauftragen, möchten wir vorab darauf hinweisen, dass hierdurch weitere Kosten entstehen.

Alt.: Wir möchten Sie bitten, uns bis zum TT.MM.JJJJ mitzuteilen, wie Sie weiter verfahren möchten, damit wir gegebenenfalls innerhalb der Einspruchsfrist für Sie tätig werden können.

Alt.: Des Weiteren haben wir den geänderten X-Bescheid für das Jahr X geprüft. Dieser ist ebenfalls nicht zu beanstanden. Der Vorbehalt der Nachprüfung aus dem Ursprungsbescheid vom TT.MM.JJJJ wurde aufgehoben. Ihre Veranlagung für das Jahr X ist somit bestandskräftig.

(**Alt.**: Hier kann ein individueller Hinweis an den Mandanten eingefügt werden.)

Sollten sich hierzu noch Fragen ergeben, stehen wir Ihnen selbstverständlich gern zur Verfügung.

Mit freundlichen Grüßen

Übersendung Jahresabschluss

Persönlich/Vertraulich
Herrn Max Mustermann
Musterstraße 1
11111 Musterhausen

Jahresabschluss und Steuererklärungen für das Jahr 2016

Sehr geehrter Herr Max Mustermann,

anliegend erhalten Sie folgende Unterlagen für das Jahr 2016:

- Bericht über die Erstellung des Jahresabschlusses zum 31. 12. 2016 (3-fach)
- Steuerbilanz zum 31. 12. 2016
- Erklärung zur gesonderten und einheitlichen Feststellung von Grundlagen für die Einkommensbesteuerung (2-fach)
- Gewerbesteuererklärung (2-fach)
- Umsatzsteuererklärung (2-fach)
- Vollständigkeitserklärung zum Jahresabschluss 2016

Wir möchten Sie bitten, die Steuererklärungen sowie die Vollständigkeitserklärung nach Durchsicht zu unterschreiben. Bitte senden Sie uns zwecks Weiterleitung an das Finanzamt die Steuererklärungen, die Steuerbilanz sowie die Vollständigkeitserklärung zurück.

Sollte das Finanzamt den einzureichenden Steuererklärungen in vollem Umfang folgen, ergibt sich Folgendes:

Die Berichte sowie eine Ausfertigung der Steuererklärungen sind für Ihre Unterlagen bestimmt.

Mit dem Auswertungsbrief aus dem September 20XX vom TT.MM.JJJJ wurde Ihnen eine voraussichtliche Steuerberechnung i. H. von XXX,XX € mitgeteilt. Wie Sie der o. g. Steuermitteilung entnehmen können, entspricht dieses der berechneten Steuer in der Steuererklärung.

Alt.: Die Differenz zu der berechneten Steuer in der Steuererklärung ergibt sich aus folgenden Sachverhalten: ....

Des Weiteren fügen wir diesem Schreiben unsere Honorarrechnung mit der Bitte um Ausgleich innerhalb von zehn Tagen bei. (**Alt.**: *Lastschrift*: Des Weiteren fügen wir diesem Schreiben unsere Honorarrechnung bei, die wir aufgrund der uns erteilten Einzugsermächtigung zum Fälligkeitstag von Ihrem Konto einziehen werden.)

Sollten sich hierzu noch Fragen ergeben, stehen wir Ihnen selbstverständlich gern zur Verfügung.

Mit freundlichen Grüßen

TKP-TIPP

Arbeite immer möglichst sorgfältig, egal, ob ein Schriftstück nun noch einmal gegengelesen wird, oder nicht. Solltest du inhaltliche Fragen haben kläre diese vorab da dein Chef die jeweiligen Poststücke (insbesondere Standartschreiben) evtl. nur kurz überfliegt, bevor er sie unterschreibt.

Und als wohl wichtigsten Tipp möchte ich dir hier noch auf den Weg geben: Unterschreibe niemals Jahresabschlüsse oder Prüfungsberichte! Das ist Steuerberatern/Wirtschaftsprüfern vorbehalten. Wenn du deine Korrespondenz selber unterschreiben darfst ist das schön und gut, aber unterschreibe nie anderes. Dazu bist du rechtlich nicht befugt und schon durch diese Unterschrift kannst du gesetzlich belangt werden.

Beim Thema Schriftverkehr ist natürlich ebenfalls der Umgang mit dem Posteingang wichtig. Grundsätzlich denke ich, muss ich dir hierzu nicht viel erklären. Jeder freut sich über eine kurze Rückmeldung, ob die Post angekommen ist und auch Post ohne explizit gesetzte Fristen will nicht ewig unbeantwortet bleiben.

TKP-TIPP

Bearbeite Eingangspost am besten möglichst kurzfristig. Sollte dies zeitlich gerade einmal nicht machbar sein, schau sie dir auf jeden Fall an, ob du hier oder da zumindest ein kurzes Feedback an den Absender geben möchtest, damit dieser nicht auf die Beantwortung seiner Post warten muss. Sollte sich die tatsächliche Bearbeitung verzögern reicht für gewöhnlich schon eine kurze Nachricht: „Ich habe Ihre Unterlagen erhalten und werden diese voraussichtlich im Laufe der nächsten Woche bearbeiten. Sollte ich noch weitere Unterlagen, oder Informationen benötigen werde ich mich bei Ihnen melden.“ Damit wissen die Mandanten erst einmal Bescheid und wundern sich auch nicht, wenn doch noch etwas fehlen sollte und angefordert wird. Auch beim Prüfen von Bescheiden sollte nicht zu lange gewartet werden. Da der Original-Bescheid am Ende doch zum Mandant geht wird dieser sich wundern, oder gar verärgert sein, wenn du ihn gebeten hast kurzfristig noch ein paar Unterlagen herauszusuchen, die eiligst zum Finanzamt müssen, obwohl der Bescheid schon ca. einen Monat bei dir liegt. Ebenso aufgepasst bei Erstattungen: Diese werden für gewöhnlich ziemlich zügig an die Mandanten gezahlt und entspricht diese Summe nicht der prophezeiten Höhe kann dies schnell zu entsprechenden Anrufen führen. Besser, du bist dann bereits vorbereitet und kannst dem Mandanten erklären, woher die Differenz kommt und ob er mit der Erstattung des Restbetrags noch rechnen kann, oder eher nicht.

TKP-TIPP II

Ein weiterer wichtiger Tipp, der allerdings auch eher in die Büro-Organisation im Allgemeinen geht, ist dieser, nicht nur beim Eingang von Bescheiden eine postalische Frist zu erfassen, sondern dies auch bei allen anderen postalischen Anforderungen von Auskünften, Unterlagen, oder ähnlichem zu tun. So kann sichergestellt werden, dass eigene Fristen nicht versäumt werden, aber auch im Krankheitsfall sofort eine Übersicht über die noch zu erledigenden Aufgaben einzusehen ist und jeder sehen kann, wo eventuell eine Frist verschoben werden, oder wo man kurzfristig eine Erledigung anstreben muss.

VII. Fort- und Weiterbildung

Fort- und Weiterbildungen machen einen großen Teil des Berufsumfanges des Steuerfachangestellten aus. Einerseits dienen Fortbildungen dazu, trotz der Änderungen im Steuerrecht, welche an der Tagesordnung sind, immer auf dem aktuellsten Stand zu bleiben. Weiterbildungen dienen andererseits dazu, sich ein erweitertes Fachwissen anzueignen, welches im Umkehrschluss mehr Verantwortung, ein umfassenderes Tätigkeitsgebiet und außerdem eine erhöhte Vergütung bedeutet.

Im Folgenden gehe ich auf die bekanntesten Weiterbildungsmöglichkeiten für den Steuerfachangestellten ein. Dabei verwende ich grundsätzlich die folgende Gliederung:

- Zulassungsvoraussetzung
- Lehrgangsdauer
- Lehrgangskosten
- Tätigkeitsfeld
- Vergütung

Bei allen Weiterbildungsmöglichkeiten wird eine unterschiedlich lange Berufserfahrung vorausgesetzt. Das Steuerberatungsgesetz definiert unter Berufserfahrung eine praktische Tätigkeit mit einem Umfang von mindestens 16 Wochenstunden. Grundsätzlich sei noch gesagt, dass ein Vorbereitungskurs keine Zulassungsvoraussetzung ist. Es bleibt also dir überlassen, ob du dich hierfür entscheidest. Ich empfehle dir aber einen Vorbereitungskurs. Außerdem sei noch gesagt, dass es sich bei der Vergütung um den deutschlandweiten Durchschnitt handelt. Die Vergütung variiert je nach Region sowie Größe des Betriebs.

1. Bilanzbuchhalter

Als Bilanzbuchhalter erstreckt sich dein Aufgabengebiet über die Organisation des Finanz- und Rechnungswesens, die Erstellung von Zwischen- und Jahresabschlüssen sowie den dazugehörigen Steuererklärungen. Außerdem analysierst und interpretierst du den wirtschaftlichen Erfolg eines Unternehmens und erstellst Zahlenauswertungen, welche die Grundlage für spätere Management-Entscheidungen sind. Du arbeitest eng mit der Geschäftsführung zusammen und unterstützt diese bei der Entscheidungsfindung.

Als **Zulassungsvoraussetzung** für die Prüfung zum Bilanzbuchhalter benötigst du eine abgeschlossene kaufmännische Berufsausbildung mit einer Ausbildungsdauer von drei Jahren sowie zusätzlich eine Berufserfahrung im kaufmännischen Bereich von ebenfalls drei Jahren. Die Fortbildung ist aber auch möglich, wenn du ein abgeschlossenes wirtschaftswissenschaftliches Studium abgelegt hast und zusätzlich über eine Berufserfahrung von zwei Jahren verfügst.

Die **Lehrgangsdauer** des Bilanzbuchhalters ist abhängig von der Art des Lehrgangs und des Anbieters. Bei einem Fernlehrgang ist durchschnittlich eine Dauer von 18 Monaten mit 15 Wochenstunden notwendig. Bei Vollzeitlehrgängen verkürzt sich diese Zeit auf durchschnittlich fünf Monate bis hin zu einem Jahr. Berufsbegleitende Lehrgänge in Teilzeitform haben im Durchschnitt eine Dauer zwischen eineinhalb und zwei Jahren.

Tätigkeitsfelder eines Bilanzbuchhalters sind:

- Leitung des Rechnungswesens
- Erstellung von Buchführungen (z. B. Opos-Buchhaltung und Anlagenbuchführung)
- Erstellung von Bilanzen sowie des Anhangs
- Erstellung von Steuererklärungen (z. B. Gewerbesteuer-, Umsatzsteuererklärungen)
- Erstellung von Steueranmeldungen (z. B. Umsatzsteuervoranmeldung)
- Vertretung des Betriebs gegenüber dem Finanzamt
- Beratung der Geschäftsleitung
- Betriebswirtschaftliche Beratung
- Kosten- und Leistungsrechnung
- Mahnwesen oder Inkassobereich

Die **Lehrgangskosten** betragen je nach Anbieter zwischen 3.000 und 4.000 €. Zusätzlich zu den Kursgebühren entstehen Kosten wie die Prüfungsgebühr von 500 €, die Bearbeitungsgebühr von 50 € sowie Kosten für die entsprechende Fachliteratur.

Als **Vergütung**[1] erhältst du im bundesweiten Durchschnitt nach der bestandenen Weiterbildung zum Bilanzbuchhalter einen Bruttojahreslohn von 43.000 bis 47.000 €, was einem monatlichen Bruttoarbeitslohn von 3.500 bzw. 3.900 € entspricht.

2. Steuerfachwirt

Als Steuerfachwirt kannst du in Kanzleien eine gehobene Position einnehmen. Du bist die „rechte Hand" des Chefs und wirkst bei der Wirtschaftsprüfung und Steuerberatung mit oder bist im Bereich der Unternehmensberatung tätig. Zusätzlich erstellst du Jahresabschlüsse und Steuererklärungen sowie die Lohn- und Finanzbuchhaltung. Du betreust außerdem komplexere Mandate und berätst Mandanten bei der Minimierung der Steuerlast.

Als **Zulassungsvoraussetzung** für die Prüfung zum Steuerfachwirt benötigt man eine abgeschlossene Berufsausbildung zum Steuerfachangestellten oder eine gleichwertige Berufsausbildung (z. B. Bankkaufmann oder Rechtsanwaltsfachangestellter) mit einer Ausbildungsdauer von drei Jahren, sowie zusätzlich eine Berufserfahrung im kaufmännischen Bereich von ebenfalls drei Jahren.

Die **Lehrgangsdauer** ist wie auch beim Bilanzbuchhalter abhängig von der Art des Lehrgangs und des Anbieters. Bei einem Fernlehrgang beträgt die Lehrgangsdauer im Durchschnitt 18 Monate bei einer wöchentlichen Lehrgangsdauer von 8 bis 10 Stunden. Bei einer berufsbegleitenden Weiterbildung im Teilzeitunterricht variiert die Lehrgangsdauer zwischen 12 und 24 Monaten.

Bei bereits vorhandenen, fundierten Fachkenntnissen und einem ausgeprägten Grundlagenwissen werden außerdem so genannte Kompaktkurse angeboten, bei denen das Fachwissen, welches stark auf das bestehende Wissen aufbaut, so intensiviert vermittelt wird, dass diese Kurse i. d. R. nur wenige Tagen dauern.

1 http://www.roberthalf.de/gehalt

Tätigkeitsfelder eines Steuerfachwirts sind u. a.:

- Lohnbuchhaltung
- Finanzbuchhaltung
- Steuererklärungen
- Jahresabschlüsse
- außergerichtliche Rechtsbehelfsverfahren
- Erbschaft- und Schenkungssteuer
- komplexe Beratungsgespräche

Die **Lehrgangskosten** betragen je nach Anbieter zwischen 1.500 und 4.200 €. Zusätzlich erhebt die Steuerberaterkammer eine Prüfungsgebühr zwischen 350 und 400 €. Die Kosten für die eben erwähnten Kompaktkurse betragen i. d. R. zwischen 200 und 700 €.

Als **Vergütung** erzielst du im bundesweiten Durchschnitt nach der bestandenen Weiterbildung zum Steuerfachwirt einen Bruttojahreslohn von 39.000 bis 44.000 €, was einem monatlichen Bruttoarbeitslohn von 3.200 bzw. 3.600 € entspricht. Wobei es hier erhebliche regionale Unterschiede gibt.

TKP-TIPP

Durch die abgeschlossene Fortbildung zum Steuerfachwirt verkürzt sich, ebenfalls wie bei der Fortbildung zum Bilanzbuchhalter, die zeitliche Berufserfahrung, welche zur Zulassung zur Steuerberaterprüfung notwendig ist, von zehn auf sieben Jahre.

3. Bachelor of Arts

Wenn es dein Ziel ist Steuerberater zu werden, so ist ein wirtschaftswissenschaftliches Studium die schnellste Möglichkeit hierzu. Nach einem abgeschlossenen wirtschaftswissenschaftlichen Studium mit einer Regelstudienzeit von drei Jahren benötigst du nach dem abgeschlossenen Studium eine zusätzliche Berufserfahrung von drei Jahren. Sollte die Regelstudienzeit vier Jahre betragen, so ist eine zusätzliche Berufserfahrung von zwei Jahren notwendig. Somit kannst du mit einem Gesamtaufwand von sechs Jahren Steuerberater werden. Eine abgeschlossene Ausbildung zum Steuerfachangestellten ist hierfür nicht notwendig.

Für die **Zulassung** zum Studium benötigst du entweder das Abitur oder die Fachhochschulreife, welche aus einem schulischen Teil, der i. d. R. nach dem Abschluss der 12. Klasse absolviert wurde und einem berufsbezogenen Teil, welcher aus einem einjährigen Berufspraktikum oder einer abgeschlossenen Berufsausbildung besteht.

Bezüglich der **Studiendauer** unterscheidet man zwischen zwei Arten von Bachelor-Studiengängen:

Einmal das Vollzeitstudium, welches i. d. R. 40 Wochenstunden umfasst, sowie das berufsbegleitende Studium. Das berufsbegleitende Studium unterteilt sich einmal in das Blockmodell, bei dem das Studium und der Berufliche Teil sich in Blöcken von einem bis drei Monaten abwechseln sowie das Teilzeitmodell, bei dem das Studium am Abend und/oder an Wochenenden stattfindet.

Bei einem berufsbegleitenden Studium ergibt sich z. B. der Vorteil der finanziellen Unabhängigkeit, da du neben dem Studium noch berufstätig bist und weiterhin Gehalt beziehst. Ein weiterer Vorteil ist außerdem die Verknüpfung von wissenschaftlicher Theorie und unternehmerischer Praxis. Ein weiterer Vorteil wäre, dass ein Großteil der Arbeitgeber die Studiengebühren, wie sie z. B. an privaten Hochschulen anfallen, übernimmt. Ein Nachteil des berufsbegleitenden Studiums ist, dass du kein klassisches Studentenleben führst, sondern in deiner Freizeit stark eingeschränkt bist.

Das Vollzeitstudium besticht dagegen mit dem Charme des typischen Studentenlebens und freier Zeiteinteilung. Außerdem überwiegt hier der wissenschaftliche Teil, was sowohl Vor- als auch Nachteil sein kann. Ein Nachteil ist hier aber ganz klar das fehlende Einkommen, welches du dir als Werkstudent oder mit einem Nebenjob aufbessern musst. Um die wissenschaftliche Theorie in der unternehmerischen Praxis umzusetzen, musst du hier Praktika belegen.

Tätigkeitsfelder nach erfolgreichem Abschluss des Studiums sind u. a.:

- Erstellung der Finanzbuchhaltung
- Erstellung der Lohnbuchhaltung
- Erstellung von Bilanzen sowie des Anhangs
- Erstellung von Steuererklärungen (z. B. Gewerbesteuer-, Umsatzsteuererklärungen)
- Kosten- und Leistungsrechnung
- Finanzierung und Investitionsvorbereitung
- Analysen (z. B. Wirtschaftlichkeitsanalyse)
- Internationales Steuerrecht
- Rechnungsprüfung
- Controlling
- Mitwirkung bei der Prüfung von Jahresabschlüssen

Auch bei den **Studiengebühren** unterscheidet sich wieder das Vollzeitstudium von dem Teilzeitstudium. Es fallen je nach Bundesland evtl. Studiengebühren an. Außerdem entstehen Kosten für die Fachliteratur. Da ein berufsbegleitendes Studium i. d. R. an einer privaten Fachhochschule stattfindet, entstehen hier Kosten für die Studiengebühr i. H. von einmalig 10.000 bis 14.000 € sowie ebenfalls Kosten für die benötigte Fachliteratur.

Die Studiengebühr kannst du selbstverständlich in Monatsbeiträgen zahlen.

Als **Vergütung**[1] erzielst du Im bundesweiten Durchschnitt erzielst du nach dem abgeschlossenen wirtschaftswissenschaftlichem Bachelorstudium einen Bruttojahreslohn von 39.000 bis 42.000 €, was einem monatlichen Bruttoarbeitslohn von 3.200 bzw. 3.500 € entspricht. Auch hier gibt es aber erhebliche Unterschiede innerhalb der Regionen Deutschlands.

4. Steuerberater

Als Steuerberater kannst du selbstständig eine Kanzlei führen oder als leitender Angestellter bei Unternehmensberatungen, Versicherungen sowie Banken beschäftigt sein.

An dieser Stelle gehen wir auf zwei berufsspezifische Möglichkeiten ein, die Fortbildung zum Steuerberater zu absolvieren.

1 http://karrierebibel.de/einstiegsgehalt/

- die Fortbildung zum Steuerberater angefangen mit der Ausbildung zum Steuerfachangestellten
  Um zum Steuerberaterexamen zugelassen zu werden, benötigst du eine kaufmännische abgeschlossene Berufsausbildung mit einer Ausbildungsdauer von drei Jahren sowie zusätzlich eine Berufserfahrung im kaufmännischen Bereich von zehn Jahren.
  Wie bereits im TKP-Tipp erwähnt, kannst du die Berufserfahrung, welche zur Zulassung zur Steuerberaterprüfung notwendig ist, von den eben erwähnten zehn Jahren auf sieben Jahre verkürzen, wenn du die Fortbildung zum Steuerfachwirt oder zum Bilanzbuchhalter erfolgreich abgeschlossen hast.
- die Fortbildung zum Steuerberater angefangen mit einem wirtschaftswissenschaftlichen Studium
  Du kannst die Fortbildung zum Steuerberater aber auch absolvieren, wenn du keine abgeschlossene Ausbildung zum Steuerfachangestellten absolviert hast, denn eine Zulassung zum Steuerberaterexamen ist ebenfalls möglich, wenn du einen Abschluss eines wirtschafts- oder rechtwissenschaftlichen Studiums vorweisen kannst. Bei einer Regelstudienzeit, von weniger als vier Jahren, benötigst du zusätzlich als Zulassungsvoraussetzung eine Berufserfahrung im kaufmännischen Bereich von drei Jahren. Bei einer Regelstudienzeit von mindestens vier Jahren verkürzt sich die nötige Berufserfahrung auf zwei Jahre.

Als **Zulassungsvoraussetzung** für das Steuerberaterexamen benötigt man ein abgeschlossenes Studium sowie zusätzlich eine Berufserfahrung im kaufmännischen Bereich von ebenfalls zwei bis drei Jahren (abhängig vom Studium).

Bis zur Ernennung zum Steuerberater sollte viel **Vorbereitungszeit** eingeplant werden. ist es ein weiter Weg. Das Steuerberaterexamen besteht aus einer schriftlichen Prüfung, welche drei jeweils sechsstündige Klausuren beinhaltet und einem mündlichen Teil, bestehend aus einem Kurzvortrag und anschließenden Fragerunden. Im Bundesdurchschnitt liegt die Durchfallquote der Steuerberaterprüfung bei rd. 50 %. Die Steuerberaterprüfung ist sehr anspruchsvoll und darf nur dreimal angetreten werden, danach darf die Prüfung nicht mehr abgelegt werden. Daher empfiehlt sich ein Vorbereitungskurs. Die Vorbereitungskurse unterscheiden sich in ihrem Umfang. So gibt es unter anderem:

- Berufsbegleitende Vorbereitungskurse, welche i. d. R. 12 bis 18 Monate vor der Steuerberaterprüfung beginnen und einmal in der Woche stattfinden.
- Fernvorbereitungskurse, welche i. d. R. zwischen 40 und 50 Stunden Selbststudium in der Woche beanspruchen.
- Vollzeitvorbereitungskurse, welche im Durchschnitt eine Gesamtdauer von 8 bis 15 Wochen umfassen. Die Kurse finden fünf bis sechs Tage in der Woche statt.

Tätigkeitsfelder eines Steuerberaters sind insbesondere

- Beratung in Steuersachen (z. B. Rechtsformwechsel oder Unternehmensgründung)
- Prüfung von Steuerbescheiden
- Begleitung von Betriebsprüfungen
- Erstellung von Steuerklärungen (z. B. Einkommensteuer-, Körperschaftsteuer-, Gewerbesteuer-, Umsatzsteuer-, Erbschaftsteuer- und Schenkungsteuererklärungen)

- Erstellung von Steueranmeldungen (z. B. Lohnsteuer-, Kapitalertragsteuer- und Umsatzsteuervoranmeldung)
- Antragsstellungen (z. B. Kindergeld, Antrag auf Eigenheimzulage).
- Einrichtung von Buchführungen
- Erstellung von Buchführungen
- Einrichtung von Lohnbuchführungen
- Erstellung von Lohnbuchführungen
- Erstellung von Abschlüssen (Einnahmenüberschussrechnung und Jahresabschluss oder Sonderformen wie Eröffnungsbilanz, Zwischenabschluss, Auseinandersetzungsbilanz, Liquidationsbilanz und Erläuterungsberichte).
- Vertretung in Steuerstrafsachen und Bußgeldangelegenheiten
- Insolvenzberatung

Du kannst sowohl im Angestelltenverhältnis arbeiten oder dich, wie mehr als 70 % aller Steuerberater, selbständig machen und deine eigene Steuerberatungskanzlei eröffnen.

Die **Kosten** für einen Vorbereitungskurs variieren je nach Art der Vorbereitung zwischen 3.000 und 6.000 €. Ferner werden außerdem Kurse angeboten, die gezielt auf die mündliche Prüfungssituation vorbereiten. Diese Kosten betragen zwischen 500 und 1.700 €. Hinzu kommen außerdem noch die Prüfungsgebühren i. H. von rund 1.000 € sowie eine Zulassungsgebühr von 200 €.

Als **Vergütung** erzielst du im bundesweiten Durchschnitt nach dem bestandenen Steuerberaterexamen bei einer Berufserfahrung von drei bis fünf Jahren im Angestelltenverhältnis einen Bruttojahreslohn von 61.000 bis 69.000 €, was einem monatlichen Bruttoarbeitslohn von 5.000 bzw. 5.700 € entspricht.

5. Wirtschaftsprüfer

Als Wirtschaftsprüfer verfügst du über ein sehr breit gefächertes Tätigkeitsspektrum. Angefangen von betriebswirtschaftlichen Prüfungen, den Jahresabschlüssen wirtschaftlicher Unternehmen und treuhänderischer Verwaltung, bist du zusätzlich befugt als Sachverständiger aufzutreten. Da etwa 85 % der Wirtschaftsprüfer vor ihrem Examen bereits das Steuerberater-Examen abgeschlossen haben, sind die meisten Wirtschaftsprüfer quasi doppelt qualifiziert auf diesem Gebiet.

Als **Zulassungsvoraussetzung** für die Prüfung zum Wirtschaftsprüfer benötigst du ein abgeschlossenes Studium mit einer Regelstudienzeit von acht Semestern und zusätzlich eine Berufserfahrung von drei Jahren. Sollte die Regelstudienzeit acht Semester unterschreiten, so ist eine Berufserfahrung von vier Jahren erforderlich.

Solltest du über kein abgeschlossenes Studium verfügen, so kannst du auch zum Wirtschaftsprüferexamen zugelassen werden, wenn du entweder eine mindestens zehnjährige Tätigkeit in der Wirtschaftsprüfung oder eine fünfjährige Tätigkeit als Steuerberater oder vereidigter Buchprüfer vorweisen kannst.

Auch hier solltest du viel **Vorbereitungszeit** einplanen: Das Wirtschaftsprüferexamen untergliedert sich in eine schriftliche Prüfung, bestehend aus sieben Klausuren mit einem Zeitumfang von je vier bis sechs Stunden, sowie eine mündliche Prüfung, welche aus einem Vortrag und einer anschließenden Fragerunde besteht. Im Bundesdurchschnitt liegt die Durchfallquote des Wirtschaftsprüferexamens bei rd. 48 %. Die Lehrgangsdauer der Prüfungsvorbereitung auf das Wirtschaftsprüferexamen umfasst eine Dauer von 12 bis 16 Monaten. In der Regel umfasst ein Lehrgang einen Wochenaufwand von 15 Stunden.

Tätigkeitsfelder eines Wirtschaftsprüfers sind insbesondere:

- Erstellung von Jahresabschlüssen
- Erstellung von Konzernabschlüssen
- Prüfung von Jahresabschlüssen
- Prüfung von Konzernabschlüssen
- Sonderprüfungen (z. B. Kreditwürdigkeitsprüfung, Sanierungsprüfung)
- Unternehmensbewertungen
- Erstellung von Bilanzen
- Erstellung von Steuererklärungen
- Begleitung von steuerlichen Außenprüfungen
- Vertretung gegenüber dem Finanzamt
- Nationale und internationale Steuerplanungs- und Gestaltungsberatung
- Gestaltung von Verträgen (z. B. Gesellschaftsverträge, Satzungen)
- Beratung bei der Wahl der Unternehmensrechtsform
- Steuergestaltungsberatung bei Unternehmensneugründungen
- Steuerliche Beratung im Rahmen der Unternehmensnachfolge
- Treuhandtätigkeit (z. B. Verwaltung fremden Vermögens oder von Nachlässen, Insolvenzverwaltung)
- Existenzgründungsberatung
- Finanz- und Liquiditätsplanung

Du kannst sowohl im Angestelltenverhältnis arbeiten oder dich, wie mehr als 25 % aller Wirtschaftsprüfer, selbständig machen und deine eigene Kanzlei eröffnen.

Die **Lehrgangskosten** betragen je nach Anbieter zwischen 3.000 und 7.000 €. Zusätzlich erhebt die Wirtschaftsprüferkammer eine Zulassungsgebühr von 500 € sowie eine Prüfungsgebühr von 3.000 €.

Als Vergütung erzielst du im bundesweiten Durchschnitt nach dem bestandenen Wirtschaftsprüferexamen bei einer Berufserfahrung von sechs bis neun Jahren im Angestelltenverhältnis einen Bruttojahreslohn von 89.000 bis 110.000 €, was einem monatlichen Bruttoarbeitslohn von 7.400 bzw. 9.100 € entspricht.

Das folgende Schaubild stellt für den zeitoptimierten Leser noch einmal die einzelnen und Fort- und Weiterbildungsmöglichkeiten dar.

01 Ausbildung zum Steuerfachangestellten

Dauer: 3 Jahre | Vergütung nach Abschluss: Ø 34.000 € p. a. | Tätigkeitsfelder: Büroarbeiten, Finanzbuchführung, Lohnbuchhaltung, Jahresabschlüsse, Steuererklärungen, Prüfung von Steuerbescheiden, Erstellen von Schriftsätzen, Mandantenauskünfte
Gesamtdauer bis zum Steuerberaterexamen: 13 Jahre

3 Jahre Berufserfahrung

02 Weiterbildung zum Steuerfachwirt/ Bilanzbuchhalter

Dauer: Ø 18 Monate | Vergütung nach Abschluss: Ø 43.000 € p. a. | Lehrgangskosten: Ø 4.000 € | Tätigkeiten: Lohnbuchhaltung, Finanzbuchhaltung, Steuererklärungen, Jahresabschlüsse, außergerichtliche Rechtsbehelfsverfahren, Erbschaft- und Schenkungssteuer, komplexe Beratungsgespräche, Beratung der Geschäftsleitung, Betriebswirtschaftliche Beratung
Gesamtdauer bis zum Steuerberaterexamen: 10 Jahre

4 Jahre Berufserfahrung

10 Jahre Berufserfahrung

01 Wirtschaftswissenschaftliches Studium

Dauer: 3 Jahre | Vergütung nach Abschluss: Ø 40.500 € p. a. Lehrgangskosten: Ø 12.000 € | Tätigkeitsfelder: Erstellung der Finanzbuchhaltung, Erstellung der Lohnbuchhaltung, Erstellung von Bilanzen sowie des Anhangs, Erstellung von Steuererklärungen, Kosten- und Leistungsrechnung, Finanzierung und Investitionsvorbereitung, Analysen, Internationales Steuerrecht, Rechnungsprüfung, Controlling, Mitwirkung bei der Prüfung von Jahresabschlüssen
Gesamtdauer bis zum Steuerberaterexamen: 6 Jahre

3 Jahre Berufserfahrung

* Bei den Bruttogehältern handelt es sich um den bundesweiten Durchschnitt. Die Vergütung variiert je nach Region und Größe des Unternehmens.

03 Steuerberater

Dauer: Ø 15 Monate | Vergütung nach Examen: Ø 65.000 € p. a. | Lehrgangskosten: Ø 6.000 € | Tätigkeitsfelder: Beratung in Steuersachen, Prüfung von Steuerbescheiden, Begleitung von Betriebsprüfungen, Erstellung von Steuererklärungen, Erstellung von Steueranmeldungen, Antragsstellungen, Finanzbuchhaltung, Lohnbuchhaltung, Abschlüsse, Vertretung in Steuerstrafsachen und Bußgeldangelegenheiten, Insolvenzberatung

5 Jahre Berufserfahrung

04 Wirtschaftsprüfer

Dauer: Ø 14 Monate | Vergütung nach Examen: Ø 99.000 € p. a. | Lehrgangskosten: Ø 8.500 € | Tätigkeitsfelder: Prüfung von Jahresabschlüssen, Erstellung von Jahresabschlüssen, Prüfung von Konzernabschlüssen, Erstellung von Konzernabschlüssen, Sonderprüfungen, Unternehmensbewertungen, Erstellung von Bilanzen, Erstellung von Steuererklärungen, Begleitung von steuerlichen Außenprüfungen, Vertretung gegenüber dem Finanzamt, Nationale und internationale Steuerplanungs- und Gestaltungsberatung, Gestaltung von Verträgen, Beratung bei der Wahl der Unternehmensrechtsform, Steuergestaltungsberatung bei Unternehmensneugründungen, Steuerliche Beratung im Rahmen der Unternehmensnachfolge, Treuhandtätigkeit, Existenzgründungsberatung, Finanz- und Liquiditätsplanung

* Bei den Bruttogehältern handelt es sich um den bundesweiten Durchschnitt. Die Vergütung variiert je nach Region und Größe des Unternehmens.

VIII. Kontinuierlicher Verbesserungsprozess (KVP)

1. Was ist unter einem KVP zu verstehen?

Hast du gute Ideen für Verbesserungen? ... Häufig ist es ja leider so, dass diese nicht angenommen oder durchgesetzt werden.

In jeder Kanzlei, auch bei euch, gibt es geregelte Abläufe. Stellst du dir nicht auch ab und zu mal die Frage, ob es nicht auch einfacher geht? Oder gibt es die Möglichkeit, einen Arbeitsschritt zu überspringen bzw. in einem Arbeitsschritt gleich zwei Sachen zu erledigen? Genau hier kannst du aktiv werden: Denn das Ziel eines KVP ist, Zeit einzusparen und ggf. Kosten bzw. Aufwand zu sparen, welche an anderer Stelle genutzt werden können. Die Kanzleiorganisation soll reibungsloser gestaltet und jeder Kollege informiert werden.

2. KVP als fester Bestandteil der Kanzleiprozesse

Der kontinuierliche Verbesserungsprozess sollte zu einem festen Bestandteil der Kanzlei werden – z. B. durch die Verankerung in der Kanzleiphilosophie bzw. -strategie Es ist wichtig, den bestehenden Zustand immer wieder in Frage zu stellen. Der KVP lebt von dem engagierten und kreativen Beitragen aller Mitarbeiter!

3. Vorlage Vorschlagsbogen TdI

<table>
<tr><td>Vorschlag:</td><td></td></tr>
<tr><td>Ausgearbeitet von:</td><td></td></tr>
<tr><td colspan="2">Problematik, die diesem Vorschlag zu Grunde liegt:</td></tr>
<tr><td colspan="2">Welches Ziel verfolgt der Vorschlag?</td></tr>
<tr><td colspan="2">Welchen Nutzen hat die Kanzlei durch die Umsetzung dieses Vorschlags?</td></tr>
<tr><td colspan="2">Ausarbeitung:
(hier bitte detailliert angeben, wie der Vorschlag umgesetzt werden soll => Checkliste, Anweisungen etc.) ggf. auf gesondert beigefügtem Blatt</td></tr>
<tr><td colspan="2">Wie kann die Zielerreichung gemessen werden?
(Benennung der Ziel-/Messgröße und des IST-Werts/Vergangenheitswerts)</td></tr>
<tr><td>Welche Ressourcen, Mittel und Mitarbeiter werden zur Umsetzung benötigt?</td><td></td></tr>
<tr><td>Den Vorschlag soll/könnte folgender Mitarbeiter umsetzen:</td><td></td></tr>
</table>

Nur durch die Kanzleileitung auszufüllen:

<table>
<tr><td colspan="2">Anmerkungen/Kritik Kanzleileitung
(Ideen zur Verbesserung des Vorschlags, Kritik bei Nichtgefallen)</td></tr>
<tr><td>Der Vorschlag wird umgesetzt</td><td>☐ ja ☐ nein</td></tr>
<tr><td>Feedback an den vorschlagenden Mitarbeiter gegeben?</td><td>☐ ja ☐ nein</td></tr>
<tr><td>Den umsetzenden Mitarbeiter informiert?</td><td>☐ ja ☐ nein</td></tr>
</table>

BEISPIEL FÜR EIN KVP: Wir arbeiten, wie du sicherlich schon festgestellt hast, sehr viel mit Checklisten. Da kann das Problem auftreten, dass die Vollmachten, die bei einem Neumandat herausgegeben werden, nicht mehr aktuell sind. Genau dies kann z. B. in Form eines KVP aktualisiert bzw. optimiert werden.

4. Verantwortlichkeit

Jeder ist für die kontinuierliche Verbesserung zuständig und soll dazu ermutigt werden.

Der Mustervorschlagsbogen wird bis zum Punkt: „Den Vorschlag soll/könnte folgender Mitarbeiter umsetzen:" von dir ausgefüllt. Danach kann dieser von der Kanzleileitung durchgeschaut und die Umsetzbarkeit der Vorschläge geprüft werden. Nach dem Feedback der Kanzleileitung wird der KVP von dir umgesetzt. – Hier liegt die Verantwortung dann bei dir. Die Vorschläge werden in eine Liste (s. u.) mit einem Umsetzungsziel (d. h. es gibt eine zeitliche Frist, bis wann dieser durchgeführt bzw. erledigt sein soll) eingetragen. Sind besonders gute Vorschläge dabei, kann dies eine besondere Anerkennung verdienen, was nicht zuletzt dazu beitragen wird, dass in Zukunft solche Vorschläge vorgetragen werden.

Die Umsetzung des Vorschlags kann innerhalb des durch die Kanzleileitung gesteckten zeitlichen Rahmens unter Ausnutzung der zur Verfügung stehenden finanziellen Mittel erfolgen. Für die Umsetzung der Ideen muss nicht zwingend der in dem Vorschlagsbogen genannte Mitarbeiter verantwortlich sein. Dies kann auch von der Kanzleileitung anderweitig verteilt werden. Sollten Probleme bei der Umsetzung bestehen, kann auf Unterstützung der Kanzleileitung gezählt werden.

Liste der KVPS

Nr.	Datum	Vorschlag	Von	Vorschlag wird umgesetzt	Stand der Umsetzung
1	XX.XX.XXXX	Kontrolle der Aktualität von Vollmachten	Mitarbeiter (Name)	Jahresabschluss (von der Kanzleileitung im Vorschlagsbogen ausgefüllt)	100 %
2	XX.XX.XXXX	…	Mitarbeiter (Name)	…	…

5. Tag der Ideen

Du kannst deinem Chef auch Vorschlagen, einen „Tag der Ideen" (TdI) ein- bzw. durchzuführen. Dies soll dir und deinen Kollegen die Möglichkeit geben, sich selbst und die Arbeitsabläufe zu hinterfragen und die Abläufe zu optimieren.

Die Planung des TdI kann beispielweise das Sekretariat oder ein Auszubildender übernehmen. Sinnvoll ist es, den TdI an zwei Tagen durchzuführen. So kann sich die Hälfte der Mitarbeiter voll und ganz auf den TdI konzentrieren. Die anderen Kollegen können den täglichen Ablauf bewerkstelligen und für Rückfragen zur Verfügung stehen. Optimal ist es, wenn die Kanzleileitung/ Teamleiter die Aufteilung der Gruppe planen – denn nicht jeder Mitarbeiter in einer Kanzlei macht unbedingt das gleiche bzw. gibt es Mitarbeiter, die sich mit einigen Themenbereichen tiefer auseinandergesetzt haben als andere.

Am TdI muss für die Mitarbeiter nicht grundsätzlich Anwesenheitspflicht bestehen. Es sollte nur sichergestellt werden, dass die Ausarbeitung gewissenhaft und vollständig erfolgt. Dies kann durch die Verwendung des Vorschlagbogens (vgl. S. 41) gewährleistet werden.

6. Offene Fehlerkultur

Im Zusammenhang mit dem KVP kann man die sog. „offene Fehlerkultur" einführen. Sei mal ehrlich zu dir: Hast du auch schon mal einen Fehler gemacht? Beispielweise die falsche BWA an den falschen Mandanten geschickt? Hier gibt es die Möglichkeit, alle Fehler in einer Liste zu sammeln. Diese wird dann vorzugsweise bei einer Monatsbesprechung diskutiert. Das soll verhindern, dass gleiche Fehler wiederholt werden, des Weiteren können hierdurch auch eventuelle Schwachstellen in Abläufen optimiert werden.

Fehlersammlung

Datum	**Was wurde falsch gemacht?**	**Durch wen?**	**Was muss gemacht werden um zukünftig diesen Fehler zu vermeiden?**
XX.XX.XXXX	Vergessen die BWA zum Mandanten zu schicken	Auszubildende/r	Sorgfältiger arbeiten
...			

Genauso wie es eine Fehlerliste gibt, gibt es auch eine Lobliste. Hier sollten alle Dinge eingetragen werden, die positiv aufgefallen bzw. gut gelaufen sind.

Folgende **Tipps** sollten hierbei berücksichtig werden:

1. Lobe zeitnah
2. Gehe auf das Besondere der Leistung ein
3. Entwerte durch Lob nicht die Arbeit anderer
4. Lobe die/den Richtige/n
5. Vermeide Neid unter den Kollegen
6. Übertreibe mit dem Lob nicht
7. Formuliere Kritik und Lob stets separat

Also nicht für Alltägliches oder zu Erwartendes loben, sondern für spontane Hilfe oder Kleinigkeiten, die große Wirkung hatten. Das hilft dabei, sich auf das Positive zu konzentrieren und nicht nur auf die Fehler zu achten.

Lobsammlung

Datum	**Was muss gelobt werden?**	**Wer?**	**Warum?**
XX.XX.XXXX	Langer Arbeitstag	Auszubildende/r	Bis in den Abend eine eilige Fristsache erledigt
...			

IX. Neuer Mitarbeiter

In meiner letzten Kanzlei habe ich mich total auf meinen ersten Arbeitstag gefreut. Ich war schon Wochen vorher nervös und aufgeregt auf den neuen Arbeitsplatz und habe mir sehr viele Gedanken darüber gemacht. Wie die Arbeit dort wohl abläuft, ob die Kollegen und Chefs nett sind oder wie ich mich wohl im neuen Büro zu Recht finden werde.

Als dann der erste Tag war, ist meine Vorfreude jedoch gedämmt worden. Ich kam in der Kanzlei an, es war eine sehr kleine Kanzlei und niemand wusste wirklich von mir. Die Mitarbeiter und auch der Chef haben gedacht, ich würde erst vier Wochen später anfangen – was für ein Gefühl. Ich fühlte mich richtig fehl am Platz. Dementsprechend war natürlich auch nichts vorbereitet und ich hatte keinen vernünftigen Arbeitsplatz. Wer möchte sowas schon gerne erleben? Ich wurde dann erst mal neben eine Kollegin gesetzt und das eine Woche lang, was mir echt unangenehm war, weil ich das Gefühl hatte, sie zu stören.

Damit sowas nicht passiert gibt es einige praktische Tipps, womit sich der neue Mitarbeiter bei euch in der Kanzlei wohlfühlen kann. Man darf nie vergessen der erste Eindruck zählt! Erinnert euch immer selbst daran, wie aufgeregt ihr gewesen seid, als ihr euren ersten Arbeitstag gehabt habt. Beachtet dieses beim ersten Tag des neuen Kollegen.

Was kann man machen um dem neuen Kollegen einen guten Start zu ermöglichen?

Im Folgenden erläutere ich dir, wie wir das bei uns in der Kanzlei machen. Du kannst die Punkte gerne mit deinem Chef besprechen und auch übernehmen. Am besten ist natürlich wenn man das einheitlich für alle Kollegen übernimmt. Falls dein Chef diese Ratschläge nicht befürwortet, kannst du die folgenden Tipps und Vorlagen ja trotzdem gerne für dich nutzen. Somit wird die Mitarbeitereinführung nicht langweilig oder fällt dir zur Last, sondern macht Spaß!

1. Einrichtung Arbeitsplatz

Der erste Schritt ist, dass du für den neuen Mitarbeiter einen neuen Arbeitsplatz im Büro suchst. Natürlich einen freien Platz, der auch dir gefallen würde, denn niemand hat Lust, seinen Arbeitsplatz zu teilen. Wichtig ist hierbei, dass du das machst, bevor der erste Arbeitstag des Mitarbeiters ist. Falls etwas fehlt ist dann noch genug Zeit, um es zu ordern. Bei uns in der Kanzlei ist das Sekretariat dafür zuständig. Es ist wichtig, dass die Aufgaben festgelegt sind, nicht das sich niemand dafür verantwortlich fühlt. Jeder neuer Mitarbeiter bekommt zu seinem ersten Tag einen Blumenstrauß, eine unterschriebene Karte und ein Buch. Ich persönlich habe mich damals sehr darüber gefreut, wer würde das nicht?

In unserer Kanzlei wird mit DATEV gearbeitet. Der Administrator legt den neuen Kollegen an und stellt ihm die Anmeldedaten zur Verfügung, damit der Kollege gleich loslegen kann.

An dem ersten Tag wird der Mitarbeiter in der Kanzlei herumgeführt. Es werden ihm alle Räumlichkeiten gezeigt und die Kollegen werden vorgestellt, damit er sofort weiß, wo er was in unserer Kanzlei findet. Zur Orientierungshilfe bekommt er noch einen Kanzleiplan.

TKP-TIPP

Sofern noch nicht vor Dienstantritt geschehen, muss dem neuen Mitarbeiter noch die Verschwiegenheitserklärung zur Unterschrift an den Arbeitsplatz gelegt werden.

2. Mentor

Der neue Kollege bekommt für eine bestimmte Zeit einen Mentor an die Seite gestellt. So wird er nicht sich selbst überlassen, sondern hat während der ersten Zeit einen direkten Ansprechpartner. Der Mentor sollte möglichst nah am Arbeitsbereich des neuen Kollegen sein. Wenn der Mentor z. B. ein Lohnsachbearbeiter ist und der neue Kollege in der Finanzbuchhaltung arbeitet, bringt dies nicht allzu viel. Der Mentor führt den Kollegen durch die Kanzleiabläufe und vermittelt ihm alle relevanten organisatorischen Regeln der Praxis. Anhand der im Folgenden aufgeführten Liste ist genau zu sehen, welche Punkte noch fehlen. Alle Posten sind genauestens zu besprechen. Der Mentor soll sich die Zeit nehmen, die der neue Kollege braucht, um die Prozesse zu verstehen.

3. Feedback

Wichtig für beide Seiten ist das Feedback. Gerade wenn der neue Mitarbeiter schon Berufserfahrung in anderen Kanzleien gesammelt hat, ist das sehr wichtig für uns. Denn nur wenn wir ständig an uns selber und somit auch an der Kanzlei arbeiten, entwickeln wir uns weiter. Ein neutraler Blick sieht immer mehr. Nach einem Jahr sind die Prozesse so sehr verinnerlicht, dass mir Sachen, die wir eventuell einfacher gestalten könnten, gar nicht mehr auffallen.

In unserer Kanzlei gibt es Feedbackgespräche mit dem neuen Kollegen. Das Erste findet nach einem Monat statt. Hier geht es vor allem um Ehrlichkeit und den ersten Eindruck. Niemand soll sich verstellen, nur weil man denkt, ein Nicken könnte besser ankommen, als etwas dagegen zu sagen. Hier wird Ehrlichkeit von beiden Seiten verlangt.

4. Meilensteine

Mit dem ersten Feedbackgespräch werden die Meilensteine vereinbart. Das sind Ziele für die weitere Probezeit. Die vereinbarten Ziele sind in den Monaten fünf und sechs der Probezeit zu erfüllen. Bis zum vierten Monat brauch der Mitarbeiter Zeit, um sich in die Prozesse einzuarbeiten – diese Zeit sollte er natürlich auch bekommen.

Die Meilensteine werden schriftlich vereinbart und bei dem Mitarbeiter am Arbeitsplatz an die Wand gehängt. Bei uns in der Kanzlei gilt Transparenz – alle Zielvereinbarungen sind so offen einzusehen.

5. Beendigung Probezeit

Kurz vor Ablauf der Probezeit (im sechsten Monat) ist die bisherige Arbeitsleistung anhand der vereinbarten Meilensteine auszuwerten. Hierzu gibt es wieder ein Gespräch mit der Kanzleileitung. Nur wenn die vereinbarten Meilensteine erreicht worden sind, gilt die Probezeit als bestanden.

Bei dieser Entscheidung spielen auch die Arbeitskollegen eine Rolle. Insgesamt sind vier Kollegen und die beiden Chefs bei dem Gespräch anwesend. Wenn die Meilensteine geschafft sind, ist der erste Teil bestanden. Zum zweiten Teil wird unter den Anwesenden abgestimmt, ob der neue Kollege auch menschlich ins Team passt. Es kann natürlich immer sein, dass der neue Kollege eine super Arbeit macht aber einfach nicht ins Team passt und somit auch nicht in die Kanzlei. Bei der Abstimmung gilt das Mehrheitsprinzip. Wenn z. B. die Chefs gegen den neuen

Kollegen stimmen, aber alle vier Arbeitskollegen dafür, gilt die Probezeit als bestanden. Dieser Schritt ist sehr wichtig, da die Kanzleileitung oft gar nicht im direkten Verhältnis zum neuen Mitarbeiter steht – dafür aber die Kollegen.

TKP-TIPP

Benutze die Liste Mitarbeitereinführung und die Einarbeitung des neuen Kollegen wird für beide Seiten eine tolle Erfahrung! Biete deinem Chef einfach an, dass du dich bei der nächsten Mitarbeitereinstellung um die Abläufe kümmern möchtest. Natürlich kannst du die Liste beliebig verändern und auch um Punkte ergänzen, die wir vergessen haben.

6. Vorlagen

- Verschwiegenheitserklärung
- Liste Mitarbeitereinführung
- Vereinbarung Meilensteine

Verpflichtung zur Verschwiegenheit

Hiermit bestätige ich, dass ich heute von

Max Mustermann Steuerberatung
Max Mustermann Straße 1
99999 Musterstadt

gemäß § 62 Steuerberatungsgesetz zur beruflichen Verschwiegenheit sowie zur Wahrung des Datengeheimnisses gemäß § 5 Bundesdatenschutzgesetz verpflichtet worden bin.

Ich bin darüber belehrt worden, dass sich die Verschwiegenheitspflicht auf alles erstreckt, was mir in Ausübung oder bei Gelegenheit meiner beruflichen Tätigkeit anvertraut worden oder bekannt geworden ist oder noch anvertraut werden oder bekannt gegeben wird.

Die **Pflicht zur Verschwiegenheit** erstreckt sich insbesondere auf

1. Namen, Anschriften sowie die persönlichen und wirtschaftlichen Verhältnisse aller Auftraggeber, ihre Absichten, Objekte, Planungen und internen Verhältnisse.
2. Die persönlichen, wirtschaftlichen und steuerlichen Verhältnisse meines Arbeitgebers und der anderen im Büro tätigen Personen.
3. Alle Äußerungen nicht nur gegenüber Fremden, sondern auch gegenüber Angehörigen i. S. von § 15 Abgabenordnung, das sind Verlobte, Ehegatten und sonstige in dieser Vorschrift genannte nahe stehenden Personen.

Zur **Wahrung der Verschwiegenheitspflicht** habe ich zudem insbesondere zu beachten, dass

1. ich nicht berechtigt bin, fremden, mit der Sache nicht befassten Personen Einblick in Post, Geschäftssachen, Belege und sonstige Unterlagen zu gewähren oder derartige Unterlagen an mich zu nehmen oder sie ohne ausdrücklichen Auftrag an Dritte herauszugeben, auch nicht in Abschrift oder Fotokopie.
2. Alle im Büro vorkommenden Vorgänge unter Verschluss zu halten sind, soweit dies möglich ist.

Die Verschwiegenheitspflicht bleibt auch nach Beendigung des Dienstverhältnisses bestehen.

Über die unten abgedruckten gesetzlichen Bestimmungen über die Verschwiegenheitspflicht des steuerberatenden Berufs bin ich belehrt worden.

Eine Ausfertigung dieser Verpflichtungserklärung wurde mir ausgehändigt.

Musterstadt, Datum	Unterschrift Arbeitnehmer

Mitarbeitereinführung				
Was?		Wer?	zu wann?	erledigt?
Begrüßung				
	Mitarbeiterrundgang	TL	1. Tag	
	Ende 2. Woche			
	Zielebuch	Mentor	Ende 2. Woche	
	Blumen und Mäusebuch	Sek	1. Tag	
	Nutzung der Spiel-, Spaß- und Wellnessmöglichkeiten	TL	1. Tag	
	Schlüsselübergabe	Sek	1. Tag	
Allgemeine Verwaltung				
	Bedienung Telefon und Fax	Mentor	1. Tag	
	Pausenzeiten	Mentor	1. Tag	
	Geburtstagsregelung für Geschenke	Mentor	1. Tag	
	Nutzungsmöglichkeiten „Food-Lounge"	Mentor	1. Tag	
	Postabläufe (Unterschriftenregelungen)	Mentor	1. Tag	
	Hinweis für Mandantenbesuche	Mentor	1. Tag	
	Erklärung Pendelordner	Mentor	1. Tag	
Outlook				
	Mailabfrage	Mentor	1. Tag	
	Kalender	Mentor	1. Tag	
	Telefonliste	Mentor	1. Tag	
	Abwesenheits-Assistent	Mentor	1. Tag	
	Kontakte	Mentor	1. Tag	
Arbeitsplatz				
	Zeiterfassung	Mentor	1. Tag	
	Auftragsbezogene Bearbeitung	Mentor	1. Tag	
	Rechnungsschreibung	Mentor	bei erster Erledigung	
	Erklärung Gesamtpauschalen	Mentor	bei erster Erledigung	
	Fristen und Termine	Mentor	1. Tag	
NWB Datenbank				
	Kurze Einweisung	Mentor	2. Tag	
	Einleitung in Programm „ProCheck"	Mentor	2. Tag	
	eine Buchhaltung zusammen bearbeiten	Mentor	bei erster Erledigung	

	Einstellung BKB-Auswertungen	Mentor	bei erster Erledigung	
	JA und Gewinnermittlung EÜR	Mentor	bei erster Erledigung	
	Einweisung Abschlussvorlagen	Mentor	beim ersten JA	
AP-Compact				
	EÜR	Mentor	bei erster Erledigung	
	mit Plausi	Mentor	bei erster Erledigung	
	ohne Plausi	Mentor	bei erster Erledigung	
Vertrauensstufen				
	Abläufe erklären	Mentor	Ende 2. Woche	
Feedback				
	Abläufe erklären	Mentor	Ende 2. Woche	
Ingentis Planungstool				
	Abläufe erklären	TL	Ende 2. Woche	
Besprechung von evtl. Schulungsmaßnahmen				
	NWB	TL	1. Woche	

TL = Teamleiter, Sek = Sekretariat

Vereinbarungen von Meilensteinen während der Probezeit

Persönliche Daten

	Frau	Vorname:		
	Herr	Nachname:		
Mitarbeiternummer:				
Probezeit von:			bis:	

	Zielinhalt	Größe	Bewertungskriterien	Monat
1.				4. Monat
2.				5. Monat
3.				5. Monat
4.				6. Monat
5.				6. Monat

Benötigte Schulungen:

	Schulung	Wer kümmert sich?	Wann?
1.			
2.			
3.			
4.			
5.			

Der Mitarbeiter verpflichtet sich dazu, diese Ziele zu erreichen.

Ort, Datum	Unterschrift Kanzleileitung	Unterschrift Mitarbeiter

X. Mitarbeiteraustritt

Nun haben wir bereits über das Thema „Neuer Mitarbeiter“ (vgl. S. 45) gesprochen. Natürlich kann es aber auch passieren, dass uns ein Kollege verlässt. Entweder auf eigenen oder auf Wunsch der Kanzleileitung. Hierzu gibt es einige Punkte, die zu beachten sind, um nichts zu vergessen:

Checkliste Mitarbeiterweggang * Bitte zutreffendes ankreuzen!

Was?	Wer?	zu wann?	erledigt?
Mitteilung der Kündigung/Intern			
Mitarbeiterweggang wird Kollegen mitgeteilt			
durch - Ex-AN*			
durch - KL (Mitarbeiterversammlung)*			
Zeitpunkt der Kündigung bzw. des Ausscheidens nennen*			
Mitteilung der Kündigung/Extern			
Mitarbeiterweggang wird Mdt. mitgeteilt			
durch - Ex-AN*			
durch - KL*			
durch - AN nach Mitarbeiterweggang*			
evtl. Liste von Mdt. erstellen, welche bereits über den Mitarbeiterweggang Bescheid wissen	Ex-AN		
Bewältigung der Mehrarbeit			
To-do-Liste erstellen	Ex-AN		
Besprechung der zu erledigenden Aufgaben mit KL/TL	Ex-AN/KL/TL		
Analyse der Mehrarbeit durch die KL + Entscheidung über Weiteres vorgehen	KL		
Kontrolle der Mitarbeitereinsatzplanung	KL		
evtl. Verschiebung von Terminen mit Mdt., damit die Mehrarbeit von einem Kollegen geschafft werden kann (Abgabe JA etc.)	KL		
evtl. Überstunden	KL		
evtl. Hilfe von einer Fremdkraft für die Mehrarbeit anfordern	KL		
Mitarbeiterplatz neu besetzen			
Sollte die freie Stelle nicht durch die vorhandenen Arbeitnehmer zu ersetzen sein, so sollte umgehend Ersatz gesucht werden	KL		

Nachdem die Kündigung des Arbeitnehmers mit der Kanzleileitung besprochen wurde, wird in einer Versammlung das Team darüber unterrichtet. Dies schafft sofort Transparenz und lässt die Gerüchte gar nicht erst aufkommen.

Bei der Besprechung kann der zukünftige Ex-Kollege gerne anwesend sein. Es ist auf jeden Fall der Zeitpunkt der Kündigung/des Ausscheidens offen zu besprechen und auch die weitere Verfahrensweise gegenüber den Mandanten festzulegen. Es ist auch wichtig, die anderen Kollegen darauf vorzubereiten, dass die nächste Zeit etwas stressig wird, aber dass es sich hierbei um eine Übergangssituation handelt. Natürlich muss die Arbeit erstmal aufgefangen werden, aber am Ende zählt der „Team-Gedanke".

Der ausscheidende Kollege sollte für das Kanzleiteam zeitnah eine To-Do-Liste erstellen, welche Aufgaben noch zu erledigen sind. Ebenfalls sind bevorstehende Termine zu besprechen. Hierzu eignet sich die folgende Vorlage.

Vorlage To-Do-Liste

Mdt.Nr.	Mandant	Was?	Dok.Nr. DMS	erledigt?	wer?

Für die bevorstehende Umverteilung der Aufgaben muss jeder Mitarbeiter seine Planung aktuell halten und schauen, ob er noch freie Kapazitäten zur Verfügung hat. Gegebenenfalls können andere Arbeiten wie z. B. Jahresabschlüsse umverteilt werden, so wird niemand überlastet.

Am letzten Arbeitstag des ehemaligen Mitarbeiters sollte unbedingt darauf geachtet werden, dass alles erledigt ist. Wichtig ist auch der Abwesenheitsassistent in Outlook sowie das automatische Umleiten der E-Mails.

TKP-TIPP

Die automatische Antwort könnte wie folgt lauten: „Ihre Mail kann leider nicht an den/die Arbeitnehmer/in Frau/Herr XX zugestellt werden, da diese/r aufgrund beruflicher Umorientierung nicht mehr für unsere Kanzlei tätig ist. Bitte wenden Sie sich an das Sekretariat unter 04721-XX oder senden Sie eine E-Mail an info@kanzlei.de. Ihr neuer Sachbearbeiter stellt sich Ihnen in Kürze vor. Vielen Dank für Ihr Verständnis."

Auch die To-Do-Liste muss am letzten Arbeitstag noch einmal überprüft werden, damit keine Aufgaben unerledigt bleiben.

Eventuell kann von den Mitarbeitern eine Kleinigkeit gesammelt werden, um ein Präsent zu organisieren. – Aber das entscheidet ihr natürlich selbst.

B. Leistungsprozesse und Praxishilfen

I. Finanzbuchhaltung

1. Strukturierung der Buchführung

1.1 Interne Einrichtung der Buchhaltung

Bei der Übernahme eines Neumandanten bekommt der Sachbearbeiter oft von dem Steuerberater, der das Übernahmegespräch geführt hat, persönlich lediglich ein paar kurze Informationen über den neuen Mandanten auf einem Zettel überreicht. In dem Fall sollte er zunächst nach weiteren Informationen fragen oder Verständnisschwierigkeiten klären: Denn nach einer Woche kann sich kein Beteiligter mehr an das Gespräch erinnern. Ein Neumandant fühlt sich nicht besonders geschätzt, wenn er einen Tag später die gleichen Fragen nochmal gestellt bekommt. Wir haben hierfür in unserer Kanzlei einen Extrabogen anfertigen lassen, in dem die wichtigsten Informationen eingetragen werden, damit so ein Fall wie oben beschrieben nicht mehr vorkommen kann.[1] Hat man nun die wichtigsten Informationen zusammen, kann mit der Einrichtung der Buchhaltung begonnen werden. Im besten Fall hat der vorherige Steuerberater die gleiche Software wie man selbst. In unserer Kanzlei arbeiten wir mit den Programmen der DATEV. Hier erfolgt die Datenübernahme über das Rechenzentrum, welche man beim Übertrag problemlos über das Programm „Bestandsdienste Rechnungswesen" einspielen kann.

Sollte der vorherige Steuerberater des Mandanten eine andere Software als die eigene benutzen, verfügt diese evtl. über eine Export-Funktion. Ansonsten können die Daten anhand der Summen- und Saldenliste über Jahresverkehrszahlen (JVZ) verbucht werden. Im SKR 03 werden hier anhand der Jahreswerte sämtliche Soll-/Habenbewegungen über das Konto #9090 Summenvortrag verbucht.

Kontrolle: Nachdem sämtliche Werte verbucht sind, muss das Konto #9090 den Saldo Null ergeben.

Ob die Daten nun anhand der JVZ oder über die Bestandsdienste eingespielt wurden: Es empfiehlt sich immer, die Endsalden anhand der Summen- und Saldenliste zu kontrollieren, da es vorkommen kann, dass nach der Erstellung der letzten Auswertung noch Korrekturbuchungen erfolgt sind.

Hier eine kleine Checkliste für die Vorgehensweise der **Einrichtung der Buchhaltung**:

- ► Abstimmung mit dem Vorberater, ab welchem Monat die Buchhaltung übernommen wird.
- ► Anforderung der Daten für Kanzlei-Rechnungswesen (DATEV Übernahmeprotokoll; DATEV Export über ASCI Format; oder per PDF-Datei (Kontenblätter und Summen- und Saldenliste)).
- ► Wichtig: Sollten bereits Vorjahre existieren, empfiehlt es sich diese auch mit anzufordern, um z. B. einen Vorjahresvergleich zu erstellen und eventuelle Abweichungen zu erkennen.
- ► Einrichtung des Kontenrahmens – Wechsel des SKR ist immer nur zum Jahreswechsel möglich.

1 Vorlage: Dokumentation zur Übergabe von Neumandanten, S. 2.

- Nach erfolgreichem Übertrag der Daten werden diese eingespielt und die Salden mit der Summen- und Saldenliste verglichen.
- Für die Vorgehensweise der Einspielung der Daten gibt es diverse Anleitungen
- In den meisten Fällen wird das Anlagevermögen nicht mit übertragen. Hier muss immer die Auswertung „Entwicklung des Anlagevermögens" mit angefordert werden, da hier sämtliche Daten wie z. B. Anschaffungskosten, Nutzungsdauer und Datum aufgeführt sind. Das Anlagevermögen wird per Hand nachgetragen und entsprechend im Anschaffungsjahr aktiviert. Über die Funktion in Kanzlei-Rechnungswesen pro „Abstimmung Anlagenbuchführung" können eventuelle Differenzen leicht erkannt werden.

TKP-TIPP

Sollte nur das aktuelle Jahr eingespielt sein und Vorjahre existieren, wird bei der manuellen Eintragung des Anlagenverzeichnisses immer das Anschaffungsdatum korrekt angegeben – nicht z. B. 1. 1. 2017. In der Zeile Buchwert wird dann der aktuelle Buchwert zum 1. 1. 2017 ermittelt und die Abschreibung wird vom Programm automatisch weiterberechnet.

TKP-TIPP II

Bei einer Mandatsübernahme kann es öfter durch den Übertrag der Mandantendaten und die Zusammenstellung der ersten Buchhaltung zu einer verspäteten Abgabe der Umsatzsteuer-Voranmeldung kommen. Es ist daher sinnvoll, im Voraus telefonisch beim zuständigen Finanzamt eine Verlängerung der Abgabe der Voranmeldung zu beantragen. Sollte durch eine Mandatsübernahme ein Verspätungszuschlag festgesetzt werden, erlässt das Finanzamt i. d. R. auf Antrag den Verspätungszuschlag, wenn die Versäumnis entschuldbar erscheint.

1.2 Kontrolle der Stammdaten

Zunächst sind die Stammdaten zu kontrollieren und ggf. anzupassen.

In den Stammdaten des Mandanten sind folgende Punkte zu kontrollieren:

- Bezeichnung des Unternehmens
- Einstellung korrekter Sachkontenrahmen
- Länge der Sachkonten: 4
- Besteuerungsart: Soll- oder Ist-Versteuerung/Keine Umsatzsteuerrechnung
- Voranmeldezeitraum: Monat/Quartal/keine Voranmeldung
- Meldezeitraum ZM: keine Angabe/Monat/Quartal/Jahr
- ggf. bei dem Feld Fristverlängerung den Haken setzen
- OPOS: Funktion Nutzung aktivieren
- Branchenschlüssel
- Finanzamt/Steuernummer

Es ist wichtig, dass die Stammdaten korrekt hinterlegt sind, da das Buchhaltungsprogramm die hinterlegten Werte für die Buchführung nutzt.

TKP-TIPP

Es empfiehlt sich in der Kanzlei einheitlich den SKR 03 oder SKR 04 zu verwenden. Dieses erleichtert die Arbeit des Sachbearbeiters. Sollte durch eine Mandatsübernahme bisher ein anderer Kontenrahmen genutzt werden, kann die Umstellung auf den anderen Kontenrahmen ab dem Folgejahr erfolgen. Unterjährig ist ein Wechsel des Kontenrahmens nicht möglich.

1.3 Erste Schritte der Arbeitsabläufe mit dem Mandanten

Wie im Kapitel Neuaufnahme Mandant (S. 1) bereits beschrieben, sollten nun sämtliche Vollmachten vorliegen und der Mandant in der EDV angelegt sein. Die Vorstellung des Sachbearbeiters sollte bereits persönlich erfolgt sein.

Bei der Einrichtung des Mandanten sind noch ein paar verwaltungstechnische Dinge mit dem Mandanten zu klären, bevor es mit der eigentlichen Buchhaltung losgeht.

Wichtig ist es zunächst, mit dem Mandanten einen **Abgabetermin der Buchhaltung** zu vereinbaren, damit einerseits der Mandant die Buchhaltungsunterlagen rechtzeitig einreicht und andererseits das eigene Zeitmanagement passend gestaltet werden kann. In der Regel bearbeitet ein Sachbearbeiter nicht nur eine Buchhaltung. Wenn nun zehn Buchhaltungen an einem Tag eingereicht werden, kann es leicht zur Überforderung des Sachbearbeiters kommen.

TKP-TIPP

Auch bei internen Buchhaltungsumverteilungen sollte der Abgabetermin immer mit dem neuen Sachbearbeiter abgestimmt werden.

Bei uns im Hause gilt dazu noch der Grundsatz der **„5-Tages-Regel“** – dem Mandanten wird hier zugesichert, dass die Buchhaltung innerhalb von 3 bis 5 Arbeitstagen fertiggestellt ist. Ein entsprechendes Ziel kann ich nur jeder Steuerberatungskanzlei empfehlen. So wird einerseits sichergestellt, dass die Buchhaltung nicht ewig beim Sachbearbeiter liegt (z. B. bei der Befreiung zur Abgabe der Umsatzsteuer-Voranmeldung), andererseits weiß der Mandant auch über den Ablauf der Arbeitsweise Bescheid und kann sich darauf verlassen, dass die Buchhaltung innerhalb von 5 Tagen fertig gestellt ist.

Weiter bietet es sich an, einen kanzleieigenen **Pendelordner** zu erstellen – z. B. mit folgenden Laschen: Allgemeines - Kasse - Bank - Forderungen - Verbindlichkeiten - Lohn - Abschlussunterlagen - Chef-Fach (Info StB). Der Pendelordner mit dem eigenen Kanzleilogo kann individuell erstellt und pro Mandant in zweifacher Ausfertigung verteilt werden. So hat der Mandant immer einen Ordner bei sich zur Bearbeitung und ein Ordner befindet sich in der Kanzlei. Sollte die eigene Kanzlei gerade erst gegründet worden sein, muss es für das Erste nicht ein teures Exemplar von einer Werbeagentur sein. Unser Pendelordner hat sich im Laufe der Jahre auch verändert. Für den Anfang reicht auch ein normaler Ordner mit einzelnen Laschen.

TKP-TIPP

Die o. g. einzelnen Laschen im Pendelordner sollten grundsätzlich selbsterklärend sein. Dazu sei noch erläutert, dass im „Allgemeinen Fach“ z. B. Rückfragen vom Mandanten oder fehlende Belege aus der vorigen Buchhaltung hinterlegt werden können. Im „Chef-Fach“ kann der Mandant Unterlagen beifügen, welche direkt für die Kanzleileitung bestimmt sind. Der Sachbearbeiter hat diese Unterlagen unbedingt dem zuständigen Steuerberater vorzulegen.

Der Mandant kann sich an den Laschen orientieren und reicht eine (hoffentlich) geordnete Buchhaltung ein. Hier muss natürlich auch der zuständige Sachbearbeiter aufpassen – wenn der Mandant die Buchhaltung immer chaotisch einreicht und der Sachbearbeiter das kommentarlos hinnimmt und die Buchhaltung unsortiert abarbeitet, ist er selbst schuld. Ein Gespräch mit dem Mandanten, um ihm zu erläutern, dass eine geordnete Buchhaltung Grundvoraussetzung für eine ordnungsgemäße Buchführung ist, ist hier unbedingt zu empfehlen. Dieses erleichtert nicht nur die Arbeit des Sachbearbeiters, sondern kann sich auch auf die Gebühr der

Buchhaltungserstellung auswirken. Gebühren für Vorsortierung der Belege kann sich der Mandant somit sparen.

1.4 Optimierung der Buchhaltung

Somit kommen wir auch schon zum nächsten Punkt: Jede Buchhaltung kann optimiert werden, um so den **Zeitaufwand** zu minimieren.

Der einfachste und schnellste Schritt ist hier der „Kontoauszugsmanager". Durch die Vollmacht des Mandanten stellt die Hausbank die Kontoumsätze elektronisch zur Verfügung, damit diese elektronisch monatlich in die Buchhaltung eingespielt werden können. In der Regel fallen hierfür geringe Gebühren von der Hausbank an. Die Kanzlei kann sich hier überlegen ob sie die Gebühr übernimmt, da der Nutzen/Kosten-Vorteil höher ist.

TKP-TIPP

Bei der Vorstellung des Kontoauszugsmanagers solltet ihr direkt darauf hinweisen, dass die Kanzlei selbstverständlich keinen Zugriff auf Überweisungen und keine Kontovollmacht erhält. Es werden lediglich die Kontoauszüge eingespielt, die ohnehin in Papierform eingereicht werden. Diese Angst musste ich schon häufiger den Mandanten nehmen.

Wie oben bereits beschrieben, ist eine geordnete Buchhaltung das A und O für eine schnelle Erstellung der Buchhaltung. Ständiges hin und her Blättern oder Sortieren nimmt viel Zeit in Anspruch. Hier ist es sinnvoll, mit dem Mandanten das Gespräch zu suchen und zu erläutern, wie die Buchhaltung genau zusammengestellt werden soll. Oder aber die Buchhaltung wird unsortiert eingereicht – dafür wird diese von der Kanzlei selbst sortiert und nach Zeitaufwand des jeweiligen Sachbearbeiters abgerechnet.

Weitere Möglichkeiten die Buchhaltung zu optimieren sind z. B.

- Kassenbuch elektronisch einspielen (z. B. durch ein elektronisch einspielbares Kassenbuch)
- Ausgangs- und Eingangsrechnungen elektronisch einspielen durch einscannen
- Programmverbindung mit Lohn (Bruttolohnverbuchung)
- Digitale Belege
- ...

Hier gilt der Grundsatz: Einmal Zeit investieren, auf Dauer Zeit sparen!

Die digitale Buchführung wird sich im Laufe der Zeit immer weiter durchsetzen. Das hat den Vorteil, dass sämtliche Belege immer beim Mandanten vor Ort verbleiben. Sie werden entweder eingescannt oder direkt ins Rechenzentrum gefaxt. Die Kanzlei kann die Belege dann problemlos online bei sich einspielen. Kombiniert mit dem Bankkontoauszugsmanager und einer elektronischen Kasse, ist die Zeitersparnis enorm. Sämtliche Unterlagen können elektronisch eingespielt werden und es liegen zu jeder Zeit sämtliche Belege vor.

2. Buchführung

Sind sämtliche Stammdaten gepflegt, die Buchhaltungsdaten eingespielt und der Pendelordner eingereicht, kann nun mit der eigentlichen Buchhaltung begonnen werden. Als ich meine erste Buchhaltung erstellen sollte, wusste ich gar nicht wo und wie ich anfangen sollte. Auch später als Ausbilderin habe ich des Öfteren in die fragenden großen Augen des Auszubildenden geblickt, wenn die erste Buchhaltung auf dem Tisch lag – jeder Anfang ist schwer.

2.1 Strukturen und Checklisten

Unsere Kanzlei nutzt das Programm „ProCheck" der DATEV. Es gibt dort selbst vorgefertigte Listen für verschiedene Bereiche einer Steuerberatungskanzlei. Hier kann man seiner Kreativität zusätzlich freien Lauf lassen und selbst Checklisten erstellen oder individuell anpassen, welches von unserer Kanzlei auch für sämtliche Bereiche genutzt wurde.

Natürlich haben wir auch eine Checkliste für den monatlichen Ablauf der Erstellung der Buchführung. Diese gilt für jede Buchhaltung kanzleiweit.[1] Mit der Checkliste kann der Sachbearbeiter jeden Monat die Buchhaltung Schritt für Schritt erstellen. Entsprechend kann ich wirklich nur jeder Kanzlei empfehlen, Checklisten zu führen und auch selbst auf die Kanzleiwünsche individuell anzupassen. Strukturen sind in unserem Beruf essenziell. Gerade auch für neue Mitarbeiter ist es wichtig, direkt zu erkennen, wie der Ablauf in der neuen Kanzlei ist. Anhand von Checklisten ist dieses leicht nachzuvollziehen.

Egal wie viel Verwaltungsaufwand hinter Checklisten steckt – in vielen Situationen hat eine Checkliste den einen oder anderen schon vor einem Fehler beim Arbeitsablauf bewahrt. Da ich selbst nur Erfahrungen mit den ProCheck-Listen der DATEV gemacht habe, kann ich nur hiervon berichten. Sicherlich gibt es auch andere Varianten von anderen Herstellern oder man erstellt sich selbst über Excel entsprechende Listen. Vorteilhaft ist es, wenn diese direkt z. B. mit dem Buchhaltungsauftrag verknüpft und entsprechend monatsweise bearbeitet und gespeichert werden können.

2.2 Belegprüfung

Die eingereichten Buchführungsbelege sind auf Vollständigkeit zu überprüfen. Sollten ggf. Lohnunterlagen enthalten sein, sind diese umgehend an den Lohnsachbearbeiter weiterzureichen. Verträge sind zu kopieren und zu archivieren.

TKP-TIPP

Solltet ihr merken, dass die Buchhaltung nicht vollständig ist oder wissentlich Betriebseinnahmen vom Mandanten nicht angegeben werden, sollte umgehend mit der Kanzleileitung in Kontakt treten und den Sachverhalt schildern. Die Kanzleileitung wird die weitere Vorgehensweise besprechen.

2.3 Arbeitsabläufe

Kommen wir nun zu der eigentlichen Erstellung der Buchhaltung.

Ein Grundsatz, den sich jede(r) Steuerfachangestellte merken sollte, ist: **„Keine Buchung ohne Beleg."**

Und dieser muss auch eingehalten werden. Fehlt ein Beleg, wird der entsprechende Betrag zunächst auf dem Konto #1590 Durchlaufender Posten verbucht und mit der nächsten Buchhaltung vom Mandanten angefordert. Wichtig hierbei ist, dass das Konto monatsweise abgestimmt wird.

1 Vorlage: Buchführungsprozess-Checkliste, S. 70.

Das Prinzip der Buchung „Soll an Haben“ sollte jedem Steuerfachangestellten verständlich sein und wird hier nicht weiter erläutert. Vielmehr stellt sich im Laufe der Zeit die Frage wohin buche ich den Vorgang? Der Kontenrahmen bietet viele Möglichkeiten. Das passende Konto zu finden, ist da manchmal gar nicht so einfach.

Wenn ich eine Buchhaltung von einem Kollegen übernehme, muss ich mich erst einmal einarbeiten. Jeder Sachbearbeiter hat sein eigenes Buchungsschema – anders bedeutet aber nicht gleichzeitig falsch. Worauf jedoch zu geachtet werden sollte ist, dass unterjährig die gleiche Buchungsweise eingehalten wird. Ansonsten befinden sich Reparaturrechnungen ganz schnell auf vier verschiedenen Konten.

Den Tipp „Orientiere dich am Vorjahr“ hört man doch immer wieder von seinen Kollegen. Prinzipiell ist daran auch nichts auszusetzen – jedoch kann auch das Vorjahr Fehler aufweisen oder es haben sich Buchungsweisen geändert. Stichwort: E-Bilanz. Die Konten, die im Vorjahr noch korrekt waren, dürfen im Folgejahr nicht mehr gebucht werden, da sie in sog. Auffangposten rutschen, die aufgelöst werden müssen. Oder es werden bei Jahreswechsel Konten gesperrt, die nicht mehr bebucht werden dürfen.

TKP-TIPP

Alljährlich wird eine neue Version des Kontenrahmens veröffentlicht. Dieser sollte von jedem Sachbearbeiter gesichtet werden. Meistens gibt es auch ein weiteres Dokument, in dem auf die Veränderungen in einzelnen Konten direkt hingewiesen wird.

Jeder Sachbearbeiter wird sich im Laufe der Zeit seine eigene Vorgehensweise bei der Erstellung einer Buchhaltung aneignen. Mein Ablauf mit dem Rechnungswesenprogramm sieht z. B. in Kurzfassung wie folgt aus:

- Daten aus dem Rechenzentrum abrufen
- Vorlauf für den jeweiligen Buchungsmonat anlegen
- Kasse einspielen und verbuchen
- Debitoren und Kreditoren verbuchen
- Kontoumsätze einspielen und verbuchen
- Anlagenbuchführung: Buchungen erzeugen
- Brutto-Lohnverbuchung
- Wiederkehrende Buchungen einspielen
- Konten sichten und abstimmen
- Abstimmung Lohnkonten #1740 und #1742 (ggf. mit eigener Excel-Liste)
- Konto #1590 evtl. korrigieren
- evtl. weitere Korrekturbuchungen vornehmen
- Abgrenzungsbuchungen
- Umsatzsteuervorauszahlung verbuchen

Natürlich variiert je nach Buchhaltung der oben angegebene Ablauf. Wenn z. B. keine Kreditoren existieren, wird der Punkt ausgelassen.

Egal ob in der Kanzlei Checklisten für den Ablauf der Buchhaltung vorliegen oder ob ohne gearbeitet wird, jeder Sachbearbeiter sollte ein festes Schema für die Erstellung einer Buchhaltung verfolgen. Damit strukturiert er seine Arbeit und erspart sich unnötigen Zeitaufwand.

TKP-TIPP

Es ist durchaus lobenswert, wenn versucht wird, Fehler in einer Buchhaltung selbst zu lösen. Hier sollte der eigene Ehrgeiz jedoch nicht im Vordergrund stehen. Wenn nicht kurzfristig die Lösung gefunden wird, sollte zunächst ein Kollege um Rat gefragt werden. Dieser hilft sicher gerne. Oft hilft es auch, sich zunächst einer anderen Aufgabe zu widmen und nach ein paar Stunden das Problem erneut anzugehen.

3. Abschließende Arbeiten

3.1 Kontrolle der Buchhaltung

Allein mit der Verbuchung der Unterlagen ist der Job noch nicht erledigt. Man könnte nun einfach die Umsatzsteuer-Voranmeldung absenden, dem Mandanten die Umsatzsteuerzahllast/-erstattung mitteilen und die Rechnung fakturieren. Oder aber man schaut sich die Buchhaltung von A bis Z noch einmal an.

Diesen Rat gebe ich z. B. unseren Auszubildenden immer mit: „Wenn die Buchhaltung erstellt ist, klickt euch durch die Konten."

Ein ganz simples Prinzip wird hier befolgt. Bei erneuter Durchsicht der Konten können viele Flüchtigkeitsfehler direkt erkannt und korrigiert werden. Legt euch in der Checkliste oder in der Handakte individuelle Hinweise an, wenn unterjährig beim Mandanten etwas beachtet werden muss, damit es nicht vergessen wird. Beispielsweise könnte es sein, dass die Vorsteuer aufgrund einer Umsatzsteuer-Sonderprüfung nur anteilig berücksichtigt werden darf. So eine Information muss immer griffbereit, auch in Vertretungsfällen, für jeden sichtbar sein.

„Stimmt die Konten ab" – das A und O einer gut geführten Buchhaltung.

Die Darlehen werden immer nur zum Jahresende abgestimmt? Fordert bei den Banken einen Zins- und Tilgungsplan an. So können monatlich die Zinsen aus der Annuität verbucht werden. Die Krankenkassenbeiträge der Arbeitnehmer stimmen nicht mit den gemeldeten Zahlungen überein? Fordert Kontoauszüge bei den Krankenkassen an. Oft wird hier noch eine zusätzliche Vollmacht angefordert oder die Krankenkassen schicken die Auszüge direkt zum Mandanten. Achtet in dem Fall darauf, dass diese auch bei der nächsten Buchhaltung mit eingereicht werden.

Der Mandant hat einen Kunden gleichzeitig als Lieferanten und auf beiden OPOS Konten stehen hohe Salden? Fordert den Kontoauszug an. Oft werden Rechnungen miteinander verrechnet. Sind bei aktuellen Lieferanten alte Rechnungen auf dem Kreditorenkonto noch offen? Kontrolliert zunächst, ob ihr die Zahlung der Rechnung fälschlicherweise doppelt in den Aufwand gebucht habt und klärt dann die Posten mit den Mandanten.

Wurde ein Wirtschaftsgut veräußert? Bucht immer direkt den Anlagenabgang mit. Das Anlagenverzeichnis ist sonst nicht korrekt und es werden weiter Abschreibungen gebucht. Gleiches gilt auch bei Investitionsabzugsbeträgen. Diese sollten bei Anschaffung des Wirtschaftsguts im besten Fall auch direkt mit zugeordnet und die Kürzung der Anschaffungskosten gebucht werden. Achtet in diesem Fall auch darauf, dass der Gewinn zwischen Handelsrecht und Steuerrecht abweicht und bei der Steuerhochrechnung berücksichtigt wird.

Stehen auf dem Konto „ungeklärte Posten“ immer noch viele Beträge aus den Vormonaten und der Mandant reicht einfach die fehlenden Belege nicht ein? Wendet euch an euren Vorgesetzten. Dieser wird euch sagen wie ihr weiter vorgehen sollt.

Und natürlich zu allerletzt: Stimmt unbedingt die Kassen- und Bankbestände ab, bevor die Summen- und Saldenliste zum Bankberater geschickt wird und dieser dem Mandanten mitteilt, dass der angegebene Bankbestand nicht korrekt ist. Bei Kassen- und Bankbeständen darf niemals eine Differenz bestehen.

Sind nun sämtliche Konten kontrolliert und abgestimmt, muss man sich auch immer die Auswertungen ansehen. Schaut euch den BWA-Vorjahresvergleich an. Sind starke Abweichungen vorhanden? Ist die Abweichung mit dem Mandant besprochen? Stimmen die Vorauszahlungen noch? Sind die Vorauszahlungen überhaupt geleistet worden? Nehmen die Zahlungsverpflichtungen immer mehr zu? Oder gibt es Altforderungen, die noch nicht gezahlt sind? Wie sieht es mit Skonto aus? Wird die Möglichkeit von gekürzten Zahlungsverläufen genutzt?

Die o. g. Beispiele sollen lediglich als Anregungen dienen und stellen keine abschließende Auflistung dar.

3.2 Auswertungen

Folgende Auswertungen sollten dem Mandanten monatlich zur Verfügung gestellt werden::

- Betriebswirtschaftliche Auswertung
- Summen- und Saldenliste
- Umsatzsteuer-Werteblatt
- ggf. Konto 1590 Durchlaufende Posten
- ggf. Soll-/Ist-Vergleich
- ggf. OPOS-Listen zur Kontrolle

Zusätzlich werden dem Mandanten in einem Auswertungsbrief die wichtigsten Zahlungstermine und Ergebnisse mitgeteilt und evtl. Rückfragen vorgenommen. Weiter können dem Mandanten individuelle Hinweise und Praxis-Tipps erteilt werden, z. B. bei neuer Rechtsprechung.

TKP-TIPP

Bei der Betriebswirtschaftlichen Auswertung ist unbedingt darauf zu achten, dass die passende BWA zum 4/3-Rechner oder Bilanzierer ausgewählt wird – also entweder die Einnahmen-Ausgaben-BWA oder die Bilanz-BWA. Ansonsten wird dem Mandanten unterjährig ein falsches Ergebnis mitgeteilt.

Sprecht mit eurem Mandanten am besten zu Beginn die Möglichkeit von weiteren Auswertungen durch. Evtl. ist ein Branchenvergleich sinnvoll oder ein Vorjahresvergleich gewünscht. Oder der Mandant möchte keine Summen- und Saldenlist erhalten. Passt den Ablauf individuell an eure Mandanten an.

3.3 Fakturierung und ZMA

In jeder Steuerkanzlei sollte jeder Mitarbeiter seine Zeiten und Arbeiten elektronisch erfassen – nicht nur zur Kontrolle der Mitarbeiter, sondern auch zur Kontrolle, ob der Mandant sich wirtschaftlich gesehen lohnt. Benötigt z. B. der Sachbearbeiter mit einem Stundensatz von 60 € für die Buchhaltung zwei Stunden – der Mandant erhält jedoch nur eine Rechnung i. H. von 60 € –

ist der Mandant zumindest für den derzeitigen Sachbearbeiter wirtschaftlich betrachtet keine gute Partie. In diesem Fall muss kontrolliert werden, ob die Buchhaltungsgebühr korrekt ermittelt ist oder ggf. angepasst werden muss oder ob der Zeitaufwand des Sachbearbeiters durch Optimierung der Buchhaltung reduziert werden kann. Sind die Anpassung der Gebühr und auch die Optimierung vollständig erfolgt, kann evtl. noch an eine interne Umverteilung der Buchhaltung an einen Sachbearbeiter mit niedrigerem Stundensatz nachgedacht werden.

TKP-TIPP

Bitte verlasst euch bei der Honorarermittlung und deren Kontrolle nicht nur auf die Kanzleileitung allein. In jeder Kanzlei wird dieses unterschiedlich gehandhabt. Da ihr als Sachbearbeiter jeden Monat die Deckung und mögliche Abweichungen bei Gegenstandswerten am Besten im Auge habt, seid ihr mitverantwortlich bei der Honorarermittlung. Sprecht bei Abweichungen mit der Kanzleileitung und erstellt im Voraus einen neuen Gebührenvorschlag. Ganz wichtig ist jedoch: Passt die Gebühr nicht einfach ohne Rücksprache mit dem Mandanten an. In einem Gespräch kann eine Gebührenanpassung erläutert und ggf. auch ein Kompromiss gefunden werden.

Wurden die Zeiten festgeschrieben und die Kosten ermittelt, wird die Rechnung für die Erstellung der Buchhaltung fakturiert und mit dem Auswertungsbrief an den Mandanten verschickt.

3.4 Archivierung der Unterlagen

Unterjährig werden oft Unterlagen mit der Buchführung eingereicht, die bereits für den Abschluss oder die Steuererklärung relevant sind. Schickt diese nicht einfach unbearbeitet zurück, weil ihr damit zum aktuellen Zeitpunkt nichts anfangen könnt. Wie oft kommt es vor, dass der Abschlussbearbeiter nicht weiterkommt, weil Unterlagen fehlen, die der Mandant aber bereits unterjährig eingereicht hatte? Dies passiert in der Praxis leider sehr häufig und hinterlässt beim Mandanten keinen guten Eindruck.

Besprecht mit der Kanzleileitung die einheitliche Vorgehensweise in der Kanzlei. Beispielsweise könnte ein Sammelordner im Sekretariat für Originalunterlagen hinterlegt werden, in dem jeder Mandant seine eigene Lasche hat. Wenn der Abschlussbearbeiter mit den Arbeiten beginnen möchte, muss er sich nur die Unterlagen aus dem Ordner nehmen und hat somit alle Unterlagen vollständig vorliegen. Oder es gibt ein digitales Ablagesystem. Dann würden die entsprechenden Belege eingescannt, abgelegt und zurück an den Mandanten geschickt werden. Achtet hier nur darauf, dass die Belege in einem digitalen „Abschlussordner" oder mit Status „zu prüfen" gesetzt werden, damit der Abschlussbearbeiter die Belege auch wiederfindet.

3.5 Dezember-Buchhaltung

Die letzte Buchhaltung im Jahr wird bei jedem Mandanten die zeitintensivste sein. Wer unterjährig seine Abstimmarbeiten hat „schleifen" lassen, wird nun viel zu tun haben.

Sämtliche Forderungs- und Verbindlichkeitskonten sind vollständig abzustimmen. Das Konto #1590 – Durchlaufende Posten – darf keinen Saldo mehr aufweisen. Darlehensbescheinigungen sind anzufordern und mit den Darlehen abzustimmen. Bestandsveränderungen durch Inventuren sind zu verbuchen. Sämtliche Abschlussrelevanten Unterlagen sind im Sammelordner zu hinterlegen.

Die EB-Werte sollten nochmal kontrolliert werden und (falls noch nicht geschehen) die Salden aufgelöst werden.

Hand aufs Herz: Wenn im Dezember die Buchhaltung nicht aufgeräumt wird, macht der Sachbearbeiter es gar nicht mehr. Er wird das nächste Kalenderjahr der Buchhaltung anlegen und sich freuen, dass die Konten noch so schön abgestimmt sind. Die Arbeit bleibt meistens beim Abschlussbearbeiter liegen. Nicht sehr kollegial, oder? Als Praxishilfe kann hier unsere Checkliste für den Dezember dienen.[1]

Seit dem Jahr 2016 kann bei unserem Programm das „Leistungsdatum" in der Buchungszeile aktiviert werden. Hier werden Monatsabgrenzungen vom Programm automatisch verbucht, wenn mit Debitoren/Kreditoren gebucht wird. Z. B. werden Eingangsrechnungen aus dem Januar 2018 mit Leistungsdatum Dezember 2017 zwar im Buchungsjahr 2018 vom Sachbearbeiter eingebucht, aber mit Nutzung des Leistungsdatums automatisch in das Buchungsjahr 2017 verschoben.

TKP-TIPP

Gerade bei Bilanzieren werden noch einige Rechnungen in den Anfangsmonaten des Folgejahrs eingereicht, die jedoch das Vorjahr betreffen. Mit der März-Buchhaltung sollte deswegen immer die Umsatzsteuer-Voranmeldung des Vorjahres-Dezembers kontrolliert und ggf. korrigiert werden.

4. Besonderheiten

4.1 Wiederkehrende Buchungen

Über die Funktion „Wiederkehrende Buchungen" können monatlich wiederkehrende Buchungen hinterlegt werden. Dies ist z. B. bei folgenden Buchungen nützlich:

- Eigenverbrauch Sachentnahmen
- Private Kfz-Nutzung
- Private Telefonnutzung
- Privatanteil Gebäudekosten
- Auflösung von Aktiven Rechnungsabgrenzungsposten (ARAP)
- Aufteilung der Zinsen aus der Annuität eines Darlehens

Diese Buchungen werden einmalig angelegt. Ein Enddatum kann z. B. auch direkt hinterlegt werden. Weiterkann eingestellt werden, ob die Buchungen monatlich, quartalsweise oder jährlich erfolgen sollen.

Wird nun die Buchhaltung erstellt, kann man die Buchungen über die Funktion „Wiederkehrende Buchungen verarbeiten" anstoßen, damit diese vom Programm selbst verbucht werden. Hiermit ist sichergestellt, dass bestimmte Buchungen nicht vergessen werden – und gleichzeitig stellt es eine Arbeitserleichterung dar.

TKP-TIPP

Die wiederkehrenden Buchungen müssen jährlich kontrolliert und ggf. angepasst werden. Zu beachten ist hierbei, dass eine Anpassung der wiederkehrenden Buchungen im Bereich „Fibu" erfolgen muss und nicht im Bereich „Jahresabschluss", da sonst die Korrektur nicht in das Folgejahr übernommen wird.

1 Vorlage Checkliste Buchhaltung Dezember, S. 84.

4.2 Ausziffern der Konten

Wie oft hast du bereits vor ausgedruckten Lohnkonten gesessen, um die Lohnzahlungen abzustimmen? Zu oft? Hierfür gibt es eine einfache und praktische Lösung: Die Funktion „Konten ausziffern".

Über die Funktion „Stammdaten - Sachkonten - Kontenplan" kann für das gewünschte Konto die OPOS-Funktion aktiviert werden. In der Kontoblatt-Übersicht kann nun direkt am PC das jeweilige Konto ausgeziffert werden. Wird z. B. im Belegfeld beim Lohnbuchungssatz der Monat Dezember 2017 mit „201712" hinterlegt, werden die Buchungen automatisch ausgeziffert, sobald sich der Saldo 0,00 € ergibt. Diese Funktion ist natürlich nur rentabel, wenn die Bruttolohnverbuchung genutzt wird. Ansonsten kann das Ausziffern auch für das Konto #1590 Durchlaufende Posten genutzt werden oder für jedes Konto, welches eventuell durch Generalumkehrbuchungen zu unübersichtlich erscheint.

Im Kontoblatt kann nun zusätzlich ausgewählt werden, ob sämtliche, nur die ausgezifferten oder nur die nicht ausgezifferten Buchungen angezeigt werden sollen.

Wurden versehentlich falsche Buchungen miteinander ausgeziffert, die zufällig den gleichen Saldo ergaben, kann der Vorgang über die rechte Maustaste „Auszifferung aufheben" rückgängig gemacht werden.

Neu ist die Funktion „Ausziffern mit EB-Werten" hinzugefügt wurden. Diese Funktion muss im Vorjahr und im aktuellen Jahr aktiviert werden. Beim Ausziffern wird der EB-Wert dann nicht als eine Summe angezeigt, sondern es werden die einzelnen Werte angezeigt, wie sich der EB-Wert zusammensetzt.

4.3 Unterjährige Abgrenzung

Um eine korrekte Buchhaltung zu erstellen, sollten Abgrenzungsbuchungen bei bilanzierenden Mandanten nicht nur im Jahresabschluss erfolgen. Die Bildung und Auflösung von ARAP sollte bereits unterjährig erfolgen, um die Betriebsausgaben korrekt darzustellen. Die Auflösung von ARAP soll hier nicht in einer Summe erfolgen, sondern monatsweise aufgelöst werden. Ansonsten hat der Mandant z. B. im Januar einen hohen Posten an Versicherungsausgaben und im laufenden Jahr keine weiteren Ausgaben in diesem Bereich. Das verfälscht das monatliche Ergebnis.

Bei Mandanten, die unterjährig immer einen hohen Bestand an unfertigen Erzeugnissen oder in Ausführung befindlichen Bauaufträge besitzen, sollten auch unterjährig die Veränderungen in der Buchhaltung ausweisen. Diese Posten können den Gewinn verändern und maßgeblich für eine Steuerhochrechnung sein.

Der Zinsaufwand der Darlehen sollte in jedem Fall bereits monatlich eingebucht werden, damit die Salden abgestimmt sind und der Zinsaufwand nicht in einer Summe dargestellt wird.

4.4 Abstimmung und Feedback

Ziel eines Buchhalters sollte es sein, dass die Buchhaltung so erstellt wird, dass der Abschlussbearbeiter den Abschluss zu jeder Zeit erstellen könnte.

Sinnvoll ist es auch, dass Abschlussbearbeiter und Fibu-Sachbearbeiter nach Abschlusserstellung miteinander das Gespräch suchen – sofern dies von verschiedenen Sachbearbeitern erledigt wird. Wenn der Fibu-Sachbearbeiter nicht weiß, was er verbessern kann oder wo er Fehler bei der Buchhaltung gemacht hat, wird er diese Fehler evtl. wiederholen. Im nächsten Jahr stoßen die Wiederholungsfehler auf Unverständnis des Abschlussbearbeiters. – Jedoch kann sich ohne ein Feedback nichts verändern.

TKP-TIPP

In unserer Kanzlei bekommt der Fibu- Sachbearbeiter nach Abschlusserstellung und unterjährig (einmal im Jahr) ein Feedback im Form von Noten für einzelne Bestandteile. Dieses hilft, die Buchhaltung zu optimieren und den Qualitätsstandard zu verbessern.

5. Übermittlung der Daten an Dritte

Oft kommt die Frage auf, welche Daten an Dritte weitergegeben werden dürfen. Die klare Antwort: Grundsätzlich keine.

Möchte ein Dritter Auskünfte über das Unternehmen eines Mandanten haben oder fordern Banken verschiedene Auswertungen an, ist immer eine entsprechende Vollmacht des Mandanten notwendig.

Bei den Unternehmensdaten handelt es sich um sensible Daten, die nicht jedem zur Verfügung gestellt werden dürfen.

TKP-TIPP

Es kommt häufig vor, dass in einer Kanzlei mehrere Angehörige eines Mandanten vertreten werden. Bevor nun z. B. dem Vater eines Mandanten der Pendelordner mitgegeben wird, muss dies zuvor mit dem Mandanten selbst abgesprochen werden. Nicht jeder Mandant möchte, dass z. B. sein Vater in die Geschäftsunterlagen blicken könnte – andere haben damit wiederum keine Probleme.

Bei der Übermittlung monatlicher Auswertungen, wie die BWA und Summen- und Saldenliste eines Mandanten an die Hausbank, hat unsere Kanzlei ein einheitliches System entwickelt. Jede Bank bekommt ein Standardanschreiben, welches an die individuellen Auswertungen des Mandanten angepasst wird. Weiter fügen wir eine gekürzte Checkliste der Buchhaltung und einen Qualitätsnachweis der Buchhaltung bei, in dem evtl. noch zu berücksichtigende Sachverhalte erläutert werden.[1] Eine einheitliche Außendarstellung wirkt seriös und erzeugt einen guten Eindruck beim Dritten.

6. Steuerbescheide und Rückfragen

Wenn die Umsatzsteuervorauszahlung von der Umsatzsteuer-Voranmeldung abweicht, wird vom Finanzamt ein Bescheid über die Umsatzsteuervorauszahlung erstellt. Dieser ist vom Sachbearbeiter zu prüfen.

Zunächst prüft ihr die einmonatige Einspruchsfrist nach § 355 Abs. 1 AO[2] sowie die Stammdaten des Mandanten. Sollte hier soweit alles in Ordnung sein, werden die Werte im Bescheid mit der Umsatzsteuer-Voranmeldung abgeglichen. Ist in den Erläuterungen nicht genau angegeben,

1 Vorlage: Bankauswertungen – Checkliste, S. 92.

2 Vgl. hierzu C., VI. Rechtsbehelfsverfahren, 1.1.3 Frist, S. 356.

warum die Korrektur erfolgt, sollte der zuständige Sachbearbeiter beim Finanzamt kontaktiert werden. Die Kontaktdaten sind immer der ersten Seite des Bescheides zu entnehmen. Ist die Änderung der Umsatzsteuervorauszahlung in Ordnung, versendet ihr den Bescheid mit einem Anschreiben an den Mandanten.

Sollte die Änderung nicht korrekt durchgeführt sein, kann gegen den Bescheid Einspruch eingelegt und unbedingt auch die Aussetzung der Vollziehung beantragt werden.

Des Öfteren kommt es vor, dass das Finanzamt Rückfragen zur Umsatzsteuer-Voranmeldung hat, wenn die Vorsteuerbeträge im Vergleich der Vormonate sehr hoch ausfallen. Grundsätzlich sollte eine Kopie der – die hohen Vorsteuerbeträge verursachenden – Rechnung bereits an das Finanzamt geschickt worden sein. Wenn das noch nicht der Fall war, wird das Finanzamt sicherlich die fünf betragsmäßig höchsten Vorsteuerrechnungen anfordern. Diese sind umgehend an das Finanzamt weiterzuleiten. Je schneller die Rechnungen beim Finanzamt sind, desto schneller wird die Steuererstattung an den Mandanten ausgezahlt.

TKP-TIPP

Kontrolliert vor Einreichung der Rechnung nochmal, ob diese die Voraussetzungen nach § 14 Abs. 4 UStG erfüllen. Es sollten keine nicht-ordnungsgemäßen-Rechnungen an das Finanzamt gesendet werden!

7. Darf es vielleicht etwas mehr sein?

Seien wir doch mal ehrlich. Steuerberater bzw. Steuerberatungskanzleien gibt es wie Sand am Meer. Um heutzutage aus der Flut von Kanzleien herauszustechen, muss man mehr machen als „nur“ die Buchhaltung erstellen.

Natürlich kann nicht jeder ein neues Rad erfinden, aber man sollte sich die Frage stellen, was man dem Mandanten zusätzlich noch anbieten kann. Was würde man selber wollen, wenn man selbständig ist und bei einem Steuerberater Rat sucht? Das sind die Punkte, an denen man anknüpfen muss.

Es kommt leider immer wieder vor, dass man bei der Mandatsübernahme den Mandanten auf Punkte hinweist, die er schon seit Jahren falsch macht – der andere Steuerberater ihm das aber nie gesagt hat. Woher soll er also wissen, dass er z. B. durch eine Erstellung einer Unternehmensplanung monatlich sehen kann, dass seine Materialquote nicht stimmt, oder dass er durch eine einfache Umfinanzierung seiner Darlehen Geld sparen kann, wenn ihn sein Steuerberater nicht darauf hinweist?

Es gibt viele Möglichkeiten für den Mandanten nicht „nur“ der Buchhalter zu sein. Nachfolgend werde ich auf ein paar Beispiele eingehen. Die Ausführungen sind nicht abschließend und sollen nur als Anregung dienen.

7.1 Steuerhochrechnung

Wie oft kommt es vor, dass der Mandant flucht, wenn der Abschlussbearbeiter anruft, um die Nachricht über eine hohe Steuernachzahlung mitzuteilen? So eine Situation kann leicht umgangen werden: Unterjährig eine Steuerhochrechnung erstellen! Die DATEV bietet z. B. über einen „Controllingreport“ die Funktion der Steuerhochrechnung an. Hier werden die Ist-Daten zzgl. der Plan-Daten aus dem Vorjahr addiert. Anhand des Plan-Ergebnisses kann bereits unterjährig kontrolliert werden, ob die Steuervorauszahlungen passen oder ggf. angepasst werden müssen.

Bestenfalls teilt man dem Mandanten das Ergebnis zusätzlich im Auswertungsbrief mit und empfiehlt ggf. eine Anpassung der Vorauszahlungen.

TKP-TIPP

Bei hohen Steuervorausberechnungen sollte immer mit dem Mandanten der telefonische Kontakt gesucht werden. Es kommt leider immer wieder vor, dass der Sachbearbeiter den Mandanten zwar im Auswertungsbrief auf die Nachzahlung hinweist, aber der Mandant den Brief gar nicht erst gelesen hat. Für viele Mandanten sind diese Briefe nur Zahlenwerk mit denen sie nichts anfangen können. So geht die wichtige Information unter.

7.2 Unternehmensplanung

Wenn in der Buchhaltung beim Geschäftskonto ständig der Dispo ausgereizt ist und die Lastschriften platzen, sollten beim Sachbearbeiter die Alarmglocken läuten. Hier besteht Handlungsbedarf. Es wird nicht vom Steuerfachangestellten erwartet, dass er selbst eine Lösung findet, da nicht alle das Fachwissen hierfür besitzen. Jedoch sollte er die Anzeichen eines sich in Schwierigkeiten befindlichen Unternehmens erkennen. In dem Fall, dass es in der Steuerkanzlei keine eigene Abteilung für eine Unternehmensplanung gibt, muss der zuständige Steuerberater hinzugezogen werden. In einem Beratungsgespräch muss das Problem des Unternehmens gefunden und evtl. Umstrukturierungen vorgenommen werden. Anhand einer Unternehmensplanung kann z. B. monatlich durch einen Soll-/Ist-Vergleich mit dem Mandanten kontrolliert werden, ob die Umsetzungen funktionieren und ob das Unternehmen wieder auf Kurs kommt.

Natürlich ist eine Unternehmensplanung nicht nur für Turn-Around-Beratungen notwendig. Viele Unternehmen wünschen sich auch eine monatliche Aufstellung, um zu kontrollieren, ob sie im Jahresplan liegen oder ob sogar Luft besteht für eventuelle neue Anschaffungen. Viele Mandanten schrecken zunächst vor den Kosten einer Erstellung der Unternehmensplanung zurück. Es gibt aber viele Förderprogramme, welche ggf. für den Fall in Frage kommen. Schlussendlich sollte der Mandant den Kosten-/Nutzenfaktor für sich selbst abwiegen.

7.3 Branchenvergleich

In den Stammdaten ist jeder Mandant seiner Branche zugeteilt. In Kanzlei-Rechnungswesen gibt es z. B. die Funktion, die BWA seines Mandanten mit anderen Unternehmen aus der gleichen Branche zu vergleichen. Nicht jede Kanzlei hat intern genügend branchengleiche Mandanten, um einen Vergleich herzustellen. Über diesen Branchenvergleich kann auf einen Klick dem Mandanten gezeigt werden, wie er im Vergleich zu anderen Unternehmen in der gleichen Branche steht. Wo er evtl. höhere Ausgaben hat und in welchem Bereich er mehr spart. Das ist z. B. eine Auswertung, welche viele Mandanten sehr interessant finden. Wer vergleicht sich schon nicht gern mit anderen Unternehmen? Und wenn man dann auch noch gut da steht, läuft doch alles super.

7.4 Besuch beim Mandanten

Wer unterjährig nur die Buchhaltung erstellt, kann sich zwar ein Bild vom Zahlenwerk des Unternehmens machen, aber nicht vom Unternehmen selbst. Der zuständige Fibu-Sachbearbeiter hat unterjährig den meisten Kontakt zu dem Mandanten – sei es per Telefon, Schriftverkehr oder beim Mandantentermin in der Kanzlei. Warum also nicht mal einen Termin vor Ort beim Mandanten vereinbaren? Dieser hilft dem Sachbearbeiter einerseits, die Bindung des Mandanten zu festigen und er kann sich andererseits ein genaueres Bild vom Unternehmen machen. Wie oft sitzt man vor der Buchhaltung und fragt sich, ob die aufgeführte Ausgabe wirklich eine Betriebsausgabe ist? Wer das Unternehmen bereits gesehen hat, weiß z. B. wie das Büro ausgestattet ist oder ob überhaupt ein Büro(raum) existiert.

7.5 Kassencheck

Bei bargeldintensiven Geschäften stellt die Kassenführung einen wesentlichen Bestandteil einer Betriebsprüfung dar.

Mit der sog. Kassenrichtlinie 2010 hatte das BMF ergänzend zu den GoBD die speziellen Anforderungen an digitale Kassensysteme festgeschrieben. Die Regeln gelten eigentlich schon seit dem 26. 10. 2010. Für Geräte, die bauartbedingt den Anforderungen nicht oder nur teilweise genügen, gab es aber eine durchaus großzügige Nichtbeanstandungsfrist bis zum 31. 12. 2016.

Das heißt im Klartext: Seit 2017 gelten keine neuen Vorgaben für elektronische Registrierkassen. Vielmehr sind die bereits ab 2010 geltenden Anforderungen an Kassensysteme nunmehr einzuhalten. Viele der derzeit verwendeten elektronischen Kassen – vor allem in der Gastronomie und in Bäckereien – müssen daher angepasst oder ausgetauscht werden.

TKP-TIPP

Soweit eine Softwareanpassung schon bisher technisch möglich gewesen wäre, hätte diese eigentlich schon vor 2017 durchgeführt werden müssen. Die Finanzbehörden haben aber großzügig darüber hinweggesehen, wenn dies nicht passiert ist. Ab 2017 werden die Betriebsprüfer das aber nicht mehr ignorieren.

Kassen, die kein elektronisches Journal speichern, dürfen seit 2017 nicht mehr verwendet werden. Die Journaldaten einer Kasse dürfen nicht mehr wie bisher mit dem Tagesabschluss verdichtet und gelöscht werden. Alle einzelnen, mit der Kasse gebongten Einnahmen müssen unveränderbar in einer elektronisch auswertbaren Form aufbewahrt werden. Dies kann auch außerhalb der Kasse geschehen. Dem Betriebsprüfer sind diese Daten auf Verlangen in elektronisch auswertbarer Form zur Verfügung zu stellen.

Weist die Kassenführung Mängel auf oder wird die Kasse nicht ordnungsgemäß geführt, so kann das Finanzamt die Kassenführung im schlimmsten Fall komplett verwerfen oder mit Hinzuschätzungen die Unsicherheiten korrigieren. Beide Fälle sind negativ.

Der Buchhalter bekommt jeden Monat die Kassenführung des Mandanten vorgelegt. Er ist derjenige, der den Mandanten darauf hinweisen muss, wenn die Kasse nicht ordnungsgemäß geführt wird.

Die folgenden Punkte müssen für ein **ordnungsgemäßes Kassenbuch** insbesondere eingehalten werden:

- Keine Buchung ohne Beleg! Dies gilt auch für Privatentnahmen und -einlagen. Hier müssen Eigenbelege erstellt und in das Kassenbuch geheftet werden. Geldverschiebungen zwischen Kasse und Bank müssen ebenfalls per Beleg und täglich festgehalten werden.
- Die Eintragungen müssen chronologisch sortiert vorgenommen werden. Hierbei ist zu beachten, dass eine Ausgabe mit dem Datum im Kassenbuch erfasst werden muss, an dem sie tatsächlich aus der Kasse entnommen wird.
- Jeder Kasseneingang und -ausgang, soweit zumutbar, sollte mit ausreichender Bezeichnung in ein Kassenbuch zeitnah (am Tag der Einnahme/Ausgabe) eingetragen werden. Dadurch

soll die sog. Kassensturzfähigkeit möglich sein, d. h. der Ist-Bestand muss mit dem Soll-Bestand aus dem Kassenbuch jederzeit vergleichbar sein.

- Eintragungen im Kassenbuch dürfen nachträglich nicht mehr änderbar sein oder unkenntlich gemacht werden.
- Der Kassenbestand kann und darf niemals negativ sein.
- Bei einer elektronischen Kassenbuchführung sind sämtliche Informationen, die zur Auswertung dieser benötigt werden, aufzubewahren.

Sollte die Kasse des Mandanten die o. g. Punkte nicht einhalten, kann dem Mandanten ein Kassencheck von der Kanzlei angeboten werden. Hierfür haben wir einen TKP-Kassencheck entworfen. Der Zeitaufwand der in die Ausarbeitung des Konzepts gesteckt wird, gleicht sich schnell wieder aus, sobald der Kassencheck beim Mandanten durchgeführt wird. Natürlich fällt hierfür eine zusätzliche Gebühr an. Jedoch ist der Kosten/Nutzen-Vorteil für den Mandanten viel höher, wenn durch den Kassencheck die Kassenführung optimiert und bei einer Betriebsprüfung nicht mehr angreifbar ist.

Nach einem kürzlich ergangenen Urteil des BFH (Az. X R 20/13) gilt bei einem programmierbaren Kassensystem: Das Fehlen der aufbewahrungspflichtigen Betriebsanleitung sowie der Protokolle nachträglicher Programmänderungen stellen einen formellen Mangel dar. Dessen Bedeutung steht dem Fehlen von Tagesendsummenbons bei einer Registrierkasse oder dem Fehlen von Kassenberichten bei einer offenen Ladenkasse gleich. Er berechtigt daher grundsätzlich schon für sich genommen zu einer Hinzuschätzung.

7.6 Umfinanzierung

Hat ein Mandant bestehende Darlehen, ist die Möglichkeit, ein Forward-Darlehen abzuschließen, zu prüfen. Ein Forward-Darlehen wird vom Darlehensnehmer abgeschlossen, wenn dieser sich bei Abschluss des Darlehensvertrags einen bestimmten Zinssatz für die Zukunft sichern will. Dieses ist häufig der Fall bei einer Anschlussfinanzierung. Der neue Darlehenszinssatz richtet sich nach dem aktuellen Euribor (Euro Interbank Offered Rate). Der Euribor liegt derzeit weit unter 1 % (Stand: Januar 2017). Im Vergleich hierzu lag der Euribor im Jahr 2007 bei über 4 %.

Die Restlaufzeit des Darlehens muss für ein Forward-Darlehen unter drei Jahren betragen, um eine Finanzierung der Restschuld mit dem jetzigen Zinssatz zu sichern. Hier kann dem Mandanten vorgeschlagen werden, die ersparte Zinsbelastung als Erhöhung der Darlehenstilgung zu verwenden.

8. Zeitmanagement

Auch bei der Buchhaltung spielt das eigene Zeitmanagement eine große Rolle. Wie bereits erwähnt, sollten die Termine zur Einreichung der Buchhaltung koordiniert werden.

Verschafft euch einen Überblick über sämtliche Buchhaltungen, die ihr monatsweise oder quartalsweise erstellen müsst. Falls eure Kanzlei bereits hierfür ein eigenes Auswertungssystem hat – umso besser. In unserer Kanzlei arbeiten wir mit der Software „Ingentis" zusammen. Hier kann jeder Sachbearbeiter auf Knopfdruck seine monatliche Auslastung abrufen und auch den Soll-Umsatz abfragen, welcher monatsweise vom einzelnen Mitarbeiter erreicht werden kann.

Als Steuerfachangestellter hat man nicht nur die monatliche Buchhaltung zu erledigen. Es werden immer wieder zusätzlich Aufgaben anfallen, die in der Aufgabenplanung bisher noch nicht einkalkuliert wurden.

Sprecht die Abgabentermine mit den Mandanten durch und berücksichtigt hierbei den jeweiligen Stundenaufwand. Die durchschnittliche Arbeitswoche beträgt 40 Stunden. Verplant ihr also mehr als 35 Stunden pro Woche, wird es schon kritisch.

Optimal wäre es, wenn ihr monatlich max. 70 % der Zeit mit festen Aufgaben verplant habt.

Wichtig sei hierbei noch anzumerken, dass die Aufgabenplanung kein starres Modell ist. Unterjährig muss immer wieder kontrolliert werden, ob die Zeitplanung noch aktuell ist oder eine Anpassung erfolgen muss.

Nicht jeder kann auf Knopfdruck seine Arbeit koordinieren und findet gleich den richtigen Anfang – doch alles ist lernbar. In unserer Kanzlei wurde z. B. hierfür auch ein Zeitmanagement-Seminar angeboten, in dem uns viele Ratschläge und Tipps geliefert wurden, unsere Arbeit besser zu koordinieren. Solltet ihr also Probleme mit eurem Zeitmanagement haben, kann auch ein entsprechendes Seminar besucht werden.

9. Praxishilfen

9.1 Buchführungsprozess-Checkliste

1 Tausch der Pendelordner

Detailinformation	Bei Annahme des Pendelordners, diesen gegen den am Empfang befindlichen Pendelordner des Vormonats tauschen.
Ziel/Nutzen	Regelmäßiger Austausch der Pendelordner und freie „Lagerkapazitäten“.

2 Eingang der Belege erfassen

Detailinformation	Der Eingang des Ordners wird erfasst. Die Unterlagen werden zur abschließenden Bearbeitung dem entsprechenden Sachbearbeiter vorgelegt.
Ziel/Nutzen	Durch die Erfassung als Buchhaltungsauftrag kann der Stand der Buchhaltung jederzeit über die EDV eingesehen werden. Hierdurch kann sich auch ein urlaubs- oder krankheitsbedingter Vertreter schnell einen Überblick über die noch zu erledigende Buchführung verschaffen.

3 Unterlagen sichten und weitergeben

Detailinformation	Der zuständige Mitarbeiter prüft direkt nach Erhalt, ob im Pendelordner Unterlagen sind, die zur Weiterleitung an andere Mitarbeiter bestimmt sind, z. B. Steuerbescheide. Diese Unterlagen sind dem jeweiligen Sachbearbeiter entweder persönlich zu übergeben oder in sein Fach zu legen. Gleichzeitig ist das Chef-Fach im Pendelordner zu kontrollieren. Sind in diesem Fach Unterlagen vorhanden, sind diese dem jeweils zuständigen Partner oder Berufsträger unverzüglich vorzulegen.

Ziel/Nutzen	Sofortige Bearbeitung von eingereichten Unterlagen, Einhaltung von Fristen.

4 Fertigstellung der Buchhaltung

Detailinformation	Die Bearbeitung der eingegangenen Buchhaltungsunterlagen hat innerhalb von drei bis fünf Werktagen zu erfolgen. Kann diese Frist nicht eingehalten werden, ist der Mandant vom zuständigen Sachbearbeiter rechtzeitig darüber zu informieren. Hierbei ist darauf zu achten, dass ein neuer und verbindlicher Termin sofort mitgeteilt wird.
Ziel/Nutzen	Die Einhaltung der Frist zeigt dem Mandanten unsere Verlässlichkeit. Dieses verstärkt die Mandatsbindung. Hierdurch werden unnötige Anfragen des Mandanten nach der Fertigstellung/Möglichkeit zur Abholung seiner Unterlagen vermieden. Der Mandant kann weiteren Auswertungs-Adressaten (z. B. Banken) genaue Termine zur Übersendung verbindlich mitteilen. Dieses hat zur Folge, dass uns auch die Banken als zuverlässigen Partner wahrnehmen.

5 Belege sortieren

Detailinformation	Der zuständige Mitarbeiter sortiert die Belege sachlich (nach Bankauszug bzw. nach Ein- und Ausgangsrechnungen) und zeitlich sofern die Aufbereitung seitens des Mandanten fehlerhaft ist. Diese Tätigkeiten sind als Sonderarbeiten in der Leistungserfassung zu kennzeichnen (Rücksprache mit der Kanzleileitung, ob die Arbeiten zusätzlich in Rechnung gestellt werden sollen). Die Kanzleileitung ist hierüber in jedem Fall zu informieren (da dieses i. d. R. anders mit dem Mandanten vereinbart wird).
Ziel/Nutzen	Eine vernünftige Ablage der Buchhaltungsunterlagen gewährleistet eine zutreffende Erfassung der Geschäftsvorfälle. Des Weiteren sollen die Mandanten nachhaltig angehalten werden, die Unterlagen entsprechend der Vorgaben der Pendelordner in der Kanzlei einzureichen. Hierdurch kommt es zu einer Arbeitszeiteinsparung.

6 Mandantenbesonderheiten

Detailinformation	Folgende Punkte sind bei jeder Buchhaltung individuell zu hinterlegen: - Abgabe der UStVA - DFV - Kleinunternehmer - Umsatzsteuerliche Konsolidierung - Besteuerungsart - Einzug oder Überweisung für das FA - Abgaberhythmus der Buchhaltung - Interne Rechnung - letzter SB-Wechsel - allgemeine Besonderheiten (kein Vorsteuerabzug etc.) Die Lasche "Mandantenbesonderheit" ist nach Einrichtung in jedem Fibu-Teilauftrag des Mandanten hinterlegt und immer aufrufbar.
Ziel/Nutzen	In Vertretung oder bei SB-Wechsel sind hier die wichtigsten Informationen vom Mandanten hinterlegt.

7 Kontierung und Erfassung

7.1	Einspielung von EDV-Daten	Soweit möglich Datenübernahmen durchführen, z. B. - Lohndaten (Bruttolohnverbuchung) - Bankdaten (Kontoauszugsmanager) - Forderungen/Verbindlichkeiten - EDV-Kassenbuch - ... **Nutzen**: Weniger Zeitaufwand, keine Erfassungsfehler.
7.2	Die Belege werden unter Beachtung der Buchhaltungsrichtlinien erfasst	**Grundsatz:** Keine Buchung ohne Beleg. Grundsätzlich keine Textungen, die nicht aussagekräftig sind. Sollten Rechnungsbelege oder z. B. Kontoauszüge fehlen, so ist dieser Missstand unverzüglich mit dem Mandanten zu klären. Ist eine Klärung nicht kurzfristig möglich, so ist mit der Kanzleileitung das weitere Vorgehen abzustimmen. **Stornobuchungen** werden grundsätzlich als Generalumkehr gebucht, damit die Kontenumsätze zutreffend wiedergegeben werden. Dies ist z. B. für ABC-Analysen bei Debitoren und Kreditoren aber auch für weitere Verprobungen wichtig. Außerdem **immer** in das Belegfeld die Rg.Nr. eintragen. **Nutzen**: Durch Beachtung der Kontierungsrichtlinien wird eine einheitliche Bearbeitung gewährleistet.

8 Rechnungen auf Vorsteuerabzugsfähigkeit überprüfen

Detailinformation	Rechnungen mit einem Nettowert von über 1.000 € sind darauf hin zu überprüfen, ob sämtliche Anforderungen gem. § 14 Abs. 4 UStG erfüllt sind. Die Kleinbetragsrechnungen < 150 € sind auf Richtigkeit zu überprüfen. Soweit dies nicht der Fall ist, ist auf die Fehlerhaftigkeit mit dem beizufügenden Beleghinweis der Kanzlei hinzuweisen.
Ziel/Nutzen	Verhinderung von Haftungsinanspruchnahmen; Verhinderung von Nachzahlungen für den Mandanten.

9 Anlagevermögen aktualisieren

Detailinformation		Durch die Aktivierung der Soforterfassung Anlagenbuchführung werden die Zu- und Abgänge sofort gepflegt. Die Abschreibungsbuchungen können i. d. R. per Programmverbindung übernommen werden.
9.1	Abstimmprotokoll Anlag	Unter „Anlagenbuchführung" ist der Punkt „Abstimmung Anlagenbuchführung" zu kontrollieren. Evtl. Differenzen sind zu beseitigen.
9.2	Anlagenabgänge bei Verkauf automatisch verbuchen	Hinterlegung folgender Einstellungen: Haken setzen bei Stammdaten | Anlagenvermögen | Steuerungsdaten | Buchungssatzauswahl | Anlagenabgänge bei folgenden Erlöskonten (Vorbelegung lassen) -> Bei Buchung des Erlöskonto Anlagenverkauf x öffnet sich ein Fenster aus ANLAG, indem sofort das entsprechende Inventar mit dem Anlagenverkauf verknüpft werden kann.

10 Lerndatei aktualisieren

Detailinformation	Die Lerndatei für die Buchungsvorschläge soll gepflegt werden bzw. falls nicht vorhanden – eingerichtet werden.
Ziel/Nutzen	Erleichterung und Beschleunigung des Buchungsvorgangs.

11 Unentgeltliche Wertabgaben (Eigenverbrauch)

Detailinformation		Um eine aussagefähige BWA zu erhalten, ist es notwendig, schon unterjährig wiederkehrende Buchungen vorzunehmen. Diese Buchungen sind immer als wiederkehrende Buchung im Buchführungsprogramm zu hinterlegen und stets zu aktualisieren. Die Berechnung der einzelnen Positionen sind als Verknüpfung beim entsprechenden Unterpunkt hinterlegt.
11.1	anteilige private Telefonnutzung berücksichtigen	§ 3 Nr. 45 EStG ist auf Unternehmer nicht anzuwenden. Es werden als private Nutzung jährlich 240,00 € netto angesetzt, max. 50 % der Telefonkosten. (Begründung: Flatrate inkl. Internet kostet monatl. 29 €).

11.2	anteilige private Kfz-Nutzung berücksichtigen	Die Pkw-Nutzung ist jährlich neu zu ermitteln. Für die Buchhaltung sind bei den Werten der einzupflegenden Aufwandskonten die Werte des Vorjahrs zu berücksichtigen. Mit der Dezember-Buchführung sind dann die neuen Werte einzupflegen und die Korrekturen in einer Summe im Dezember zu buchen. → Fahrzeugbewertung über Schwacke online (www.schwacke.de) **Hinweis**: Die Arbeitshilfe „Kfz-Rechner: 1 %-Methode vs. Fahrtenbuch“ ist abrufbar in der NWB Datenbank unter der DokID: ZAAAD-37232.
11.2.1	Prüfung bei Anschaffung eines neuen Pkw	Bei der Anschaffung eines neuen Pkw ist zu prüfen, wer diesen nutzt. Die Lohnabteilung ist entsprechend zu informieren.
11.3	anteilige private Warenentnahme berücksichtigen	Es sind die gem. BMF-Schreiben vorgegebenen Werte anzusetzen.
11.4	sonstige Privatentnahmen anteilig berücksichtigen	Hierbei ist der Vorjahresabschluss auf weitere anzusetzende Privatentnahmen zu überprüfen.

12 Kontrolle der Buchungssätze und Konten

12.1	Die Darlehensendbestände wurden überprüft und bei Bedarf berichtigt
12.2	Der Kassenendbestand wurde überprüft und entspricht der Richtigkeit
12.3	Der/Die Bankendbestand/-bestände wurde(n) überprüft und entspricht/entsprechen der Richtigkeit
12.4	Der Geldtransit zwischen Bank und Kasse o. ä. wurde abgestimmt

12.5	Bewirtungsaufwendungen mit Steuerschlüssel 56 gebucht bzw. anteilig gebucht	Entweder 30 % der Bewirtungskosten auf das Konto 4654 manuell umbuchen, oder **Voreinstellung:** Stammdaten/Mandantendaten/Grunddaten Rechnungswesen/Kontenfunktion Haken setzen bei individuelle Funktion nutzen **Einrichtung individueller Steuersatz zur automatischen Umbuchung von #4650 auf #4654:** Stammdaten/Steuerschlüssel/+neuen Steuerschlüssel anlegen Nummer: 56 Hauptfunktionstyp: AV Hauptfunktion: 31-Vorsteuer Faktor 2 Funktionsergänzung: 1-Normal Satz (bei USt-Pflicht) 0-ohne Steuerberechnung (bei USt-frei) Faktor 2 Prozent: 30,00 Faktor 2 Konto 1: 4654 Faktor 2 Konto 2: 4650 **Beispiel Buchung:** 119 H 5604650 = 70 € auf #4650/ 30 € auf #4654/ 19 € auf #1576
12.6	Erhaltene Anzahlungen wurden richtig gebucht und abgestimmt	Erhaltene Anzahlungen sind erfolgsneutral zu verbuchen. Die Umsatzsteuer entsteht nach § 13 Abs. 1 Nr. 1a UStG mit Ablauf des Voranmeldungszeitraums in dem das Entgelt oder das Teilentgelt vereinnahmt worden ist. **Die Umsatzsteuer entsteht somit erst im Moment des Zahlungsflusses und nicht durch das Ausstellen der Rechnung! Die Abschlagsrechnungen sind grundsätzlich nur im Zusammenhang mit der tatsächlichen Zahlung buchhalterisch zu erfassen!** Abschlagsrechnungen ohne Zahlungseingang sind in DMS zu hinterlegen und erst im Moment der Zahlung zu erfassen, denn erst dann wird die Umsatzsteuer für den Mandanten fällig. **Die erhaltenen Anzahlungen sind wie folgt zu verbuchen:** Beispiel: Ein Kunde leistete am 11. 7. eine Anzahlung per Bank i. H. von 119 € brutto (einschließlich 19 % USt). Die Endrechnung über 595 € wurde am 27. 7. versandt. Den Restbetrag von 4760 € überwies der Kunde am 3. 8.

		Buchungssatz 1 Anzahlung am 11.7. 119,00 € per Bank #1200 an erhaltene Anzahlungen #1718 **Buchungssatz 2 Endrechnung am 27.7.** 595,00 € per Debitorenkonto (#15555) an Erlöse #8400 **Buchungssatz 3 Auflösung der Anzahlung am 27.7.** 119,00 € per erhaltene Anzahlungen #1718 an Debitorenkonto (#15555) **Buchungssatz 4 Zahlung Restbetrag am 3.8.** 476,00 € per Bank #1200 an Debitorenkonto (#15555) Wenn aus Gründen der Übersichtlichkeit Anzahlungen gebucht werden, die noch nicht bezahlt wurden, gelten folgende Buchungssätze: **Buchungssatz 5 offene erhaltene Anzahlungen:** Debitor an #1498 **Buchungssatz 6 offene geleistete Anzahlungen:** #1659 an Kreditor Die Konten haben den Vorteil, dass sie in der Bilanz jeweils von den Forderungen bzw. Verbindlichkeiten abgezogen werden.
12.7	Lohnkonten wurden überprüft	I. d. R. ist die Einspielung der Lohn-Daten bereits durch die Programmverbindung erfolgt. Der jeweilige Saldo der Konten #1740 bis 1759 ist zu überprüfen. Soweit die hinterlegten Buchungssätze unzutreffend sind, ist der Lohnsachbearbeiter **umgehend** hierüber zu informieren. Soweit die Lohnbuchhaltung fremd erfolgt, ist das Buchungsjournal anzufordern. Auch hier erfolgt eine Abstimmung der o. g. Konten.
12.8	Steuerzahlungen des Mandanten an bzw. Lastschriften vom Finanzamt wurden auf Richtigkeit überprüft	
12.9	Prüfung des tatsächlichen Ausgleichs der Steuerzahlungen	Prüfen, ob der Mandant seine Steuerzahlungen begleicht.Ggf. dem Mandanten eine Einzugsermächtigung empfehlen und ihn auf die Säumniszuschläge hinweisen.
12.10	Salden von Verrechnungskonten wurden abgestimmt	Soweit bei diesem Steuerpflichtigen ein bzw. mehrere Unternehmen besteht/-en und von uns diese Finanzbuchhaltung(en) durchgeführt wird/werden, ist zu überprüfen, ob Verrechnungskonten bestehen und ob die Salden entsprechend übereinstimmen.

12.11	Kontrolle der OPOS-Konten	Mindestens vierteljährlich sind die mit OPOS bebuchten Konten auf Richtigkeit zu überprüfen. Unstimmigkeiten sind dann soweit erforderlich umgehend mit dem Mandanten zu klären. Bei der Abstimmung der OPOS-Konten sollte in Kanzlei Rechnungswesen unter dem Menüpunkt Extras die Funktion „**Konto mit Null-Saldo ausgleichen**" gewählt werden. Hierdurch werden Positionen in den jeweiligen OPOS-Konten ausgeglichen, bei denen der Rechnungsbetrag übereinstimmt, aber z. B die Rechnungsnummer aufgrund eines Zahlendrehers abweichen. Die OPOS-Liste wird dadurch wesentlich strukturierter und übersichtlicher. **Beachte** hier, dass unbedingt auf die richtige Rechnungsnummer geachtet werden muss.
12.12	Die internen Buchhaltungsregeln nach Nr. 6.2 wurden eingehalten	

13 Informationsaustausch Lohn-SB

Detailinformation	Folgende Informationen sind an den Lohn-SB weiterzuleiten: - Anschaffung eines neuen Pkw der durch den GF oder einen AN genutzt wird - Tantiemezahlungen - Zahlungen von Bußgeldern/Rechnungen für den AN - neue BAV oder VWL-Verträge oder Änderungen z. B. durch dynamische Erhöhungen - Zahlungen von Erholungsbeihilfen - Darlehensauszahlungen an AN - Sachverhalte die nach § 37b EStG versteuert werden müssen (Sachzuwendungen/Geschenke an Dritte oder AN) - falsche/fehlende Konten im Buchungsbeleg
Ziel/Nutzen	Vermeidung von Rückfragen an den Mandanten durch mangelnden Informationsaustausch zwischen den jeweiligen Sachbearbeitern.

14 Besonderheiten bei Versicherungsvertretern

Detailinformation	Es sind grundsätzlich die Buchungsnoten von den Versicherungsgesellschaften anzufordern. Kontrolle der Vollständigkeit der einzelnen Buchungsnoten. Es sind nicht die Auszahlungsbeträge als Erlös zu erfassen, sondern die Erlöse lt. Buchungsnoten. Evtl. sind in den Buchungsnoten geldwerte Vorteile, sowie Versicherungsbeiträge, die die Gesellschaften direkt von der Provision einbehalten enthalten. Diese Minderung der Provision ist allerdings zusätzlich zu dem Auszahlungsbetrag als Einnahme zu erfassen. Bei den geldwerten Vorteilen ist mit dem Mandanten zu klären, ob evtl. Reisegutscheine oder ähnliches zu 100 % privat veranlasst sind. Ggf. sind diese anteilig gewinnerhöhend zu erfassen. Anschließend werden die Buchungsnoten für den Jahresabschluss-SB zur Prüfung hinterlegt.
Ziel/Nutzen	Die Einnahmen entsprechen der Richtigkeit und werden ggf. bei Betriebsprüfungen nicht mehr bemängelt.

15 Besonderheit Sicherheitseinbehalt bei Bauleistungen

Detailinformation	Soweit ein der Sollbesteuerung unterliegender Unternehmer seinen Entgeltanspruch aufgrund eines vertraglichen Einbehalts zur Absicherung von Gewährleistungsansprüchen über einen Zeitraum von 2 bis 5 Jahren nicht verwirklichen kann, ist er bereits für den VA-Zeitraum der Leistungserbringung zur Steuerberichtigung berechtigt. **Begründung:** Ein derart langer Zeitraum der Vorfinanzierung ist unverhältnismäßig. (BFH, Urteil v. 24. 10. 2013 - V R 31/12, BFH/NV 2014, S. 465) Dies betrifft insbesondere die Baubranche, in der ein Einbehalt von 5 % bis 10 % üblich ist. **Achtung:** Vorher muss eine Ablehnung der Gewährleistungsbürgschaft der Bank vorliegen! Die Sicherheitseinbehalte sollten in der Fibu brutto ausgewiesen werden (Abzug mit der USt -Verb.) Folge beim Leistungsempfänger: In selbiger Höhe kein Vorsteuerabzug. **Buchungsanweisung:** 1) 30 8000 (S)/Debitor (H) USt-Korrektur, Forderungsminderung 2) netto 1502 (S)/8000 (H) Ausweis Netto-Sicherheitseinbehalt, #8000 muss null-Saldo haben 3) USt-Betrag 1502 (S)/1766 (H) Ausweis Brutto-Sicherheitseinbehalt, USt-Passivierung

16 Gewinnausschüttung korrekt verbucht

17 Innergemeinschaftlicher Warenverkehr

Detailinformation	Im Fall einer innergemeinschaftlichen Lieferung sind die erforderlichen Nachweisunterlagen beim Mandanten, sofern den Fibu-Unterlagen nicht ohnehin schon beigefügt, anzufordern.

18 Belege einscannen

Detailinformation	Sämtliche relevante Belege für die Finanzbuchhaltung und den Jahresabschluss z. B. Zu- und Abgänge des Anlagevermögens, größere Instandhaltungsaufwendungen, Kassen- und Bankbelege, Darlehensbelege etc. sind einzuscannen und digital zu archivieren, bzw. per Programmverbindung in der Fibu zu hinterlegen.
Ziel/Nutzen	Wichtige Belege lassen sich je nach Buchführungsprogramm direkt mit den relevanten Buchungen verbinden.

19 Belege einscannen für die Künstlersozialabgabe

Detailinformation	Rechnungen mit den folgenden Leistungsbeschreibungen müssen mit der Buchung verknüpft werden, - Werbung - Design (Mode-Design, Möbel-Design, Informationsdesign, Medien-Design, etc.) - Plakate - Illustrationen - Publikationen (Presse) wenn es sich bei dem leistenden Unternehmen um eine **GbR oder ein Einzelunternehmen** handelt. Zur besseren Übersichtlichkeit ist der Unternehmenszusatz in den Buchungstext aufzunehmen. Bei Überschreiten der 450 € an KSK-Leistungen muss automatisch eine Meldung an die KSK erfolgen!

20 Erfassung der Lerndateinutzung

Detailinformation	Die Nutzung der Lerndatei kann i. d. R. im Programm eingesehen werden.
Ziel/Nutzen	Die Nutzung der Kontoauszugsmanager-Lerndatei soll bei mindestens 80 % liegen.

21 Sonderleistungen (z. B. Meldung Künstlersozialkasse)

Detailinformation	Die Mandanten werden in den Auswertungsbriefen auf die Neuerungen aufmerksam gemacht mit der Möglichkeit, bei einer Rückmeldung das Erstellen der Rechnung zu verhindern und die Bearbeitung der Formulare selbst zu übernehmen. Ein roter Klebezettel an angemessener Stelle soll den Hinweis verdeutlichen und leichter erkennbar machen. Wenn die Mandanten sich auf diesen Hinweis nicht melden, wird das als Bestätigung der Aufnahme zur Bearbeitung des Anliegens aufgenommen. Sollten die Mandanten sich dennoch im Nachhinein beschweren, haben die Sachbearbeiter die Möglichkeit, auf den Auswertungsbrief hinzuweisen.
Ziel/Nutzen	- Verständnis der Mandanten über besondere Arbeitsabläufe - weniger Nachfragen - weniger Beschwerden

22 Fragen klären und Korrekturbuchungen vornehmen

Detailinformation	Der Mitarbeiter stellt unklare Geschäftsvorfälle sowie fehlende Belege zusammen und klärt diese, soweit möglich, mit dem Mandanten direkt. Bis zur endgültigen Klärung werden die unklaren Geschäftsvorfälle auf das Konto #1590 gebucht. Die mit dem Mandanten direkt geklärten Geschäftsvorfälle werden vom Konto #1590 auf die entsprechenden Konten umgebucht. Spätestens im Folgemonat sollten die unklaren Geschäftsvorfälle und Fragen des Vormonats geklärt sein. Ansonsten erfolgt eine Umbuchung auf das Konto #1591 (Beschriftung: dauerhaft ungeklärte Positionen). Soweit das Konto #1591 einen Saldo hat, ist dieses der Kanzleileitung mit der Buchhaltung vorzulegen! Die offen gebliebenen Positionen sind im Auswertungsbrief aufzugeben.

23 Umsatzsteuer-VA

23.1	**Achtung:** Berichtigte USt-VA Dezember des Vorjahres im März ans FA senden	Mit der März-Buchführung kontrollieren, ob eventuell eine Berichtigung der Umsatzsteuer Dezember des Vorjahres erfolgen muss. Mit der Voranmeldung für März an das Finanzamt senden und im Auswertungsbrief entsprechend vermerken.
23.2	Umsatzsteuer einbuchen	Die Umsatzsteuervorauszahlung für den jeweiligen Voranmeldungszeitraum ist durch die entsprechende Auswertung anzeigen zu lassen. Dieser Wert ist dann von #1780 (USt-VZ) gegen #1789 (Verbindlichkeiten Umsatzsteuer lfd. Jahr) einzubuchen. Ist der Voranmeldungszeitraum das Kalendervierteljahr, ist auch die Umsatzsteuer-VZ nur vierteljährlich einzubuchen.
23.3	Beachtung der Umsatzsteuer Konsolidierung	

24 Zusammenfassende Meldung (ZM)

Detailinformation	Die ZM ist bis zum 25. Tag nach Ablauf jedes Meldezeitraums dem BZSt, Dienstsitz Saarlouis, auf elektronischem Weg zu übermitteln.
Ziel/Nutzen	Unternehmer, die steuerfreie innergemeinschaftliche Warenlieferungen und/oder innergemeinschaftliche sonstige Leistungen und/oder Lieferungen i. S. d. § 25b Abs. 2 UStG im Rahmen von innergemeinschaftlichen Dreiecksgeschäften ausgeführt haben, sind verpflichtet, eine Zusammenfassende Meldung (ZM) auf elektronischem Weg dem BZSt nach Maßgabe der Steuerdaten-Übermittlungs-Verordnung (StDÜV) zu übermitteln.

25 Überprüfungen der Auswertungen

25.1	BWA und SuSa	Die Plausibilität der BWA- und SuSa-Zahlen ist zu beurteilen. Hierzu sind die Vorjahreszahlen heranzuziehen. Abweichungen über 20 % bzw. 20.000 € sind zu ermitteln und zu analysieren. Anschließend ist das Ergebnis mit dem Mandanten und evtl. der Kanzleileitung zu besprechen. Eventuell ergeben sich aus der Abweichungsanalyse Folgerungen für die laufende Buchhaltung, z. B. Änderung der Wareneinsatzquoten oder der wiederkehrenden Buchungen (z. B. Anpassung des laufenden Steueraufwands). Eine solche Plausibilitätsbeurteilung erfolgt vierteljährlich!
25.2	Soll-/Ist-Vergleich	Die Plausibilität des Soll-/Ist-Vergleichs ist zu beurteilen. Hierzu sind die Planzahlen heranzuziehen. Abweichungen ab 10.000 € je Einzelposition sind ggf. in Zusammenarbeit mit dem Team der Unternehmensplanung zu ermitteln und zu analysieren. Sollten diese Abweichungen über mehrere Monate bestehen, wird mit der Kanzleileitung Rücksprache gehalten, wie in diesem Fall weiter verfahren werden muss. Informationen der Buchhaltungssachbearbeiter über große Anschaffungen/besondere Vorkommnisse müssen, sofern gegeben, **unbedingt** an das Team der Unternehmensplanung weitergegeben werden. Eine solche Plausibilitätsbeurteilung erfolgt monatlich!

26 Daten an das Rechenzentrum senden und Vorläufe festschreiben

Detailinformation	Die Vorläufe sind unbedingt jeden Monat/jedes Quartal an das Rechenzentrum zu senden und festzuschreiben.

27 Benötigte Auswertungen erstellen und ausdrucken

Detailinformation	Diese Auswertungen werden nur für den Mandanten gedruckt. Intern muss keine Ablage der Auswertungen erfolgen. Durch das sofortige festschreiben der Daten ist nachvollziehbar, welche Auswertungen der Mandant bekommen hat.
27.1	Betriebswirtschaftliche Auswertung (BKB)
27.2	Summen- und Saldenliste
27.3	Soll-/Ist-Vergleich
27.4	Umsatzsteuerwerteblatt
27.5	OPOS-Liste
27.6	Ein1Blick

28 Auswertungen für die Bank

Detailinformation		Die Auswertungen sind grundsätzlich (per E-Mail) an die jeweilige Bank zu versenden. Hierfür sind die Auswertungen, der Qualitätsnachweis und die Checkliste auszudrucken, entsprechend auszufüllen und zu unterschreiben. Dann werden die Unterlagen ggf. gescannt und per PDF-Format an die Bank geschickt. Grundsätzlich werden der Bank als Auswertung immer die BWA und die SuSa zur Verfügung gestellt. Dies gilt auch für Einnahmenüberschussrechner!
28.1	Bankvollmacht kontrollieren bzw. einholen	Ohne vorliegende Bankvollmacht dürfen keine Unterlagen an die Bank verschickt werden. Die Bankvollmacht ist in DMS abzulegen und im Stammblatt mit DokNr zu ergänzen.

29 Die Stammdaten wurden gepflegt

Detailinformation	Wenn Änderungen der Stammdaten in der Buchhaltung ersichtlich waren, wurden diese umgehend in den Mandantendaten gepflegt.

30 Fünf Minuten für unsere Mandanten

Ziel/Nutzen		**Wir kümmern uns**; Wir als Buchhaltungssachbearbeiter haben uns Gedanken um unseren Mandanten gemacht und die Buchhaltung auf eventuelle Kostenersparnisse etc. analysiert.
30.1	Versicherungscheck im Rahmen der „5 Minuten“	Im Rahmen der fünf Minuten soll der Versicherungscheck für unsere betrieblichen Mandanten erfolgen. Das Schreiben wird den Mandanten alle **drei** Jahre zugeschickt. Die Zusendung ist in dem Stammblatt der Mandanten digital mit Datum zu hinterlegen. **Nutzen**: Wir kümmern uns!
30.2	TKP Notfallblatt Durchsuchung durch die Steuerfahndung	Um unsere Mandanten auf den gedachten Fall einer Durchsuchung durch die Steuerfahndung vorzubereiten gibt es das TKP Notfallblatt „Durchsuchung durch die Steuerfahndung“. Das Deckblatt und das Notfallblatt wird einmalig an alle Fibu-Mandanten versendet und die Checkliste „Durchsuchung durch die Steuerfahndung“ beachtet. Die Zusendung ist in dem Stammblatt der Mandanten mit Datum zu hinterlegen.
30.3	Prüfung Darlehensverträge auf Erstattung der Bearbeitungsgebühren	In Rahmen der fünf Minuten könnte der Mandant gefragt werden, ob er bereits sämtliche Darlehensverträge auf zu Unrecht berechnete Bearbeitungsgebühren der Banken geprüft hat. Wenn nicht, könnten wir ihm anbieten, dieses für ihn zu übernehmen. Die betrieblichen Darlehensverträge sollten wir digital archiviert haben, alle sonstigen müsste der Mandant uns dann zur Verfügung stellen.
30.4	ISWL Auswertungspaket	Das ISWL Auswertungspaket ist im Rahmen der fünf Minuten als Hilfe zu verwenden. Dabei sollten nicht alle Punkte besprochen werden, sondern einer oder zwei.

31 Betriebsbesichtigung

Detailinformation	Mit dem Mandanten ist bei Bedarf ein Termin zur Betriebsbesichtigung einzurichten!
Ziel/Nutzen	Besseres Verhältnis zum Mandanten sowie besserer Einblick in den Fall. – „Was steckt hinter den Zahlen?“

32 Anfertigung eines Auswertungsbriefs

32.1	Ein Auswertungsschreiben wurde angefertigt	Nach Fertigstellung der Buchhaltung ist der Mandant in einem Auswertungsbrief über den **vorläufigen Gewinn** und über die **umsatzsteuerlichen Auswirkungen (Zahllast oder Guthaben)** sowie über die **Zahlungsfristen** zu informieren. Der Abgleich des steuerlichen Gewinns für die Vorauszahlungen erfolgt zum 30. 9. d. J. Fragen bzw. die Anforderung von Unterlagen, die telefonisch nicht geklärt bzw. angefordert werden konnten, müssen ebenfalls in diesem Auswertungsbrief gestellt bzw. angefordert werden. Dieser Auswertungsbrief ist stets (digital) abzulegen.
32.2	Mandanteninformation	Nach Möglichkeit sollten dem Mandanten in den monatlichen Auswertungsbriefen aktuelle Informationen zu steuerrechtlichen Themen weitergegeben werden. Bitte nur die für diesen Mandanten relevanten Tipps weitergeben.
32.3	Steuerhochrechnung im September	Mit dem Septemberanschreiben muss eine Steuerhochrechnung für das laufende Jahr gemacht werden, das Ergebnis soll dem Mandanten **schriftlich** mitgeteilt werden. Die **Steuerhochrechnung** ist zu wiederholen, sobald sich aus der Fibu 1. Quartal des Folgejahrs wesentliche Korrekturbuchungen per Dezember/Vj ergeben. So erfährt der Mandant zeitnah die zu erwartenden Steuerzahlungen.

33 Die Zeiterfassung ist durchzuführen

Detailinformation	Die Zeiterfassung erfolgt (im DATEV Arbeitsplatz) unter „Zeiten“ erfassen.

34 Prüfung Gutschrift für Kontoauszugsmanagergebühren

Detailinformation	Sofern mit dem Mandanten vereinbart, werden die evtl. anfallenden Gebühren für den Kontoauszugsmanager dem Mandanten mit der Buchhaltungsrechnung gutgeschrieben. Dies ist monatlich zu prüfen und entsprechend eine Gutschriftsposition bei der Fakturierung zu erstellen. **Unbedingt** vorher mit der Kanzleileitung abstimmen – ggf. gibt es Ausnahmen.

35 Rechnungsschreibung

Detailinformation	Die Rechnung wird nach jeder fertiggestellten Buchhaltung erstellt. Bei erster Rechnungsstellung ist hierzu die Kanzleileitung zu befragen. Ist bereits im Vormonat/Vor-Quartal eine Rechnung geschrieben worden, wird der Rechnungsbetrag übernommen. **Achtung:** Sollte ein Steuerberatungsvertrag bestehen, ist das vertraglich vereinbarte Buchhaltungshonorar in Rechnung zu stellen. (§ 14 StBGebV)

36 Zusammenstellung der Unterlagen für den Post-Ordner

Detailinformation	Originale an den Mandanten: Rechnung, Auswertungsbrief, Auswertungen. Für die Kanzlei: Auftragssummenübersicht (Mandantenauftrag), ggf. Checkliste. Checkliste muss nur ausgedruckt werden, wenn ein Punkt nicht erledigt ist. Ausgabe an den Mandanten nur nach Durchsicht der Kanzleileitung.

9.2 Checkliste Buchhaltung Dezember

1 Kontrolle Buchhaltung Dezember jährlich

Detailinformation	Die Buchhaltung im Dezember ist anhand der folgenden Punkte zu kontrollieren. Diese Liste ist zusätzlich zu der normalen Checkliste Fibu abzuarbeiten und nach Fertigstellung zu archivieren.

2 Dauerfristverlängerung für das Folgejahr beantragen

Detailinformation	Aus Gründen der internen Büroorganisation ist grundsätzlich eine Dauerfristverlängerung für die Abgabe der Umsatzsteuervoranmeldungen beim Finanzamt zu stellen, egal ob die Umsatzsteuer monatlich oder quartalsweise zu melden ist.

3 Abgabetermine vereinbaren

Detailinformation	Mit jedem Mandanten ist ein individueller Abgabetermin zur Einreichung der Buchhaltung zu vereinbaren. Dieser wird in den Mandanten-Stammdaten unter Individuelle Felder einmalig eingetragen. Bei verspäteter bzw. verfrühter Abgabe der Buchhaltung durch den Mandanten kann dieser kein Recht auf sofortige Erledigung geltend machen, außer dies wurde im Voraus so abgesprochen.
Ziel/Nutzen	Der Mandant weiß genau, wann er die Buchhaltung einreichen muss und der Sachbearbeiter kann die Bearbeitung genau planen.

4 EB-Werte erfassen

Detailinformation	Sofort, wenn der Jahresabschluss fertiggestellt ist, sind die EB-Werte vom Jahresabschlussbearbeiter in der Buchhaltung zu erfassen. Für folgende Konten hat der Vortrag der EB-Werte stets bereits mit der Buchhaltung Januar zu erfolgen: - Anlagevermögen - Kasse - Bank - Darlehenskonten
Ziel/Nutzen	Frühzeitig eine Aussage über die Vermögenslage treffen und den Mandanten ggf. weitergehend betriebswirtschaftlich beraten zu können.

5 OPOS-Kontenfunktion in den Sachkonten einrichten

Detailinformation	Bei Nutzung von DATEV-Programmen ist wie folgt vorzugehen: Stammdaten → Sachkonten → Kontenplan → Die Konten doppelt anklicken, die laufend abgestimmt werden sollten, wie z. B.: Konto 1590-1594, 1360, 1718, 1740, 1741, 1789 etc. → dann den Punkt „Details" anklicken. Daraufhin stehen drei Laschen zur Verfügung, davon die Lasche „OPOS-Funktion" öffnen und den Haken in das Kästchen OPOS-Funktion setzen. Bei der Jahresübernahme den Haken in „individuelle Kontenfunktionen übernehmen" klicken, dann bleibt die Funktion bestehen. Die Konten können dann unter Auswertungen → Kontoblatt ausgeziffert werden (Button unten rechts: Konto ausziffern). An der rechten Seite des Bildschirms gibt es unter Einstellungen auch den Punkt OPOS-Funktion, da kann man sich alle, nicht ausgeziffert und ausgeziffert, anzeigen lassen.

6 Verbindlichkeitskonten bei Gewinnermittlungen nach § 4 Abs. 3 EStG

Detailinformation	Beim Buchen von Verbindlichkeitskonten bei einer Gewinnermittlung nach § 4 Abs. 3 EStG, wird von dem Zu- und Abflussprinzip abgewichen.
Ziel/Nutzen	Die bebuchten Ausgaben entsprechen nicht den tatsächlichen Ausgaben. Am Monatsende muss daher der Wareneingang um die in den Verbindlichkeitsanfangsbestand enthaltenen abgeflossenen Beträge bzw. die im Endbestand enthaltenen noch nicht abgeflossenen Beträge korrigiert werden.

6.1	Aufwendungen für Praxisbedarf bzw. die Roh-, Hilfs- und Betriebsstoffe und bezogene Waren	Die Ausgaben können nur dann korrekt ermittelt werden, wenn nur die **Aufwendungen für Praxisbedarf bzw. die Roh-, Hilfs- und Betriebsstoffe und bezogenen Waren** mit den folgenden Gegenkonten für Verbindlichkeiten aus Lieferungen und Leistungen eingebucht werden (#1600 - #1623, #1625 - #1659, #1793 - #1794, #9896 - #9898). Die EB-Werte der Konten #1600 - #1623, #1625 - #1659, #1793 - #1794 wirken sich nicht in der Gewinnermittlung nach § 4 Abs. 3 EStG aus. Diese werden wie alle Konten, die nicht in die 4/3 Rechnung einfließen, in der Auswertung **Sonstige Konten** dargestellt. **Buchungssatz 1:** Buchen des Saldenvortrags des Kreditors #70000. 7.140 € **#9009** an Kreditor **#70000** Die Kreditorkonten (#70000 - #99999) werden auf dem Sachkonto **#1600 Verbindlichkeiten aus Lieferungen und Leistungen** gesammelt.
		Buchungssatz 2: Buchen der Lieferantenrechnung für eine Warenlieferung auf das Konto #3400 Wareneingang 19 % VoSt (automatische Vorsteuerverbuchung). 5.950 € **#3400** an Kreditor **#70000** Durch diese Buchung wird die abziehbare Vorsteuer in der Umsatzsteuer Voranmeldung berücksichtigt. **Buchungssatz 3:** Buchen einer Zahlung der Lieferantenrechnung durch Banküberweisung. 8.925 € **#70000** an Bank **#1200** Eine statistische Vorsteuer-Buchung darf hier nicht eingegeben werden.
6.2	Kosten und andere Ausgaben	Die Ausgaben können nur dann korrekt ermittelt werden, wenn die **Kosten und alle anderen Ausgaben** nicht mit den o. g. Konten für Verbindlichkeiten aus Lieferungen und Leistungen, sondern im Jahr der Zahlung direkt mit Bank- oder Kassenbeleg auf die entsprechenden Kostenkonten gebucht werden. **Eine Ausnahme bildet die Brutto-Lohnbuchung.** **Buchungssatz 1:** 1.190 € **#904940** an Bank **#1200** Durch die Buchung wird die abziehbare Vorsteuer in der Umsatzsteuer-Voranmeldung berücksichtigt.
6.3	regelmäßig wiederkehrende Ausgaben	**Regelmäßig wiederkehrende Ausgaben,** die nach § 11 Abs. 2 Satz 2 EStG in dem Kalenderjahr zu buchen sind, in das sie wirtschaftlich gehören, sind mit folgenden Gegenkonten zu buchen: Konto #1704. Das Konto #1704 fließt nicht in die Gewinnermittlung nach § 4 Abs. 3 EStG, sondern nur das Aufwandskonto bspw. #4210 Miete. Die o. g. Konten für Verbindlichkeiten aus Lieferungen und Leistungen dürfen **nicht** für regelmäßig wiederkehrende Ausgaben verwendet werden.

6.4	Investitionsgüter	Die Ausgaben können nur dann korrekt ermittelt werden, wenn für **Investitionsgüter** das Gegenkonto Verbindlichkeiten aus Lieferungen und Leistungen für Investitionen für 4/3 EStG SKR03 = Konto #1624 verwendet wird. Investitionsgüter können zum Zeitpunkt der Lieferung und Leistung mit dem Bruttobetrag und dem Vorsteuerschlüssel erfasst werden. Dadurch wird der Vorsteuerbetrag in der USt berücksichtigt. Um zu erreichen, dass die abziehbare VoSt erst im Folgejahr in der Gewinnermittlung nach § 4 Abs. 3 EStG als Betriebsausgabe ausgewiesen wird, muss im alten und im neuen Buchungsjahr je eine zusätzliche Buchung erfasst werden. **Altes Buchungsjahr:** Durch die erste Buchung ... 23.800 € **#900320** Anlagekonto an **#1624 Verbindlichk. a. L. L. für Investitionen (mit VoSt Schlüssel)** ... wird die abziehbare Vorsteuer in der UStVA als Vorsteuer und in der Gewinnermittlung nach § 4 Abs. 3 EStG als Betriebsausgabe berücksichtigt. Da das Konto #1580 Gegenkonto Vorsteuer § 4/3 EStG ebenfalls in die Gewinnermittlung nach § 4 Abs. 3 EStG fließt, wird die Vorsteuer als Betriebsausgabe neutralisiert (das Konto #1582 VoSt aus Investitionen § 4/3 EStG fließt nicht in die Gewinnermittlung nach § 4 Abs. 3 EStG). 3.800 € **#1582 Vorsteuer aus Investitionen § 4/3 EStG** an **#1580 Gegenkonto Vorsteuer § 4/3 EStG** Buchen der Abschreibung des Pkw 5.000 € **#4832 Abschreibung auf Kfz** an **#0320 Pkw** **Neues Buchungsjahr:** Buchen des EB-Wertes auf das Konto #0320 15.000 € **#0320 Pkw** an **Saldenvorträge #9000** Um zu erreichen, dass die Vorsteuerbeträge im neuen Wirtschaftsjahr in der UStVA nicht berücksichtigt, aber in der Gewinnermittlung nach § 4 Abs. 3 EStG als Betriebsausgabe abgezogen werden, muss folgender Buchungssatz erfasst werden. 3.800 € **#1581 Auflösung Vorsteuer aus Vorjahr § 4/3 EStG** an **#1582 Vorsteuer aus Investitionen § 4/3 EStG** Das Konto #1581 Auflösung Vorsteuer aus Vorjahr § 4/3 EStG fließt in die Gewinnermittlung nach § 4 Abs. 3 EStG (das Konto #1582 Vorsteuer aus Investitionen § 4/3 EStG fließt nicht in die Gewinnermittlung nach § 4 Abs. 3 EStG). Dadurch wird die Vorsteuer aus dem Vorjahr im Folgejahr als Betriebsausgabe berücksichtigt. Beide Konten fließen nicht in die UStVA.

6.5	Vorsteuer	Bei den Jahresverkehrszahlen der Verbindlichkeiten aus Lieferungen und Leistungen handelt es sich um Bruttobeträge. Über eine statistische Buchung kann man erreichen, dass die Veränderung nicht brutto, sondern netto bei den Ausgaben und der Steuerbetrag bei dem Posten Vorsteuer berücksichtigt wird. Hierfür steht das Konto **#9896 Vorsteuer in den Verbindlichkeiten zum allgemeinen Umsatzsteuersatz** und das Konto **#9897 Vorsteuer in den Verbindlichkeiten zum ermäßigten Umsatzsteuersatz** zur Verfügung. Als Gegenkonto ist das Konto **#9899 Gegenkonto für die Aufteilung der Vorsteuer (EÜR)** vorgesehen. Vorsteuerbeträge kann man zum Zeitpunkt der Lieferung oder Leistung in der UStVA von der USt abziehen, für die Gewinnermittlung nach § 4 Abs. 3 EStG gilt jedoch, dass sie erst zum Zeitpunkt der Bezahlung Betriebsausgaben werden. Hierfür benötigt man im alten und im neuen Wirtschaftsjahr je eine statistische Buchung. Diese statistischen Buchungen müssen nur dann erfasst werden, wenn im Folgejahr direkt mit Bank- oder Kassenbeleg auf die entsprechenden Konten gebucht wird.
		Wareneingang **mit** Verbindlichkeitskonten: Die statistische Buchung darf hier nicht eingegeben werden. Wenn beim Wareneingang die statistische Buchung für die „Vorsteuer, abzugsfähig in der UStVA des Wirtschaftsjahrs, im Folgejahr abzugsfähig als Betriebsausgabe“ erfasst wird, erhält man ein fehlerhaftes Ergebnis, weil die Vorsteuer in der UStVA doppelt berücksichtigt wird. Wareneingang und Kosten **ohne** Verbindlichkeitskonten: Um zu erreichen, dass Vorsteuerbeträge im alten Wirtschaftsjahr in der UStVA berücksichtigt und im neuen Wirtschaftsjahr in der Gewinnermittlung nach § 4 Abs. 3 EStG als Betriebsausgabe abgezogen werden, muss eine statistische Buchung erfasst werden. Das Konto #1570 abziehbare Vorsteuer (Soll) wird in der UStVA berücksichtigt. Das Konto #1570 abziehbare Vorsteuer (Soll), sowie das Konto #1580 Gegenkonto Vorsteuer § 4/3 EStG (Haben) fließen in die Gewinnermittlung nach § 4 Abs. 3 EStG und wirken sich somit auf das Ergebnis nicht aus.

		Altes Buchungsjahr: 190 € **#1570 Abziehbare Vorsteuer** an **#1580 Gegenkonto Vorsteuer § 4/3 EStG** Beide Vorsteuerkonten fließen in die Gewinnermittlung nach § 4 Abs. 3 EStG. Sie heben sich gegenseitig auf. In die UStVA fließt das Konto abziehbare Vorsteuer. Neues Buchungsjahr: 1. Buchungssatz: Einbuchen der Zahlung der Rechnung über Werbekosten mit Vorsteuerschlüssel. 1.190 € **#904600 Werbekosten** an **#1200 Bank** Das Konto Werbekosten und das Konto abziehbare Vorsteuer fließen in die Gewinnermittlung nach § 4 Abs. 3 EStG. 2. Buchungssatz: 190 € **#1581 Auflösung Vorsteuer aus dem Vorjahr** an **#1576 Abziehbare Vorsteuer** Beide Vorsteuerkonten fließen in die Gewinnermittlung nach § 4 Abs. 3 EStG ein.
6.6	Forderungen	Forderungen aus Lieferungen und Leistungen, die mit den Jahresverkehrszahlen in die 4/3-Rechnung fließen. (#1300 - #1309, #1400 - #1449, #1451 - #1477, #1480 - #1487, #1490 - #1497, #1499, #1593) Die Einnahmen können nur dann korrekt ermittelt werden, wenn - regelmäßig wiederkehrende Einnahmen, die nach § 11 Abs. 1 Satz 2 EStG in dem Kalenderjahr zu buchen sind, in das sie wirtschaftlich gehören, mit folgenden Gegenkonten verbucht werden: #1450. Das Konto fließt nicht in die Gewinnermittlung nach § 4 Abs. 3 EStG. Die o. g. Konten dürfen nicht für regelmäßig wiederkehrende Einnahmen verwendet werden. - auf den Personenkonten, die auf Forderungen aus Lieferungen und Leistungen gesammelt werden, ausschließlich Einnahmen und keine sonstigen Erträge bzw. neutrale Erträge gebucht werden.

7 Kontoauszug/Kassenblatt zum 31.12.JJJJ mit Buchung verknüpfen

8 Umsatzsteuer-VA

10.1	USt 1/11	Mit der Dezemberbuchhaltung ist die Dauerfristverlängerung für das neue Jahr zu beantragen. Für diese ist die Sondervorauszahlung bis zum 10.2.20XX zu leisten.

9 Prüfung der Umsatzsteuerart für das Folgejahr

Detailinformation	Vor Beginn der Januar-Fibu soll der Gesamtumsatz des Vorjahrs ermittelt werden um zu prüfen, ob evtl. von Ist-auf Sollversteuerung (oder umgekehrt) umgestellt werden muss. Bei der Versteuerung nach vereinnahmten Entgelten, darf der Gesamtumsatz von 600.000 € nicht überschritten werden. **Achtung:** Sobald in den Mandantendaten auf die entsprechende Umsatzsteuerart umgestellt wird (vorher müssen alle Buchungen festgeschrieben werden) sind nur die folgenden Buchungen von der Umstellung betroffen. Um für einzelne Buchungen die Umsatzsteuerart zu ändern, gibt es in unserem Programm die Tastenkombination: STRG+S

10 Überprüfung Pkw-Nutzung

Detailinformation	Mit der Dezember-Buchhaltung ist die Pkw-Nutzung sämtlicher Fahrzeuge zu überprüfen. Durch den Sachbearbeiter sind Bezeichnung des Fahrzeugs, Kennzeichen und Bruttolistenpreis auszufüllen. Die restlichen Angaben soll der Mandant bearbeiten, unterschreiben und an uns zurück schicken. Das unterschriebene Dokument (digital) als „zu prüfen" ablegen, damit der Abschluss-SB den Eigenverbrauch kontrollieren kann.

11 KSK-Meldung

Detailinformation	Mit der Dezember Buchhaltung ist zu überprüfen, ob die KSK-Leistungen im Kalenderjahr über 450 € liegen. Wenn dies der Fall ist, muss automatisch eine Meldung an die KSK erfolgen. Dies ist im Dezember, mit vorheriger Absprache mit dem Mandanten, zu erledigen.

12 Individuelle Auswertungspakete anlegen

Detailinformation	In unserem Rechnungswesenprogramm kann für jeden Mandant individuell geschlüsselt werden, welche Auswertungen dieser jeden Monat bekommt: Über - Bestand ->Ausgeben (PC) ->Finanzbuchführung kommt man zu einem Fenster, in welchem sämtliche zu druckenden Auswertungen ausgewählt werden können. Hier die Lasche „Pakete" wählen -> Über dem meist noch grauen Auswahlfenster gibt es den Punkt „Neues Paket anlegen" anklicken und in dem Fenster „Einzelauswertungen" die benötigten Auswertungen per Doppelklick in das Auswahlfenster schieben. Wenn alle passenden Auswertungen (z. B. BWA, BKB, Vorjahresvergleich, SuSa, OPOS, Umsatzsteuerwerteblatt, etc.) ausgewählt sind, auf speichern klicken, dem Paket einen Namen geben, wie z. B. Fibu allgemein, Auswertung Bank, etc. Anschließend noch den Punkt in das Feld „Verwenden für: Mandant" und mit OK bestätigen.

Ziel/Nutzen	Wenn eine Buchführung in Vertretung gemacht wird, weiß man meist nicht, welche Auswertungen genau zugeschickt werden müssen. Durch den Paket-Druck kann da nichts falsch laufen.

13 Überprüfung Anlagevermögen (Vollständigkeit)

Detailinformation	Mit dem Auswertungsbrief Dezember ist die Entwicklung des Anlagevermögens an den Mandanten mitzuschicken. Der Mandant soll die Inventarliste auf Vollständigkeit überprüfen. Die nicht mehr vorhandenen Wirtschaftsgüter sind auszubuchen.

14 Prüfung der Lieferschwellen nach § 3c UStG (Versandhandelsregelung)

Detailinformation	Buchungsanweisung: Bei Lieferungen an Privatpersonen in ein anderes EU-Land, ist je Land ein eigenes Erlöskonto einzurichten. Wenn der Mandant grenzüberschreitende Warenlieferungen an **Privatkunden in der EU** ausführt, verlagert sich bei Überschreiten der Lieferschwelle der Ort der Lieferung in das Land, in dem der Kunde sitzt, diese Vorschrift wird auch Versandhandelsregelung genannt (§ 3c UStG). Faustregel: Bei Lieferungen von unter 35.000 € pro Land und Jahr bleibt es bei der Versteuerung in Deutschland.
Ziel/Nutzen	umsatzsteuerliche Risiken im Auge behalten, unter Umständen kann auch eine mehrmalige unterjährige Prüfung nötig sein.

15 Überprüfung Steuerhochrechnung im Dezember

Detailinformation	Mit der Dezemberbuchhaltung soll die Steuerhochrechnung aus dem September überprüft werden. Weicht das Ergebnis aus dem Dezember ab, so muss eine weitere Steuerhochrechnung erfolgen. Das Ergebnis der Steuerhochrechnung, auch ohne Abweichung, ist dem Mandanten in jedem Fall **schriftlich** mitzuteilen. (Bitte hierzu auch Verlustabzug beachten)

16 Erstellung Schlussrechnung

Detailinformation	Nach Rechnungsschreibung der Dezemberbuchhaltung für Mandanten ohne Gesamtpauschale, ist zu prüfen, ob eine Schlussrechnung zu erstellen ist.

17 „Merkblatt Aufbewahrung" dem Auswertungsbrief beifügen

Detailinformation	Dem Dezember Auswertungsbrief ist jährlich das „TKP Merkblatt Aufbewahrung" beizufügen. **Hinweis:** Das Dokument wird jährlich zum 1. 1. aktualisiert.
Ziel/Nutzen	Den Mandanten wird zum Jahresanfang mitgeteilt, welche Unterlagen vernichtet werden dürfen.

18 Achtung! – Erhöhung der Buchhaltungspauschalen

Detailinformation	**Gilt ab der Januarbuchhaltung 2017** Grundsätzlich sind bei allen Buchhaltungen die Pauschalen um 1,5 % des Nettohonorars zu erhöhen (inkl. Steuerberatungsverträge). Auf diese Erhöhung ist im ersten Anschreiben hinzuweisen. Ausnahme: Bei bestehenden individuellen Vereinbarungen und Neuanpassung aufgrund von Gegenstandswerten.

19 Buchführungs- bzw. Gesamtpauschalen anhand der Gegenstandswerte überprüfen

Detailinformation	Mit der Dezemberbuchhaltung muss einmal im Jahr überprüft werden, ob die Gebühr in ausreichender Höhe berechnet ist.

20 Auswertungen aus dem Rechenzentrum

Detailinformation	Es sind die Schlüsselungen so vorzunehmen, dass **kein Papier** an die Kanzlei gesendet wird! Das bedeutet, dass alle Auswertungen auf Rückübertragung geschlüsselt werden! Grundsätzlich sollte dies bereits automatisch hinterlegt sein.
Ziel/Nutzen	Kein unnötiges Papier erzeugen. Schonung der Umwelt. – Stichwort: Papierloses Büro!

21 Auflösen von Auffangposten

Detailinformation	Mit der Dezember-Buchhaltung sind die bebuchten Konten auf Auffangposten zu prüfen und diese ggf. aufzulösen. (Hinweis: E-Bilanz)

9.3 Bankauswertungen – Checkliste

1 Beachtung der Buchhaltungsrichtlinien

Detailinformation	Die von der Kanzleileitung vorgegebenen Kontierungsrichtlinien sind unbedingt einzuhalten, um einen einheitlichen Qualitätsstandard der Finanzbuchhaltungen zu gewährleisten. Es sind die folgenden Grundsätze zu beachten: - Keine Buchung ohne Beleg - Keine Textung von Belegen bis zu einem Betrag von 100 € und nur eindeutige Textungen. - Sollten Rechnungsbelege oder z. B. Kontoauszüge fehlen, so ist dieser Missstand unverzüglich mit dem Mandanten zu klären. Ist eine Klärung nicht rechtzeitig möglich, so ist mit der Kanzleileitung das weitere Vorgehen abzustimmen. - Stornobuchungen werden grundsätzlich als Generalumkehr gebucht, damit die Kontenumsätze zutreffend wiedergegeben werden. Dies ist z. B. für ABC-Analysen bei den Debitoren und Kreditoren aber auch bei weiteren Verprobungen von Bedeutung.

2 Rechnungen auf Vorsteuerabzugsfähigkeit überprüfen

Detailinformation	Bei Rechnungen mit einem Nettowert von über 1.000 € ist zu überprüfen, ob sämtliche Anforderungen gem. § 14 Abs. 4 UStG erfüllt sind. Soweit dies nicht der Fall ist, ist der Mandant auf die Fehlerhaftigkeit hinzuweisen.
Ziel/Nutzen	Verhinderung von Haftungsinanspruchnahmen und Nachzahlungen.

3 Anlagevermögen aktualisieren

Detailinformation	Durch die Aktivierung der Soforterfassung des Anlagevermögens sind die Zu- und Abgänge gepflegt. Die echten Abschreibungsbuchungen werden per Programmverbindung übernommen.

4 Unentgeltliche Wertabgaben (Eigenverbrauch)

Detailinformation		Um eine aussagefähige BWA zu erhalten, ist es notwendig, schon unterjährig wiederkehrende Buchungen vorzunehmen.
4.1	anteilige private Telefonnutzung berücksichtigen	**Hinweis**: § 3 Nr. 45 EStG ist auf Unternehmer nicht anzuwenden. Es wird als private Nutzung jährlich 240 € netto angesetzt, max. 50 % der Telefonkosten.
4.2	anteilige private Kfz-Nutzung berücksichtigen	Die Pkw-Nutzung ist jährlich zu ermitteln. Hierbei ist darauf zu achten, dass zu unterscheiden ist zwischen den Tabellen für Unternehmer und Arbeitnehmer. Auch der Gesellschafter-Geschäftsführer ist als Arbeitnehmer einzustufen. Für die Buchhaltung sind bei den Werten der einzupflegenden Aufwandskonten die Werte des Vorjahrs zu berücksichtigen. Mit der Dezemberbuchführung sind dann die neuen Werte einzupflegen. Korrekturen sind in einer Summe im Dezember zu buchen.
4.3	anteilige private Warenentnahme berücksichtigen	Es sind die gem. BMF-Schreiben vorgegebenen Werte anzusetzen.
4.4	sonstige Privatentnahmen anteilig berücksichtigen	Hierbei ist der Vorjahresabschluss auf weitere anzusetzende Privatentnahmen zu untersuchen.

5 Kontrolle der Buchungssätze und Konten (Fibu)

5.1	Der Kassenendbestand wurde überprüft und entspricht der Richtigkeit.
5.2	Der/Die Bankendbestand/-bestände wurde(n) überprüft und entspricht/entsprechen der Richtigkeit.
5.3	Die Darlehensendbestände wurden überprüft und bei Bedarf berichtigt.

5.4	Steuerzahlungen des Mandanten an bzw. Lastschriften vom Finanzamt wurden auf Richtigkeit überprüft.	
5.5	Der Geldtransit zwischen Bank und Kasse o. ä. wurde abgestimmt.	
5.6	Lohnkonten wurden überprüft	Soweit die Lohnbuchhaltung durch unsere Kanzlei erstellt wird, ist die Einspielung der Daten durch die Programmverbindung erfolgt. Der Saldo der Konten #1740 bis #1750 ist zu überprüfen. Soweit die hinterlegten Buchungssätze unzutreffend sind, ist der Lohnsachbearbeiter umgehend zu informieren. Soweit die Lohnbuchhaltung fremd erfolgt, ist das Buchungsjournal anzufordern. Auch hier erfolgt die Bruttolohnverbuchung und eine Abstimmung der o. g. Konten.
5.7	Salden von Verrechnungskonten wurden abgestimmt	Soweit bei diesem Steuerpflichtigen ein bzw. mehrere Unternehmen besteht/-en und von uns diese Finanzbuchhaltung(en) durchgeführt wird/werden, **ist zu überprüfen**, ob Verrechnungskonten bestehen und die Salden entsprechend übereinstimmen.
5.8	Kontrolle der OPOS-Konten	Mindestens vierteljährlich sind die mit OPOS bebuchten Konten auf Richtigkeit zu überprüfen. Unstimmigkeiten sind umgehend mit dem Mandanten zu klären. Durch die Abstimmung der OPOS-Konten werden Positionen ausgeglichen, bei denen der Rechnungsbetrag übereinstimmt, aber z. B. die Rechnungsnummer aufgrund eines Zahlendrehers abweicht. Die OPOS-Liste wird dadurch wesentlich strukturierter und übersichtlicher.

6 Fragen klären und Korrekturbuchungen vornehmen

Detailinformation	Der Mitarbeiter stellt unklare Geschäftsvorfälle sowie fehlende Belege zusammen und klärt diese, soweit möglich, mit dem Mandanten direkt. Bis zur endgültigen Klärung werden die unklaren Geschäftsvorfälle auf das Konto #1590 gebucht. Die mit dem Mandanten direkt geklärten Geschäftsvorfälle werden vom Konto #1590 auf die entsprechenden Konten umgebucht. Spätestens im Folgemonat sollten die unklaren Geschäftsvorfälle und Fragen des Vormonats geklärt sein. Ansonsten erfolgt eine Umbuchung auf das Konto #1591 (Beschriftung: dauerhaft ungeklärte Positionen). Soweit das Konto #1591 einen Saldo hat, ist dieses der Kanzleileitung mit der Buchhaltung vorzulegen! Die offen gebliebenen Positionen sind in den Auswertungsbrief aufzunehmen.

7 Umsatzsteuer einbuchen

Detailinformation	Die USt-VZ für den jeweiligen Voranmeldungszeitraum ist auf dem Bildschirm anzeigen zu lassen. Dieser Wert ist dann auf #1780 (USt-VZ) gegen #1789 (Verbindlichkeiten Umsatzsteuer lfd. Jahr) einzubuchen. Ist der Voranmeldungszeitraum das Kalendervierteljahr, ist auch die USt-VZ nur vierteljährlich einzubuchen.

8 Überprüfung der BWA und der SuSa

Detailinformation	Die Plausibilität der BWA- und SuSa-Zahlen ist zu beurteilen. Hierzu sind die Vorjahreszahlen heranzuziehen. Abweichungen sind zu ermitteln und zu analysieren. Eventuell ergeben sich aus der Abweichungsanalyse Folgerungen für die laufende Buchhaltung, z. B. Änderung der Wareneinsatzquoten oder der wiederkehrenden Buchungen (z. B. Anpassung des laufenden Steueraufwands). Eine solche Plausibilitätsbeurteilung erfolgt **vierteljährlich!**

9.4 Buchführung – Qualitätsnachweis

Mandant:	
Zeitraum:	
Sachbearbeiter:	

1. Auswertungen – Standard

☐	Summen- und Saldenliste	☐	vom Mandanten nicht gewünscht, bzw. kein Auftrag erteilt
☐	BWA	☐	vom Mandanten nicht gewünscht, bzw. kein Auftrag erteilt
☐	BKB	☐	vom Mandanten nicht gewünscht, bzw. kein Auftrag erteilt
☐	Vorjahresvergleich	☐	vom Mandanten nicht gewünscht, bzw. kein Auftrag erteilt
☐	Kapitalflussrechnung	☐	vom Mandanten nicht gewünscht, bzw. kein Auftrag erteilt

2. Auswertungen – Optional

☐	Controlling Report	☐	vom Mandanten nicht gewünscht, bzw. kein Auftrag erteilt
☐	Planungsrechnung	☐	vom Mandanten nicht gewünscht, bzw. kein Auftrag erteilt
☐	Soll-/Ist-Vergleich	☐	vom Mandanten nicht gewünscht, bzw. kein Auftrag erteilt
☐	Liquiditätsplan	☐	vom Mandanten nicht gewünscht, bzw. kein Auftrag erteilt
☐	OPOS	☐	vom Mandanten nicht gewünscht, bzw. kein Auftrag erteilt
☐	Werthaltigkeitscheck Forderung	☐	vom Mandanten nicht gewünscht, bzw. kein Auftrag erteilt

3. QM Buchführung

☐ Pro Check erledigt (siehe Anlage)

Folgende Punkte konnten nicht abgearbeitet werden:

Tz.	Begründung

Zusätzliche Leistungen

☐	unterjährige Abgrenzung ARAP	☐	vom Mandanten nicht gewünscht, bzw. kein Auftrag erteilt
☐	anteilige Rückstellung (s. Anlage)	☐	vom Mandanten nicht gewünscht, bzw. kein Auftrag erteilt
☐	monatliche Kontrolle OPOS	☐	vom Mandanten nicht gewünscht, bzw. kein Auftrag erteilt
☐	Bestandsveränderungen	☐	vom Mandanten nicht gewünscht, bzw. kein Auftrag erteilt
☐	Einzelwertberichtigungen Ford.	☐	vom Mandanten nicht gewünscht, bzw. kein Auftrag erteilt

Um eine zutreffende Vorjahresvergleichbarkeit zu erreichen, weisen wir darauf hin, dass folgende Vorgänge im Vorjahr abweichend gebucht worden sind:

			TEUR +	TEUR -
☐	______	Auswirkung:		
☐	______	Auswirkung:		
☐	______	Auswirkung:		
☐	______	Auswirkung:		
☐	______	Auswirkung:		
Summe				

4. Bestätigung

Hiermit versichere ich, den vorstehenden Qualitätsnachweis nach bestem Wissen und Gewissen und mit größtmöglicher Sorgfalt erstellt zu haben.

Cuxhaven, der

(Unterschrift) Sachbearbeiter/-in

9.5 Umsatzsteuer-Voranmeldung

Die Umsatzsteuer-Voranmeldung wird in vielen Fällen vom Programm selbst erstellt. Diese befreit den Sachbearbeiter jedoch nicht von deren Kontrolle. Über die Funktion „Umsatzsteuer-, und Vorsteuerverprobung" muss jedoch kontrolliert werden, ob sämtliche Buchhaltungsvorgänge korrekt erstellt und in der Voranmeldung berücksichtigt wurden. Die Umsatzsteuerkonten dürfen nicht direkt gebucht werden, da diese nicht in die Umsatzsteuer-Voranmeldung einfließen. Warnhinweise eines Programmes während der Buchhaltung sollen nicht einfach ignoriert werden.

Die Umsatzsteuer-Voranmeldung ist dem Finanzamt i. d. R. elektronisch in authentifizierter Form zu übermitteln.

TKP-TIPP

Für die Praxis empfiehlt es sich, für jeden Mandanten die Dauerfristverlängerung zu beantragen. Bei einer quartalsweisen Abgabe der Voranmeldung wird die Fristverlängerung auf Antrag ohne Sondervorauszahlung gewährt.

TKP-TIPP II

Bei hohen Vorsteuerbeträgen, z. B. durch die Anschaffung eines neuen Pkws, sollte dem Finanzamt direkt eine Kopie der Rechnung in Bezug auf die übermittelte Umsatzsteuer-Voranmeldung übersandt werden. So erspart man sich die Rückfragen vom Finanzamt und die Erstattung wird dem Mandanten zügiger ausgezahlt.

TKP-TIPP III

Unterjährig kann es zu Korrekturen der einzelnen Monate kommen. Über die Funktion „Übersicht Datenübermittlung Finanzverwaltung" kann direkt gesehen werden, welche Monate eine Abweichung bei der gemeldeten Umsatzsteuer-Voranmeldung und dem Bestand im Rechnungswesenprogramm aufweisen.

9.6 Soll-Ist-Versteuerung

Ob ein Mandant seinen Gewinn nach § 4 Abs. 3 EStG oder als Bilanz nach § 5 EStG ermittelt, hat Auswirkungen auf die laufende Buchhaltung.

Bei einer Gewinnermittlung wird unterjährig nach dem Zu- und Abflussprinzip gebucht. Dieses bedeutet, dass die Einnahmen und Ausgaben nur bei Zahlung gewinnauswirkend verbucht werden. Ist die Buchhaltung aus Vereinfachungsgründen auch mit Forderungen und Verbindlichkeiten gebucht worden, ist immer darauf zu achten, dass die offenen Forderungen und Verbindlichkeiten nicht in die Gewinnermittlung mit einbezogen werden. Bei einigen Programmen wird dieses automatisch vom Programm erledigt, wenn die OPOS Konten gebucht werden. Nur die tatsächlich erhaltenen Einnahmen bzw. geleisteten Ausgaben beeinflussen den Gewinn.

Die Anwendung des § 11 EStG wird spätestens im Abschluss vorgenommen. Jedoch sollte der Buchhalter in der Dezember- und Januar-Buchhaltung auf betroffene Einnahmen/Ausgaben achten und diese entsprechend verbuchen.

Bei einer Bilanz werden unterjährig vollständig die Forderungen und Verbindlichkeiten gewinnauswirkend verbucht. Um dem Mandanten unterjährig ein korrektes Ergebnis mitzuteilen, sollte demnach der Mandant dazu aufgefordert werden monatlich sämtliche Ein- und Ausgangsrechnungen mit einzureichen. Gleichzeitig muss unbedingt die Bruttolohnverbuchung berücksichtigt werden.

TKP-TIPP

Sollten trotz Istversteuerung die Umsätze mit OPOS erfasst werden, wird bei der Buchung der Debitoren die Umsatzsteuer als „Umsatzsteuer nicht fällig“ ausgewiesen. Sind die Umsätze jedoch mit 19 % und 7 % zu versteuern, wird bei der Buchung der Bezahlung gegen den Debitor vom Programm fälschlicherweise der Rechnungsbetrag mit 100 % zu „19 % Umsatzsteuer fällig“ gebucht. In dem Fall muss die Rechnungssumme aufgeteilt und mit dem Steuerschlüssel 20 für 7 % gebucht werden, damit das Konto „Umsatzsteuer nicht fällig“ korrekt ausgeglichen wird.

BEISPIELBUCHUNG MIT SKR 03

Ausgangsrechnung	
Debitor (#10000)	250,00
an Erlöse 19 % (#8400)	200,00
an Erlöse 7 % (#8300)	50,00
Bezahlung Rechnung	
Bank (#1200)	250,00
an Debitor (#10000)	200,00
an Debitor (#210000)	50,00

Hinweis: Die 2 steht für den Steuerschlüssel 20 -> 7 % Umsatzsteuer

9.7 Kleinunternehmer § 19 UStG

Übt der Mandant die Besteuerung eines Kleinunternehmers aus, kann dieses i. d. R. in der Buchhaltung bereits in den Stammdaten korrekt eingestellt werden. Bei der Umsatzbesteuerung wird „keine Umsatzsteuerberechnung“ hinterlegt. Wenn nun in der Buchhaltung der Vorsteuerschlüssel benutzt wird, erscheint direkt der Hinweis, dass diese Option bei dem Mandanten nicht erlaubt ist. Gleichzeitig werden die Umsatzerlöse auf dem Konto #8195 Erlöse Kleinunternehmer § 19 UStG im SKR 03 verbucht.

TKP-TIPP

Sollte ein Mandant die o. g. Grenzen erfüllen, jedoch jährlich hohe Vorsteuerbeträge geltend machen können, die zu einem Vorsteuerüberschuss führen würden, sollte mit dem Mandanten über die Option zum Verzicht auf die Kleinunternehmerregelung gesprochen werden.

9.8 Unternehmensgründung

Wenn ein Unternehmen neu gegründet wurde, müssen zusätzliche Arbeitsschritte beachtet werden.

Zunächst muss der Fragebogen zur steuerlichen Erfassung für die passende Gesellschaftsform ausgefüllt und beim Finanzamt eingereicht werden. Das Finanzamt vergibt nach Prüfung eine neue Steuernummer, welche für das neue Unternehmen wichtig ist. Der Fragebogen sollte somit umgehend erstellt werden.

Bei einem bilanzierenden Unternehmen muss zusätzlich zum Fragebogen auch die Eröffnungsbilanz eingereicht werden. Vor der Erstellung der Eröffnungsbilanz schrecken zunächst immer viele Kollegen zurück. Dabei ist die Bilanz ganz einfach. In der Regel gibt es nur einen Aktiva- und einen Passiva Posten.

- z. B. bei einer GmbH:
  Aktiva
  TEUR 25 – eingeforderte, noch ausstehende Einlagen
  Passiva
  TEUR 25 – gezeichnetes Kapital
- z. B. bei einem Einzelunternehmen:
  Aktiva
  TEUR 25 – Bank
  Passiva
  TEUR 25 – Eigenkapital

Folgende Unternehmer müssen Ihr Gewerbe bei der Gemeinde/Stadt anmelden:

- Einzelgewerbetreibende (natürliche Personen)
- Personengesellschaften (jede/r für eine Personengesellschaft vertretungsberechtigte Gesellschafter/-in ist dabei anzeigepflichtig)
- bei juristischen Personen die juristische Person selber (GmbH, AG)

Vom Mandanten sind sämtliche wichtige Vertragsunterlagen anzufordern und zu archivieren. Hierzu gehören u. a.:

- Gesellschaftsverträge
- Handelsregisterauszüge
- Gewerbeanmeldung
- Mietverträge
- Kaufverträge
- Darlehensverträge

HINWEIS

Der Fragebogen zur steuerlichen Erfassung ist abrufbar in der NWB-Datenbank unter der DokID: OAAAC-72932.

TKP-TIPP

Es gibt diverse Fördermöglichkeiten bei einer Neugründung eines Unternehmens – z. B. bietet die KFW Bankengruppe Gründungszuschüsse an. Es lohnt sich immer zu prüfen, ob der Mandant die Voraussetzung für eine Förderung erfüllt. Gerade zum Start eines Unternehmens freut sich jeder Mandant über eine Finanzspritze. Zu beachten ist hier, dass sich die Förderprogramme ändern können. Hier sollten immer die aktuellen Richtlinien und die Gültigkeit des Förderprogramms sowie dessen Voraussetzungen kontrolliert werden.

Nicht gefördert werden allgemeine Beratungen, die nur steuerberatende Tätigkeiten zum Inhalt haben.

9.9 Unentgeltliche Wertabgaben

Wie bereits beschrieben, sollten die unentgeltlichen Wertabgaben als wiederkehrende Buchungen angelegt werden. Damit wird sichergestellt, dass die private Nutzung in der laufenden Buchhaltung nicht vergessen wird.

In Fällen, bei denen im Abschluss ein Privatanteil der Gebäudekosten ermittelt wird, sollte unterjährig eine pauschale Privatnutzung anhand des Vorjahres gebucht werden. Hierdurch wird bereits unterjährig die Vorsteuer gekürzt und der tatsächliche Privatanteil wird vom Abschlussbearbeiter ermittelt.

9.10 Anlagenbuchführung

Es gibt Kanzleien, die unterjährig nur kalkulatorische Abschreibungen verbuchen oder sogar nur jährlich die Abschreibung beim Mandanten berücksichtigen. Es ist empfehlenswert, die Abschreibung bereits entsprechend zu buchen und das Anlagevermögen unterjährig zu pflegen.

Während der Erstellung der Buchhaltung sollte in den Eigenschaften die Soforterfassung des Anlagevermögens aktiviert sein. Wird nun ein Konto des Anlagevermögens verbucht, öffnet sich automatisch das Anlagevermögen und das neue Wirtschaftsgut ist zu aktivieren.

Bei der Aktivierung des neuen Wirtschaftsguts sind folgende Sachverhalte zu hinterlegen:

- Bezeichnung
- Anschaffungsdatum
- Netto-AK (bzw. Brutto-AK bei Mandanten mit Vorsteuerabzugsverbot)
- Nutzungsdauer
- Restwert: Erinnerungswert von 1 €
- Abschreibungsart

Vereinzelt findet man in den Unternehmen am Ende der Nutzungsdauer noch einen sogenannten „Erinnerungswert" von 1 €. Dieser eine Euro soll daran erinnern, dass z. B. der Vermögensgegenstand „Lkw" zwar bereits voll abgeschrieben ist, sich aber immer noch im Unternehmen befindet. Erst im Falle des Ausscheidens durch Verkauf, Zerstörung oder Entnahme wird auch der Erinnerungswert von 1 € ausgebucht.

TKP-TIPP

Die Nutzungsdauer ergibt sich aus diversen Abschreibungstabellen. Hierbei muss beachtet werden, dass die Nutzungsdauer nur für neuwertige Wirtschaftsgüter gilt. Sollte z. B. ein gebrauchter Pkw angeschafft werden, ist die Restnutzungsdauer zu berechnen und entsprechend zu nutzen.

Weiter sollte von jedem Wirtschaftsgut eine Kopie der Rechnung entweder direkt mit dem Buchungssatz verknüpft oder (falls diese Funktion im Programm nicht möglich ist) in der Akte des Mandanten hinterlegt werden. Der Abschlussbearbeiter benötigt die Rechnung zur Kontrolle und muss somit die Unterlagen nicht wieder anfordern.

TKP-TIPP

Bei neuen Anschaffungen ist immer der § 7g Abs. 5 EStG i.V. mit § 7g Abs. 6 EStG zu prüfen, ob eine Sonderabschreibung i. H. von max. 20 % der Anschaffungs- oder Herstellungskosten möglich ist.

9.11 Betriebsausgaben

Gerne würden Mandanten sämtliche Ausgaben, die sie im Monat tätigen, als Betriebsausgabe geltend machen. Schön wäre es und würde unseren Job auch um einiges einfacher machen. In meinem ersten Lehrjahr war ich noch der Meinung, dass der Mandant sicher alles korrekt erstellt und wir (als Buchhalter) alles 1:1 in die Buchhaltung übernehmen können. Schnell merkte ich jedoch, dass z. B. – i. d. R. – eine Playstation nichts mit einem Restaurantbetrieb zu tun hat oder der neueste Porsche in einem Landwirtschaftsbetrieb nicht ganz plausibel scheint. Aus diversen Einzelerfahrungen habe ich gelernt, dass man sich doch immer wieder bei jedem Beleg fragen muss „Ist das wirklich eine Betriebsausgabe oder gehört es zu der privaten Lebensführung“ – auch der Betriebsprüfer wird diese Fragen stellen.

TKP-TIPP

Sollte der Mandant trotz Bedenken des Sachbearbeiters darauf bestehen, dass eine Rechnung betrieblich aus einem bestimmten Grund berücksichtigt werden soll, empfiehlt es sich diese Fälle für eine etwaige Betriebsprüfung zu dokumentieren und – je nach Höhe der Ausgabe – kurz Rücksprache mit der Kanzleileitung zu halten.

II. Lohnbuchhaltung

1. Einrichtung eines Neumandats

Wenn dein Chef zu dir kommt und sagt „Wir haben ein Neumandat! Die haben auch Löhne!" – dann musst du zuerst einmal herausfinden, was bei diesem Mandanten vorher so los gewesen ist. Ist es jemand der sich gerade erst selbständig gemacht hat? Oder wurden dort schon vorher Löhne abgerechnet – über den vorherigen Steuerberater oder über den Mandanten selbst? Wenn dort vorher schon Löhne abgerechnet wurden – welches Programm wurde benutzt? Wenn du Glück hast, kann dir das dein Chef beantworten. Oder man versucht es bei dem Fibu-Sachbearbeiter, dem Mandanten oder auch dem vorherigen Steuerberater. Dann gibt es zwei Möglichkeiten:

1.1 Datenübernahme vom vorherigen Steuerberater möglich

Es wurden vorher schon Löhne abgerechnet und der vorherige Steuerberater hat ebenfalls mit dem gleichen Programmabgerechnet. Du kannst also den „Auftrag zur Übertragung von Mandantendaten" ausfüllen, ihn zum vorherigen Steuerberater schicken und – wenn beide Berater unterschrieben haben – weiter an die DATEV. Nach einigen Tagen kannst du die Daten dann in LODAS unter dem Punkt „Mandantendaten" → „Daten holen" → „Erstbestückung" → „Mandantenliste" und anschließend „Stammdaten" einspielen.

Eine andere Möglichkeit der Datenübernahme ist der Datenimport über ASCII. Dieser kommt in Betracht, wenn nicht mit DATEV, aber einem anderen DATEV-kompatiblen Programm abgerechnet worden ist. Hier kann der Vorberater dann einen ASCII-Export erstellen – wie dieser aussehen muss, findest du auf der Internetseite der DATEV. Dort gibt es ein Schnittstellenhandbuch. Diesen Export kannst du anschließend über den Punkt Daten übernehmen wieder einspielen.

1.2 Neueinrichtung erforderlich

Sollte es keine Möglichkeiten der Datenübernahme geben oder der Mandant das erste Mal Arbeitnehmer beschäftigen, muss der Mandant zunächst im Lohnprogramm (z. B. LODAS) neu eingerichtet werden. Dazu gehst du folgendermaßen vor:

LODAS ohne Ordnungsbegriffe öffnen, über die Schaltfläche „neu" die Maske „Mandant neu" öffnen und die Felder „Berater-Nr., Mandanten-Nr., Unternehmensname kurz, erste Abrechnung, Bundesland und Rechtskreis" ausfüllen. In den Feldern „Datenübernahme aus Mandanten" kann ein ähnlicher Mandant wie der neu anzulegende eingegeben werden. Damit spart man sich die Arbeit die Lohnarten, die Krankenkassen, den Buchungsbeleg etc. neu einzurichten.

Außerdem können ggf. die Haken in den Systemwechseln gesetzt werden. Hier musst du dich mit dem vorherigen Lohnabrechner abstimmen, wie dort die Abmeldung durchgeführt wird (ob dort mit Systemwechsel abgemeldet wird oder einfach mit Austritt wegen Beschäftigungsende).

Nach dem Bestätigen mit „OK" öffnet sich die Abrechnungsansicht. Nun gehst du in dem Strukturbaum links unter Mandantendaten und arbeitest diesen von oben nach unten ab. Abschließend sendest du die Stammdaten (ohne Bewegungsdaten) ins Rechenzentrum. Wenn das erledigt ist, kannst du anfangen die jeweiligen Arbeitnehmer unter „Personaldaten“ einzurichten.

Sollte der Mandant bislang noch gar keine Arbeitnehmer beschäftigt haben, dann muss noch die Betriebsnummer beim Betriebsnummernservice der Bundesagentur für Arbeit beantragt werden. Dies kannst du online über die Seite www.arbeitsagentur.de erledigen. Die Daten die du dazu benötigst, sind: Name des Unternehmens, Adresse, Unternehmensgegenstand und eine Telefonnummer für Rückfragen. Außerdem solltest du den Mandanten darauf hinweisen, dass er gesetzlich verpflichtet ist, sich binnen einer Woche bei der Berufsgenossenschaft zu melden und eine Mitgliedschaft zu beantragen. In den meisten Fällen übernehmen wir dies für unsere Mandanten auf der Internetseite der jeweiligen Berufsgenossenschaft.

2. Die laufende Lohnbuchhaltung

Zunächst beginne ich einmal mit der Frage: Was benötige ich um Löhne und Gehälter abzurechnen?

Zur Erstellung der monatlichen Lohn- und Gehaltsabrechnung sind viele Daten und Unterlagen erforderlich. Was du genau brauchst, erläutere ich dir unter den folgenden Punkten:

2.1 Personalfragebogen

Wir haben in unserer Kanzlei einen Personalfragebogen, der sich sehr bewährt hat. Du findest ihn als Muster auf Seite 110. Der Personalfragebogen sollte, nein **muss**, von jedem neuen Mitarbeiter ausgefüllt werden. Meistens erfolgt das handschriftlich. Unser Fragebogen kann aber auch online ausgefüllt werden.

Er enthält alle persönlichen Angaben wie Name, Adresse, Geburtsdatum, Geschlecht, Rentenversicherungsnummer, Familienstand, ggf. Geburtsort, Geburtsland und IBAN.

Dann werden noch alle Angaben zur Beschäftigung abgefragt, wie Eintrittsdatum, Berufsbezeichnung/ausgeübte Tätigkeit. Ganz wichtig sind auch der Schulabschluss und die Berufsausbildung. Häufig nehmen die Mandanten genau diese Fragen nicht ernst mit der Begründung: Was geht das den Steuerberater an? Ok, uns persönlich interessiert das auch nicht, aber unser Abrechnungssystem muss diese Angaben zwingend haben. Das hängt mit den geplanten direkten Übertragungen von Lohndaten/Bescheinigungen an die Bundesagentur für Arbeit bzw. die Sozialämter zusammen. Dann gibt es noch zwei Fragen speziell für Auszubildende: Beginn und voraussichtliches Ende der Ausbildung. Die wöchentliche Arbeitszeit, Voll- oder Teilzeit, muss uns auch unbedingt übermittelt werden. Seit dem Januar 2015 ist das durch die Mindestlohnregelung noch wichtiger: Es muss für uns Lohnbuchhalter sofort ersichtlich sein, ob der Mindestlohn eingehalten wird. Kostenstelle, Baulohn und Urlaubsanspruch sind nur dann von Interesse, wenn der Mandant zu dieser Lohngruppe gehört oder das auf seinen Lohnabrechnungen ausgewiesen haben möchte.

Der nächste Punkt „Befristung (des Arbeitsverhältnisses)“ erklärt sich von selbst.

- Steuer – ganz wichtig! Seit 2014 benötigen wir nur noch die Identifikationsnummer. Steuerklasse, Kinderfreibetrag und Konfession dienen uns ausschließlich zum Abgleich der vom Finanzamt übermittelten Daten.
- Sozialversicherung – wir benötigen die Rentenversicherungsnummer und den Namen der Krankenkasse.
- Entlohnung – ergibt sich aus dem Arbeitsvertrag.
- Vermögenswirksame Leistungen (VWL) – wenn ein Vertrag vorliegt bitte ausfüllen bzw. Unterlagen des Vertragspartners beifügen.

Dann gibt es eine Checkliste, die auf Vollständigkeit der Unterlagen zu überprüfen ist.

Als letzten Punkt kommen wir zu den Vorbeschäftigungszeiten im laufenden Kalenderjahr. Das sollte der Mitarbeiter bitte ausfüllen. Die Vorbeschäftigungszeiten werden bei der Berechnung der Lohnsteuer für Einmalbezüge berücksichtigt.

Nun benötigen wir nur noch die Unterschriften des Arbeitnehmers und des Arbeitgebers.

Wenn dieser Personalfragebogen sorgfältig ausgefüllt wird, sind wir Lohnbuchhalter glücklich. Es gibt keine Rückfragen mehr, oder nur noch vereinzelt. Du solltest auch unbedingt auf den komplett ausgefüllten Personalfragebogen bestehen. Während meiner langen beruflichen Erfahrung habe ich immer wieder erlebt, dass viele Mandanten anfangs ganz pflichtbewusst den Fragebogen ausfüllen, uns im Laufe der Zeit aber die wichtigsten Daten nur noch per Email oder am Telefon mitteilen. Da gibt es viele Argumente: z. B. die Anmeldung muss heute noch erfolgen, weil Abrechnungsschluss ist, oder der Mitarbeiter unter die Sofortmeldepflicht fällt und die Daten noch nicht vollständig vorliegen. Es wird aber alles ganz bestimmt, ganz schnell nachgereicht. Darauf verlasse dich nicht. Grundsätzlich musst du auf den Personalfragebogen bestehen. Natürlich müssen wir auch mal Ausnahmen zulassen, weil manche Personaleinstellungen sehr kurzfristig sind. Du musst dem Mandanten klar machen, dass er umgehend nach Einstellung des neuen Mitarbeiters den Fragebogen an Ihn zum Ausfüllen gibt, nach wenigen Tagen wieder einfordert und natürlich auch überprüft, ob alle Angaben vollständig und plausibel sind. Häufig werden diese Bögen einfach ohne weitere Durchsicht an uns weitergeleitet, und dann sind wir wieder da, wo wir eigentlich nicht hinwollen. Es gibt Rückfragen! Mit viel Glück schafft man es irgendwann einmal, dass die kompletten Unterlagen bei Erstellung der ersten Lohnabrechnung vorliegen.

2.2 Der Arbeitsvertrag

Ganz wichtiges Thema! Ein Arbeitsvertrag **muss** schriftlich abgeschlossen werden, wenn dies in dem für das Arbeitsverhältnis maßgebenden Tarifvertrag verlangt wird. Gesetzlich vorgeschrieben ist das jedoch nicht. Bei einem befristeten Arbeitsverhältnis und einem Ausbildungsverhältnis ist das anders. In beiden Fällen muss der Arbeitsvertrag schriftlich geschlossen werden.

Gibt es für das Arbeitsverhältnis keinen schriftlichen Arbeitsvertrag, ist der Arbeitgeber aufgrund des Nachweisgesetzes verpflichtet, spätestens einen Monat nach Beginn der Beschäftigung alle relevanten Arbeitsbedingungen schriftlich festzuhalten und eine Kopie dem Arbeitnehmer auszuhändigen. Wird eine Aushilfe für eine Dauer von höchstem einen Monat beschäftigt gilt das nicht.

In einem schriftlichen Arbeitsvertrag sollten folgende Vereinbarungen enthalten sein:

- Name und Anschrift der Vertragsparteien
- Beginn des Arbeitsverhältnisses
- Im Fall einer Befristung das Ende der Befristung
- Angaben zum Arbeitsort
- Tätigkeitsbeschreibung
- Zusammensetzung und Höhe des Arbeitsentgelts
- Vereinbarte Arbeitszeit/Wochenstunden
- Dauer des Urlaubs
- Kündigungsfrist

Es kann auch bei Angaben zum Arbeitsentgelt, Arbeitszeit, Urlaub und Kündigungsfrist auf die im Arbeitsverhältnis ggf. anzuwendenden Tarifverträge oder Betriebsvereinbarungen bzw. auch auf die gesetzlichen Vorschriften verwiesen werden.

Du solltest unbedingt auf die Übersendung einer Kopie des Arbeitsvertrags bestehen. Bei Betriebsprüfungen wollen die Prüfer diese Unterlagen evtl. haben.

Häufig bitten uns unsere Mandanten, besonders wenn es Mandanten mit nur zwei oder drei Mitarbeitern sind, um Hilfe bei der Erstellung eines Arbeitsvertrags. Für solche Fälle haben wir einige Musterverträge, die wir den Mandanten gerne zur Verfügung stellen, jedoch immer mit dem Hinweis, dass es sich lediglich um Vorschläge handelt, und wir als Steuerberatungskanzlei keine Rechtsberatung vornehmen dürfen. Gerne verweisen wir auch auf entsprechende Berufsverbände, bei denen man sich kostenlose Unterstützung holen kann. Allerdings nur, wenn der Mandant Mitglied ist. Bei komplizierten Arbeitsverträgen sollte ggf. auch ein Anwalt hinzugezogen werden.

2.3 Lohnsteuerabzug und Identifikationsnummer

Bei Arbeitnehmern in der Bundesrepublik Deutschland richten sich der Lohnsteuerabzug sowie der Abzug von Solidaritätszuschlag und ggf. Kirchensteuer nach der in den elektronischen Lohnsteuerabzugsmerkmalen (ELStAM) eingetragenen Lohnsteuerklasse. Man unterscheidet in sechs Lohnsteuerklassen, von Steuerklasse I bis VI. Die Einteilung in eine Steuerklasse richtet sich nach den persönlichen Lebensverhältnissen des Arbeitnehmers. Nach den Lohnsteuerklassen wird automatisch die Höhe der monatlichen Abzüge errechnet und durch den Arbeitgeber an das Finanzamt abgeführt. Zuvor wird ggf. ein Freibetrag vom steuerpflichtigen Arbeitslohn abgezogen.

Grundsätzlich kann die Steuerklasse einmal im Jahr geändert werden. Ausnahmen sind: Heirat, Geburt eines Kindes, Tod des Ehegatten oder Lebenspartners und Arbeitslosigkeit.

Folgende Arbeitnehmer fallen in die jeweilige Steuerklasse:

Steuerklasse I
Ledige,
Verheiratete/Verpartnerte, die dauernd getrennt leben oder deren Ehepartner dauerhaft im Ausland lebt, auch Verwitwete (ab dem übernächsten Jahr nach dem Tod des Ehepartners/Lebenspartners) oder Geschiedene.
Die Zahl der Kinderfreibeträge wird in den elektronischen Lohnsteuerabzugsmerkmalen eingetragen.

Steuerklasse II
Alleinerziehende und Verwitwete bei denen die Voraussetzungen der Steuerklasse I vorliegen und die Anspruch auf den Entlastungsbetrag für Alleinerziehende haben.

Steuerklasse III
Verheiratete bzw. eingetragene Lebenspartner, wenn der andere Partner nicht berufstätig oder selbstständig ist oder
der ebenfalls berufstätige Ehepartner/Lebenspartner die Steuerklasse V erhält.
Verwitwete bis zum Ende des auf den Tod des Ehegatten/Lebenspartners folgenden Kalenderjahres.

Steuerklasse IV
Verheiratete/verpartnerte Arbeitnehmer, wenn beide Partner berufstätig sind.

TKP-TIPP

Die Lohnsteuerklassen IV/IV (im Gegensatz zu III/V) sollten Ehegatten/Lebenspartner wählen, bei denen beide ungefähr gleich viel verdienen. Wenn beide Partner Steuerklasse IV/IV gewählt haben und stark unterschiedlich verdienen, raten wir unbedingt zur Abgabe einer Steuererklärung und zur Überprüfung, ob die Wahl III/V oder IV/IV mit Faktorverfahren vorteilhafter wäre.

Steuerklasse V
Ehegatten/Lebenspartner die stark unterschiedlich hohe Einkommen haben.
Der Besserverdienende erhält die Steuerklasse III und der Geringerverdienende die Steuerklasse V. Eventuell wird zu wenig Steuer einbehalten. Die Abgabe einer Steuererklärung zum Jahresende ist daher zwingend (§ 46 Abs. 2 Nr. 3a EStG), sofern beide Ehegatten ein Einkommen bezogen haben.

Steuerklasse VI
Arbeitnehmer, die ein zweites oder weiteres Dienstverhältnis haben, d. h. in den ELStAM-Daten wird für dieses Arbeitsverhältnis nicht das Kennzeichen „Hauptarbeitgeber" gesetzt.

Die elektronischen Lohnsteuerabzugsmerkmale (ELStAM) werden den Arbeitgebern von der Finanzverwaltung zur Verfügung stellt. In der Praxis läuft das wie folgt ab: Jeder neu eingestellte Mitarbeiter muss dem Arbeitgeber bei Eintritt seine Identifikationsnummer mitteilen. Es empfiehlt sich unbedingt, einige Tage vor der Abrechnung den neuen Mitarbeiter im Lohnprogramm anzulegen, und einen Abgleich der ELStAM-Daten bei der Finanzbehörde anzufordern. Der Abgleich der Daten und die Rückmeldung dauern ein bis zwei Tage.

Was ist eine IdNr. und wie bekomme ich sie? Die 11-stellige IdNr. wird schon bei der Geburt zugeteilt, bleibt dann ein Leben lang gültig und ändert sich auch nicht bei Umzug oder Heirat. Zu der Identifikationsnummer werden alle persönlichen Angaben gespeichert: Name, Anschrift,

Geschlecht, Geburtstag und -ort sowie das zuständige Finanzamt. Jedes Einwohnermeldeamt übermittelt dem Bundeszentralamt für Steuern (BZSt) Änderungen wie Umzug, Heirat, Geburten. Die Änderungen der ELStAM-Daten stehen der Lohnbuchhaltung ab dem 5. Werktag des Folgemonats zur Verfügung und werden direkt in die Personaldaten des jeweiligen Arbeitnehmers importiert, so dass sie bei der nächsten Abrechnung berücksichtigt werden können.

Sollte ein ausländischer Mitarbeiter eingestellt werden, empfehlen wir unbedingt die Rücksprache mit deinem Vorgesetzten. Wenn ihr abgeklärt habt, dass der neue Mitarbeiter in der BRD steuerpflichtig ist, benötigt er einen deutschen Wohnsitz. Das kann auch eine Firmenwohnung sein. Nur so kann eine IdNr. über die Meldung des Einwohnermeldeamtes an das BZSt erstellt werden und dann auch per Post wieder diesem Mitarbeiter zurückgemeldet werden. Der Arbeitnehmer ist verpflichtet, die IdNr. unverzüglich an seinen Arbeitgeber weiterzuleiten.

Liegt dir die IdNr. noch nicht vor, hast du die Möglichkeit, die voraussichtlichen Lohnsteuerabzugsmerkmale für den Lohnsteuerabzug nach Rücksprache und Bestätigung mit dem Arbeitnehmer einzugeben. Sollte nach drei Monaten immer noch keine IdNr. vorliegen bist du verpflichtet, für die bereits abgerechneten wie zukünftigen Lohnabrechnungen die Steuerklasse 6 zu verwenden. Bei Firmen, die eine große Fluktuation haben, rechne ich vorsichtshalber sofort mit Steuerklasse 6 ab, denn ich weiß nie, wie lange der Mitarbeiter in der Firma bleibt und ob ich die IdNr. überhaupt bekomme.

TKP-TIPP

Es kommt hin und wieder vor, dass ein neuer Mitarbeiter seine IdNr. nicht finden kann. Was kann man tun? Das Bundeszentralamt für Steuern hat die Nummer gespeichert und schickt sie dem Mitarbeiter auf Anforderung wieder zu. Aus datenschutzrechtlichen Gründen wird die Steuer-IdNr. allerdings nur per Briefpost an die aktuelle Meldeadresse verschickt – es dauert also ein bisschen, bis die Nummer beim Arbeitgeber abgegeben werden kann. Der Mitarbeiter kann sich auch direkt an sein Wohnsitzfinanzamt wenden.

2.4 Sozialversicherungsnummer und -beiträge

Zu Beginn einer Beschäftigung muss jeder Arbeitnehmer seine Rentenversicherungsnummer und die zuständige Krankenkasse dem neuen Arbeitgeber bekannt geben.

Die **Rentenversicherungsnummer** erhält man, sobald man in der Bundesrepublik die erste Beschäftigung aufnimmt – sei es als Aushilfe, Schüler oder Auszubildender. Diese Nummer bleibt lebenslang gleich. Sollte ein Arbeitnehmer seine Rentenversicherungsnummer nicht wissen oder gerade nicht zur Hand haben, können wir auch mit dem Geburtsdatum bei der zuständigen Krankenkasse die Nummer erfragen. Es gibt noch eine zweite Möglichkeit. Dafür benötigen wir dann zusätzlich den Geburtsnamen, den Geburtsort und ggf. das Geburtsland. So fordern wir mit der ersten Abrechnung die Rentenversicherungsnummer an. Sollte ein neuer Mitarbeiter noch gar nicht gearbeitet haben oder zum ersten Mal in Deutschland arbeiten, wird die Rentenversicherungsnummer auf gleichem Weg angefordert.

Jeder **Arbeitnehmer** zahlt von seinem Bruttogehalt Beiträge für die **gesetzliche Sozialversicherung**. Dazu gehören die Kranken-, Pflege-, Renten- und Arbeitslosenversicherung. Die Beiträge werden prozentual vom Bruttoeinkommen berechnet. Der Arbeitgeber trägt je nach Versicherung etwa die Hälfte. Die Beiträge werden allerdings nur bis zu einer bestimmten Einkommensgrenze erhoben. Für den Teil des Gehalts, der über der sog. Beitragsbemessungsgrenze liegt, werden keine weiteren Sozialabgaben fällig. Bei welchem Betrag diese Grenze liegt, richtet sich nach der Lohnentwicklung im Vorjahr und wird jedes Jahr durch die Bundesregierung neu festgelegt. Wenn das durchschnittliche Einkommen steigt, steigt auch die Grenze, oberhalb der ein Arbeitnehmer keine weiteren Sozialabgaben zahlen muss.

Für den **Arbeitgeber** fallen noch weitere **Sozialabgaben** an, die er alleine zahlt. Das sind:

- ggf. die Insolvenzgeldumlage
- Beiträge zum Umlageverfahren U1 – Entgeltfortzahlung im Krankheitsfall. Teilnehmen müssen Arbeitgeber, die i. d. R. nicht mehr als 30 Mitarbeiter beschäftigen. Die Höhe des Erstattungssatzes richtet sich nach dem vom Arbeitgeber gewählten Umlagesatz der jeweiligen Krankenkasse.
- Beiträge zum Umlageverfahren U2 – Mutterschaftsgeld – Diese Umlage fällt für alle Arbeitnehmer an, egal ob männlich oder weiblich. Erstattet werden 100 % des vom Arbeitgeber zu zahlenden Zuschuss zum Mutterschaftsgeld.
- Beiträge zur Berufsgenossenschaft (Unfallversicherung)
- ggf. die Schwerbehindertenausgleichsabgabe – das betrifft Arbeitgeber mit jahresdurchschnittlich monatlich mindestens 20 Arbeitsplätzen

Zu Beginn eines Kalenderjahrs muss der Arbeitgeber, bzw. du als Lohnbuchhalter/in, anhand der **Jahresarbeitsentgeltgrenze** die Krankenversicherungspflicht der Arbeitnehmer prüfen. Arbeitnehmer müssen sich grundsätzlich bei einer Krankenkasse in der gesetzlichen Krankenversicherung versichern, sind also pflichtversichert. Dies gilt nicht, wenn das Jahreseinkommen die Jahresarbeitsentgeltgrenze (JEG) übersteigt. Dann können sie entweder freiwillig Versicherte bei ihrer Krankenkasse bleiben oder sich privat versichern. Das Ausscheiden aus der Versicherungspflicht endet, wenn die JEG des vorherigen und des kommenden Jahres überschritten wird.

Unterschreitet ein Arbeitnehmer im laufenden Kalenderjahr mit seinem Einkommen die JAEG, tritt die Versicherungspflicht sofort ein. Unter bestimmten Bedingungen (§ 8 SGB V) kann man sich jedoch von der Versicherungspflicht befreien lassen.

TKP-TIPP

Wir werden oft von Mandanten gefragt, wie man wieder zurück in die gesetzliche Krankenkasse kommen kann. Dabei geht es häufig um ältere Privatversicherte. Wir können da nur sagen: Keine Chance, wenn sie das 55. Lebensjahr vollendet haben. Auch dann nicht, wenn sie wieder versicherungspflichtig werden. Grundsätzlich gilt: Arbeitnehmer, die erst nach Vollendung des 55. Lebensjahrs versicherungspflichtig würden, sind in der gesetzlichen Krankenversicherung versicherungsfrei, wenn für sie in den letzten fünf Jahren vor Beginn der versicherungspflichtigen Beschäftigung kein gesetzlicher Krankenversicherungsschutz bestand und sie mindestens die Hälfte dieser Zeit sozialversicherungsfrei (z. B. wegen Verdienst über der Jahresarbeitsentgeltgrenze) oder von der Versicherungspflicht befreit waren.

Erwähnenswert ist noch der **Höchstzuschuss des Arbeitgebers** zur Krankenkasse und Pflegeversicherung für freiwillig Versicherte. Diesen Zuschuss erhalten sowohl freiwillig Versicherte als auch privat versicherte Arbeitnehmer. Für privat versicherte Arbeitnehmer darf er nur dann steuerfrei sein, wenn die Bescheinigung des Versicherungsunternehmens vorliegt. Diese ist auch dem Lohnkonto beizufügen. Der Höchstzuschuss wird jährlich neu festgelegt und bemisst sich nach der Beitragsbemessungsgrenze der Krankenkasse.

3. Praxishilfen

3.1 Personalfragebogen

Personalfragebogen
(grau hinterlegte Felder sind vom Arbeitgeber auszufüllen)

Firma:

Name des Mitarbeiters | Personalnummer

Persönliche Angaben

Familienname ggf. Geburtsname*	**Vorname***
Straße und Hausnummer inkl. Anschriftenzusatz*	**PLZ, Ort***
Geburtsdatum*	**Geschlecht*** ☐ männlich ☐ weiblich
Versicherungsnummer gem. Sozialvers.Ausweis*	Familienstand
Geburtsort, -land – *nur bei fehlender Versicherungs-Nr.**	Schwerbehindert ☐ ja ☐ nein
Staatsangehörigkeit*	Arbeitnehmernummer Sozialkasse – Bau
Kontonummer (IBAN)	Bankleitzahl/Bankbezeichnung (BIC)

Beschäftigung

Eintrittsdatum*	Betriebsstätte
Berufsbezeichnung*	
☐ Hauptbeschäftigung	☐ Nebenbeschäftigung
Üben Sie weitere Beschäftigungen aus?* ☐ ja	☐ nein
Höchster Schulabschluss: ☐ ohne Schulabschluss ☐ Haupt-/Volksschulabschluss ☐ Mittlere Reife/gleichwertiger Abschluss ☐ Abitur/Fachabitur	Höchste Berufsausbildung: ☐ ohne beruflichen Ausbildungsabschluss ☐ Anerkannte Berufsausbildung ☐ Meister/Techniker/gleichwertiger Fachschulabschluss ☐ Bachelor ☐ Diplom/Magister/ Master/Staatsexamen ☐ Promotion

Beginn der Ausbildung:	Voraussichtliches Ende der Ausbildung:	Im Baugewerbe beschäftigt seit
Wöchentliche Arbeitszeit:* ☐ Vollzeit ☐ Teilz.	Ggf.Verteilung d. wöchentl. Arbeitszeit (Std.) Mo Di Mi Do Fr Sa	
Kostenstelle		

Befristung

☐ Das Arbeitsverhältnis ist befristet / ☐ zweckbefristet	Befristung Arbeitsvertrag zum:
☐ Schriftlicher Abschluss des befristeten Arbeitsvertrages	Abschluss Arbeitsvertrag am:
☐ befristete Beschäftigung ist für mindestens 2 Monate vorgesehen, mit Aussicht auf Weiterbeschäftigung	

Weitere Angaben

1

Stand 01/2017 *ohne die Angaben der Pflichtfelder ist eine Bearbeitung nicht möglich

Steuer

Identifikationsnr.*	Steuerklasse/Faktor*	Kinderfreibeträge *	Konfession*

Sozialversicherung

Gesetzl. Krankenkasse (bei PKV: letzte ges. Krankenkasse)*	Elterneigenschaft* ☐ ja ☐ nein

Entlohnung

Bezeichnung	Betrag	Gültig ab	Stundenlohn	Gültig ab
Bezeichnung	Betrag	Gültig ab	Stundenlohn	Gültig ab
Bezeichnung	Betrag	Gültig ab	Stundenlohn	Gültig ab

VWL - nur notwendig wenn Vertrag vorliegt

Empfänger VWL	Betrag	AG-Anteil (Höhe mtl.)
	Seit wann	Vertragsnr.
Kontonummer (IBAN)	Bankleitzahl/Bankbe-Zeichnung (BIC)	

Angaben zu den Arbeitspapieren

Arbeitsvertrag	☐ liegt vor
Bescheinigung über LSt.-Abzug	☐ liegt vor
SV-Ausweis	☐ liegt vor
Mitgliedsbescheinigung Krankenkasse	☐ liegt vor
Bescheinigung zur privaten Krankenversicherung	☐ liegt vor
VWL Vertrag	☐ liegt vor
Nachweis Elterneigenschaft	☐ liegt vor
Vertrag Betriebliche Altersversorgung	☐ liegt vor
Schwerbehindertenausweis	☐ liegt vor
Unterlagen Sozialkasse Bau/Maler	☐ liegt vor

Angaben zu steuerpflichtigen Vorbeschäftigungszeiten im laufenden Kalenderjahr

Zeitraum von	Zeitraum bis	Art der Beschäftigung	Anzahl der Beschäftigungstage

Erklärung des Arbeitnehmers: Ich versichere, dass die vorstehenden Angaben der Wahrheit entsprechen. Ich verpflichte mich, meinem Arbeitgeber alle Änderungen, insbesondere in Bezug auf weitere Beschäftigungen (in Bezug auf Art, Dauer und Entgelt) unverzüglich mitzuteilen.

Datum	Unterschrift Arbeitnehmer	Datum	Unterschrift Arbeitgeber

2

Stand 01/2017 *ohne die Angaben der Pflichtfelder ist eine Bearbeitung nicht möglich

3.2 Ausfüllhilfe zum Personalfragebogen

Feld	**Erläuterung**
Versicherungsnummer gem. Sozialversicherungsausweis	Benötigt wird die Sozialversicherungsnummer der Deutschen Rentenversicherung – nicht die Versicherungsnummer, unter der Sie bei Ihrer Krankenkasse geführt werden. Sie finden diese Nummer in Ihrem Sozialversicherungsausweis, Ihrer Rentenauskunft oder Ihrer letzten Gehaltsabrechnung. Im Notfall können Sie diese auch bei Ihrer Krankenkasse erfragen. Die Sozialversicherungsnummer enthält Ihr Geburtsdatum und den Buchstaben Ihres Geburtsnamens sowie einige Kennziffern vor und hinter diesen Daten.
Identifikationsnummer	Sie finden diese Nummer z. B. auf Ihrem Einkommensteuerbescheid, Ihrer letzten Gehaltsabrechnung, dem Auszug Ihrer gespeicherten ELStAM-Daten oder dem Mitteilungsschreiben des Bundeszentralamts für Steuern. Sollten Sie Ihre IdNr. in den genannten Unterlagen nicht finden, haben Sie die Möglichkeit, diese über das Eingabeformular des Bundeszentralamts für Steuern erneut anzufordern.
Gesetzliche Krankenkasse	Bitte geben Sie hier genau an, bei welcher Krankenkasse Sie versichert sind. Die Angabe AOK, IKK oder BKK reicht nicht aus.

3.3 Antrag auf Befreiung RV-Pflicht

Antrag auf Befreiung von der Rentenversicherungspflicht bei einer geringfügig entlohnten Beschäftigung nach § 6 Abs. 1b SGB VI[1]

Arbeitnehmer:

Name:

Vorname:

Sozialversicherungsnummer:

Hiermit beantrage ich die Befreiung von der Versicherungspflicht in der Rentenversicherung im Rahmen meiner geringfügig entlohnten Beschäftigung und verzichte damit auf den Erwerb von Pflichtbeitragszeiten.

Hinweis für den Arbeitnehmer: Informationen über mögliche Folgen einer Befreiung von der Rentenversicherungspflicht finden Sie auf dem Merkblatt der Minijob-Zentrale unter www.minijob-zentrale.de

Mir ist bekannt, dass der Befreiungsantrag für alle von mir zeitgleich ausgeübten geringfügig entlohnten Beschäftigungen gilt und für die Dauer der Beschäftigungen bindend ist; eine Rücknahme ist nicht möglich. Ich verpflichte mich, alle weiteren Arbeitgeber, bei denen ich eine geringfügig entlohnte Beschäftigung ausübe, über diesen Befreiungsantrag zu informieren.

____________________ ____________________

Ort, Datum | Unterschrift des Arbeitnehmers

Nur vom Arbeitgeber auszufüllen:

Der Befreiungsantrag ist am: | | | | | | | | | eingegangen.

T T M M J J J J

Die Befreiung wirkt ab dem: | | | | | | | | |

T T M M J J J J

Hinweis für den Arbeitgeber: Der Befreiungsantrag ist nach § 8 Abs. 4a Beitragsverfahrensordnung (BVV) zu den Entgeltunterlagen zu nehmen und **nicht** an die Minijob-Zentrale zu senden.

1 Quelle: minijob-zentrale.de

3.4 Antrag auf Elternzeit

Muster für einen Antrag auf Elternzeit:

Antrag auf Elternzeit

Sehr geehrte Damen und Herren,

ich beantrage für die Zeit vom 12. 6. 2017 bis 15. 4. 2018 Elternzeit.

Ich versichere, mit dem Kind Daniel, geboren am 16. 4. 2017, in einem Haushalt zu leben und das Kind selbst zu betreuen und zu erziehen und keine Teilerwerbstätigkeit über 30 Wochenstunden auszuüben.

____
Ort, Datum

____
Unterschrift Antragssteller

3.5 Kündigung

3.5.1 Muster zur Kündigung eines Arbeitsverhältnisses

(Briefkopf des Arbeitgebers)

An

...

(Name und Adresse des Arbeitnehmers)

...(Ort), ...(Datum)

Betreff: Kündigung Ihres Arbeitsverhältnisses

Sehr geehrte/r Frau/Herr XXX,

hiermit kündigen wir das mit Ihnen bestehende Arbeitsverhältnis mit Wirkung zum Ablauf des TT.MM.JJJJ. Sollte die vorgenannte Kündigung mit Wirkung zum Ablauf des TT.MM.JJJJ unwirksam sein, kündigen wir das mit Ihnen bestehende Arbeitsverhältnis hiermit zum nächst zulässigen Termin.

Wir weisen hiermit ausdrücklich auf Ihre Meldepflicht bei der Agentur für Arbeit hin. Gemäß § 38 SGB III sind Sie verpflichtet, sich nach dem Erhalt Ihrer Kündigung innerhalb von drei Tagen persönlich bei der Agentur für Arbeit als arbeitssuchend zu melden, wenn Sie Leistungen der Agentur für Arbeit in Anspruch nehmen wollen. Bei verspäteter Meldung müssen Sie mit Kürzungen Ihrer Ansprüche auf Arbeitslosengeld rechnen.

Mit freundlichen Grüßen

(Unterschrift des Kündigungsberechtigten Vertreters des Arbeitgebers)

Erhalten am TT.MM.JJJJ

(Unterschrift des Arbeitnehmers)

3.5.2 Kündigungsfristen Arbeitgeber

Dauer des Arbeitsverhältnisses in dem Betrieb	Kündigungsfrist
unter zwei Jahre	vier Wochen zum 15. Eines Monats oder zum Ende eines Kalendermonats
zwei Jahre	einen Monat zum Ende eines Kalendermonats
fünf Jahre	zwei Monate zum Ende eines Kalendermonats
acht Jahre	drei Monate zum Ende eines Kalendermonats
zehn Jahre	vier Monate zum Ende eines Kalendermonats
zwölf Jahre	fünf Monate zum Ende eines Kalendermonats
fünfzehn Jahre	sechs Monate zum Ende eines Kalendermonats
zwanzig Jahre	sieben Monate zum Ende eines Kalendermonats

Bei der Berechnung der Beschäftigungsdauer werden Zeiten, die vor der Vollendung des 25. Lebensjahrs des Arbeitnehmers liegen, nicht berücksichtigt. Ausnahmen sind bei tarifvertraglichen oder individuellen Vereinbarungen möglich.

Aber: Der Europäische Gerichtshof hat Anfang 2010 entschieden, dass die Berechnung der Kündigungsfristen im Arbeitsrecht Jüngere nicht benachteiligen dürfe. Das Bundesarbeitsgericht ist diesem Votum gefolgt (Az.: 5 AZR 700/09 v. 1. 9. 2010). Der Jüngere benachteiligende § 622 Abs. 2 Satz 2 BGB ist daher nicht mehr anzuwenden.

Ausnahmen:

- **Tarifverträge**

Tarifvertragliche Vereinbarungen z. B. für das Baugewerbe und die Gastronomie können zu einer Verlängerung oder einer Verkürzung der Kündigungsfristen für Arbeitgeber und Arbeitnehmer führen. Beides ist zulässig, da der Gesetzgeber davon ausgeht, dass eine tarifvertragliche Regelung die Interessen der Arbeitnehmer angemessen wahrt.

- **Einzelvertragliche Vereinbarungen**

Die verlängerten Kündigungsfristen für den Arbeitgeber können grundsätzlich nicht zum Nachteil des Arbeitnehmers gekürzt werden, es sei denn, es wird ein Tarifvertrag in die einzelvertragliche Regelung einbezogen. Dies kommt häufig auch dann vor, wenn der Arbeitgeber nicht tarifgebunden ist. Es ist jedoch nicht erlaubt, dem Arbeitnehmer längere Kündigungsfristen aufzuerlegen als dem Arbeitgeber.

- **Kürzere Kündigungsfristen als vier Wochen und verkürzte Fristen bei länger dauernden Arbeitsverhältnissen können zudem individuell vereinbart werden, wenn**
  - **eine Aushilfstätigkeit** besteht, kann das Arbeitsverhältnis mit einer Frist von zwei Wochen gekündigt werden, wenn der Arbeitnehmer nur eine vorübergehende Aushilfstätigkeit ausübt, die nicht länger als drei Monate dauert. Wird die geringfügige Beschäftigung allerdings über drei Monate hinaus fortgesetzt, sind wieder die gesetzlichen Kündigungsfristen maßgebend.
  - **eine Probezeit** vereinbart wird, die nicht länger als sechs Monate dauert. Eine Verkürzung der Zwei-Wochen-Frist ist längstens nur zulässig, bis zum Ablauf der sechs Monate, auch wenn das Ende der Kündigungsfrist erst nach diesem Zeitpunkt liegt.
  - **der Arbeitgeber i. d. R. nicht mehr als 20 Arbeitnehmer beschäftig** (ohne Auszubildende) und die Kündigungsfrist nicht unter vier Wochen sinkt.

3.6 Kurzfristige Beschäftigung

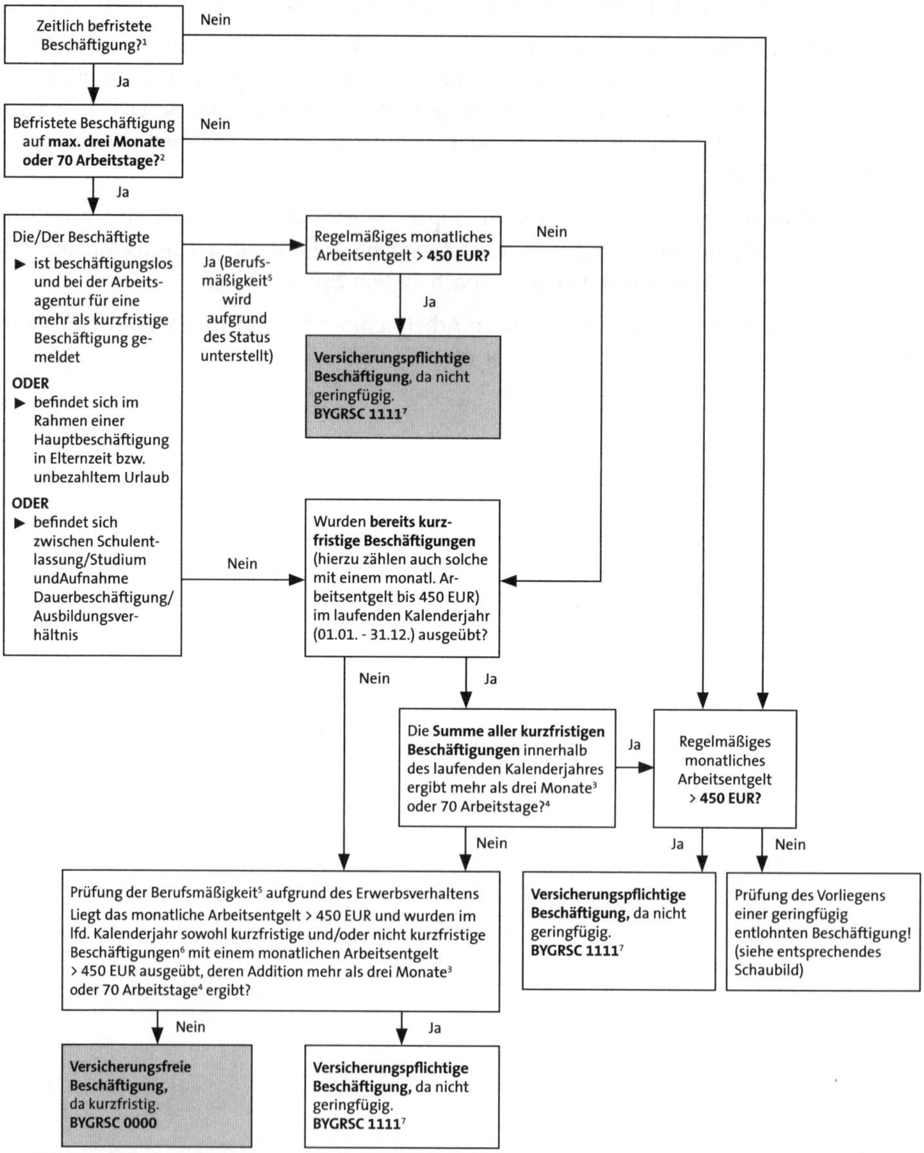

[1] Bei zeitlicher Befristung sollte zunächst geprüft werden, ob eine beitragsfreie kurzfristige Beschäftigung vorliegt. Aber auch eine beitragspflichtige geringfügig entlohnte Beschäftigung kann zeitlich befristet sein.

[2] Drei Monate = regelmäßige wöchentliche Arbeitszeit 5 Tage und mehr; 70 Arbeitstage = regelmäßige wöchentliche Arbeitszeit weniger als 5 Tage

[3] Bei einer Zusammenrechnung mehrerer Beschäftigungen treten an die Stelle des Zeitraums von drei Monaten 90 Kalendertage, sofern es sich bei den einzelnen Beschäftigungszeiten nicht jeweils um volle Kalendermonate handelt.

[4] Wird mindestens eine Beschäftigung regelmäßig an weniger als 5 Tagen in der Woche ausgeübt, sind 70 Arbeitstage anzusetzen. Werden alle Beschäftigungen an mindestens 5 Tagen in der Woche ausgeübt, sind drei Monate maßgebend.

[5] Berufsmäßig wird nach der Rechtsprechung des Bundessozialgerichts eine Beschäftigung dann ausgeübt, wenn sie für die in Betracht kommende Person nicht von untergeordneter wirtschaftlicher Bedeutung ist.

[6] Bei Personen, die aus dem Berufsleben ausgeschieden sind, können nur Beschäftigungszeiten nach dem Ausscheiden angerechnet werden. Zeiten der Meldung als Ausbildung- oder Arbeitsuchender mit Beschäftigungslosigkeit stehen den Beschäftigungszeiten gleich.

[7] Der BYGRSC ist variabel, er kann z. B. auch bei Besuch einer allgemein bildenden Schule 1101 oder bei Bezug einer Regelaltersrente 3321 lauten.

Quelle: www.minijob-zentrale.de

III. Jahresabschluss/EÜR

1. Organisation

Die Erstellung eines Jahresabschlusses beginnt bereits im Januar eines Jahres mit der Zeitplanung. Man verschafft sich vorerst einen Überblick, ob die Erstellung der zugewiesenen Jahresabschlüsse kapazitativ überhaupt durchführbar ist. Wenn die Kanzlei hierfür bereits ein eigenes Programm nutzt, kann hier direkt gesehen werden, ob die Auslastung die Anzahl der Abschlüsse zulässt. Hierzu werden sämtliche Abschlüsse auf die einzelnen Monate verteilt. Empfehlenswert ist, am Anfang des Jahres die Einnahmenüberschussrechnungen zu erstellen, da hier nach der Dezember Buchhaltung im besten Fall schon alle Unterlagen vorliegen. Bei einer Bilanz können sogar noch im April des Folgejahres Unterlagen für das vorangegangene Geschäftsjahr eingereicht werden.

Vorteil 1: Man kann bereits im Januar reagieren und die Arbeit innerhalb der Kanzlei fair verteilen. Dies führt zu weniger Fristverlängerungen im Dezember des Jahres, die oftmals nicht gewährt werden.

Bei der Planung kann man die individuellen Wünsche des Mandanten, aber auch die Anforderungen des Finanzamts oder der Banken berücksichtigen. Zu empfehlen ist auch die offene Kommunikation der Planung mit den Mandanten und Banken. Der geplante Erstellungszeitpunkt des Jahresabschlusses sollte dem Mandanten jedoch nicht als in Stein gemeißelt präsentiert werden, sondern die Möglichkeit bieten, diesen auch zu verschieben. Hierzu schreiben wir sämtliche Mandanten bis zum 28. 2. an und teilen mit, dass der Fertigstellungs- und Einreichungstermin der Abschlussunterlagen am Tag x geplant ist. Den Mandanten wird nach Erhalt des Schreibens eine Frist gewährt, einen anderen Zeitpunkt anzugeben oder andere Wünsche zu äußern.

Vorteil 2: Die Mandanten bekommen ein Gefühl des Kümmerns, wenn man sich bereits im Januar Gedanken über die Erstellung ihres Jahresabschlusses macht.

Zu Beginn des Jahres sieht die eigene Zeitplanung immer gut aus. Aber jeder kennt das: Hier ein Sonderauftrag, da eine plötzliche Betriebsprüfung oder Krankheit und schon verschieben sich die geplanten Termine. Hier steht die Kommunikation an vorderster Stelle. Solltet ihr die Termine nicht einhalten können, so teilt dieses euren Mandanten mit. Im besten Fall sollte intern die Umverteilung stattfinden, damit der geplante Termin trotzdem eingehalten wird. Ist dies nicht möglich, sollte mit dem Mandanten besprochen werden, dass sich die geplante Fertigstellung verzögert. Es ist unschön, wenn am Tag x der Mandant anruft und nach seinem Abschluss fragt und dann mitgeteilt wird, dass mit der Bearbeitung noch nicht begonnen wurde. Unzuverlässigkeit ist einer der Gründe warum Mandanten die Kanzlei verlassen. Falls ein Termin verschoben wurde, müsst ihr natürlich auch den Banken Bescheid geben. Diese haben sich auch euren Termin vermerkt und fragen sonst nach, wo der Abschluss bleibt.

Stellt sich noch die Frage, welche Unterlagen angefordert werden müssen. Dieses kann von Mandant zu Mandant variieren. Hier eine kleine Auflistung, welche Dinge in Betracht kommen können:

- Inventur
- Darlehensbescheinigung
- Kontoauszug/Kassenblatt 31.12.
- Aufstellung halbfertige Leistung
- Aufstellung Urlaubstage/Überstunden zum 31.12.
- neue Vertragsunterlagen
- Steuerbescheinigungen

Eine mündliche Auskunft z. B. über einen Warenbestand reicht als Nachweis nicht aus.

Grundsätzlich lässt sich schon sagen, dass eine Fremdbuchhaltung mehr Aufwand bei der Unterlagenbeschaffung bedeutet als eine interne Buchhaltung. Dieses hat nichts mit der Qualität der Fremdbuchhaltung zu tun, sondern einfach mit der Tatsache, dass der Fibu-Sachbearbeiter unterjährig bereits Kopien von wichtigen Rechnungen/Verträgen gemacht hat. Alleine die Rechnungen für Neuanschaffungen des Anlagevermögens lagen unterjährig schon vollständig vor – da ohne Beleg keine Buchung erfolgt wäre.

2. Erinnerung in Outlook – Alternativmöglichkeiten

Um die vielen Termine wie Einreichung der Unterlagen vom Mandant, Erinnerung und Fertigstellungstermin nicht zu versäumen, ist deren Überwachung sehr wichtig. Das kann in Outlook oder in einem anderen Programm erfolgen.

Legt euch hierfür einzelne Termine/Erinnerungen an. Gerade wenn ein Sachbearbeiter mehr als fünf Abschlüsse im Jahr erstellt, kann man sich die einzelnen Termine nicht merken. Der Mandant wird sich freuen, wenn ihr am Tag x anruft, um nach dem Eingang der angeforderten Abschlussunterlagen zu fragen und euch im Gespräch auf euer Anschreiben vom Anfang des Jahres bezieht. Der Mandant fühlt sich gut betreut und auch wenn ein Unternehmer viele andere Termine zu behalten hat, weiß er, dass zumindest die Steuertermine von seinem Sachbearbeiter immer kontrolliert werden.

3. Dokumentation bei der Erstellung

Jeder Sachbearbeiter entwickelt im Laufe der Zeit seinen eigenen Weg, einen Jahresabschluss zu erstellen. Das größte Problem dieser individuellen Arbeitsweisen ist die unterschiedliche Auffassung in dem Bereich Dokumentation. Der Sachbearbeiter A findet einen Sachverhalt selbstverständlich und macht keine Dokumentation, der Sachbearbeiter B dafür umso mehr. Eventuell zu viel?

Dazu kommen viele Gesetzesänderungen, die die Erstellung eines Jahresabschlusses insbesondere in der Praxis umfangreicher machen wie z. B. BilRUG oder E-Bilanz. Aufgrund der vorgenannten Problemfälle empfiehlt es sich, innerhalb einer Kanzlei einen einheitlichen und strukturierten Ablauf und Dokumentationsumfang zu schaffen.

Eine gute Dokumentation ist in vielen Fällen nützlich. Natürlich kann sich der Kollege im Vertretungsfall an der bisherigen Dokumentation orientieren und muss nicht von vorne beginnen. Im Folgejahr kann man in den Abschlussunterlagen nachsehen, wie ein einzelner Betrag ermittelt wurde. Oder man hat bei einer Betriebsprüfung bereits sämtliche Unterlagen direkt griffbereit.

Am besten gibt es zu jeder Bilanzposition eine Dokumentation. Das erleichtert auch eurem Chef oder Teamleiter bei der Kontrolle des Abschlusses die Arbeit.

Wir verwenden hierfür eigene Ordner mit A-Z Register. Dort steht jeder Buchstabe für eine einzelne Bilanzposition. Parallel dazu wird die Checkliste für die Jahresabschlusserstellung abgearbeitet. Am Ende entsteht ein voller Ordner mit den wichtigsten Unterlagen, welcher zusammen archiviert werden sollte.

4. Erste Schritte bei der Abschlusserstellung

Wie es so oft im Leben ist, hört sich die Theorie gut an. Aber wie setze ich die Theorie in die Praxis um? Der erfahrene Kollege würde jetzt sagen „...man muss strukturiert arbeiten...", „...man muss sich vorher Gedanken bzw. Notizen machen..." oder auch gern genommen „...guck einfach ins Vorjahr...". Bis auf letztere sind die Aussagen richtig, aber auch diese Wege muss man erlernen. Ein Leitfaden kann dabei eine große Hilfe sein und bereits mit den ersten Erfahrungen vermag man diesen Leitfaden nach seinen Bedürfnissen anzupassen.

Solltest du zum ersten Mal einen Abschluss erstellen, sollte dir im besten Fall ein Kollege mit Rat und Tat zur Seite stehen. Hiermit ist nicht gemeint, dass er die ganze Zeit bei dir sitzt und ihr jede Buchung zusammen durchführt. Aber den groben Rahmen sollte er schon mit dir besprechen und bei Fragen immer bereit sein, dir zu helfen.

Bevor die eigentliche Abschlusserstellung losgeht, solltest du in den Sammelordnern (falls diese in eurer Kanzlei existieren) nachsehen, ob dort abschlussrelevante Unterlagen bereits abgeheftet oder in eurer digitalen Ablage bereits Unterlagen archiviert sind. Peinliches Nachfragen beim Mandanten bei bereits eingereichten Unterlagen wird so vermieden.

Zunächst solltest du den Kontennachweis zur Bilanz und zur Gewinn- und Verlustrechnung ausdrucken. Dieser ist das Rohwerk des Jahresabschlusses, welcher nach und nach abgearbeitet wird. Hier erfolgen Haken bei vollständiger Abstimmung oder es werden mit Textmarker einzelne Positionen markiert, die noch zu klären sind. Als erstes werden die EB-Werte abgestimmt. Es gibt nichts Ärgerliches als dass man bereits mit dem Abschluss weit fortgeschritten ist und dann feststellt, dass die EB-Werte gar nicht vollständig vorgetragen sind. Oder man stimmt ein Konto ab und verzweifelt, weil der Endsaldo einfach nicht passen will – obwohl nur der EB-Wert fehlt.

Die nächsten Schritte bzw. die Erstellung des Jahresabschlusses wird jeder Sachbearbeiter unterschiedlich gestalten. Im Prinzip gibt es hier auch kein richtig oder falsch. Ob zuerst das Anlagenvermögen abgestimmt oder zuerst mit den Forderungen und Verbindlichkeiten begonnen wird, ist nicht wichtig. Die Hauptsache ist, dass am Ende sämtliche Posten kontrolliert, abgestimmt und bearbeitet sind. Findet hier eure eigene Reihenfolge bzw. euer eigenes Schema, mit welchem ihr am besten arbeiten könnt. Es gibt Kollegen, die sich unsere Jahresabschlusscheckliste neben den Ordner legen und diese von Position zu Position abarbeiten. Das doppelte oder dreifache Kontrollieren wird somit umgangen. Setzt euch nur selber nicht unter Druck, wenn ihr seht, dass der vorige Kollege schneller bei der Abschlusserstellung war. Bei der Jahresabschlusserstellung gilt das gleiche Prinzip wie bei einer Buchhaltung. Die einen arbeiten nun mal schneller als andere. Das bedeutet auch nicht, dass die Qualität dadurch schlechter oder besser ist. Jeder hat eine eigene Arbeitsweise. Es kann auch sein, dass im Vorjahr keine außergewöhnlichen

Geschäftsfälle vorhanden waren und ihr in diesem Jahr die Ergebnisse einer Betriebsprüfung einarbeiten müsst. Jedes Jahr kann anders sein.

Wie bereits erwähnt, würde ich empfehlen, einen eigenen Ordner für jeden Abschluss anzulegen. Hier könnt ihr als erstes für jede vorhandene Bilanzposition ein Deckblatt ausdrucken (im besten Fall gibt es hier wie in unserer Kanzlei bereits Vorlagen, welche man verwenden kann).

Nun schaut ihr euch jede einzelne Bilanzposition im Kontennachweis an und prüft diese unter Beachtung der steuerlichen Vorschriften. Notiert am besten, was genau ihr gemacht habt, so dass auch ein Dritter dieses versteht. In unseren Schlussprotokollen zu den einzelnen Bilanzposten haben wir dabei in drei Abschnitte unterteilt: Erstellungshandlungen – Feststellungen – Bemerkungen.

Wichtig ist noch anzumerken, dass ihr auch immer die Unterlagen wie Inventur, Kontoauszüge zum 31. 12., Darlehensbescheinigung und wichtige Rechnungen als Nachweis beifügt.

TKP-TIPP

Bevor mit der Abschlusserstellung angefangen wird, sollte immer der Fibu-Sachbearbeiter in Kenntnis gesetzt werden, dass die Bearbeitung beginnt. Ansonsten kann es vorkommen, dass dieser auch noch Korrekturen einarbeitet und Chaos in der Buchhaltung entsteht.

Nicht mit jedem Problem wird man alleine fertig. Hiermit ist gemeint, dass immer wieder Sachverhalte auftreten können, die man zum ersten Mal behandelt oder die den derzeitigen Wissensstand noch übersteigen. Natürlich soll der Sachbearbeiter immer zuerst allein versuchen, sich mit der Problematik auseinanderzusetzen. Merkt man jedoch, dass man nicht weiter kommt, sollte immer ein Kollege hinzugezogen werden. Unnötiges Heldenspielen zahlt sich hier nicht aus. Gleiches gilt auch bei fehlenden Belegen. Kommt der Sachbearbeiter beim Mandanten nicht weiter, so sollte man seinen Chef einschalten. Eine freundliche Erinnerungs-Mail an den Mandanten, jedoch in cc an den Chef, bewirkt doch so manchmal Wunder.

Während der Bearbeitung kann es vorkommen, dass ihr Unterlagen oder Auskünfte vom Mandanten bekommt, bei denen ihr nicht sicher seid, ob diese steuerlich so korrekt sind. Steuerhinterziehung ist ein großes Thema und damit sollte nicht leichtfertig umgegangen werden. Wenn so etwas vorkommt, wendet euch sofort an euren Vorgesetzen. Dieser wird euch sagen wie weiter vorgegangen wird.

5. Unterschiede JA und EÜR

Auf die theoretischen Unterschiede bei der Erstellung eines Jahresabschlusses oder einer Einnahmenüberschussrechnung wird hier nicht näher eingegangen. Das u. a. eine Bilanz Forderungen und Verbindlichkeiten ausweist und eine Gewinnermittlung nicht, sollte jedem klar sein. Vielmehr geht es hier um die Frage, ob es eine unterschiedliche Vorgehensweise bei der Erstellung gibt. Im Groben lässt sich die Frage mit „Nein" beantworten. Auch bei einer Gewinnermittlung sind sämtliche Posten zu prüfen, u. a. Darlehensnachweise beizulegen und Bankbestände abzustimmen. Die Erstellung des Jahresabschlusses ist intensiver und umfangreicher. Die nächste Stufe wäre hier der Jahresabschluss mit Plausibilitätsbeurteilung. In den folgenden Beispielen wird im Groben von einer Jahresabschlusserstellung ausgegangen.

Bei einer Gewinnermittlung sind zusätzlich noch die wiederkehrenden Einnahmen/Ausgaben nach § 11 EStG zu beachten. Genauer wird darauf im Kapitel 5.3 Wiederkehrende Einnahmen/ Ausgaben (S. 275) eingegangen.

6. Praxishilfen

6.1 Auftragsplanung – Checkliste

Nachfolgend findest du unsere Planungscheckliste für die Organisation der Bearbeitung der Jahresabschlüsse. Vielleicht findest du die eine oder andere Anregung, die auch für deine Kanzlei sinnvoll ist. Stimme dieses in jedem Fall mit deinem Vorgesetzten ab!

1 Zeitplanung der Jahresabschlusserstellung

Detailinformation		Die Zeitplanung der Jahresabschlüsse erfolgt durch die zuständigen Jahresabschluss-SB in eigener Verantwortung. Hierzu sind die nachfolgenden Checklistenpunkte zu beachten. Die Zeitplanung der Jahresabschlüsse hat ohne Ausnahme für alle Jahresabschlüsse zu erfolgen.
Ziel/Nutzen		Eine genaue Planung erleichtert es, mit den Mandanten einhaltbare Termine zu vereinbaren.
1.1	Beginn der Planung der Jahresabschlusserstellung	Alle zuständigen Mitarbeiter haben im Januar die folgenden Checklistenpunkte zu beachten und die entsprechenden Anschreiben zur Terminplanung zu versenden.
1.2	Berücksichtigung von Vorweg-Anforderungen bzw. Aufstellungsvorschriften	Bei der Planung der Jahresabschlüsse hat der Sachbearbeiter Vorweg-Anforderungen der Finanzämter und Kreditinstitute sowie Aufstellungsvorschriften nach HGB zu beachten. So haben kleine Kapitalgesellschaften nach § 264 HGB ihren Jahresabschluss innerhalb der ersten sechs Monate des Geschäftsjahres aufzustellen.

1.3	Versendung Vollständigkeitserklärung	Wenn nicht alle Unterlagen zur Erstellung des Abschlusses vorliegen, werden diese beim Mandanten angefordert. **Eine EÜR ist weder eine Buchführung noch eine Form der Bilanzierung, sondern lediglich ein Verzeichnis der Einnahmen und Ausgaben. Die Vorschriften der §§ 238, 242 ff. HGB gelten hier nicht.** **Eine Vollständigkeitserklärung mag in den meisten Fällen nicht geboten sein.** In folgenden Fällen ist eine Abgabe sinnvoll: - Verein – Vollständigkeitserklärung dient zur Entlastung des Vorstands - „Schuhkartonfälle“ mit chaotischer Abgabe - Abgrenzung von privaten und geschäftlichen Ausgaben in Einzelfällen - für Zwecke der Bankfinanzierung In diesen Fällen gilt folgender Prozess: Mit der Anforderung der Unterlagen wird die Vollständigkeitserklärung mit versandt. Es wird zwischen drei Vollständigkeitserklärungen unterschieden: 1. Vollständigkeitserklärung für Einzelunternehmen und Personengesellschaften, die nicht unter § 264a HGB und das Publizitätsgesetz fallen. 2. Vollständigkeitserklärung für Kapitalgesellschaften und Personengesellschaften i. S. des § 264a HGB (einschl. Unternehmen, die unter das Publizitätsgesetz (PublG) fallen) 3. Vollständigkeitserklärung für Gewinnermittlung nach § 4 Abs. 3 EStG Die entsprechende Vollständigkeitserklärung ist je nach Unternehmen auszuwählen.

1.3.1	Vollständigkeitserklärung (Ausfüllen und Ablage)	**Ausfüllhilfe**: Die Vollständigkeitserklärungen sind um die relevanten Daten zu ergänzen: Firmenname und Anschrift (Platz für Firmenstempel lassen), unsere Anschrift (Stempel), Ort, Datum, Geschäftsjahr und weitere inhaltliche Angaben zur Jahresabschlusserstellung. Bei Unsicherheiten ist die zuständige Kanzleileitung zu befragen. **Ablage**: Die vom Mandanten unterschriebene Vollständigkeitserklärung ist einzuscannen und digital abzuspeichern. Das Original wird dann vernichtet. Im Regelfall werden die Vollständigkeitserklärungen zusammen mit den unterschriebenen Steuererklärungen vom Mandanten eingereicht und vom Sekretariat eingescannt. Der Rücklauf der Vollständigkeitserklärungen ist von jedem Mitarbeiter selbständig zu überwachen!
1.4	Mitteilung an den Mandanten Unterlagen anfordern	Der Mandant erhält eine schriftliche Mitteilung mit dem voraussichtlichen Fertigstellungstermin des Jahresabschlusses. Gleichzeitig wird der Umfang des Jahresabschlusses bestätigt. Eventuell sollte der Termin vorher telefonisch mit dem Mandanten abgestimmt werden. Außerdem erhält der Mandant eine Aufstellung der benötigten Unterlagen zur Jahresabschlusserstellung und ggf. zur Einkommensteuererklärung sowie der noch fehlenden Angaben. Die Rückfragen sollten auch auf der Grundlage des Vorjahrs und in Absprache mit dem SB für Buchführung erfolgen. Die Checklisten sind ausgefüllt einzuscannen und digital abzulegen. **Nutzen**: Guter Service durch vorherige Terminabstimmung mit dem Mandanten. Sämtliche Unterlagen liegen dem Mitarbeiter bei Beginn der Jahresabschlussarbeiten vor.
1.5	Termin Planung JA/EÜR	Sämtliche Jahresabschlüsse und EÜR sind von dem jeweiligen SB bis zum 28. 2. des Jahres vollständig zu planen. In Ingentis sind die Termine eingetragen und sämtlichen Mandanten wurde der entsprechende Termin schriftlich (siehe Punkt 1.4) mitgeteilt.
1.6	Prüfung Termin vor Ort	Vor Beginn der Abschlussvorbereitung ist zu prüfen, ob es sinnvoller wäre, beim Mandanten vor Ort bei der Zusammenstellung der Unterlagen behilflich zu sein. **Nutzen**: Wenn Erfahrungswerten der letzten Jahre gezeigt haben, dass der Mandant Probleme bei der Zusammenstellung der Unterlagen hat und der Rücklauf der einzureichenden Unterlagen mehrere Monate betrug, ist es sinnvoll dem Mandanten unsere Hilfe anzubieten.

1.6.1	Vorgehensweise Termin vor Ort	Die Checkliste für die Anforderung der Belege ist separat auszufüllen und mit zum Termin zu nehmen. Zusätzlich ist die Vollständigkeitserklärung mit in den Termin zu nehmen und mit dem Mandanten vor Ort auszufüllen. Bei der Prüfung, ob ein Termin vor Ort sinnvoll ist, ist bei weiterer Entfernung des Betriebs Rücksprache mit der Kanzlei zu halten.
1.6.2	Rechnungsstellung Termin	Die Zeitverschreibung für den Termin vor Ort ist über den Auftrag „Jahresabschluss" mit entsprechender Betextung zu erfassen. Die zusätzlich erbrachte Leistung von dem Sachbearbeiter wird über die Erhöhung der 1/10 der Gegenstandswerte erfasst. Sollte eine Gesamtpauschale vorhanden sein, ist die zusätzliche Rechnung mit der Kanzleileitung zu besprechen.
1.7	Kopie Kreditinstitut	Zeitgleich mit dem Mandanten erhält die Hausbank des Mandanten eine Kopie des Anschreibens zum Jahresabschluss. Eine Kopie des Mandanten-Anschreibens ist als Anlage für die Hausbank beizufügen. **Nutzen**: Information der Hausbank. Außerdem besteht die Möglichkeit, Wünsche der Hausbank – z. B. geänderte Terminierung oder Plausibilitätsbeurteilung – zu beachten.
1.8	Wiederholten Beginn von Arbeiten vermeiden	Erst wenn alle Unterlagen vorliegen, wird mit den Jahresabschlussarbeiten begonnen. Dadurch wird vermieden, dass mit den Arbeiten wiederholt begonnen werden muss.

2 Erinnerung in Outlook – Alternativmöglichkeiten

Detailinformation	Der voraussichtliche Fertigstellungstermin des Jahresabschlusses ist vom Mitarbeiter (in Outlook) zu vermerken. Zudem sind die folgenden Termine zur Erinnerung in Outlook zu vermerken: - Termin 4-Wochen vor Ablauf der Frist/Unterlagen nachfordern + Info Kanzleileitung - Termin 2-Wochen vor Ablauf der Frist/Unterlagen nachfordern + Info Kanzleileitung - Termin 1-Woche vor Ablauf der Frist/Info Bank + Info Kanzleileitung Alternativ können die Punkte auch telefonisch geklärt werden. Hierzu sollten dann entsprechende Aktenvermerke erfolgen.
Ziel/Nutzen	Fehlende Unterlagen können rechtzeitig erneut angefordert werden; gute Abstimmung zwischen allen Beteiligten.

2.1	Unterlagen nachfordern -4 Wochen vor Ablauf der Frist-	Unterlagen, die trotz erstmaliger Anforderung nicht eingereicht wurden, werden mit einer weiteren **4-Wochen-Frist** schriftlich angefordert durch Anschreiben, zusätzlich wiederholte Zusendung der noch offenen Rückfragen. Außerdem ist die Kanzleileitung per Formblatt in der Postmappe detailliert zu informieren. Das Formblatt ist nach Vorlage an die Kanzleileitung einzuscannen und digital abzulegen.
2.2	Unterlagen nachfordern -14-Tage vor Ablauf der Frist-	Unterlagen, die trotz wiederholter Anforderung nicht eingereicht wurden, werden mit einer weiteren **14-Tage-Frist** schriftlich angefordert durch Anschreiben, zusätzlich wiederholte Zusendung der noch offenen Rückfragen. Außerdem ist die Kanzleileitung per Formblatt in der Postmappe detailliert zu informieren. Das Formblatt ist nach Vorlage an die Kanzleileitung einzuscannen und digital abzulegen.
2.3	Information Kreditinstitut -1 Woche vor Ablauf der Frist-	Sollten zu diesem Zeitpunkt die benötigten Unterlagen des Mandanten noch immer nicht vorliegen, so ist die Hausbank des Mandanten per Anschreiben darüber zu informieren, dass der Jahresabschluss nicht wie geplant fertiggestellt werden kann. **Auch in diesem Fall ist die Kanzleileitung per Formblatt in der Postmappe zu informieren.** Außerdem ist der Mandant per Anschreiben und Kopie des Anschreibens an die Hausbank zu informieren und weiterhin an die noch fehlenden Unterlagen zu erinnern. Das Formblatt ist nach Vorlage an die Kanzleileitung einzuscannen und digital abzulegen.

6.2 Jahresabschluss – Checkliste

1 Information an Fibu-SB

Detailinformation	Sollte die Buchhaltung auch durch deine Kanzlei erstellt werden, ist bei Beginn der Abschlussarbeiten der Fibu-SB kurz zu informieren. (per Mail oder persönlich) Damit kann vermieden werden, dass der Fibu-SB in dem Abschlussjahr noch Buchungen vornimmt.

2 Beschreibung Mandantenauftrag

Detailinformation	In der Beschreibung des Mandantenauftrags "Jahresabschluss" wird (falls noch nicht geschehen) der Zusatz "mit Plausi" ergänzt. Diese Beschreibung wird bei den Nachfolgeaufträgen direkt übernommen.

3 Zuordnungstabelle in den Stammdaten überprüfen

Detailinformation	Zuordnungstabelle prüfen, ob die für die entsprechende Gesellschaftsform passende Zuordnungstabelle hinterlegt ist.

4 Erstellungs-Memo – Kanzleileitung

Detailinformation	Bevor mit den eigentlichen Jahresabschlussarbeiten begonnen werden kann, ist das verknüpfte Erstellungs-Memo mit den relevanten Daten (Name, Bearbeiter usw.) zu versehen und auszudrucken. Außerdem sind die Kontennachweise zur Bilanz und Gewinn- und Verlustrechnung für den jeweiligen Mandanten und das Abschlussjahr (wenn möglich mit Vorjahresvergleich) auszudrucken. Sämtliche Unterlagen sind in der genannten Reihenfolge (Erstellungs-Memo und Kontennachweise) komplett einzuscannen und der Kanzleileitung zur Bearbeitung zu übermitteln. Der Bearbeiter erhält die Unterlagen (digital) zurück.

5 Arbeitsbeginn Erstellungs-Memo

Detailinformation	Mit den Jahresabschlussarbeiten kann begonnen werden, sobald der Jahresabschluss-SB die eingereichten Kontennachweise und das Erstellungs-Memo von der Kanzleileitung zurückerhalten hat. Die Erstellungsschwerpunkte und die besonders zu prüfenden Positionen werden durch das Erstellungs-Memo dem Jahresabschluss-SB vorgegeben. Grundsätzlich sind aber – unabhängig von den Arbeitshilfen – auffällige oder wichtige Positionen vom Jahresabschluss-SB zu prüfen!
Ziel/Nutzen	Das Erstellungs-Memo legt wichtige Rahmenbedingungen für den Jahresabschluss fest. Dadurch wird die gesamte Arbeitsweise des Jahresabschluss-SB strukturierter und damit effektiver.

6 Verträge einsehen und verarbeiten

Detailinformation	Vorliegende Gesellschafts-, Arbeits-, Darlehens-, Leasing- und Mietverträge sind durchzusehen und auf ihre Relevanz für den Jahresabschluss zu prüfen.
Ziel/Nutzen	Verbesserter Einblick in die Struktur des Unternehmens. Tantiemen, Gewinnverteilungen etc. werden richtig berücksichtigt und berechnet.

6.1	Vorsteuerabzug aus Dauerschuldverhältnissen	Durch die Übernahme von Mandaten könnten die Formvoraussetzungen für den Vorsteuerabzug aus Dauerschuldverhältnissen, die ab dem 1. 1. 2004 abgeschlossen wurden, in Einzelfällen ein erhebliches Betriebsprüfungsrisiko darstellen. Bei Neuverträgen über Dauerschuldverhältnisse ab 1. 1. 2004 (z. B. Miet-, Pacht-, und Wartungsverträge, Pauschalvertrag über Beratungsleistungen) ist Voraussetzung für den Vorsteuerabzug, dass im Vertrag insbesondere folgende Pflichtangaben aufgenommen werden: - vollständiger Name und vollständige Anschrift des leistenden Unternehmers sowie des Leistungsempfängers - das Entgelt - anzuwendender Steuersatz - Steuerbetrag - Steuernummer bzw. UStIdNr. - einmalige Vertragsnummer, z. B. Wohnungs- oder Objektnummer, Mieternummer Bei Altverträgen, die vor dem 1. 1. 2004 abgeschlossen wurden, ist es grundsätzlich unschädlich, wenn diese Angaben fehlen. Es ist zu empfehlen, dass im Zahlungsbeleg, Dauerauftrag oder Bankeinzug auf die Vertragsnummer hingewiesen wird und der Zahlungszeitraum angegeben ist (z. B. Kalendermonat). Rechtsgrundlagen sind §§ 14, 14a und 15 UStG.
6.2	Prüfung der Umsatzsteuer-Option der Banken	Bankdienstleistungen sind generell von der Umsatzsteuer befreit. Den Banken steht es jedoch offen auf die Steuerfreiheit zu verzichten, sofern die Bankleistungen an einen Unternehmer für dessen unternehmerischen Bereich erbracht werden. In der Regel kann der Unternehmer die darauf berechnete 19 % USt auf diese Beträge als Vorsteuer abziehen. Wenn die Banken Gebühren berechnen, müssen wir prüfen, ob der Unternehmer vorsteuerabzugsberechtigt ist. Das ist z. B. nicht der Fall, wenn der Unternehmer Kleinunternehmer ist oder wenn es die Privatkonten des Mandanten betrifft. Wenn das der Fall ist, entsteht ein Nachteil für den Mandanten. In diesen Fällen sollte der Mandant Widerspruch einlegen.

7 Jahresabschlussvorlagen

Detailinformation	Bei der Jahresabschlusserstellung sind die Kanzlei-Vorlagen zu verwenden und anschließend digital zu archivieren. Diese sollen im nächsten Veranlagungsjahr mit dem jeweiligen Jahr aktualisiert und neu abgespeichert werden.

8 Getrennten oder integrierten Bestand auswählen

Detailinformation	Die Bestandsauswahl kann mitarbeiterbezogen erfolgen. Der JA-SB kann also selbständig entscheiden, ob im integrierten oder getrennten Bestand gearbeitet werden soll. Es sollte aber sichergestellt werden, dass, sobald mit der JA-Erstellung begonnen wurde, unterjährig nur Auswertungen an die Bank versandt werden, die keine JA-Buchungen enthalten (solange der JA noch nicht abgeschlossen ist). Für Azubis gilt: **immer** im getrennten Bereich arbeiten.

9 Formelle Bilanzidentität prüfen

Detailinformation	Die EB-Werte sollten bereits fehlerfrei durch den Sachbearbeiter für die Buchführung vorgetragen worden sein. Die Vortragskonten sind aber zusätzlich vom Jahresabschluss-SB auch anhand des vom Sachbearbeiter für Buchführung vorgelegten Prüfprotokolls EB-Werte zu prüfen und ggf. abzustimmen! Das Protokoll ist vom Jahresabschluss-SB nach der Kontrolle zu unterschreiben und der Jahresabschlussdokumentation beizufügen.
Ziel/Nutzen	Sind die EB-Werte abweichend vom Vorjahr, enthält die Bilanz formelle Fehler und ist deshalb nicht anzuerkennen.

10 Folgewirkungen aus Prüfung verarbeiten

Detailinformation	Soweit im Geschäftsjahr Außenprüfungen stattfanden oder laufend bestehen, ist zu prüfen, ob deren Auswirkungen bereits entsprechend berücksichtigt wurden (siehe Prüfbericht).
Ziel/Nutzen	Ergebnisse und Veränderungen aus Betriebsprüfungen werden möglichst zeitnah berücksichtigt. Zukünftige Auswirkungen erkannt.

11 Gewinnausschüttungen korrekt verbucht

12 Prüfung der Bilanzpositionen § 266 HGB – Aktivseite

Detailinformation	Die Bilanzpositionen der Aktivseite sind auch anhand des Erstellungs-Memos in der vorgegebenen Reihenfolge zu prüfen. **Dabei sind auffällige Positionen, unabhängig von den Arbeitshilfen, selbstverständlich zusätzlich zu prüfen.** **Schlussprotokoll:** Zu jeder einzelnen Bilanzposition ist zusätzlich zum Erstellungs-Memo nebst Anlagen – nach der Bearbeitung – ein Schlussprotokoll zu erstellen!

12.1	Immaterielle Vermögensgegenstände -Anlagevermögen-	**Bearbeitung:** - Arbeitsanweisungen laut vorliegendem Erstellungs-Memo bearbeiten. - Schlussprotokoll erstellen! **Info:** Der **entgeltlich erworbene Geschäfts- oder Firmenwert** darf handelsrechtlich und muss steuerrechtlich angesetzt werden. Handelsrechtlich ist er in höchstens vier Jahren abzuschreiben (§ 255 Abs. 4 HGB), **steuerrechtlich** innerhalb von **15 Jahren** (§ 7 Abs. 1 Satz 3 EStG).
12.2	Sachanlagen -Anlagevermögen-	**Bearbeitung:** - Arbeitsanweisungen laut vorliegendem Erstellungs-Memo bearbeiten. - Schlussprotokoll erstellen! Das Anlagevermögen sollte bereits durch den Sachbearbeiter für Buchführung vollständig abgestimmt sein. Der Jahresabschluss-SB sollte stichprobenartig einzelne neu aktivierte Wirtschaftsgüter und insbesondere deren Nutzungsdauer kontrollieren. Anlagenzugänge ab 10.000 € und sämtliche aktivierte Instandhaltungen des Abschlussjahrs (Belege sollten vorliegen) sind zu überprüfen. Außerdem sind auch sämtliche nichtaktivierte Instandhaltungen (Konten #4260, #4805) ab 1.000 € hinsichtlich einer Aktivierung zu prüfen. **Hinweis:** Die Bildung oder Auflösung eines Investitionsabzugsbetrags nach § 7g EStG ist unbedingt zu erfassen!
12.2.1	Abstimmprotokoll Anlag/ Rechnungswesen	Unter „Anlagenbuchführung“ ist der Punkt „Abstimmung Anlagenbuchführung“ zu kontrollieren. Eventuelle Differenzen sind zu beseitigen.
12.2.2	Investitionsabzugsbetrag	Die bestehenden Investitionsabzugsbeträge sind zu überprüfen, ggf. Auflösung verbuchen. Der Investitionsabzugsbetrag ist außerhalb der EÜR zu bilden und mit der Kanzleileitung abzustimmen. Die Buchung erfolgt gem. der Anweisungen im verknüpften DATEV-Arbeitsblatt Investitionsabzugsbetrag über die Statistikkonten #9970 / #9971. **Hinweis:** Bei GWG Sapo ist keine Sonderabschreibung zulässig.

<table>
<tr><td>12.3</td><td>Finanzanlagen
Anlagevermögen</td><td>Bearbeitung:
- Arbeitsanweisungen laut Erstellungs-Memo bearbeiten.
- Schlussprotokoll erstellen!
Info: Der Bilanzposten Finanzanlagen gliedert sich nach § 266 HGB auf in:
1. Anteile an verbundenen Unternehmen
2. Ausleihungen an verbundene Unternehmen
3. Beteiligungen
4. Ausleihungen an Unternehmen, mit denen ein Beteiligungsverhältnis besteht
5. Wertpapiere des Anlagevermögens
6. sonstige Ausleihungen
Die handelsrechtliche Aufteilung ist für die Steuerbilanz zu übernehmen.</td></tr>
<tr><td>12.4</td><td>Vorräte Umlaufvermögen</td><td>Bearbeitung: Arbeitsanweisungen laut Erstellungs-Memo bearbeiten. Die vom Mandanten erstellte Inventur ist ebenfalls als Anlage beizufügen!
- Schlussprotokoll erstellen!
Info: Der Bilanzposten Vorräte gliedert sich nach § 266 HGB auf in:
1. Roh-, Hilfs- und Betriebsstoffe
2. unfertige Erzeugnisse, unfertige Leistungen;
3. fertige Erzeugnisse und Waren;
4. geleistete Anzahlungen</td></tr>
<tr><td>12.5</td><td>Forderungen
Umlaufvermögen</td><td>Bearbeitung:
- Arbeitsanweisungen laut Erstellungs-Memo bearbeiten.
- Schlussprotokolle erstellen!</td></tr>
<tr><td>12.6</td><td>Erstellung einer Forderungs-stichtags-Liste</td><td>Mandant im Rechnungswesenprogramm des Folgejahrs der Abschlussbearbeitung öffnen und in der Übersicht die offene Posten Liste Debitoren aufrufen. Oben links in der Leiste gibt es einen Button, auf welchem ein Trichter abgebildet ist. Diesen Button anklicken und in dem sich daraufhin öffnenden Fenster „neuen Filter anlegen“ anklicken. Im nächsten sich öffnenden Fenster eine Bezeichnung eingeben (z. B. Stichtagsliste und das Jahr) anschließend in „Feld“ die Variable „Datum“ auswählen. Operator „kleiner gleich“ und im Feld „Wert“ das Enddatum (z. B. 31. 12. 2015) eintragen.</td></tr>
</table>

12.7	Wertpapiere Umlaufvermögen	**Bearbeitung:** - Arbeitsanweisungen laut Erstellungs-Memo bearbeiten. - Schlussprotokoll erstellen! **Info:** Der Bilanzposten Wertpapiere des Umlaufvermögens gliedert sich nach § 266 HGB auf in: 1. Anteile an verbundenen Unternehmen; 2. eigene Anteile; 3. sonstige Wertpapiere
12.8	Liquide Mittel Umlaufvermögen	**Bearbeitung:** - Arbeitsanweisungen laut Erstellungs-Memo bearbeiten. - Schlussprotokoll erstellen! **Außerdem sind das Kassenblatt zum 31. 12. und die entsprechenden Kontoauszüge der Kreditinstitute zum 31. 12. beizufügen! Info:** Zu den liquiden Mitteln zählen der Kassenbestand, Bundesbankguthaben, Guthaben bei Kreditinstituten und Schecks.
12.9	Aktive Rechnungsabgrenzungsposten	**Bearbeitung:** - Arbeitsanweisungen laut Erstellungs-Memo bearbeiten. - Schlussprotokoll erstellen! **Gesetzliche Grundlagen:** - § 250 HGB - § 5 Abs. 5 EStG **Info/Arbeitshilfen:** - Rechnungsabgrenzungsposten dienen der Periodenabgrenzung. - Zinsstaffelmethode z. B. zur Abgrenzung einer Leasingsonderzahlung oder des Disagios bei Tilgungsdarlehen

13 Prüfung der Bilanzpositionen § 266 HGB – Passivseite

Detailinformation	Die Bilanzpositionen der Passivseite sind anhand des Erstellungs-Memos in der vorgegebenen Reihenfolge zu prüfen. **Dabei sind auffällige Positionen, unabhängig von den Arbeitshilfen, selbstverständlich zusätzlich zu prüfen.** **Schlussprotokoll:** Zu jeder einzelnen Bilanzposition ist zusätzlich zum Erstellungs-Memo nebst Anlagen – nach der Bearbeitung – ein Schlussprotokoll zu erstellen!

<table>
<tr><td>13.1</td><td>Eigenkapital</td><td>Bearbeitung:
- Arbeitsanweisungen laut Erstellungs-Memo bearbeiten.
- Schlussprotokoll erstellen!
Gesetzliche Grundlagen:
- § 272 HGB Eigenkapital
- § 273 HGB Sonderposten Rücklageanteil (§ 247 Abs. 3 HGB)
- § 4 EStG Gewinn
- § 6b EStG Sonderposten Rücklageanteil
Info:
Das Eigenkapital gliedert sich auf in:
- Gezeichnete Kapital
- Kapitalrücklage
- Gewinnrücklagen (1. gesetzliche Rücklage, 2. Rücklage für eigene Anteile, 3. satzungsmäßige Rücklagen, 4. andere Gewinnrücklagen)
- Gewinnvortrag/Verlustvortrag
- Jahresüberschuss/Jahresfehlbetrag
Investitionsabzugsbetrag § 7g EStG
Die Rücklage nach § 7g EStG der sog. Investitionsabzugsbetrag ist außerhalb der Bilanz zu bilden! Die Bildung und Auflösung des Investitionsabzugsbetrags ist in jedem Fall über das Rechnungswesenprogramm zu erfassen!</td></tr>
<tr><td>13.2</td><td>Gewinnverteilung Personengesellschaften</td><td>Einheitliche Buchung der Gewinnverteilung bei Personengesellschaften.</td></tr>
</table>

13.3	Rückstellungen	**Bearbeitung:** - Arbeitsanweisungen laut Erstellungs-Memo bearbeiten - Zusätzlich zu den Anlagen ist ein **Rückstellungsspiegel** für die sonstigen Rückstellungen zu führen! - **Schlussprotokolle erstellen!** **Gesetzliche Grundlagen:** - § 249 HGB Rückstellungen - § 5 Abs. 3 bis Abs. 4b EStG Rückstellungen - § 6 Abs. 3a Bewertung Rückstellungen **Info:** Die Rückstellungen gliedern sich auf in: 1. Rückstellungen für Pensionen und ähnliche Verpflichtungen 2. Steuerrückstellungen 3. sonstige Rückstellungen **Die Rückstellungen sind zu überprüfen! Im Schlussprotokoll ist die Überprüfung zu vermerken!**
13.4	Verbindlichkeiten	**Bearbeitung:** - Arbeitsanweisungen laut Erstellungs-Memo bearbeiten. **- Schlussprotokolle erstellen!** Die Anlagen (#1740 bis #1748) sollten bereits in der Auftragsvorbereitung durch den Sachbearbeiter ein gepflegt sein. Eine Kontrolle und ggf. Ergänzung ist in jedem Fall durchzuführen! Sämtliche Saldenbestätigungen der Kreditinstitute sollten ebenfalls vorliegen!
13.5	Erstellung einer Verbindlichkeiten-Stichtagsliste	Mandant im Rechnungswesenprogramm des Folgejahrs der Abschlussbearbeitung öffnen und in der Übersicht die offene Postenliste Kreditoren aufrufen. Oben links in der Leiste gibt es einen Button, auf welchem ein Trichter abgebildet ist. Diesen Button anklicken und in dem sich daraufhin öffnenden Fenster „neuen Filter anlegen" anklicken. Im nächsten sich öffnenden Fenster bitte eine Bezeichnung eingeben (z. B. Stichtagsliste und das Jahr) anschließend in „Feld" die Variable „Datum" auswählen. Operator „kleiner gleich" und im Feld „Wert" das Enddatum (z. B. 31. 12. 2014) eintragen.
13.6	Passive Rechnungsabgrenzungsposten	**Bearbeitung:** - Arbeitsanweisungen laut Erstellungs-Memo zu bearbeiten. - Schlussprotokoll erstellen! **Gesetzliche Grundlagen:** - § 250 HGB - § 5 Abs. 5 EStG

14 Gewinn- und Verlustrechnung

Detailinformation		Arbeitsanweisungen laut Erstellungs-Memo bearbeiten. Die Konten der GuV sind zusätzlich auf Abweichungen und Unstimmigkeiten vom Jahresabschluss-SB durchzusehen! Es ist ein Schlussprotokoll zu erstellen!
14.1	Unentgeltliche Wertabgaben/ Eigenverbrauch prüfen	**Unentgeltliche Wertabgaben:** Die bereits unterjährig durch den Sachbearbeiter für Buchführung erfassten Privatanteile für Kfz-Nutzung und Telefon sind zu überprüfen und ggf. anzupassen. Die entsprechenden Excel-Tabellen sollten bereits im Jahresabschluss-Ordner vorliegen. **Eigenverbrauch Waren:** Der bereits in der Buchführung erfasste Eigenverbrauch Waren ist zu überprüfen und ggf. anzupassen.
14.2	Nicht abzugsfähige Betriebsausgaben prüfen	Die nichtabzugsfähigen Betriebsausgaben sind auf Ihre Vollständigkeit und Richtigkeit zu prüfen.

15 Privatentnahmen aufteilen, Privateinlagen klären

Detailinformation	**Privatentnahmen:** Die Privatentnahme-Konten sind ggf. je nach Unternehmensform bereits unterjährig durch den Sachbearbeiter für Buchführung in die für die Steuererklärung relevanten Positionen, wie Sonderausgaben und außergewöhnliche Belastungen aufgeteilt worden. Die entsprechenden Excel-Tabellen sollten im Jahresabschluss-Ordner vorliegen. **Privateinlagen:** Auffällige Privateinlagen über 10.000 € sind zu erläutern, ihre Herkunft ist beim Mandanten zu hinterfragen und zu erklären. Die entsprechenden Nachweise wie z. B. Kontoauszüge sind in Kopie aufzubewahren und der Anlage beizufügen.
Ziel/Nutzen	Der Abgrenzung zwischen dem privaten und dem betrieblichen Bereich kommt eine besondere Bedeutung zu. Insbesondere das Vorhandensein ungeklärter Einlagen kann ein Problem darstellen.

16 Steuervorauszahlungen überprüfen

Detailinformation	Sämtliche Vorauszahlungen sind bereits durch den Sachbearbeiter für Buchführung durch das „Steuerkonto Online“ bzw. mit dem Finanzamt bzw. der Gemeinde abgestimmt. **Die Werte sind trotzdem genau zu überprüfen und ggf. wiederholt abzustimmen!**

17 Abschlussüberwachung

Detailinformation	Die Abschlussüberwachung ist durchzuführen. Fehler und Hinweise sind zu überprüfen und ggf. zu ändern.
Ziel/Nutzen	Fehler werden vermieden und eventuell werden Hinweise gegeben, an die der Sachbearbeiter nicht gedacht hat.

18 Steuern berechnen/Erklärungen erstellen

Detailinformation		Die betrieblichen Steuern sind zu berechnen und die entsprechenden Steuererklärungen sind zu erstellen!
18.1	Umsatzsteuer inklusive Verprobung	Sämtliche Vorsteuer- und Umsatzsteuerkonten sind auf dem Konto #1789 Umsatzsteuer laufendes Jahr zu verdichten! **Die Umsatzsteuer ist dann zu verproben!** Kleinbetragsdifferenzen bis +/- 1,00 € sind über das Konto #4900 Sonstige Kosten oder ähnliches auszubuchen. Größere Differenzen sind zu suchen! Die Werte der Verprobung müssen mit den Jahresabschlusswerten und den Werten der Umsatzsteuererklärung übereinstimmen. Wesentliche USt-Nachzahlungen oder -Erstattungen sind plausibel zu erklären? Die Programmverbindungen sind zu nutzen! Schlussprotokoll erstellen!
18.2	Gewerbesteuer/§ 4 Abs. 4a EStG nicht abziehbare Schuldzinsen	**Die Programmverbindungen sind zu nutzen!** Es ist eine Gewerbesteuerrückstellung zu bilden! **Schlussprotokoll erstellen!** **nicht abziehbare Schuldzinsen § 4 Abs. 4a EStG** Die nicht abziehbaren Schuldzinsen nach § 4 Abs. 4a EStG sind entsprechend bei der Gewerbesteuerberechnung zu berücksichtigen. Die Berechnung erfolgt ab dem Veranlagungszeitraum 2007.
18.3	Körperschaftsteuer und Solidaritätszuschlag	**Nur bei Kapitalgesellschaften!** **Die Programmverbindungen sind zu nutzen!** Es ist eine Körperschaftsteuerrückstellung zu bilden! Schlussprotokoll erstellen!
18.4	Gesonderte Feststellungs- bzw. Gesonderte und einheitliche Feststellungserklärung	Nach § 180 Abs. 1 Nr. 2 Buchst. b AO muss eine **gesonderte Feststellungserklärung** erstellt werden, wenn das Wohnsitz-Finanzamt (zuständig für die ESt-Erklärung) ein anderes ist als das, dass für die Feststellung der Einkünfte zuständig ist. Nach § 180 Abs. 1 Nr. 2 Buchst. a AO muss eine **gesonderte und einheitliche Feststellungserklärung** erstellt werden wenn an den Einkünften mehrere Personen beteiligt sind.

19 Überprüfung Steuerberechnung mit Steuervorausberechnung

Detailinformation	Nach Fertigstellung der Steuererklärungen wird die berechnete Steuernachzahlung/-erstattung mit der mitgeteilten Steuerberechnung im Fibu-Auswertungsbrief September/Dezember überprüft. (nur bei Mandanten, wo wir auch die Fibu erstellen) Evtl. Differenzen werden entsprechend geprüft und dem Mandanten im Anschreiben der Zusendung der Steuererklärung erläutert *"Mit dem Auswertungsbrief aus dem September 20xx vom TT.MM.JJJJ wurde Ihnen eine voraussichtliche Steuerberechnung i. H. von EUR xxx,xx mitgeteilt. Wie Sie der o. a. Steuermitteilung entnehmen können, entspricht dieses der berechneten Steuer in der Steuererklärung. Alternativ: Die Differenz zu der berechneten Steuer in der Steuererklärung ergibt sich aus folgenden Sachverhalten: ....."*

20 Ggf. vor Anlage AP Compact: Stammdatenpflege HR

Detailinformation	Stammdaten öffnen Lasche "Unternehmen/Vereinigung" -> Unternehmensdaten Sämtliche Registerinformationen eingeben Funktion "Prüfen" auswählen ggf. anpassen ok
Ziel/Nutzen	In AP Compact werden die Registerinformationen aus den Stammdaten direkt eingefügt.

21 Bericht erstellen

Detailinformation	**Wichtige Anmerkungen der Kanzleileitung zum Bericht:** - Sämtliche wesentliche Veränderungen sollen genannt und erläutert werden! - Bei Fehlern in den Formeln ist ein Fehlerprotokoll zu erstellen und an den zuständigen Sachbearbeiter weiterzuleiten!

22 Steuerbilanz erstellen

Detailinformation	Die Steuerbilanz soll in Absprache mit der Kanzleileitung folgende Auswertungen beinhalten: - Deckblatt - Bilanz - Anlagenspiegel - GuV - Kontennachweis zur Bilanz - Kontennachweis zur GuV - Entwicklung des Anlagevermögens **Hinweis**: fortlaufende Blattnummerierung beachten (Beginne mit Seite 2)

23 Anhang

Detailinformation	Für den Anhang ist das Schlussprotokoll zu erstellen! Alle drei Jahre sind die Checklisten zum Anhang (je nach Unternehmensgröße für kleine GmbHs, für große GmbHs und für GmbH & Co. KG) zu überprüfen! Die Überprüfung der Checklisten ist im Schlussprotokoll zu vermerken.

24 Feststellung Jahresabschluss durch Gesellschafterversammlung des offenlegungspflichtigen Unternehmens + Anhang

Detailinformation	Der Beschluss über die Feststellung des Jahresabschlusses sollte immer gleich vom Sachbearbeiter erstellt werden und wie eine Vollständigkeitserklärung vom Mandanten zurückgefaxt werden. Danach ist **unter dem Anhang** folgender Satz einzufügen: „Der Jahresabschluss wurde am TT.MM.JJJJ durch die Gesellschafterversammlung festgestellt." „Newsletter Bundesanzeiger – Dezember 2010 **Betreff: Einreichung des Jahresabschlusses/Datum der Feststellung** Sehr geehrte Kundin, sehr geehrter Kunde, aus gegebenem Anlass weisen wir darauf hin, dass gemäß § 328 Ziffer 1 Satz 2 HGB in dem zu veröffentlichenden Jahresabschluss unabhängig von der Größenklasse nach § 267 HGB grundsätzlich das Datum der Feststellung bzw. Billigung des Abschlusses anzugeben ist. Anderenfalls kann das Bundesamt für Justiz aufgrund inhaltlicher Mängel ein Bußgeld verhängen (vgl. § 334 Abs. 1 Ziffer 5 HGB). Dies ist in Einzelfällen bereits erfolgt.

	Bitte achten Sie demnach künftig darauf, dass das entsprechende Datum der Feststellung bzw. Billigung bei der Offenlegung Ihres Jahresabschlusses mit angegeben wird.“
Ziel/Nutzen	Um Haftungsrisiken auszuschließen, sollte der Veröffentlichungsvermerk im Rahmen des Anhangs unbedingt erfolgen. Rechtsgrundlage ist § 328 Ziffer 1 Satz 2 HGB. Das Bundesamt für Justiz könnte ein Bußgeld verhängen.

25 Checklisten für JA und Steuererklärungen ausfüllen

Detailinformation	Die Checklisten für die Jahresabschlusserstellung sowie für Steuererklärungen und umfangreichere Beratungen sind auszufüllen und im Abschlussordner bzw. Mandantenordner abzulegen.

26 Besprechung und Kontrolle Jahresabschluss durch die Kanzleileitung

Detailinformation	Nach Fertigstellung sämtlicher Jahresabschlussarbeiten ist der Jahresabschluss der Kanzleileitung zur Besprechung und Kontrolle vorzulegen. Hierfür ist der Jahresabschluss-Ordner zu verwenden.

27 Termin zur Jahresabschluss-Besprechung vereinbaren

Detailinformation	Es ist mit dem Mandanten und der Kanzleileitung abzustimmen, wer teilnimmt.

28 Vollständigkeitserklärung

Detailinformation	Der fertiggestellte Bericht ist um unsere Vollständigkeitserklärung zu ergänzen, sollte diese nicht bereits bei Anforderung der Unterlagen versendet worden sein. Es wird zwischen zwei Vollständigkeitserklärungen unterschieden: - Vollständigkeitserklärung für Einzelunternehmen und Personengesellschaften, die nicht unter § 264a HGB und das Publizitätsgesetz fallen - Vollständigkeitserklärung für Kapitalgesellschaften und Personengesellschaften i. S. des § 264a HGB (einschließlich Unternehmen, die unter das Publizitätsgesetz fallen) Die entsprechende Vollständigkeitserklärung ist je nach Unternehmen auszuwählen. **Ausfüllhilfe:** Die Vollständigkeitserklärungen sind um die relevanten Daten zu ergänzen (Firmenname und Anschrift, unsere Anschrift, Ort, Datum, Geschäftsjahr, mit Plausibilitätsbeurteilungen oder ohne und weitere inhaltliche Angaben zur Jahresabschlusserstellung). Bei Unsicherheiten ist die Kanzleileitung zu befragen. Die Vollständigkeitserklärung ist im Jahresabschlussgespräch mit dem Mandanten zu besprechen und von diesem zu unterschreiben. Soweit kein Jahresabschlussgespräch mit dem Mandanten stattfindet, ist die Vollständigkeitserklärung zusammen mit dem Jahresabschluss an den Mandanten zu übergeben und auf die Unterschrift hinzuweisen. **Der Rücklauf der Vollständigkeitserklärungen ist von jedem Mitarbeiter selbständig zu überwachen!**

29 Rechnungsstellung: Vorarbeiten zum JA

Detailinformation	Abschlussvorarbeiten dürfen nach § 35 Abs. 3 StBVV nur abgerechnet werden, wenn die Buchhaltung **nicht** intern von unserer Kanzlei erstellt wird.

30 Rechnungsstellung erfolgt inklusive Gebühren für die Bescheidprüfung

Detailinformation	Die Gebühren für die zukünftige Prüfung der Bescheide zu den erstellten Steuererklärungen soll direkt bei der aktuellen Rechnungserstellung berücksichtigt werden. **D. h. bei Rechnungserstellung ist die Gebührenposition „Bescheidprüfung" auszuwählen und die Stückzahl der zu erwartenden Bescheide zu der Steuererklärung zu hinterlegen und dem Mandanten in Rechnung zu stellen.**

31 Integrierten Bestand aktualisieren soweit noch nicht ausgewählt

Detailinformation	Soweit im getrennten Bestand gearbeitet wurde: Nach Abschluss sämtlicher Arbeiten sind die Jahresabschlussbuchungen aus dem getrennten Bestand einzuspielen. Der Bestand ist jetzt integriert und Fibu- und Jahresabschlussteil liegen die gleichen Buchungen zu Grunde.

32 Daten senden

Detailinformation	**Sobald sämtliche Arbeiten zur Jahresabschlusserstellung erledigt sind, ist der Datenbestand unverzüglich an das Rechenzentrum zu übermitteln.** Dieser Vorgang dient der Sicherung des Datenbestands.

33 Digitale Ablage

Detailinformation	Nach Fertigstellung sämtlicher Arbeiten sind die Unterlagen in der vorgegebenen Reihenfolge **insgesamt einzuscannen** und digital abzulegen: **Dokumentstatus:** erledigt

34 Status „zu prüfen" auf „erledigt" setzen

Detailinformation	Die Aufgabe des jeweiligen Mandanten ist auf Status „zu prüfen" zu kontrollieren. Die genutzten Dokumente für den jeweiligen Veranlagungszeitraum sind auf „erledigt" zu setzen. Lediglich nicht benutzte Dokumente für das Folgejahr bzw. sinnvolle Dokumente (z. B. Hinweise auf Betriebsprüfungs-Feststellungen etc.) sind mit dem Status „zu prüfen" für die Folgejahre zu belassen.
Ziel/Nutzen	Dem Jahresabschluss-SB wird die Arbeit im nächsten Jahr erleichtert.

35 Stammblatt ergänzen

Detailinformation	Das Stammblatt ist nach Erstellung des Jahresabschlusses zu bearbeiten. Eventuelle Hinweise für zukünftige Bearbeitungen werden unter anderem dort aufgeführt.

36 Daten in das Folgejahr übergeben

Detailinformation	Nach Abschluss sämtlicher Erstellungsarbeiten sind die Daten wir folgt ins Folgejahr zu übergeben: 1. Bestand 2. Jahresübernahme 3. Daten ins Folgejahr übergeben 4. Fibu-Salden/OPOS-Salden/AHK-Werte etc. Nach erfolgreicher Übertragung sind die EB-Werte im laufenden Geschäftsjahr zu kontrollieren und gegeben falls zu berichtigen.

Ziel/Nutzen	Die Buchhaltung des laufenden Geschäftsjahrs ist aktuell und aussagekräftig.

37 Hinweis an den Sachbearbeiter für Buchführung nach Fertigstellung

Detailinformation	Nach der Fertigstellung des Jahresabschlusses wird dem Sachbearbeiter für Buchführung kurz mitgeteilt, dass der Abschluss fertiggestellt ist. Hierbei können zukünftige Bearbeitungshinweise, aber auch Kritik und Lob an den Sachbearbeiter für Buchführung erfolgen.

38 ggf. Offenlegung vorbereiten

Detailinformation	Sollte der Mandant zur Offenlegung verpflichtet sein, ist die Offenlegung vorzubereiten. Es ist zu kontrollieren, ob die Einverständniserklärung vorliegt, ansonsten ist diese anzufordern

39 E-Bilanz vorbereiten

Detailinformation	Ab dem Veranlagungszeitraum 2013 ist für jeden Mandanten eine E-Bilanz zu erstellen. Es ist zu kontrollieren ob die Einverständniserklärung vorliegt, ansonsten ist diese anzufordern

40 ggf. Bilanzpräsentation vorbereiten

Detailinformation	Die Bilanzpräsentation ist nur Pflicht, wenn das Honorar für JA + betr. StErkl. **TEUR 2,5** oder größer ist.

41 Vorgangsmappe für Jahresabschluss anlegen

Detailinformation	Bezeichnung in DMS: **Jahresabschluss JJJJ** - Ordneraufbau: JA endgültig, Steuererklärungen nebst Berechnung endgültig, Entwürfe, Bilanzpräsentation, Schriftverkehr, Arbeitsunterlagen, EXCEL-Tabellen, laufende Arbeitsunterlagen

6.3 Erstellungs-Memo für Abschlussarbeiten

Das Erstellungs-Memo dient dazu, vor dem Beginn der Abschlussarbeiten mit der Kanzleileitung abzustimmen, welche Bereiche einer besonderen Prüfung unterzogen werden. Gleichzeitig wird auch eine Strategie festgelegt, die entscheidend für die Wahlrechte ist. Mit diesem Arbeitsblatt wird im Vorwege mehrfaches Bearbeiten eines Sachverhalts vermieden. Dieses Erstellungs-Memo wird nur bei Jahresabschlüssen mit Plausibilitätsbeurteilung verwendet.

<table>
<tr><td colspan="3">Erstellungs-Memo
Jahresabschluss mit Plausibilitätsbeurteilung</td></tr>
<tr><td>Bearbeiter:
Datum:</td><td>Mandantenname:</td><td>Abschlussstichtag:</td></tr>
</table>

1. Veränderungen in der Geschäftstätigkeit und des Erstellungsumfangs ggü. Vorjahr

(Neue Finanzierungen, neue Produkte, Wegfall von Produkten, Veränderungen der Wettbewerbslage, Veränderungen am Beschaffungs- und Absatzmarkt, Veränderungen bei Beteiligungen usw. und deren Auswirkungen auf unser Prüfungsvorgehen, Zusatzberichterstattung)

2. Wichtige Bilanzierungs- und Erstellungsfragen

(z. B. Beteiligungserwerb, offene Steuerfragen, Wertberichtigungserfordernisse usw.)

3. Änderungen der Marktbedingungen und sonstiger Umfeldfaktoren

(Beschreibung wesentlicher Änderungen der Marktbedingungen des Unternehmens und sonstiger Umfeldfaktoren, z. B. Konkurrenten, Produkte, Gesetzeslage sowie deren Auswirkungen auf die Risikobeurteilung und die Prüfungsstrategie bzw. Referenzierung auf bereits vorhandene Dokumentation.)

4. Strategie der Gesellschaft

(z. B. Gewinnmaximierung, Verlustminimierung, Umsatzmaximierung, Erhöhung Marktanteile (Inland/Ausland), Eintritt in andere Märkte, Expansion)

5. Erstellungsschwerpunkte, besondere Erstellungshandlungen

- ► Immaterielle Vermögensgegenstände
  - Konzessionen, Lizenzen
  - Geschäfts- oder Firmenwert
  - Geleistete Anzahlungen
- ► Sachanlagen
  - Grundstücke, grundstücksgleiche Rechte und Bauten einschließlich der Bauten auf fremden Grundstücken
  - Technische Anlagen und Maschinen
  - Andere Anlagen, Betriebs- und Geschäftsausstattung
  - Geleistete Anzahlungen und Anlagen im Bau
- ► Finanzanlagen
  - Anteile an verbundenen Unternehmen
  - Ausleihungen an verbundene Unternehmen
  - Beteiligungen
  - Ausleihungen an Unternehmen, mit denen ein Beteiligungsverhältnis besteht
  - Wertpapiere des Anlagevermögens
  - Sonstige Ausleihungen
- ► Vorräte
  - Roh-, Hilfs- und Betriebsstoffe
  - Unfertige Erzeugnisse, unfertige Leistungen

  - Fertige Erzeugnisse und Waren
  - Geleistete Anzahlungen
- Forderungen und sonstige Vermögensgegenstände
  - Forderungen aus Lieferungen und Leistungen
    - Anforderung von Saldenbestätigungen bei Debitoren
  - Forderungen gegen verbundene Unternehmen
  - Forderungen gegen Unternehmen, mit denen ein Beteiligungsverhältnis besteht
  - Forderungen gegen Gesellschafter
  - Sonstige Vermögensgegenstände
- Wertpapiere
  - Anteile an verbundenen Unternehmen
  - Eigene Anteile
  - Sonstige Wertpapiere
- Kassenbestand und Guthaben bei Kreditinstituten
  - Anforderung von Bankbestätigungen
- Rechnungsabgrenzungsposten
- Eigenkapital
  - Gezeichnetes Kapital
  - Kapitalrücklage
  - Gewinnrücklagen
    - Gesetzliche Rücklagen
    - Rücklage für eigene Anteile
    - Satzungsmäßige Rücklagen
    - Andere Gewinnrücklagen
  - Gewinnvortrag/Verlustvortrag
  - Jahresüberschuss/Jahresfehlbetrag
- Rückstellungen
  - Rückstellungen für Pensionen und ähnliche Verpflichtungen
  - Steuerrückstellungen
  - Sonstige Rückstellungen
- Verbindlichkeiten
  - Verbindlichkeiten gegenüber Kreditinstituten
    - Anforderung von Bankbestätigungen
  - Erhaltene Anzahlungen auf Bestellungen
  - Verbindlichkeiten aus Lieferungen und Leistungen
    - Anforderung von Saldenbestätigungen bei Kreditoren
  - Verbindlichkeiten gegenüber verbundenen Unternehmen

- – Verbindlichkeiten gegenüber Unternehmen, mit denen ein Beteiligungsverhältnis besteht
- – Verbindlichkeiten gegenüber Gesellschaften
- – Sonstige Verbindlichkeiten

- ► Rechnungsabgrenzungsposten
- ► Gewinn- und Verlustrechnung

6. Mehrjähriger Erstellungsplan

Welche Positionen sind auf Grund des mehrjährigen Erstellungsplans in die Erstellung einzubeziehen. (Beschreibung, wenn von diesen abgewichen wird.)

Erstellt/ Aktualisiert von	Datum	Durchgesehen von	Datum

6.4 Prüfprotokoll EB-Werte

Das Prüfprotokoll EB-Werte bietet eine Übersicht aller Eröffnungsbilanzwerte auf einen Blick. Es erleichtert unteranderem das Abstimmen der Vortragswerte.

Prüfprotokoll EB-Werte

für:

Mandant:	
Sachbearbeiter:	
Auftrag:	Jahresabschluss ohne Plausibilitätsbeurteilung

Bestandskonto	Soll-Saldo	Haben-Saldo
	0,00	0,00

6.5 Schlussprotokoll

In einem Schlussprotokoll werden nochmal wesentliche Bearbeitungsvorgänge, Feststellungen und Bemerkungen zusammengefasst. Zugleich dient es als Nachweis für die Kanzleileitung, dass diese Bereiche des Jahresabschlusses geprüft wurden.

Mandant:

Abschluss:

Index

Erstellt von: Datum:

Geprüft von: Datum:

Schlussprotokoll

Posten:	**Sachanlagen (einschl. Abschreibungen)**
Unterlagen erhalten von....... am.......:	
Erstellungshandlungen:	☐ siehe Erstellungs-Memo ☐ zusätzliche oder alternative Erstellungshandlungen, und zwar:
Feststellungen:	
Bemerkungen:	

6.6 Aktivseite

6.6.1 Anlagevermögen

Es sollte immer eine zeitnahe Verbuchung der Zu- und Abgänge bereits in der Finanzbuchhaltung erfolgen. Durch den Wegfall der „Einheitsbilanz" ist auf eine konsequente Trennung der steuerrechtlichen und handelsrechtlichen Buchungen zu achten. Es können sich Unterschiede hinsichtlich der Absetzungen für Abnutzung, Sonderabschreibungen und Nutzungsdauern ergeben. Für eine korrekte unterjährige Darstellung der betriebswirtschaftlichen Auswertung – wie sie u. a. von den Banken gefordert wird – sind die korrekten monatlichen Buchungen der Absetzung für Abnutzung erforderlich.

Jedes Jahr sollte im besten Fall der Fibu-Sachbearbeiter mit der Dezember Buchhaltung bereits die Entwicklung des Anlagevermögens an den Mandanten geschickt haben. Dieser hat die Liste auf Vollständigkeit zu prüfen. Hiermit wird sichergestellt, dass das Anlagevermögen auch aktuell ist und keine Wirtschaftsgüter mehr aufgelistet sind, die schon seit Jahren nicht mehr im Unternehmen sind.

Die Anmerkungen des Mandanten sind entsprechend im Jahresabschluss einzuarbeiten.

TKP-TIPP

Achtet bei der Bearbeitung des Anlagevermögens darauf, ob ihr euch im Steuerrecht oder im Handelsrecht befindet. Sonderabschreibungen oder ein Investitionsabzugsbetrag mit Anschaffungskostenkürzung sind nur im Steuerrecht zulässig.

Im Bereich der Abstimmung des Anlagevermögens sollten immer auch die Möglichkeiten der Investitionsabzugsbeträge nach § 7g EStG, sowie die Sonderabschreibung auch § 7g Abs. 5 EStG geprüft werden. Besprecht mit euren Mandanten die Vor- und Nachteile eines Investitionsabzugsbetrags. Gerade die Verzinsung bei einer Rückgängigmachung eines Investitionsabzugsbetrags bei Nicht-Inanspruchnahme sollte unbedingt erwähnt werden.

Falls noch nicht geschehen, sollten hier sämtliche Kopien der Neuanschaffungen vorliegen und überprüft werden.

6.6.2 Umlaufvermögen

6.6.2.1 Bestand an Vorräten

Auch das folgende Arbeitsblatt dient einer besseren Übersicht. Des Weiteren hat man die Möglichkeit die Art der Inventuraufnahme und die Bewertungsmethode zu erfassen.

Bestand an Vorräten

für:

Mandant:	
Sachbearbeiter:	
Auftrag:	Jahresabschluss ohne Plausibilitätsbeurteilung

	Konto		# 3950	
		Euro	Euro	Euro
Bestand Roh-, Hilfs- und Betriebsstoffe	# 3950			
Bestand Waren	# 3980			
		0,00	0,00	0,00

Datum der Inventuraufnahme:		
Art der Inventuraufnahme:	Nein ▼	Stichtagsinventur
	Nein ▼	Vor- und nachgelagerte Stichtagsinventur
	Nein ▼	Stichproben-Inventur
	Nein ▼	Permanente-Inventur
Bewertungsmethode:	Nein ▼	Gruppenbewertung
	Nein ▼	Festwertbildung
	Nein ▼	Durchschnittsbewertung
	Nein ▼	Verbrauchs- oder Veräußerungsfolgeverfahren
	Nein ▼	Lifo-Verfahren (Last in First out)
	Nein ▼	Fifo-Verfahren (First in First out) nur handelsrechtlich
	Nein ▼	Retrograde Wertermittlung

6.6.2.2 Forderungen aus LuL

Bei Forderungen aus Lieferungen und Leistungen ist immer zu prüfen, ob die Forderung im folgenden Jahr vom Kunden ausgeglichen wird oder ob Wertberichtigungen (zweifelhafte Forderungen) vorgenommen werden müssen. Auch die „kritischen“ Konten sind abzustimmen.

Die Pauschalwertberichtigung ist eigentlich bei jedem Mandanten mit offenen Forderungen zu bilden. Als Ausnahme gilt hier, wenn die Pauschalwertberichtigung zu gering ausfällt. Unter 150 € ist die Auswirkung zu gering.

Sollten Forderungsverluste vorhanden sein, so ist die Umsatzsteuer in diesem Zuge ebenfalls zu korrigieren. Hier ist darauf zu achten, welcher Steuersatz in der Forderung vorhanden ist. Ausnahme: IST-Versteuerung.

Bei diesem Arbeitsblatt sieht man die Höhe der Forderungen, deren Ausgleich zum Erstellungszeitraum sowie die Berechnung der Einzelwertberichtigung auf einen Blick.

Forderungen aus Lieferungen und Leistungen

für:

Mandant:	
Sachbearbeiter:	
Auftrag:	Jahresabschluss ohne Plausibilitätsbeurteilung

	Konto	Euro	Euro	
Forderungen lt. Opos	# 1400			
Forderungen LuL	# 1410			
Zweifelhafte Forderungen	# 1460			
		0,00	0,00	0,00

Gesamtsumme der Forderungen:	0,00 €
Summe der ausgeglichenen Forderungen:	0,00 €

Zum Zeitpunkt der Jahresabschlusserstellung sind 0 % der Forderungen ausgeglichen.

Einzelwertberichtigung:

Zweifelhafte Forderungen		# 1460	0,00 €					
Forderungen X		19 %	0,00 €	x	90 %	=	0,00 €
Forderungen Y		19 %	0,00 €	x	80 %	=	0,00 €
Forderungen Z		19 %	0,00 €	x	70 %	=	0,00 €
	0,00 €		0,00 €		# 0998		0,00 €

6.6.3 Aktive Rechnungsabgrenzungsposten (ARAP)

Für die Ermittlung der ARAP kann folgendes Schema verwendet werden. Hier erfolgt die Abgrenzung monatsweise und linear.

Ermittlung ARAP						
Mdt.						
Jahr	31.12.					
	Bezeichnung	Gesamtbetrag	für Anzahl	Monate	Abzugrenzen	Summe
			der Monate	Folgejahr		
4360	**Versicherungen**	- €				
			12		- €	
			12		- €	
			12		- €	
			12		- €	- €
4510	**Kfz-Steuern**	- €				
			12		- €	
			12		- €	
			12		- €	- €
4520	**Kfz-Versicherungen**	- €				
			12		- €	
			12		- €	
			12		- €	- €
					#980	**- €**

TKP-TIPP

Für die Abgrenzung von Leasingsonderzahlungen oder Disagio von Darlehen ist die Zinsstaffelmethode die genauere Abgrenzung.

TKP-TIPP II

Bei einer Gewinnermittlung nach 4/3 EStG ist kein ARAP zu bilden, da hier das Zu-/und Abflussprinzip gilt.

6.7 Passivseite

6.7.1 Rückstellungen

Bei der Bildung der Rückstellungen ist zu unterscheiden zwischen Steuerrückstellungen und sonstige Rückstellungen.

Die Steuerrückstellungen können nur die Posten der eingereichten Steuererklärung enthalten. Sind hier während der Abschlusserstellung noch Vorjahre offen, sollte geprüft werden warum die Veranlagung noch nicht durchgeführt ist. Gerade die Steuerverzinsung ab dem 31. 3. sollte unbedingt mit beachtet und auch den Mandanten mitgeteilt werden.

Sollte einer Betriebsprüfung stattgefunden haben, so ist auch hier eine entsprechende Steuerrückstellung zu bilden. Am besten wird hierfür ein eigenes Konto verwendet und mit „Steuer lt. BP“ bezeichnet.

6.7.1.1 Checkliste für die Vollständigkeit von Rückstellungen

Es folgt eine Checkliste zur Vollständigkeit von Rückstellungen, welche alle drei Jahre vom Sachbearbeiter geprüft werden muss. Diese Liste ist nicht abschließend.

	ja: * nein: - entfällt: n/a	Referenz	Begründung, weshalb nicht erforderlich
I. Pensionsrückstellungen und ähnliche Verpflichtungen:			
Direktzusagen	______	______	______
Fehlbetrag bei indirekten Zusagen	______	______	______
Waisengelder	______	______	______
Sonstige:	______	______	______
II. Steuerrückstellungen:			
Körperschaftsteuer	______	______	______
Gewerbeertragsteuer	______	______	______
Gewerbekapitalsteuer	______	______	______
Vermögensteuer	______	______	______
Grundsteuer	______	______	______
Umsatzsteuer	______	______	______
Sonstige Verbrauchsteuern	______	______	______
Zölle	______	______	______
Latente Steuern	______	______	______
Sonstige:	______	______	______

III. Sonstige Rückstellungen

1. Personalbereich

Abfindungen/Sozialplan-verpflichtungen	________	________	______________________
	ja: * nein: - entfällt: n/a	Referenz	Begründung, weshalb nicht erforderlich
Berufsgenossenschaftsbeiträge			
Jubiläumszahlungen/ Treuegelder	________	________	______________________
Resturlaubslohn und -gehalt	________	________	______________________
Resturlaubsgeld	________	________	______________________
Überstundenvergütung	________	________	______________________
Reisekosten	________	________	______________________
Schwerbeschädigtenabgabe	________	________	______________________
Tantiemen/Gratifikationen u. ä.	________	________	______________________
Weihnachtsgeld	________	________	______________________
13. Monatsgehalt	________	________	______________________
Vorruhestandsverpflichtungen	________	________	______________________
Verdienstsicherung für ältere Arbeitnehmer	________	________	______________________
Deputatverpflichtungen	________	________	______________________
Zuweisungen an Unterstüt-zungskassen	________	________	______________________
Abfindungen und Sonstige:	________	________	______________________

2. Vertriebsbereich

Provisionen/Honorare	________	________	______________________
Umsatzboni/Skonti/ Rabatte an Kunden	________	________	______________________
Gewährleistung/ Garantieverpflichtungen	________	________	______________________
Retouren	________	________	______________________
Gutschriften	________	________	______________________
Kulanzfälle	________	________	______________________
Lizenzgebühren	________	________	______________________
Schadenersatz	________	________	______________________
Werbekostenzuschüsse	________	________	______________________

	ja: * nein: - entfällt: n/a	Referenz	Begründung, weshalb nicht erforderlich
Drohverluste aus Lieferverträgen	______	______	______
Ausgleichsanspruch des Handelsvertreters (§ 89 HGB)	______	______	______
Sonstige:	______	______	______
3. Einkaufsbereich			
Wareneingang ohne Rechnung	______	______	______
Leistungseingang ohne Rechnung	______	______	______
Eingangsfrachten u. ä.	______	______	______
Lizenzgebühren	______	______	______
Drohverluste aus Einkaufsverträgen	______	______	______
Sonstige:	______	______	______
4. Übrige			
Ausstehende Rechnungen	______	______	______
Rechts- und Beratungskosten	______	______	______
Interne Jahresabschlusskosten	______	______	______
Prüfungskosten	______	______	______
Aufbewahrungsverpflichtung	______	______	______
Betriebliche Berufsausbildung	______	______	______
Unterlassene Instandhaltungsaufwendungen	______	______	______
Abbruchverpflichtungen	______	______	______
Renovierungsverpflichtungen	______	______	______
Umweltschäden	______	______	______
Altlastensanierung	______	______	______
Abraumbeseitigung	______	______	______
Bergschäden, Gruben- und Schachtversatz	______	______	______

	ja: * nein: - entfällt: n/a	Referenz	Begründung, weshalb nicht erforderlich
Rekultivierungs- und Dekontaminierungskosten	______	______	____________
Großreparaturen (§ 249 Abs. 2 HGB)	______	______	____________
Geschäftsverlegung			
Beiträge (IHK, u. ä.)	______	______	____________
Patent- und Markenzeichenverletzungen	______	______	____________
Prozesskosten und -risiken	______	______	____________
Haftungsrisiken			
(z. B. Wechselobligo, Bürgschaften)	______	______	____________
Versicherungsprämien	______	______	____________
Zinsen	______	______	____________
Leihemballagen	______	______	____________
Strom, Gas, Wasser, Heizung	______	______	____________
Telefon, Telefax, u. ä.	______	______	____________
Drohverluste aus Dauerschuldverhältnissen (z. B. Miete, Mietnebenkosten, Leasing)	______	______	____________
Bußgelder	______	______	____________
Abrechnungsverpflichtungen nach § 14 VOB/B	______	______	____________
Gewinnanteil stiller Gesellschafter	______	______	____________
Verlustabdeckung/Ausgleichszahlungen	______	______	____________
Bedingt rückzahlbare Zuschüsse	______	______	____________
Sonstige:	______	______	____________

6.7.1.2 Rückstellung Aufbewahrung – Vorlage

Zur Ermittlung der Rückstellung von Aufbewahrungskosten kann folgendes Schema verwendet werden.

Rückstellung für Aufbewahrungskosten

für:

Mandant:	
Sachbearbeiter:	
Auftrag:	**Jahresabschluss ohne Plausibilitätsbeurteilung**

Anteilige AfA und Unterhaltungskosten für den Nebenraum (jährlich)	
AFA für Einrichtungsgegenstände (jährlich)	
Kosten für die Soft- und Hardware für die Lesbarmachung der Daten	
Sonstiges	
jährlich anfallende rückstellungsfähige Kosten	0,00 €
Vervielfältiger 5,5	0,00 €
Kosten der Datensicherung	
Rückstellungsbetrag	**0,00 €**

6.7.2 Verbindlichkeiten

Unter anderem kann man aus diesem Arbeitsblatt die Kontokorrentkredite entnehmen, aber auch die langfristigen Darlehen in ihrer Gesamthöhe oder aufgeteilt nach Laufzeit.

Verbindlichkeiten gegenüber Kreditinstituten

für:

Mandant:	
Sachbearbeiter:	
Auftrag:	Jahresabschluss ohne Plausibilitätsbeurteilung

	Konto	Euro	Euro
Bank	# 1200		
Bank	# 1210		
		0,00	0,00

	Konto	Euro	Aufnahme Euro	Tilgung Euro	Zinsen Euro	Gebühr Euro	Euro
Darlehen	# 0630						0,00
Darlehen	# 0640						0,00
Darlehen	# 0650						0,00
							0,00
		0,00	0,00	0,00	0,00	0,00	0,00

	Konto	bis zu 1 Jahr Euro	zwischen 1 und 5 Jahren Euro	von mehr als 5 Jahren Euro	Gesamt Euro
Darlehen	# 0630				0,00
Darlehen	# 0640				0,00
Darlehen	# 0650				0,00
					0,00
		0,00	0,00	0,00	0,00

6.7.3 Gewinn- und Verlustrechnung

Nach Abstimmung der einzelnen Bilanzpositionen sind die Konten der GuV zusätzlich auf Abweichungen und Unstimmigkeiten zu kontrollieren. Dazu gehören auch die Abstimmungen vom Eigenverbrauch und ggf. Ermittlung der Kosten für die Ansetzung eines Arbeitszimmers, wenn die Voraussetzungen hierzu vorliegen.

Achtet bei den Pauschbeträgen für unentgeltliche Sachentnahmen immer darauf, wie viele Personen dem Haushalt zu gehören. Ist ein Unternehmer z. B. verheiratet, wird auch die Sachentnahme für zwei Personen angesetzt.

Sollte schon mal eine Betriebsprüfung stattgefunden haben, kann es sein, dass sich der Prüfer und der Unternehmer z. B. auf einen Wert des privaten Stromanteils oder der privaten Telefonnutzung geeinigt haben. Bei der Erstellung des neuen Abschlusses sollte dieses immer mit beachtet werden.

Wie Anfangs erwähnt, sind JA-Sachbearbeiter kein Freund von dem Spruch „Orientiere dich am Vorjahr" – außer wenn es um die GuV geht. Wenn sämtliche Abschlussarbeiten abgeschlossen sind, würde ich immer empfehlen, den Kontennachweis GuV mit Vorjahr nochmals zu kontrollieren, ob hier z. B. im Vorjahr Reparaturen auf einem anderen Konto gebucht waren oder Betriebsbedarf aufgeteilt war. Der Vorjahresausweis sollte schon stimmig sein.

6.8 E-Bilanz – Checkliste

Nach Planung und Erstellung des Jahresabschlusses fehlt nun noch die E-Bilanz. Wie ihr alle wisst, ist es seit dem Wirtschaftsjahr 2013 Pflicht, die Bilanz auf dem elektronischen Weg an das Finanzamt zu übermitteln. Unsere Checkliste für die E-Bilanz folgt nun als Leitfaden. Dieser enthält alle wichtigen Punkte, die vor der Versendung geprüft werden müssen.

1 Hintergrund

1	Gesetzliche Voraussetzung	Mit BMF-Schreiben v. 28. 11. 2011 ist die E-Bilanz amtlich. Jahresabschlüsse für ab dem Wirtschaftsjahr **2013** werden ausschließlich elektronisch vom Finanzamt angenommen.

2 Vorbereitung im Programm

2.1	Kontenrahmen SKR 03	Zunächst sollte geprüft werden, ob die korrekte Taxonomie durchgeführt wurde.
2.2	Änderung Stammdaten	Falls noch nicht im Abschlussteil geschehen ist eine Handels- und Steuerbilanz in unserem Programm wie folgt einzurichten: Mandanten öffnen und dann - Stammdaten - Mandantendaten - Jahresabschluss - Bereiche verwalten - Bereiche anlegen (Steuerbereich anlegen) - Stammdaten - Anlagenbuchführung - Steuerungsdaten handelsrechtlich - steuerliche Wertermittlung und „BilMoG Prüfungen durchführen" aktivieren – ok - Haken setzen bei „Das Mandat umfasst die Übermittlung der E-Bilanz"
2.3	Änderung Zuordnungstabelle	Im Steuerrecht empfehlt es sich die Zuordnungstabelle auf die E-Bilanz umzustellen, damit die Buchungen bereits in der E-Bilanz Taxonomie dargestellt werden. Kapitalgesellschaft S9003 Einzelunternehmen S9103 Personengesellschaft S9603 Personengesellschaft § 264 HGB S9503

3 Buchführung anpassen

3.1	Steuerrechtliche Buchungen	Sollte bisher noch keine Steuerbilanz erstellt sein, muss nach Umstellung des Bereichs „Steuerrecht" geprüft werden, ob ggf. noch steuerliche Umbuchungen vorgenommen werden müssen – unabhängig von der Taxonomie der E-Bilanz.
3.2	Anpassungsbuchungen E-Bilanz	Eventuelle Anpassungsbuchungen für die E-Bilanz sind in einem separaten Vorlauf anzulegen und entsprechend zu formulieren.

3.3	Prüfung E-Bilanz Sachverhalte	Unter Auswertungen | Finanzbuchführung | Buchführung abstimmen | Fibu Überwachung starten. Im Posten "Prüfung von E-Bilanz Sachverhalten" werden nun sämtliche Konten von unserem Programm automatisch geprüft und entsprechende Hinweise, Auffälligkeiten, Fehler Meldungen erstellt. Diese sind zu beachten und gegeben falls abzuarbeiten.
3.4	Anpassung Anlagenbuchführung	Sollten Konten im Anlagevermögen gebucht sein, die in der E-Bilanz in einen sog. Auffangposten landen, sind die Posten entsprechend Punkt 3.1 um zu gliedern.
3.5	Anpassung LODAS - Lohnaufwendungen	Durch die E-Bilanz müssen einzelne Lohnpositionen umgegliedert werden, damit sie nicht im Auffangposten landen. Die Taxonomie sieht Mussfelder für folgende Sachverhalte vor: - Löhne für Minijobs - Vergütungen an Gesellschafter-Geschäftsführer - Vergütung an angestellte Mitunternehmer § 15 EStG
3.6	Änderung Kontenzweck in Kanzlei Rewe	Sind individuelle Konten eingerichtet worden, ist zu überprüfen, ob der richtige Kontenzweck hinterlegt ist. Gegebenfalls muss dieser angepasst werden.

4 Erstellung einer E-Bilanz

4.1	Einverständniserklärung	Falls noch nicht geschehen, ist die Einverständniserklärung zur Erstellung einer E-Bilanz vom Mandanten einzuholen und digital abzulegen.
4.2	Vorläufe festschreiben	Bevor der E-Bilanz-Assistent gestartet wird, müssen sämtliche Vorläufe festgeschrieben und ins Rechenzentrum übertragen sein.

4.3	Vorgehensweise mit E-Bilanz Assistent	**Bitte beachten, dass die Vorgehensweise je nach Gesellschaftsform in einzelnen Punkten variieren kann.** 1. Öffnen Mandant im Bereich Steuerrecht 2. E-Bilanz-Assistent starten Übersicht Jahresabschluss | Abschließende Tätigkeiten | Abschlussdaten an Finanzamt senden 3. Datengrundlage auf Richtigkeit prüfen (Tipp: Übermittlung als Steuerbilanz – damit entfällt die Überleitungsrechnung Voraussetzung: Bereich Steuerrecht wurde genutzt) 4. Kontenzweck Zuordnung Individuelle Konten über Schaltfläche auf Kontenzweck prüfen und ggf. neu zuordnen Haken setzen „individuelle Sachverhalte wurden überprüft" 5. Teilnahmeerklärung Status „liegt vor" wählen Wichtig: Keine Übermittlung ohne Teilnahmeerklärung! 6. Stammdaten Ersteller **eigene** Nutzungsdaten hinterlegen (**keine** allgemeine Rufnummer/E-Mail) 7. Stammdaten prüfen 8. Berichtsinformation prüfen 9. Aufbereitung E-Bilanz eventuelle Hinweise zu Auffangposten prüfen und ggf. entsprechend zuordnen 10. Ergänzung E-Bilanz + Steuerliche Gewinnermittlung prüfen 11. Vorschau überprüfen Haken "Die Vorschau wurde inhaltlich überprüft" 12. Daten senden Hinweisnummer #EBI00013 mit „ja" bestätigen Bei erfolgreicher Übermittlung öffnet sich ein Fenster mit der Zuteilung einer Transferticketnummer. 13. E-Bilanz- Assistent beenden
4.4	Überprüfung Übermittlung	Unter Bestand | Daten holen | Übersicht Abschlussdaten Finanzamt lässt sich überprüfen, ob die E-Bilanz erfolgreich übermittelt wurde. Über die Schaltfläche „Vorschau anzeigen" können die übermittelten Daten eingesehen werden.

5 Bearbeitung im Programm abschließen

	AP Compact	Nach erfolgreicher Übermittlung der E-Bilanz ist die Bearbeitung im Programm abzuschließen über - Datei | Bearbeitung abschließen | Haken setzen bei - Dokumentstatuts "fertiggestellt" - Schreibschutz aktivieren - Dokument an Dokumentenmanagement weitergeben (falls noch nicht geschehen) - Dokument speichern und schließen

6 Fakturierung

	Fakturierung	Gemäß der Einverständniserklärung wird die Erstellung einer E-Bilanz gem. StBVVals Erstellung einer Steuerbilanz mit 5/10 Mindestgebühr abgerechnet werden. Sollte bei dem Mandanten eine Pauschalvergütung abgerechnet werden, ist diese entsprechend nach oben anzupassen. Basis ist wieder die StBVV i. H. der Mindestgebühr. Im Vorfeld ist dieses Vorgehen mit dem Mandanten zu besprechen.

TKP-TIPP

Für Wirtschaftsjahre die nach dem 1.1.2015 enden, müssen auch die Ergänzungsbilanzen und Sonderbilanzen elektronisch an das Finanzamt übermittelt werden. Eine Excel-Version reicht nicht mehr aus. Legt für jede Ergänzungs-/Sonderbilanz einen eigenen Datenbestand an. Dieses kann auch als anwendungsspezifischer Fall erfolgen. Die Übermittlung entspricht dem oben geschilderten Ablauf. Achtet nur darauf, dass ergänzend die Zuordnungstabelle für Ergänzungs-/Sonderbilanz ausgewählt wurde.

6.9 Veröffentlichung eines JA – Checkliste

1 Prüfung der gesetzlichen Grundlagen (SB)

Detailinformation		Gem. § 325 HGB ist eine Offenlegung für alle Kapitalgesellschaft durchzuführen. Die Offenlegung ist direkt nach Vorlage des Jahresabschlusses an die Gesellschafter durchzuführen und spätestens bis zum 31. 12. des auf den Abschlussstichtag folgenden Kalenderjahres. Das ab dem 28. 12. 2012 in Kraft getretene MicroBilG ist für alle Jahresabschlüsse, deren Abschlussstichtag nach dem 30. 12. 2012 liegt, zu berücksichtigen. Einzureichen ist bei Kleinstkapitalgesellschaften nur eine Minimalbilanz, welche nicht veröffentlicht, sondern nur hinterlegt werden muss. Bei allen größeren Kapitalgesellschaften sind grundsätzlich der Jahresabschluss (bei einer kleinen Kapitalgesellschaft nur die Bilanz und der Anhang, ohne GuV), der Lagebericht (ab einer mittelgroßen Kapitalgesellschaft), der Bericht des Aufsichtsrates, die nach §161 Aktiengesetz durchzuführenden Erklärungen, der Vorschlag über die Verwendung des Ergebnisses sowie der Beschluss über die Verwendung des Ergebnisses. Für genauere Details siehe unten bei den jeweiligen Kapitalgesellschaften. Bitte unbedingt vorab die jeweiligen Grenzen prüfen und die Vereinfachungen berücksichtigen. Außerdem beachten, dass die Vorgaben ebenfalls für Personengesellschaften ohne persönlich haftenden Gesellschafter gem. § 264a Abs. 1 HGB gelten. Auch müssen nach der Offenlegung durchgeführte Änderungen ebenfalls veröffentlicht/hinterlegt werden. Auf Informationen zur Offenlegung für Konzernabschlüsse und kapitalmarktorienteierte Kapitalgesellschaften wurde verzichtet.
1.1	Anwendung BilRUG	Auf Geschäftsjahre, die vor dem 1. 1. 2014 beginnen, müssen die alten Schwellenwerte angewendet werden. Bei Geschäftsjahren, die am 1. 1. 2014 (oder später) beginnen, können Sie wählen, an welchen Schwellenwerten Sie sich orientieren möchten. Bei der Wahl der neuen Schwellenwerte sind dann allerdings auch die weiteren in Art. 75 Abs. 2 EGHGB genannten Vorschriften des HGB in der geänderten Fassung anzuwenden. Auf Geschäftsjahre, die am 1. 1. 2016 (oder später) beginnen, müssen die neuen Schwellenwerte angewendet werden.

1.2	Kleinstkapitalgesellschaften	
1.2.1	Größenklasse §267a Abs. 1 HGB	Kleinstkapitalgesellschaften sind solche, die mindestens zwei der drei folgenden Merkmale an **zwei aufeinanderfolgenden Abschlussstichtagen** nicht überschreiten (für JA 2017: Geschäftsjahr 2017 und 2016) - 350.000 € Bilanzsumme, ggf. nach Abzug eines auf der Aktivseite ausgewiesenen Fehlbetrags (§ 268 Abs. 3 HGB) - 700.000 € Umsatzerlöse in den zwölf Monaten vor dem Abschlussstichtag - im Jahresdurchschnitt zehn Arbeitnehmer
1.2.2	Größenklasse § 267a Abs. 1 HGB BilRUG ab VZ 2016 Pflicht	Kleinstkapitalgesellschaften sind solche, die mindestens zwei der drei folgenden Merkmale an **zwei aufeinanderfolgenden Abschlussstichtagen** nicht überschreiten (Für JA 2016: Geschäftsjahr 2016 und 2015) - 350.000 € Bilanzsumme, ggf. nach Abzug eines auf der Aktivseite ausgewiesenen Fehlbetrags (§ 268 Abs. 3 HGB) - 700.000 € Umsatzerlöse in den zwölf Monaten vor dem Abschlussstichtag - im Jahresdurchschnitt zehn Arbeitnehmer.
1.2.3	Erleichterung für Kleinstkapitalgesellschaften	- Die Bilanz kann, lt. § 266 Abs. 1 Satz 4 HGB, auf die mit Buchstaben bezeichneten Positionen (siehe § 266 Abs. 2-3 HGB; z. B.: Anlagevermögen) verkürzt werden. - Die Gewinn- und Verlustrechnung kann, lt. § 275 Abs. 5 HGB, ebenfalls stark verkürzt (in max. acht Beträgen) dargestellt werden. - Auf die Erstellung eines Anhangs zur Bilanz kann, lt § 264 Abs. 1 Satz 5 HGB, gänzlich verzichtet werden, sofern einige zusätzliche Informationen (z. B.: Haftungsverhältnisse) unter der Bilanz ausgewiesen werden - Kleinstkapitalgesellschaften haben lt. § 326 Abs. 2 HGB ein Wahlrecht, ob sie ihrer Offenlegungspflicht durch, wie bisher, Veröffentlichung, oder durch Hinterlegung nachkommen. Hier immer die Hinterlegung wählen. Diese muss auch elektronisch übermittelt werden und zusätzlich muss gegenüber dem Bundesanzeiger erklärt werden (einfache Erklärung ist ausreichend), dass zwei der drei Größenmerkmale für Kleinstkapitalgesellschaften nicht überschritten werden.

1.2.4	Hinterlegung Finanzdienstleistungsinstitute/Genossenschaften ab VZ 2016	Finanzdienstleistungsinstitute – unabhängig von Ihrer Rechtsform – dürfen ab Geschäftsjahresbeginn 1. 1. 2016 die Erleichterung der Hinterlegung nicht mehr in Anspruch nehmen. Genossenschaften hingegen dürfen ab Geschäftsjahresbeginn 1. 1. 2016 die Erleichterung der Hinterlegung in Anspruch nehmen
1.3	Kleine Kapitalgesellschaften	
1.3.1	Größenklasse § 267 Abs. 1 HGB	Kleine Kapitalgesellschaften sind solche, die mindestens zwei der drei folgenden Merkmale nicht überschreiten: - 4.840.000 € Bilanzsumme nach Abzug eines auf der Aktivseite ausgewiesenen Fehlbetrags (§ 268 Abs. 3 HGB) - 9.680.000 € Umsatzerlöse in den zwölf Monaten vor dem Abschlussstichtag - im Jahresdurchschnitt 50 Arbeitnehmer.
1.3.2	Größenklasse § 267 Abs. 1 HGB BilRUG ab VZ 2016 Pflicht	Kleine Kapitalgesellschaften sind solche, die mindestens zwei der drei folgenden Merkmale nicht überschreiten: - 6.000.000 € Bilanzsumme nach Abzug eines auf der Aktivseite ausgewiesenen Fehlbetrags (§ 268 Abs. 3 HGB) - 12.000.000 € Umsatzerlöse in den zwölf Monaten vor dem Abschlussstichtag - im Jahresdurchschnitt 50 Arbeitnehmer.
1.3.3	Erleichterungen bei der Offenlegung	Gem. § 326 HGB sind für kleine Kapitalgesellschaften nur die **Bilanz** und der **Anhang** offenzulegen.
1.4	Mittelgroße Kapitalgesellschaften	
1.4.1	Größenklasse § 267 Abs. 2 HGB	Mittelgroße Kapitalgesellschaften sind solche, die mindestens zwei der drei Merkmale für kleine Kapitalgesellschaften überschreiten und mindestens zwei der drei folgenden Merkmale nicht überschreiten: - 19.250.000 € Bilanzsumme nach Abzug eines auf der Aktivseite ausgewiesenen Fehlbetrags (§ 268 Abs. 3 HGB) - 38.500.000 € Umsatzerlöse in den zwölf Monaten vor dem Abschlussstichtag - im Jahresdurchschnitt 250 Arbeitnehmer.

1.4.2	Größenklasse § 267 Abs. 2 HGB BilRUG ab VZ 2016 Pflicht	Mittelgroße Kapitalgesellschaften sind solche, die mindestens zwei der drei Merkmale für kleine Kapitalgesellschaften überschreiten und mindestens zwei der drei folgenden Merkmale nicht überschreiten: - 20.000.000 € Bilanzsumme nach Abzug eines auf der Aktivseite ausgewiesenen Fehlbetrags (§ 268 Abs. 3 HGB) - 40.000.000 € Umsatzerlöse in den zwölf Monaten vor dem Abschlussstichtag - im Jahresdurchschnitt 250 Arbeitnehmer.
1.4.3	Erleichterungen bei der Offenlegung	Gem. § 327 HGB ist für mittelgroße Kapitalgesellschaften Folgendes offenzulegen: - die **Bilanz** (§ 266 Abs. 1 Satz 3 HGB) - der **Anhang.**

2 Durchführung einer Offenlegung (SB)

2.1	Anforderung Auftragsbestätigung von Mdt.	Bevor mit der Offenlegung des Jahresabschlusses begonnen wird, muss zunächst eine Auftragsbestätigung vom Mandanten erfolgen. Ein Vordruck für die Auftragsbestätigung ist im Programm unter "Dokument/Briefe erstellen – Lasche JA/EÜR – Angebot Offenlegung" zu finden. Ohne eine Auftragsbestätigung darf keine Offenlegung erfolgen. Der Mitarbeiter hat den Rücklauf zu überwachen. Es ist im Kalender ein Termin zu vermerken, der vier Wochen nach der Zusendung des Angebots liegt, siehe Checklistenpunkt 2.2
2.2	Erinnerung Mdt. nach vier Wochen	Liegt nach 4 Wochen noch keine Reaktion des Mdt. in Form einer Auftragsbestätigung bzw. einer Absage vor. Ist der Mdt. vom Mitarbeiter noch einmal telefonisch über die Verpflichtung zu informieren. Eine eventuelle Absage des Mdt. ist zu dokumentieren (Gesprächsnotiz) und in DMS abzulegen.
2.3	Handelsregister	Grundlage der Offenlegung ist die Registernummer. Zur Vereinfachung der Suche bitte wie folgt vorgehen: - www.handelsregister.de - Links "Normale Suche" auswählen - In der Suchanfrage nur **Registergericht** und **Firma oder Schlagwörter** auswählen. - Button "Suchen" betätigen. Die entsprechende Registernummer (HRA ... oder HRB ...) ist zu notieren oder das Fenster bleibt im Hintergrund geöffnet. Je besser oder schlechter der genaue Firmenname in der Suchanfrage angegeben wird umso weniger Suchergebnisse gibt es. Beachte hierzu unbedingt den **genauen** Firmennamen.

2.4	Technische Durchführung im Programm (AP compact)	Die Offenlegung muss immer im Programm erfolgen. Beachte, dass alle Daten für den jeweiligen Abschluss an die DATEV gesendet sein müssen. Hierzu folgender Ablaufplan: - AP compact mit dem entsprechenden Mandanten und dem entsprechenden Bericht öffnen - In der oberen Leiste "Datei" auswählen - dann "Veröffentlichen" sowie "Offenlegung Bundesanzeiger" auswählen - Sollte hierzu irgendwann die Frage nach der Aktualisierung der Daten in AP compact kommen, dann **immer** mit JA bestätigen - In dem Fenster Offenlegung Bundesanzeiger wie bereits vorgegeben bei Jahresabschlussdaten und Anhang einen Haken setzen und mit OK bestätigen Dann öffnet sich der Assistent zur Offenlegung beim Bundesanzeiger. Hier bitte in den Registerkarten wie folgt vorgehen: - Informationen zum EHUG: Einfach den Button "Weiter >" betätigen - Falls Meldungen mit einem gelben ! erscheinen den Button OK betätigen - Teilnahmeerklärung: Einen Haken bei "Eine vom Mandanten unterschriebene Teilnahmeerklärung liegt vor" setzen und den Button "Weiter >" betätigen - Registergerichtsinformationen: Hier bitte die entsprechende "Register-Art" auswählen (HRA oder HRB), dann die aus dem Handelsregister entnommene "Register-Nr." eintragen sowie das "Bundesland" und den "Ort des Registergerichts". Dann mit dem Button "Prüfen" betätigen. Die Meldung #EH00021 mit OK bestätigen und abwarten... In diesem Moment werden über die DATEV die entsprechenden Stammdaten aus dem Handelsregister abgerufen. Wenn das Verarbeitungsprotokoll erscheint sind die Daten abgerufen. Dieses Verarbeitungsprotokoll mit OK bestätigen. Im Hintergrund ist außerdem die Meldung #EH00067 aufgegangen. Diese bitte ebenfalls mit OK bestätigen. In der Liste unter der Registerkarte ist nun eine Position erschienen. Hier bitte einfach einen Haken in das Feld vor aktuell einsetzen. Es wird sich nun ein Fenster "Automatische Übernahme der Registergerichtsinformationen" öffnen. Hier bitte einen Haken bei "Alle Daten übernehmen" einsetzen und das Fenster mit OK bestätigen. Dann den Button "Weiter >" betätigen.

		- Stammdaten des Unternehmens: Durch die Übernahme der Daten sollten hier die meisten Felder bereits gefüllt sein. Diese bitte unbedingt kontrollieren. Außerdem das Feld Größenklasse entsprechend der Prüfung zu Punkt 1 ausfüllen und bei Angaben zur Feststellung den Punkt Festgestellt am auswählen. Dann den Button "Weiter >“ betätigen. - Es erscheint die Meldung #EH00104. Diese bitte mit OK bestätigen. - Stammdaten des Erstellers: Unsere Kanzleidaten sind standardmäßig ausgefüllt. Diese bitte kontrollieren. Außerdem bitte die Felder zum Ansprechpartner ausfüllen. Unbedingt mit den eigenen Angaben (Telefonnummer sowie Mailadresse). Auf keinen Fall die allgemeine Mailadresse oder Telefonnummer angeben. Dann den Button "Weiter >“ betätigen. - Rechnungsdaten: Diese sind entsprechend der bereits eingetragenen Daten gefüllt. Bitte kontrollieren und dann den Button "Weiter >“ betätigen - Offenlegungsumfang: Diese Ansicht bitte unbedingt komplett prüfen. Hier wird der Anhang dargestellt wie er auch in die Offenlegung einfließt. Auf Seitenumbrüche ist nicht zu achten. Der Verbindlichkeitenspiegel kann hier nicht korrekt dargestellt werden. Diesen bitte aus der Ansicht löschen und dann den Button "Weiter >“ betätigen.
		- Fachliche Zuordnung: Diese wird durch die Zuordnungstabelle eigenständig gefüllt. Sollten Positionen nicht zugeordnet werden können, dann erscheint eine Hinweismeldung, dass eine Differenz vorliegt. Diese müssen unter dem Button "Bearbeiten“ und "Zuordnungen ändern“ selbst zugeordnet werden. Wenn alles in Ordnung ist, den Button "Weiter >“ betätigen. - Vorschau: In dieser Ansicht werden die Daten angezeigt, wie sie offengelegt werden. Diese bitte komplett prüfen und dann den Haken bei "Ich habe die Vorschau überprüft; sie ist in Form und Inhalt zur Veröffentlichung freigegeben“ setzen und den Button "Weiter >“ betätigen. - Datenübermittlung: Wenn alles Vorstehende geprüft und kontrolliert wurde, setzt den Punkt bei "Nein, der Jahresabschluss soll schnellstmöglich veröffentlicht werden“ und betätigt den Button "Daten senden“. - Die Meldung #EH00013 bitte mit OK bestätigen. - Die Meldung #EH00011 bitte mit OK bestätigen. - Die Meldung #EH00095 bitte mit OK bestätigen. - Den Assistenten zur Offenlegung beim Bundesanzeiger mit dem Button "Abbrechen“ schließen. - Die Meldung #EH00008 mit Ja bestätigen. - Wenn das Verarbeitungsprotokoll erscheint, ist die Offenlegung erfolgt und das Protokoll wird mit OK bestätigt. Die Offenlegung ist nun erledigt. AP compact kann wieder geschlossen werden.

2.4.1	Bearbeitung abschließen	Nach erfolgreicher Übermittlung der Offenlegung ist die Bearbeitung abzuschließen über Datei | Bearbeitung abschließen | Haken setzen bei - Dokumentstatuts "fertiggestellt" - Schreibschutz aktivieren - Dokument an Dokumentenmanagement weitergeben (falls noch nicht geschehen) - Dokument speichern und schließen
2.5	Rechnungserstellung	Nun bitte die Zeitverschreibung auf den jeweiligen Offenlegungsauftrag (Auftrag 353) durchführen und diesen Auftrag mit netto 100 € zzgl. 15 € Auslagenersatz (insgesamt netto 115 €) abrechnen. Hier gibt es nur Ausnahmen, wenn die Kanzleileitung etwas anderes als das Obenstehende mitteilt.
2.6	Evtl. Änderung Stammdaten	Sollte bei der Erstellung der Offenlegung festgestellt werden, dass der Firmenname im Handelsregister von dem bei dir geführten Mandantennamen abweicht, so muss dieser in den Stammdaten geändert werden.
2.7	Insight Erinnerungsmail	Sobald ein Jahresabschlussauftrag erledigt ist und zu diesem Mandanten ein Offenlegungsauftrag vorhanden ist, wird am darauffolgenden Tag eine automatische Mail des Programms Insight an den Auftragsverantwortlichen zur Erinnerung an die Offenlegung erfolgen.
2.8	Erinnerung Mdt. zum 1. 6. an die Verpflichtung	Soweit der Mandant nicht auf unser Anschreiben zum Angebot einer Offenlegung reagiert hat, bzw. eine Offenlegung durch uns nicht wünscht, erhält der Mandant am **1. 6.** ein letztes Anschreiben das ihn auf die Verpflichtung zur Offenlegung zum **30. 6.** hinweist.

3 Angabe Hinterlegung/Offenlegung

Detailinformation		Im Programm Haken entweder bei Hinterlegung oder Offenlegung setzen.
Ziel/Nutzen		Es ist für eine Vertretung sofort erkennbar, ob der SB eine Hinterlegung oder Offenlegung durchgeführt hat.
3.1	Hinterlegung erstellt	
3.2	Offenlegung erstellt	

TKP-TIPP

Im Dezember des Jahres sollte ein Kollege für die ganze Kanzlei ausgewählt werden, der prüft, ob auch sämtliche Offenlegungen/Hinterlegung beim Bundesanzeiger eingegangen sind. Dies erfolgt über eine Statusabfrage. Natürlich kann das auch jeder Sachbearbeiter selber prüfen, aber aus Zeitersparnisgründen hat sich die oben beschriebene Variante bewährt und das Ergebnis ist das gleiche.

IV. Steuererklärungen

Dein Chef kommt voller Euphorie zu dir und erzählt, dass er den Jahresabschluss der Firma des Mandanten W. Wichtig fertiggestellt hat – du möchtest doch bitte noch schnell die Steuererklärungen erstellen.

Oder – am Empfang steht ein neuer Mandant, A. Müllberger, er möchte seine Einkommensteuererklärungen der letzten zwei Jahre erstellen lassen, der Karton mit den Unterlagen sieht verheißungsvoll aus.

Manchmal fragst du dich, warum jeder einen Bogen um den Bereich der Steuererklärungen zu machen scheint.

Das waren auch meine Ausgangsbedingungen. Jetzt haben wir durch Spezialisierungen einen zufriedenen Mandantenstamm, der uns weiterempfiehlt. Wir haben angepasste Arbeitsabläufe, die aber auch ständig überprüft und ggf. optimiert werden.

1. Einkommensteuererklärung

1.1 Vorbereitungshandlungen

Ich habe manchmal den Fehler gemacht, dass ich Mandanten prüfungsreife Antworten auf ihre Fragen gegeben habe – die Reaktion war entsprechend: irritierte Blicke und der Wunsch, schnell an die frische Luft zu kommen.

Einige Mandanten haben sich monatelang mit einer bestimmten Frage beschäftigt, und sie möchten, dass du ihnen ganz praktisch hilfst.

Und wenn wir vom typischen Einkommensteuermandanten reden – dann seht ihr euch häufig nur ein- oder zweimal im Jahr.

Versuche, deinen Mandanten trotzdem jedes Mal ein bisschen besser kennenzulernen, nimm ihn ernst und höre ihm im Gespräch aufmerksam zu.

Vielleicht erzählt er dir nach zwei, drei Jahren, dass er nebenberuflich noch eine Weihnachtsbaumfarm hat.... Spätestens dann wird es für dich interessant!

Hat eure Kanzlei eine Webseite, auf die du stolz bist? Herzlichen Glückwunsch! Im Optimalfall hältst du dich regelmäßig auf dem Laufenden, was dort steht, denn der Erstkontakt eines Mandanten kommt oft durch die Suche im Internet zustande.

Mir ist leider schon Folgendes passiert: Ein Mandant erzählte mir, dass er unter den Steuer-News auf unserer Webseite gestern Abend ein interessantes Urteil in Bezug auf Arbeitszimmer gefunden hätte und ob das auch auf ihn zutreffen würde. Nun, ich hatte ehrlich gesagt, das letzte Mal vor einer gefühlten Ewigkeit dort reingeguckt. Das hinterlässt bei den Mandanten leider häufig einen schlechten Eindruck.

TKP-TIPP

Mache es dir zu einer Gewohnheit, mindestens die aktuellen Steuer-News Eurer Webseite zu kennen.

Wenn eure Webseite das nicht hergibt, solltest du Eigeninitiative zeigen. Bestimmt findest du in passenden Fachdatenbanken die nötigen Informationen um auf dem aktuellen Stand zu bleiben.

Natürlich kannst du nicht alles wissen und wenn dich ein Mandant mit einer etwas abseitigen Frage erwischt, dann sei auch ehrlich. Wenn du ihm sagst, dass du nochmal nachschauen musst, wird er sicherlich Verständnis zeigen.

1.2 Praxishilfen

1.2.1 Die Bearbeitung der Steuererklärung

Zur Qualitätskontrolle nutzen wir kanzleiinterne Checklisten, die ständig weiterentwickelt werden.

Aufgrund der Komplexität der Materie nimmt die Checkliste für die Einkommensteuererklärung eine besonders wichtige Funktion ein.

Wenn du diese Listen während der Bearbeitung abarbeitest, dann dokumentierst du

a) an welcher Stelle der Bearbeitung du dich befindest,

b) deine systematische Bearbeitung und

c) deine Bemühungen, den Qualitätsstandard der Kanzlei zu erhöhen.

Am Anfang mag dir das etwas umständlich vorkommen, aber es ist wie ein Trampelpfad, der zu einem festen Weg wird. So merkst du auch, wann du bestimmte Prozesse anpassen musst, weil sie nicht mehr zeitgemäß sind oder etwas anders besser funktioniert.

1.2.2 Checkliste zur Einkommensteuererklärung

1 Anforderung der Einkommensteuer-Unterlagen

Detailinformation		Fünf Wochen vor der geplanten Erstellung, welche unter Aufgaben zu hinterlegen ist, ist der Mandant zwecks Anforderung der Unterlagen anzuschreiben. Die Anforderung selbst ist dann ebenfalls eine Woche vor Ablauf auf Wiedervorlage zu legen und der Mandant ist dann ggf. zu erinnern.
1.1	Zusendung Pendelordner ESt	Dem Mandanten ist bei der Anforderung der ESt-Unterlagen der Pendelordner zu übermitteln. Dieser ermöglicht dem Mandanten sämtliche Unterlagen geordnet einzureichen und ggf. weitere Unterlagen mit einzureichen, die sonst vergessen würden. Die ESt-Unterlagen werden somit geordnet eingereicht und erleichtern die Abarbeitung.

1.2	Vollmacht zur Vollmachtsdatenbank	Seit 1. 8. 2016 muss die **Vollmacht zur Vertretung in Steuersachen** für neu einzuholende Vollmachten, die elektronisch über die Vollmachtsdatenbank übermittelt werden sollen, verbindlich verwendet werden. Vollmachten, die bereits nach den amtlichen Mustern der BMF-Schreiben v. 3. 11. 2014 und 10. 10. 2013 eingeholt wurden, behalten ihre Gültigkeit und berechtigen weiterhin zum Datenabruf der vorausgefüllten Steuererklärung. Neu hinzugekommen ist ein gesondertes Beiblatt, auf dem die StNr. erfasst ist und das vom Mandanten unterschrieben werden muss. Die Gültigkeit gegenüber der Finanzverwaltung bezieht sich auf die in der neu übermittelten Vollmacht genannten Steuernummern. Wenn sich später die Steuernummern ändern, ohne dass dies Auswirkung auf den Inhalt der Vollmacht hat, ist die Einholung eines neuen Beiblatts nicht notwendig. Das jeweils aktuelle Vollmachtsformular stellt das Bundesfinanzministerium auf seinem Formularserver www.formulare-bfinv.de zur Verfügung.

2 Checkliste ESt

Detailinformation		Die Mandantencheckliste wird dem Mandanten mit der Bitte übersandt, sie in Bezug auf neue oder uns noch nicht bekannte Sachverhalte durchzugehen. Der Umfang der Checkliste ist aus haftungsrechtlichen Gründen vorgegeben. Nebenbei wird dem Mandanten die Komplexität der ganzen Materie bewusst.
2.1	Amtliches Einkommensteuerhandbuch	Verknüpfung der Rechtsgrundlagen zum Nachschlagen: www.bmf-esth.de/esth/2016/home.de
2.2	Übersicht Freibeträge, Freigrenzen, Pausch- und Höchstbeträge	In einer tabellarischen Übersicht des BMF sind die wichtigsten ab 1. 1. des laufenden Jahres geltenden Zahlen zur Lohnsteuer zusammengestellt.
2.3	Beschränkte Steuerpflicht	Prüfung der Voraussetzungen der unbeschränkten Steuerpflicht sowie Pauschalabzug bei Aufsichtsräten, Künstlern, Musikern etc., ggf. Anwendung des Progressionsvorbehalts § 32b EStG
2.4	Steuerfreie Einnahmen	§ 3 EStG Übersicht
2.5	Mandantenbesonderheit	Folgende Punkte sind beim Mandanten individuell zu hinterlegen: - interne Rechnungslegung - letzter SB-Wechsel - allgemeine Besonderheiten (kein Vorsteuerabzug etc.) - was die Zusammenarbeit mit dem Mandanten erleichtert

3 Vorausgefüllte Steuererklärung (VaSt)

Ziel/Nutzen		Ab dem 28. 2. des Folgejahrs stellt die Finanzverwaltung folgende Daten zum Abruf bereit: - Beträge der Lohnsteuerbescheinigung (übermittelt vom Arbeitgeber, § 41b EStG) - Beiträge zu Kranken- und Pflegeversicherungen (übermittelt vom Versicherungsträger, § 10 Abs. 2a EStG) - Beiträge zu privaten Rürup-Rentenversicherungen (übermittelt vom Anbieter der Rentenversicherung, §§ 10 Abs. 2a EStG) - Altersvorsorgebeiträge zur Riester-Rente (übermittelt vom Anbieter der Versicherung, § 10a Abs. 5 EStG) - Daten der Rentenbezugsmitteilung (übermittelt von den Rentenversicherungsträgern, § 22a EStG) - Angaben zu Lohnersatzleistungen **Eine Abfrage der VaSt ist zurzeit für Steuerpflichtige, bei denen keine Inlandsadresse existiert, nicht möglich.**
3.1	Datenabruf VaSt im Programm	Im Programm können unter Programm Einkommensteuer | Mandant | Daten holen | E-Steuerdaten (VaSt) abfragen | die Daten abgerufen werden. Es wird ein Dialogfenster mit den übermittelten Daten der Finanzverwaltung geöffnet. Diese können über die Schaltfläche “übernehmen“ in die Erfassungsformulare übernommen werden. **Wichtig:** Vor dem Abruf müssen alle ggf. geöffnete Erfassungsformulare geschlossen werden. Eine Übersicht der abgerufenen Daten wird im Programm **Steuerkonto Online** unter **Abfrageergebnisse** des einzelnen Mandanten in der Spalte **VaSt** angezeigt. **Voraussetzung:** Eine Vertretungsvollmacht des Steuerpflichtigen liegt vor und die Registrierung in der Vollmachtsdatenbank ist erfolgt.
3.2	Abgerufene Daten auf Plausibilität prüfen	Fehlerhafte Übertragungen sind nicht auszuschließen. Die elektronisch von Dritten übermittelten Daten werden ohne weitere Prüfung durch das Finanzamt übernommen.

4 Einkünfte n. Einkunftsarten ermitteln

Ziel/Nutzen	Die Ermittlung der Einkünfte auf der Grundlage der sieben Einkunftsarten bildet die Kernstruktur der Einkommensteuererklärung. (§§ 4 bis 9 und 13 bis 23 EStG?

4.1	Ermittlung der Einkünfte	Um in der Erklärungsbearbeitung systematisch vorzugehen, bietet sich eine Arbeitsweise an, die sich an der Ermittlung der Einkünfte in der Reihenfolge der Einkunftsarten orientiert. Es sind auf der Grundlage der Aufzeichnungen und Belege entsprechende Übersichten der Betriebseinnahmen/Einnahmen/Betriebsausgaben/Werbungskosten zu erstellen. Dabei sollten standardisierte Arbeitshilfen verwendet werden.
4.1.1	Einkünfte aus Land- und Forstwirtschaft	Einkünfte Land- und Forstwirtschaft (nur in Ausnahmefällen)
4.1.2	Einkünfte aus Gewerbebetrieb	Übernahme der Daten aus JA/EÜR
4.1.3	Einkünfte aus selbständiger Arbeit	Übernahme der Daten aus JA/EÜR
4.1.4	Investitionsabzugsbeträge nach § 7g EStG	Nachweis der Investitionsabsicht vorsorglich aufbewahren. Funktionsbenennung seit 2016 nicht mehr notwendig. **Beachte**: Es muss sich um abnutzbare, bewegliche WG des Anlagevermögens handeln (auch gebrauchte WG sind zulässig). Die WG müssen ausschließlich oder fast ausschließlich betrieblich genutzt werden.
4.1.4.1	Aufstockung auf 40 % der Anschaffung- und Herstellungskosten	Eine Aufstockung auch in Folgejahren ist zulässig.
4.1.4.2	Auflösung des Investitionsabzugsbetrags	Informationen des JA-SB auswerten. Bei Auflösung ohne Anschaffung Verzinsung beachten (BMF, Schreiben v. 15. 8. 2014).
4.1.5	Einkünfte aus nichtselbständiger Arbeit	Ermittlung der Einkünfte
4.1.6	Einkünfte aus Kapitalvermögen (Abgeltungsteuer)	**Hinweis:** Seit 2015 automatisiertes Verfahren zum Kirchensteuereinbehalt (§ 51a Abs. 2c EStG, § 52a Abs. 18 Satz 2 EStG) Prüfung der einbehaltenen Abgeltungsteuer, Prüfung der Freistellungsaufträge
4.2	Einkünfte aus Vermietung und Verpachtung	Prüfen Einkunftserzielungsabsicht/Gemischt genutzte Nutzung/Drittaufwand. Beim Verkauf von Vermietungsobjekten ist zu beachten: Sollte der Verkaufserlös niedriger sein, als die Restschuld für ein evtl. aufgenommenes Darlehen, so kann man hier, unter gewissen Umständen, auch in den Folgejahren die nachträglichen Schuldzinsen absetzen.

4.2.1	Vermietung und Verpachtung von Ferienwohnungen	Es ist zu prüfen, ob die **Vermietung von Ferienwohnungen** vom Finanzamt als **gewerblich** klassifiziert und demnach als Einkünfte aus Gewerbebetrieb deklariert werden könnten. Wir müssen den Mandanten unter Umständen auf die Gefahr hinweisen. (Gewerbesteuerpflicht, Umsatzsteuerpflicht) Folgende Punkte sind zu prüfen: 1. Ist die Wohnung für die Führung eines Haushalts **vollständig eingerichtet**? 2. Liegt die Wohnung in einem **reinen Feriengebiet** in einem Verband mit einer Vielzahl von gleichartig genutzten Wohnungen, die eine einheitliche Wohnanlage bilden? 3. Wird die **Werbung** und **Verwaltung** von einer für die einheitlichen Wohnanlagen bestehenden Feriendienstorganisation durchgeführt? (Ausschließlich laufend wechselnde Mieter) 4. Wird die Wohnung **jederzeit** für Vermietung **bereitgehalten**? Es muss nach Art der Rezeption eines Hotels jederzeit jemand verfügbar sein, der mit den Feriengästen Mietverträge abschließt und abwickelt und der zudem dafür sorgt, dass die Ausstattung in einem Erhaltungs- und Reinigungszustand ist und bleibt, der die sofortige Weitervermietung zulässt. Sollten nicht alle Voraussetzungen vorliegen, ist eine Gewerblichkeit dennoch anzunehmen, wenn eine **hotelmäßige Nutzung** vorliegt; dies gilt auch, wenn die Vermietung nach Art einer **Fremdenpension** erfolgt. Die Vermietung möblierter Zimmer ist **keine** gewerbliche Tätigkeit! Sollte eine Gewerblichkeit vorliegen, ist dementsprechend zu prüfen, ob ein neuer Auftrag zur Erstellung eines Jahresabschlusses angelegt werden muss.
4.3	Sonstige Einkünfte (Renten etc.)	Renten/Wiederkehrende Bezüge/ Unterhaltszahlungen/Abgeordnetenbezüge/Private Veräußerungsgeschäfte
4.4	Nachweise im Rahmen der Steuererklärungen	Die Arbeitspapiere sind so aufzubereiten, dass sie zugleich als Nachweise im Rahmen der Steuererklärungen dem Finanzamt zugeleitet werden können **(z. B. mit individuellen Anlagen).**

5 Sonderausgaben/außergew. Belastungen ermitteln

Ziel/Nutzen	Sonderausgaben und außergewöhnliche Belastungen sind Kosten der privaten Lebensführung, die auf Grund steuerlicher Sondervorschriften vom Gesamtbetrag der Einkünfte abgezogen werden können. (§§ 10 bis 10c, 33 bis 33c EStG)

5.1	Ermittlung Sonderausgaben/außergewöhnliche Belastungen	Für die Ermittlung der Sonderausgaben (§§ 10 ff. EStG) und der außergewöhnlichen Belastungen (§§ 33 ff. EStG) sind entsprechende Übersichten zu erstellen.

5.1.1	Unterhaltszahlungen/ Begrenztes Realsplitting	Zustimmungspflichtige Abziehbarkeit von Unterhaltszahlungen.
5.1.2	Renten/dauernde Lasten	Abziehbarkeit von Versorgungsleistungen an Dritte (Korrespondenzprinzip), Versteuerung als sonstige Einkünfte
5.1.3	Vorsorgeaufwendungen	Vorsorgeaufwendungen/Altersvorsorge, Prüfung Höchstbetrag
5.1.4	Kirchensteuer	Inklusive abgestimmter Nachzahlungen/Erstattungen
5.1.5	Schulgeld	Zahlung der Eltern für ihre Kinder
5.1.6	Berufsausbildung/Erststudium	Aufwendungen für ein Erststudium als Sonderausgaben
5.1.7	Spenden	Abzugsfähigkeit von Spenden
5.1.8	Haushaltsnahe Beschäftigungsverhältnisse, Dienst-/ Handwerkerleistungen (§ 35a EStG)	Bescheinigungen/Rechnungen/Kontoauszüge unterliegen der Belegvorhaltepflicht.
5.1.9	Sonderausgaben Pauschbetrag	Sofern tatsächlicher Aufwand nicht höher ist, Ansatz der Pauschale von 36 €/72 € (Zusammenveranlagung).
5.1.10	Zumutbare Belastung	§ 33 Abs. 3 EStG
5.1.11	Zumutbare Belastung - Anwendung des mehrstufigen Berechnungsverfahrens	§ 33 Abs. 3 EStG: neues mehrstufiges Berechnungsverfahren gem. BFH, Urteil v. 19. 1. 2017 - VI R 75/14 (in allen offenen Fällen anzuwenden)
5.1.12	Außergewöhnliche Belastungen/ Pauschbeträge für Behinderte/Hinterbliebene/Pflegepersonen	§ 33b EStG
5.1.13	Drittaufwand	Drittaufwand führt grundsätzlich weder zu Sonderausgaben noch zu außergewöhnlichen Belastungen: Ausnahmen: - Ehegatten (bei größeren Summen droht Schenkungsteuer) - Beiträge zu Basis-KV oder Pflegeversicherung - haushaltsnahe Beschäftigungsverhältnisse und Dienstleistungen
5.2	Anlage zu Steuererklärungen	Die Arbeitspapiere sind so aufzubereiten, dass sie zugleich als Nachweise im Rahmen der Steuererklärungen dem Finanzamt zugeleitet werden können.

6 Kinderermäßigungen beachten

Ziel/Nutzen		Die vielfältigen kinderbedingten Ermäßigungen haben für die steuerliche Entlastung erhebliche Bedeutung. (§§ 32, 33a EStG)
6.1	Beachtung Kinderermäßigungen	Die für die Geltendmachung von Kinderfreibeträgen (Kindergeld) erforderlichen personen- und sachbezogenen Daten sind zu ermitteln und für die Steuererklärung aufzubereiten **(s. a. §§ 31, 32, 33a, 33c EStG).**
6.2	Ausbildungsverhältnisse prüfen	In diesem Zusammenhang ist insbesondere auf Kinder zu achten, die sich in der Berufsausbildung befinden.

7 Verlustrücktrag/-vortrag prüfen

Ziel/Nutzen		Im Falle eines negativen Gesamtbetrags der Einkünfte ist der optimale Verlustrücktrag unter Berücksichtigung des Vorjahreseinkommens zu ermitteln. Der nach Verlustrücktrag verbleibende Verlust ist in die Folgejahre vorzutragen. (§ 10d EStG)
7.1	Prüfung Verlustrücktrag/-vortrag	Bei der Ermittlung des zu versteuernden Einkommens sind die Regelungen über den Verlustrücktrag/-vortrag zu beachten (s. a. § 10d EStG). Es ist zu prüfen, ob ein Antrag auf Begrenzung des Verlustrücktrags sinnvoll ist (Steuerprogression).

8 Steuerbefreiungen/-ermäßigungen prüfen

Ziel/Nutzen		Steuerbefreiungen und -ermäßigungen mindern die Bemessungsgrundlage für die Einkommensteuer. (§§ 3, 24, 34 bis 35 EStG)
8.1	Prüfung von Steuerermäßigungen	Die Voraussetzungen und die Anwendung von Steuerbefreiungen/-ermäßigungen sind zu prüfen. Hierzu gehören z. B.: § 3 EStG, § 34 EStG, § 35a EStG Bei haushaltsnahen Dienstleistungen beachten, auch die begünstigten Aufwendungen mit anzusetzen, die auf öffentlichem Grund ausgeführt werden, solange sie dem „Haushalt" des Steuerpflichtgen dienen (z. B. Straßenreinigung, oder Schneeräumung; BFH VI R 55/12).

9 Veranlagungsform prüfen

Ziel/Nutzen	Je nach persönlicher Situation kann auch bei Ehegatten die Wahl der getrennten Veranlagung günstig sein. Außerdem kann sich die besondere Veranlagung für das Jahr der Eheschließung als günstiger erweisen, wenn einer der Ehepartner bereits Kinder hat. (§§ 26 bis 26c EStG)

9.1	Prüfung Veranlagungsform	Die Veranlagungsformen nach den §§ 25 ff. EStG sind auf ihre Anwendungsvoraussetzungen und -unterschiede zu prüfen.

10 Bearbeitungshinweise abarbeiten

Detailinformation	Die Bearbeitungshinweise im Programmsind vollständig abzuarbeiten (ankreuzen) und ggf. mit entsprechenden Bemerkungen zu versehen.

11 Berechnungslisten ausdrucken und prüfen

Ziel/Nutzen	Die Prüfung der Berechnungslisten auf ihre Plausibilität ist geeignet, die Fehlerrisiken zu vermindern.

11.1	Ausdruck Berechnungslisten	Nach abschließender Ermittlung der steuerlichen Bemessungsgrundlagen sind die Berechnungslisten auszudrucken.
11.2	Überprüfung der Berechnungsergebnisse	Die Berechnungsergebnisse sind vom Sachbearbeiter auf Übereinstimmung mit den ermittelten Berechnungsgrundlagen und auf Plausibilität zu prüfen.
11.3	Überprüfung Steuerberechnung mit Steuervorausberechnung	Nach Fertigstellung der Steuererklärungen wird die berechnete Steuernachzahlung/-erstattung mit der mitgeteilten Steuerberechnung im Fibu-Auswertungsbrief September/Dezember überprüft. (nur bei Mandanten, bei denen wir auch die Fibu erstellen) Evtl. Differenzen werden entsprechend geprüft und dem Mandanten im Anschreiben der Zusendung der Steuererklärung erläutert. „Mit dem Auswertungsbrief aus dem September 20xx vom TT. MM. JJJJ wurde Ihnen eine voraussichtliche Steuerberechnung i. H. von XXX,XX € mitgeteilt. Wie Sie der o. a. Steuermitteilung entnehmen können, entspricht dieses der berechneten Steuer in der Steuererklärung. Alternativ: Die Differenz zu der berechneten Steuer in der Steuererklärung ergibt sich aus folgenden Sachverhalten: .....“
11.4	Beachtung Zinslauf § 233a AO bei Nachzahlungen	Sofern sich eine Steuernachzahlung ergibt, ist der 15 monatige Zinslauf des § 233a AO zu beachten. Die Festsetzung von Zinsen entfällt, wenn der Mandant rechtzeitig (vor Beginn des Zinslaufes) den berechneten Betrag als A-Konto Zahlung an das Finanzamt überweist oder die festgesetzten Vorauszahlungen für das Veranlagungsjahr nachträglich per Antrag angepasst werden. Der Zinslauf ist zu beachten und der Mandant ist darauf hinzuweisen, die KL ist zu informieren.

12 Vorlage Steuererklärung zur Kontrolle durch Berufsträger/Checkliste ESt abarbeiten

Detailinformation	Vorlage der Erklärung an die Kanzleileitung mit Berechnungsliste und Belegen, Abarbeitung der Checkliste, Ablage der Checkliste (digital).

13 Programmverbindung zu Bescheidabgleich

Detailinformation	Bescheidabgleich durchführen (über Mandant – Programmverbindungen – Bescheidabgleich).
Ziel/Nutzen	Übersicht über mögliche Abweichungen des Bescheids zur Steuererklärung sind ggf. im Programm ersichtlich.

14 ggf. Rücksprache mit Mandant halten

Ziel/Nutzen	Vor endgültiger Fertigstellung der Steuererklärungen ist der Mandant über die vorauss. Ergebnisse zu informieren.

14.1	Rücksprache mit Mandanten bei Fällen von wesentlicher Bedeutung	Über das Ergebnis der Steuerberechnungen ist der Mandant in Fällen von **wesentlicher** Bedeutung vor endgültiger Fertigstellung zu unterrichten. Dies dient der frühzeitigen Einstellung auf eine ggf. zu leistende Steuerzahlung bzw. Einplanung einer ggf. zu erwartenden Steuererstattung und schafft darüber hinaus ein vertrauensvolleres Klima zwischen dem Steuerberater und dem Mandanten. Wesentlich heißt, eine relativ hohe Abweichung zu Vorjahren, neue Sachverhalte, einmalige, unübliche und außergewöhnliche Ereignisse.

15 Steuervorausschau erstellen und aktuelle Vorauszahlung prüfen

Ziel/Nutzen	Der Mandant ist über die endgültigen Steuerzahlungen zu informieren. Darüber hinaus sind seine aktuellen Vorauszahlungen auf der Basis der Steuererklärungen und des Verlaufs des Folgejahrs zu überprüfen.

15.1	Prüfung der künftigen Steuer/Vorauszahlungen	Im Zusammenhang mit der Erstellung der ESt-Erklärungen für das Vorjahr ist ggf. auf der Grundlage der vorauss. Ergebnisse des lfd. Jahres eine Steuerberechnung vorzunehmen und diese mit dem Mandanten zu besprechen.
15.2	Antrag auf Herabsetzung der Vorauszahlungen prüfen	Die auf das vorauss. Ergebnis des lfd. Jahres entfallende ESt ist ggf. mit den bis dahin festgesetzten Vorauszahlungen abzugleichen. Ggf. ist ein entsprechend begründeter und mit Nachweisen unterlegter Antrag auf Herabsetzung bei der zuständigen Finanzbehörde zu stellen. Im Falle einer zu erwartenden Steuernachzahlung ist der Mandant hiervon in Kenntnis zu setzen.

15.3	Technische Stundung	Prüfen, ob im Fall einer Einkommensteuererstattung ein Antrag auf technische Stundung/Verrechnungsantrag mit Steuerverbindlichkeiten gestellt werden kann

16 Ergebnisse erläutern und Steuererklärung übergeben

Ziel/Nutzen	Die Inhalte der Steuererklärungen sind dem Mandanten im Rahmen der Übergabe zu erläutern.

16.1	Erläuterung des Ergebnisses	In jedem Falle ist dem Mandanten im Anschreiben das Ergebnis der Steuerberechnung – unabhängig von Übergabeart und -ort – und der sich hieraus ableitenden Nachzahlung/Erstattung darzustellen und zu erläutern.
16.2	Auswirkungen Vorsorgeaufwendungen	Prüfen, welche Altersvorsorgeaufwendungen/zusätzliche Vorsorgeaufwendungen der Mandant noch leisten muss, um den vollen Höchstbetrag auszuschöpfen. Hierauf ist der Mandant im Anschreiben hinzuweisen.
16.3	Steuererklärungen übergeben	Anschließend sind die Steuererklärungen (Originale und Kopien) zu übergeben (übersenden).
16.4	Übergabe Original-StErklärungen/WV	Bei der Übergabe der Original-Steuererklärungen ist ggf. zu differenzieren: Original an Mandanten und Weiterleitung durch diesen an das Finanzamt, Übersendung des vom Mandanten unterzeichneten Originals durch die Kanzlei an das Finanzamt, im Regelfall gilt die Übersendung durch die Kanzlei. Die Abgabe sowohl an den Mandanten als auch an das Finanzamt ist in den Aufgaben zu terminieren und nach vier Wochen nachzufragen.

17 Datenübertragung vornehmen

Detailinformation	Pflicht bei Einkünften aus Gewerbebetrieb/selbständige Arbeit
Ziel/Nutzen	Erst nach Fertigstellung und Unterschrift kann die Datenübertragung ins Rechenzentrum zur Bereitstellung für die elektronische Übermittlung an die Finanzverwaltung oder auch nur zur Datensicherung erfolgen.

17.1	Datenübertragung veranlassen	Für den Fall der elektronischen Steuererklärungen sind die Datenüberträge zu veranlassen. Vorgeschrieben ist die elektronische Übermittlung für alle Steuerpflichtigen mit Gewinneinkünften inkl. EÜR (L+F, Gewerbe, Selbständige).

18 Ablage der Steuererklärung

Detailinformation	Ausgeben der vollständigen Berechnungslisten, Beratung, Formulare, Elektronische Steuererklärung, Individuelle Anlagen

19 Beratungshinweise an Mandanten senden

Ziel/Nutzen	Die Durchführung der Steuererklärungsarbeiten bietet einen wirkungsvollen Ansatz für Beratungshinweise und zukünftige Verhaltensweisen.

20 Rechnung vorbereiten, erstellen und versenden

20.1	Rechnungserstellung	Die Gebührenrechnung ist als Entwurf vorzubereiten und dem Entscheidungsträger zur Freigabe zuzuleiten.
20.2	Rechnungserstellung erfolgt inkl. der Gebühren für die Bescheidprüfung	In allen Rechnungen sind die Gebühren für die zukünftige Prüfung der Bescheide zu den erstellten Steuererklärungen enthalten.

21 Unterlagen dem Mandanten zur Verfügung stellen

Ziel/Nutzen	Sofern nichts individuelles vereinbart wurde ist dem Mandanten folgendes zukommen zu lassen: - Anschreiben unter "Brief-Vorlagen" im ESt-Programm - Steuererklärung im Duplikat (für den Mandanten) - Freigabeerklärung des Mandanten (insbesondere bei Neumandanten) bzw. Dokumentation durch eigene Aufzeichnungen (§ 87d Abs. 3 Satz 1 AO) - nicht mehr benötigte Unterlagen.

1.3 Aktive Planung

Was ist eine aktive Planung?

In eurer Kanzleiverwaltung hast du viele wertvolle Informationen. Nutzt du diese Informationen, um dir die Arbeit leichter zu machen?

Drei Punkte könnten dir dabei helfen:

1. Welche Einkommensteuermandate gibt es?

2. Plane so früh wie möglich die Bearbeitung für das ganze Jahr.

3. Schreibe die Mandanten an und erinnere sie an die rechtzeitige Einreichung aller steuerlich relevanten Unterlagen.

TKP-TIPP

Wenn die Erstellung der Einkommensteuererklärung von der Fertigstellung des Jahresabschlusses abhängig ist, stimme dich mit dem zuständigen Jahresabschluss-Sachbearbeiter ab.

In vielen Kanzleien sind Einkommensteuermandate eher ein Nebengeschäft, man nimmt das einfach mit. Es wird passiv auf den Mandanten gewartet und der Mandant fühlt sich als Privatmensch in einer „Business-Kanzlei" möglicherweise nicht wirklich willkommen.

Es spricht sich aber schnell herum, wenn eine Kanzlei Spezialisierungen hat – z. B.: wenn es eine Abteilung oder zumindest Mitarbeiter gibt, die für Einkommensteuererklärungen zuständig sind und wenn sich Mandanten ernst genommen fühlen.

Plane daher die Bearbeitung für das ganze Jahr und schreibe dem Mandanten einen Brief:

„Die Erstellung Ihrer Einkommensteuererklärung 20XX ist bis zum TT.MM.JJJJ geplant, bitte reichen Sie Ihre Unterlagen spätestens zum TT.MM.JJJJ ein. Damit wir Ihnen das Zusammenstellen der Unterlagen etwas vereinfachen können, erhalten Sie eine umfassende Checkliste zu Ihrer Orientierung. Gerne beantworte ich Ihre Fragen."

Man könnte so etwas als Serienbrief versenden, das ist bestimmt effektiv, wäre aber wenig ansprechend.

Wenn du nur einen Satz auf den Mandanten beziehst, dann hast du schon gewonnen! Das kostet nicht viel Zeit und du bist selbst auch wieder mit dem Fall vertraut. Vielleicht erinnerst du ihn an die Handwerkerrechnungen oder die Unterhaltsleistungen vom letzten Jahr. Denke einfach an einen Schwerpunkt vom letzten Mal, was sich für den aktuellen Veranlagungszeitraum geändert hat oder was immer wieder vergessen wird.

Wo bekommst du solch eine Checkliste her?

Einige Softwareanbieter und Verlage bieten sehr gut ausgearbeitete Checklisten an. Es mag aus Haftungsgründen sinnvoll sein, eine solche Dienstleistung einzukaufen oder viel Sorgfalt in die Erstellung eigener Checklisten zu legen. Wenig hilfreich wäre es, zu schreiben, dass die Unterlagen wie im Vorjahr eingereicht werden sollten. Dann würdest du unter Umständen erst sehr spät etwas davon erfahren, dass der Mandant eine Fotovoltaikanlage angeschafft hat oder eine Rente bezieht.

Welche Unterlagen spielen eine Rolle?

Bisher (letztmalig für den VZ 2016) sind dem Finanzamt Unterlagen in folgendem Umfang einzureichen:

Zum Hauptvordruck (Mantelbogen):

- Zuwendungsnachweise wie z. B. Spendenbescheinigungen
- Nachweis der Behinderung im Erstjahr bzw. bei Änderung

Zur Anlage N:

- Soweit die Lohnsteuerbescheinigungsdaten nicht durch den Arbeitgeber elektronisch an das Finanzamt übermittelt wurden: die besondere Lohnsteuerbescheinigung Ihres Arbeitgebers

Der von Ihrem Arbeitgeber ausgehändigte Ausdruck der elektronischen Lohnsteuerbescheinigung wird nicht benötigt!

Zur Anlage G, S und L:

- Unterlagen über die Gewinnermittlung, soweit sie nicht elektronisch übermittelt wurden

Zur Anlage KAP:

- Steuerbescheinigung über anrechenbare Kapitalertragsteuer, nur wenn eine Überprüfung des Steuereinbehalts für bestimmte Kapitalerträge oder die Günstigerprüfung beantragt wird
- Steuerbescheinigung über Kapitalerträge, für die keine Kirchensteuer einbehalten wurde, obwohl eine Kirchensteuerpflicht besteht
- Bescheinigung über anrechenbare ausländische Steuern

Zum Antrag auf Festsetzung der Arbeitnehmer-Sparzulage (Anlage VL):

- Bescheinigung über vermögenswirksame Leistungen

Zur Anlage Unterhalt:

- Nachweise der Unterhaltsbedürftigkeit (zweisprachige Unterhaltserklärungen finden Sie im Internet unter www.formulare-bfinv.de > Formularcenter > Formulare A-Z > Unterhaltserklärung)

Das Merkblatt „ELSTER – Einzureichende Belege“ (Stand Juli 2017) ergänzt das noch wie folgt: „Wenn aufgrund besonderer Lebensumstände Aufwendungen entstanden sind, wird eine Belegeinreichung gemeinsam mit der Steuererklärung empfohlen. Dies ist beispielsweise bei beruflich bedingten Umzugsaufwendungen, der Begründungeiner doppelten Haushaltsführung oder der Einrichtung eines häuslichen Arbeitszimmers der Fall und vermeidet Rückfragen. Alle anderen Belege sind nur nach Aufforderung durch das Finanzamt einzureichen.“

TKP-TIPP II

Wenn Rückfragen von Seiten des Finanzamts kommen, dann greife lieber zum Telefonhörer als zur Tastatur. Du wirst viele Probleme am Telefon schneller lösen können.

1.4 Organisation der Unterlagen

Manchmal sieht es doch etwas abenteuerlich aus, welche Unterlagen der Mandant in der Kanzlei abgibt. Nun liegt es an dir, dem Mandanten zu helfen, zukünftig nur noch die relevanten Unterlagen mitzubringen.

Deshalb soll das Thema auch einer der Schwerpunkte sein. Denn bei der Aktenführung entscheidet sich bereits, ob deine Arbeit letztendlich erfolgreich ist.

Unsere Kanzlei hat für diesen Zweck sog. Pendelordner für Einkommensteuermandanten eingeführt:

Kanzleiordner für die **Einkommensteuer**

- Deckblatt mit Benutzerhinweisen
- Fach 1: Allgemeine Informationen
- Fach 2: Sonderausgaben und Belastungen
- Fach 3: Einkünfte Steuerpflichtige(r)
- Fach 4: Einkünfte Ehepartner(in)
- Fach 5: Kapitaleinkünfte
- Fach 6: Einkünfte Vermietungsobjekt
- Fach 7: Sonstige Einkünfte
- Fach 8: Kinder

Auf jedem der Deckblätter sind Hinweise aufgedruckt, welche Unterlagen in das entsprechende Fach gehören. Dabei sollte man sich an bestimmte Standards halten.

TKP-TIPP

Eintagsfliegen-Ratschläge und Exoten-Tipps innerhalb der Mandantenhinweise sind nicht passend, da die Deckblätter häufig geändert werden müssten.

Um dir ein Beispiel zu geben, findest du im Folgenden, was grundsätzlich auf dem „Deckblatt Fach 1 Allgemeine Informationen“ steht:

Allgemeines/Schriftverkehr Finanzamt/Steuerbescheid

In diesem Fach werden alle Unterlagen und Notizen abgelegt, die im Zusammenhang mit dem Finanzamt stehen oder sonstige steuerliche Hilfestellungen geben. Darüber hinaus bitte auch Angaben und Belege über haushaltsnahe Beschäftigungen und Dienstleistungen sowie zu Sachverhalten im Zusammenhang mit dem Ausland beifügen.

Änderungen der Adress- und/oder Kontodaten, sonstige Angaben und Anträge:

- Unterlagen von Einkommensersatzleistungen, wie Krankengeld und Mutterschaftsgeld
- Belege über die Aufwendungen für haushaltsnahe Beschäftigungsverhältnisse (Aushilfen)
- Belege über die Aufwendungen für haushaltsnahe Dienstleistungen (Handwerkerrechnungen)
- Nachweise über Vereinbarungen zur Gütertrennung oder -gemeinschaft
- Angaben über eine getrennte Veranlagung bei Ehegatten wie z. B. Datum der Trennung und Adresse des getrennt lebenden Partners
- Angaben über Auslandsaufenthalte (nur bei zeitweisem Wohnsitz im Ausland oder dortiger Einkommenserzielung)
- Steuerbescheide, die im Laufe des Jahres eingegangen sind zzgl. evtl. gesondert erhaltener Kirchensteuerbescheide; bei Austritt aus der Kirche bitte die Bestätigung der Gemeinde beifügen

Weitere Unterlagen:

- Schriftverkehr mit dem Finanzamt
- Steuerinformationen
- Telefonnotizen

Unabhängig davon, ob du mit einem Pendelordner arbeitest oder nur wenige Unterlagen benötigst, mit einer aktiven Planung kannst du eine Menge erreichen.

1.5 Wann es sich lohnt, eine Steuererklärung einzureichen

Nicht jeder wird vom Finanzamt aufgefordert, eine Einkommensteuererklärung abzugeben.

Wenn ein neuer Mandant in eure Kanzlei kommt, um dich zu fragen, ob es sich lohnt, eine Steuererklärung abzugeben, dann solltest du so fit sein, die wesentlichen Gründe dafür abzufragen.

Mache keine falschen Versprechen – sei ehrlich und direkt, denn es kursieren eine ganze Menge „fake news“ zu steuerlichen Themen.

Die wichtigsten Gründe für die freiwillige Abgabe einer Steuererklärung führt die folgende Checkliste auf:

Checkliste Antragsveranlagung

- Der Steuerpflichtige hat erst im Laufe des Jahres seine berufliche Tätigkeit angefangen oder beendet. In der Regel kann man mit einer Steuererstattung rechnen, da sich die monatlich einbehaltene Lohnsteuer aus einem fiktiv hochgerechneten Jahresgehalt ergibt.

- Die tatsächlich entstandenen Werbungskosten übersteigen die Werbungskostenpauschale von 1.000 €. Oft ist das bei Berufspendlern der Fall, außerdem bei einer Einsatzwechseltätigkeit oder bei doppelter Haushaltsführung, möglicherweise hat der Arbeitnehmer auch eine berufliche Fort- oder Weiterbildung selbst bezahlt.
- Stehen aus einem Vorjahr noch verrechenbare Verluste zur Verfügung, können diese unter Umständen mit den laufenden Einkünften verrechnet werden. Es sollte ein Verlustfeststellungsbescheid vorliegen.
- Übersteigen die Sonderausgaben bei Einzelveranlagung 36 € bzw. bei Zusammenveranlagung 72 €, z. B. durch Spenden oder Kinderbetreuungskosten, könnte sich die Abgabe einer Steuererklärung lohnen.
- Wenn ein Kind eine Berufsausbildung begonnen hat oder weiterhin durchführt besteht die Möglichkeit des Ansatzes des Freibetrages zur Abgeltung des Sonderbedarfs bei Berufsausbildungen.
- Auch Steuerpflichtige, die geheiratet haben, sollten auf jeden Fall ihre steuerlichen Verhältnisse überprüfen lassen. Insbesondere wenn die Einkommen der Ehegatten unterschiedlich hoch sind, ist mit einer Steuererstattung zu rechnen.
- Hurra, ein Baby ist da! Auch hier können neben dem Kindergeld weitere steuerliche Vorteile winken. Einkommensteuerlich wirkt sich das eher bei höheren Einkommen aus. In Bezug auf den Solidaritätszuschlag und die Kirchensteuer kann sich das jedoch auch bei „Normalverdienern“ positiv auswirken.
- Unterstützen Steuerpflichtige mittellose Angehörige, z. B. die Eltern, Geschwister, geschiedene bzw. getrennt lebende Ehegatten oder das langzeitstudierende Kind können diese Unterstützungen ggf. zu einer Steuerersparnis führen. Hier ist zwingend auch die Steueridentifikationsnummer des Empfängers anzugeben.
- Wer ein behindertes Kind versorgt, kann durch die Übertragung des Behindertenpauschbetrags vom Kind auf die Eltern profitieren.
- Steuerpflichtige, die eine Person in ihren Haushalt oder dem der betroffenen Person pflegen, können wegen des Pflege-Pauschbetrags oder durch Steueranrechnung i. R. der haushaltsnahen Dienstleistungen mit einer Steueranrechnung rechnen.
- Basisrentenverträge i. R. der Altersvorsorgeaufwendungen führen im Gegensatz zu sonstiges Vorsorgeaufwendungen zu einer Steuererstattung.
- Haushaltsnahe Dienstleitungen oder Handwerkerleistungen sollten mit entsprechenden Rechnungen geltend gemacht werden, Zahlungsnachweise sind nur auf Nachfrage des Finanzamts einzureichen.

TKP-TIPP

Wenn in der Handwerkerrechnung die Lohnkosten nicht getrennt aufgeführt sind, dann schreibe einfach eine freundliche E-Mail an die Firma und weise auf den Sachverhalt hin. In der Regel bekommt man zeitnah eine Antwort mit dem entsprechenden Ausweis des Lohnanteils.

- Wird das Haushaltsscheckverfahren angewandt? Mit einer entsprechenden Jahresbescheinigung kann eine Steuervergünstigung geltend gemacht werden.
- Steuerpflichtige, die in einem Jahr besonders hohe außergewöhnliche Belastungen hatten, sollten diese auch im Rahmen der Steuererklärung angeben. Die Finanzverwaltung ist in den letzten Jahren sehr zurückhaltend geworden, was die Anerkennung angeht. Ob Krankheits-

kosten, Kosten für die Scheidung oder Beerdigungsaufwendungen – in jedem Fall sollte eine Einzelfallprüfung anhand der laufenden Rechtsprechung durchgeführt werden.

TKP-TIPP

Bei außergewöhnlichen Belastungen kommt es auf das Jahr der Zahlung an. Unter Umständen ist eine Zusammenballung von Aufwendungen sinnvoll, sofern dies finanziell möglich ist.

- Bei Vorliegen von Kapitaleinkünften: Hat der Steuerpflichtige keinen Freistellungsauftrag erteilt und weniger als 801 € (1.602 € bei Ehegatten) an Kapitaleinkünften bezogen oder liegt der persönliche Einkommensteuersatz unter dem Prozentsatz der Abgeltungssteuer von 25 %, ist mit einer Steuererstattung zu rechnen.

TKP-TIPP

Lassen sich Freistellungsaufträge zugunsten des Mandanten optimieren, dann weise deinen Mandanten freundlich darauf hin.

In welchem Zeitraum muss die Antragsveranlagung erfolgen? Die freiwillige Abgabe der Steuererklärung ist innerhalb einer vierjährigen Festsetzungsfrist möglich, was auch der höchstrichterlichen Rechtsprechung entspricht.

1.6 Die Vollmachtsdatenbank

TKP-TIPP

Bitte übergebe insbesondere neuen Mandanten sofort die aktuelle Vollmacht zur Vertretung in Steuersachen zusammen mit dem Beiblatt und Merkblatt nach amtlichem Vordruck zur Unterschrift – es wird deine Arbeit sehr erleichtern.

Ich kann nur immer wieder betonen, wie sehr ich die Möglichkeiten der Vollmachtsdatenbank schätze: Du hast vor einem Mandantentermin die Möglichkeit, ganz bequem wesentliche Eckdaten abzurufen und dadurch mehr Zeit, dich auf das zu konzentrieren, was dich wirklich interessiert – dafür zu sorgen, dass der Mandanten gut beraten wird. Denn oft bleibt das Fachliche nicht so lange im Gedächtnis des Mandanten – aber, dass er sich auf dich verlassen kann. Das erzählt er auch gerne weiter.

In einer Stellungnahme der Bundessteuerberaterkammer heißt es: „Zwar haben Steuerberater bereits seit 3,5 Jahren die Möglichkeit, Vollmachtsdaten elektronisch an die Finanzverwaltung zu übermitteln. Mangels weitergehender technischer Voraussetzungen seitens der Finanzverwaltung war den Bevollmächtigten hieraus jedoch bislang lediglich der Abruf elektronischer Daten im Rahmen der vorausgefüllten Steuererklärung (VaSt) möglich. Mit der zum 18. 4. 2017 erfolgten Anbindung der Vollmachtsdatenbank an GINSTER (Grundinformationsdienst Steuer) und damit an das System der Finanzverwaltung wird der Nutzungsumfang nun deutlich weiter und das Verfahren noch bequemer. (Stand 2. 8. 2017)“

Moment mal – GINSTER? – Es wird an einer Vereinheitlichung der IT-Programme der Länder gearbeitet. Die Finanzverwaltung plant mittels GINSTER zukünftig die Stammdaten der Steuerpflichtigen (z. B. Name, Anschrift, Bankverbindungen, Kennbuchstaben etc.) zu verwalten und für die übrigen Steuerprogramme der Finanzverwaltung nutzbar zu machen. Erst dann können auch die durch die Vollmachtsdatenbank bereitgestellten Informationen entsprechend verarbeitet werden. Das System ist noch teilweise noch in der Pilotphase, aber schon bringt die aktuelle Vollmachtsdatenbank 2.0 einige Vorteile:

Sie kann gleich drei Dinge auf einmal:

- die Vorausgefüllte Steuererklärung,
- die Steuerkontoabfrage und
- die Vollmachtsverwaltung

Das bislang seitens der Finanzbehörden an die Mandanten gerichtete Schreiben zur Unterrichtung über deren Widerspruchsrecht verbunden mit einer Wartefrist von bis zu 37 Tagen entfällt – jetzt bekommst du innerhalb von drei Tagen Zugang zu den bei der Finanzverwaltung gespeicherten Daten der „Vorausgefüllten Steuererklärung" (VaSt).

Die Bundessteuerberaterkammer fügt noch folgende Informationen hinzu: „Die Vollmachtsdatenbank 2.0 ermöglicht grundsätzlich ein komplett elektronisches Verfahren. Es ist kein zusätzlicher Versand der Papiervollmacht an die Finanzverwaltung erforderlich. Auch seitens der Finanzbehörde erfolgt kein Schreiben mehr an die Mandanten. Dem Gesetzeswortlaut folgend wird eine ordnungsgemäße Bevollmächtigung vermutet. Dabei werden Vollmachten gegenüber der Finanzverwaltung nur für die Steuernummern wirksam, die in der Vollmachtsdatenbank eingepflegt und entsprechend im Beiblatt dokumentiert sind. Die Finanzbehörde behält sich die Möglichkeit offen, jederzeit den Nachweis verlangen zu können."

TKP-TIPP

In der Kanzlei sollte ein Mitarbeiter darauf spezialisiert sein, sich mit der Pflege der Vollmachten zu beschäftigen. Das Antragsverfahren bleibt anspruchsvoll, so dass auch ein entsprechender Prozess von der Durchführung her definiert werden sollte, um hier auf der sicheren Seite zu sein.

1.7 Modernisierung des Besteuerungsverfahrens

In Zukunft soll der Prozess der Bearbeitung von Steuererklärungen noch leichter werden. 2016 hat die Bundesregierung das "Gesetz zur Modernisierung des Besteuerungsverfahrens" auf den Weg gebracht, mit dem ab 2022 die Steuererklärung komplett digital eingereicht werden kann.

Ein erster Schritt dahin ist die Abschaffung der Belegvorlagepflicht, die durch die Vorhaltepflicht ersetzt wird. Ab der Steuererklärung 2017 müssen die Belege des Mandanten dann nicht mehr in Papierform mitgesendet, sondern nur noch auf Nachfrage des Finanzamtes vorgelegt werden.

Was musst du jetzt wissen, um dich auf die digitale Zukunft vorzubereiten?

1. Eine zentrale Maßnahme der Modernisierung des Besteuerungsverfahrens ist die ausschließlich automationsgestützte Bearbeitung von einfachen Fällen des steuerlichen Massenverfahrens durch Einsatz von Risikomanagementsystemen.
2. Das rechtssichere ersetzende Scannen von Belegen wird in Zukunft eine zentrale Rolle beim Übergang zur digitalen Steuererklärung stehen.
3. Das Risikomanagementsystem der Finanzverwaltung (RMS) ist nicht öffentlich; sammle daher Erfahrungen aus deiner Tätigkeit um herauszufinden, was beim Finanzamt leichter „durchgeht".
4. Bei der elektronischen Steuererklärung gibt es künftig sog. qualifizierte Freitextfelder. Die Steuererklärung wird in diesem Fall außerhalb des automatisierten Bescheidverfahrens bearbeitet. Ein Ausfüllen dieser Felder sollte die Ausnahme sein.

5. Die Steuererklärungsfrist für nicht beratene Steuerpflichtige wird ab dem Veranlagungszeitraum 2018 um zwei Monate von fünf auf sieben Monate verlängert. In Beraterfällen gilt eine generelle Frist bis zum 28. 2. des Zweitfolgejahrs. All das ist verbunden mit einer gesetzlich festgelegten automatischen Festsetzung von Verspätungszuschlägen.

TKP-TIPP

Du merkst es bestimmt schon – dein Fachwissen und deine Erfahrung sind in Verbindung mit dem Risikomanagementsystem von noch größerer Bedeutung. Sag dem Mandanten das auch, wenn er denkt, dass du nur Zahlen abrufen musst – it's your battle!

1.8 Ausgewählte Bearbeitungshinweise

Es gibt unzählige Tipps zu Rechtsfragen in Bezug auf das Einkommensteuerrecht. Einige davon sind nach einem Jahr nicht mehr gültig. Da ich nicht weiß, welche das wären, halte ich mich mit voraussichtlich kurzlebigen Hinweisen zurück. Ich habe – ohne Anspruch auf Vollständigkeit – einmal überlegt, welche Fälle besonders oft vorkommen.

1.8.1 Veranlagung von Ehegatten

Standard ist jetzt folgender:

Ehegatten/Lebenspartner, die beide unbeschränkt steuerpflichtig sind, im Inland wohnen und nicht dauernd getrennt leben, können zwischen der Einzelveranlagung und der Zusammenveranlagung wählen.

Das Gesetz sieht für eine Einzelveranlagung den Grundtarif und für eine Zusammenveranlagung den Splittingtarif vor. Der Splittingtarif ist aber auch anzuwenden bei einem verwitweten Steuerzahler für den Veranlagungszeitraum, der dem Kalenderjahr folgt, in dem der Ehegatte/Lebenspartner verstorben ist.

Wenn Eheleute getrennte Steuerbescheide wünschen, müssen sie anstelle der getrennten Veranlagung die Einzelveranlagung wählen.

TKP-TIPPS

- Erfasse die Vorauszahlungen zur Einkommensteuer immer bei dem zutreffenden Ehegatten.
- Vergleiche mit den gängigen Steuerberechnungsprogrammen, welche Veranlagungsart i. d. R. die günstigste ist.
- So richtig interessant wird die Wahl der Veranlagung bei in Trennung befindlichen Ehepaaren. Hier ist es wichtig, als neutraler Partner zur Verfügung zu stehen und das für beide optimale Ergebnis zu erreichen.

Wenn einer der Ehepartner eine Einzelveranlagung abgibt, muss das i. d. R. auch der andere Partner tun. Auf das Einverständnis des anderen Ehegatten kommt es dann nicht mehr an.

In der Hinsicht sollte man sich auch von Fall zu Fall die Rechtsprechung des Bundesgerichtshofs anschauen. Das ist zwar überhaupt nicht unser Rechtsgebiet, aber wenn du einen Tipp weitergeben kannst, dann werden die Mandanten zufrieden sein.

Der BGH hat in einem Urteil v. 18.11.2009 (XII ZR 173/06) entschieden, dass in den Fällen, in denen ein gemeinsamer Antrag auf Zusammenveranlagung zur Einkommensteuer der steuerlichen Entlastung eines Ehegatten dient, der andere Ehegatte sogar verpflichtet ist, einem solchen Antrag zuzustimmen.

Und zwar gilt das immer dann, wenn sich die Steuerschuld des einen Ehegatten vermindert, ohne dass der andere zusätzlich belastet wird. Der BGH sagt sogar, dass die Zustimmung des Ex-Gatten selbst dann erzwungen werden kann, wenn der eine Ehegatte während des Zusammenlebens steuerliche Verluste erwirtschaftet hat, die er in einer späteren Veranlagung zur Verminderung seiner eigenen Steuerlast einsetzen könnte.

Ganz eindeutig ist folgender Fall: Der einseitige Antrag eines Ehegatten auf getrennte Veranlagung ist rechtsunwirksam, wenn dieser Ehegatte keine Einkünfte erzielt hat oder seine Einkünfte so gering sind, dass keine Einkommensteuer festzusetzen ist und auch kein Steuerabzug bzw. keine Steuervorauszahlung vorgenommen wurde.

Der nicht zustimmende Ehegatte hätte nämlich nicht die Zielsetzung, sich eigene Vorteile zu sichern, sondern möchte lediglich dem anderen Schaden zufügen. Hier gilt das sog. Schikaneverbot und das Wahlrecht steht dem anderen Ehegatten zu.

Bei ganz hartnäckigen Fällen sollten die Steuerpflichtigen anwaltliche Hilfe in Anspruch nehmen, aber manchmal wirkt der Hinweis auf eine hohe Steuererstattung Wunder.

Auf jeden Fall sind solche Fälle im Einspruchsverfahren offen zu halten und es ist ein Antrag auf Zusammenveranlagung zu stellen.

Auch während des Trennungsjahrs können die Voraussetzungen für die Ehegattenveranlagung gegeben sein, wenn der Steuerpflichtige noch nicht geschieden ist.

Die Wahl der Zusammenveranlagung setzt voraus, dass die Ehepartner mindestens einen Tag im Kalenderjahr nicht dauernd getrennt gelebt haben.

An den Versuch, die Ehe zu retten, sind aber natürlich objektiv nachprüfbare Voraussetzungen geknüpft. Nach dem Willen der Finanzverwaltung muss der nachvollziehbare und belegbare Wille bestanden haben, die eheliche Lebens- und Wirtschaftsgemeinschaft endgültig, vorbehaltlos und auf Dauer wieder neu zu begründen. Es könnte als ausreichend angesehen werden, wenn ein Versöhnungsversuch mindestens einen Monat dauert.

Natürlich sollte man sich nicht vom Finanzamt bestimmen lassen, wie der Mandant seine Ehegemeinschaft pflegt oder ausübt. In der Regel ist bei solchen Fällen am besten, wenn die (Noch)Ehegatten eine gemeinsame schriftliche Erklärung abgeben. Dann könnte das Finanzamt nur negativ reagieren, wenn die äußeren Umstände das Bestehen einer ehelichen Lebensgemeinschaft absolut fraglich erscheinen lassen.

TKP-TIPP

Ein gemeinsamer Urlaub gilt übrigens nicht als Versöhnungsversuch!

Aber wenn z. B. ein Versöhnungsversuch im Dezember beginnt und dann irgendwann im Februar des Folgejahrs als gescheitert betrachtet werden muss, dann sollte die Zusammenveranlagung schon für zwei Kalenderjahre gerettet sein.

Zusammengefasst lässt sich zur Wahl der Veranlagungsart noch sagen: Die Veranlagungsart ist bis zur Bestandskraft des jeweiligen Einkommensteuerbescheids abänderbar.

Und natürlich kann jedes Jahr eine andere Veranlagungsart gewählt werden, je nachdem welche am günstigsten ist.

1.8.2 Aufteilung von Steuererstattungsansprüchen

Wenn es nur um eine Aufteilung im Rahmen der „normalen" Einkommensteuererklärung geht, dann kannst du natürlich die Erstattung einfach nach dem Verhältnis der Einkünfte aufteilen. Du wirst aber feststellen, dass die Frage der Aufteilung meist in Mischfällen aus Einkommensteuervorauszahlungen und Lohnsteuerabzugsbeträgen gestellt wird.

Grundsätzlich sind die Ehegatten immer Gesamtschuldner der Einkommensteuer, also kann sich das Finanzamt zum Beispiel eine Nachzahlung von jedem Ehegatten holen.

Allerdings besteht die Möglichkeit der Aufteilung der Steuerschuld nach §§ 279 ff. AO, wodurch erreicht werden kann, dass die Ehegatten hinsichtlich der vollstreckungsmäßigen Situation nicht schlechter gestellt werden als einzeln veranlagte Steuerpflichtige. Eine Aufteilung ist also insbesondere für den einkommenslosen oder nur geringe Einkünfte erzielenden Ehepartner gut, um zu verhindern, dass er für Steuerschulden, die Einkünfte des anderen Ehegatten betreffen, in Haftung genommen wird.

Dafür musst du dem Finanzamt einen Antrag auf Aufteilung der Steuerschuld zusenden.

Dieser Antrag ist aber nur wirksam, wenn die Mandanten die Nachzahlung noch nicht geleistet haben. Wenn du also solch einen Fall hast, musst du schnell handeln!

Bei Erstattungen sind die Ausgangsbedingungen etwas anders.

Ganz „easy" ist es, wenn beide Ehegatten nur lohnsteuerpflichtige Einkünfte hätten: Lohnsteuerabzugsbeträge werden grundsätzlich für den jeweiligen Arbeitnehmer gezahlt, d. h., die Höhe des Erstattungsanspruchs richtet sich nach dem Verhältnis der von den Ehegatten einbehaltenen Beträge.

Bei Einkommensteuervorauszahlungen kommt es nicht darauf an, von wem oder mit wessen Mitteln gezahlt worden ist. Maßgebend ist allein, wessen Steuerschuld nach dem Willen des Zahlenden zum Zeitpunkt der Zahlung an das Finanzamt getilgt werden sollte.

Erstattungsberechtigter ist also grundsätzlich der Gesamtschuldner, für den die Zahlung erfolgt ist.

Wenn Zahlungen von einem gemeinsamen Konto der Ehegatten geleistet wurden, könnte das Finanzamt aus Vereinfachungsgründen davon ausgehen, dass derjenige Ehegatte, der auf die gemeinsame festgesetzte Steuerschuld zahlt, mit seiner Zahlung auch die Steuerschuld des anderen mit ihm zusammen veranlagten Ehegatten begleichen will.

TKP-TIPP

Das Zauberwort heißt hier „Tilgungsbestimmung". Die Angabe einer Tilgungsbestimmung muss dabei nicht ausdrücklich erfolgen, sondern kann sich aus den Umständen des Einzelfalls ergeben. Die Angabe des eigenen Namens im Feld »Verwendungszweck« einer Überweisung kann z. B. Indiz einer Tilgungsbestimmung sein.

TKP-TIPP II

Es ist sehr wichtig, dass aktuelle Erstattungskonto bereits zutreffend in der Steuererklärung anzugeben und eventuell bestehende Einzugsermächtigungen zu überprüfen.

Ganz praktisch solltest du in solchen Fällen schon vor Abgabe der Erklärung mit den Mandanten klären, wie das Ergebnis der Steuererklärung aufgeteilt werden sollte.

1.8.3 Die Fünftel-Regelung

Ein Mandant scheidet aus dem Berufsleben aus und sein Arbeitgeber muss/möchte ihm den Eintritt in den Ruhestand durch eine Abfindung erleichtern. Er hat mal etwas von einer Fünftel-Regelung gehört. Du auch, oder? Die sog. Fünftel-Regelung des § 34 Abs. 1 EStG ist an ein paar Voraussetzungen gebunden:

- Die Zahlung ist unmittelbar durch den Verlust von steuerbaren Einnahmen veranlasst
- und ist dazu bestimmt, diesen Verlust auszugleichen.
- Die Zahlung muss außerdem auf einer neuen Rechts- oder Billigkeitsgrundlage beruhen,
- es handelt sich um ein besonderes Ereignis; grundsätzlich wird dies als gegeben angesehen, wenn der Arbeitgeber die Beendigung der Arbeitsverhältnisses veranlasst oder der Arbeitnehmer seine Zustimmung zum Aufhebungsvertrag unter einem erheblichen Druck geleistet hat
- und die Zahlung muss grundsätzlich in einer Summe geleistet werden

Der Gesetzeswortlaut des § 34 EStG ist etwas sperrig.

Auszugsweise steht dort:

„Die für die außerordentlichen Einkünfte anzusetzende Einkommensteuer beträgt das Fünffache des Unterschiedsbetrags zwischen der Einkommensteuer für das um diese Einkünfte verminderte zu versteuernde Einkommen (verbleibendes zu versteuerndes Einkommen) und der Einkommensteuer für das verbleibende zu versteuernde Einkommen zuzüglich eines Fünftels dieser Einkünfte. Ist das verbleibende zu versteuernde Einkommen negativ und das zu versteuernde Einkommen positiv, so beträgt die Einkommensteuer das Fünffache der auf ein Fünftel des zu versteuernden Einkommens entfallenden Einkommensteuer."

Das heißt, dass der Steuersatz auf die Abfindung so hoch ist, als ob nur ein Fünftel der Abfindung geflossen wäre. Dieser Steuersatz wird quasi „five-in-one" angewandt, also das Fünffache davon im Jahr der Abfindung gefordert.

TKP-TIPP

Ob sich das wirklich lohnt, hängt von den im Einzelfall sehr stark voneinander abweichenden steuerlichen Verhältnissen ab. Man sollte also zunächst eine Probeberechnung machen.

Wenn ein Mandant in den Ruhestand geht mag es ganz passend sein, wenn seine Abfindung vertraglich zum Beispiel erst am 1. 1. des Folgejahrs fällig wird. Denn wenn die Abfindung zum 31. 12. des Vorjahres ausgezahlt werden würde, wäre der individuelle Steuersatz trotz Fünftel-Regelung aufgrund der Zusammenballung von Einkünften verhältnismäßig hoch. Im Folgejahr wären durch Renten und Pensionen grundsätzlich geringere Einkünfte eine gute Grundlage für einen geringeren persönlichen Steuersatz.

Es gibt aber etwas zu beachten:

Eine Entschädigung kann nämlich nicht ohne weitere Prüfung nach der Fünftel-Regel besteuert werden, sondern ist auf solche Einkünfte zu beschränken, die „zusammengeballt" zufließen.

Dabei kannst du dich nicht einmal darauf verlassen, was auf der Lohnsteuerbescheinigung steht, denn abschließend wird aber erst im Veranlagungsverfahren über deren Anwendung entschieden.

Nicht umsonst fordert das Finanzamt in Abfindungsfällen immer die entsprechende Aufhebungs- oder Kündigungsvereinbarung an.

Um das richtig beurteilen zu können, musst du zwei praktische Prüfungsschritte durchführen:

Punkt 1 Einfache Berechnung bei ausreichend hoher Abfindung

Die Fünftel-Regelung darf ohne weitere Prüfung dann angewendet werden, wenn die Abfindung im Jahr der Zahlung über dem Betrag liegt, den der Arbeitnehmer bei Weiterbeschäftigung noch bis Jahresende verdient hätte (BMF, Schreiben v. 1. 11. 2013, Rz. 9).

BEISPIEL: Nehmen wir an, der Arbeitnehmer verdient 2.500 € im Monat und er scheidet zum April mit einer Abfindung von 25.000 € aus. Wenn er weiterbeschäftigt worden wäre, dann hätte er von April bis Dezember 9 x 2.500 € Gehalt, also 22.500 €. Die Abfindung ist höher als dieser fiktive Betrag, also darf hier der Lohnsteuerabzug nach der Fünftel-Regelung berechnet werden.

Punkt 2 Berechnung bei notwendiger Einbeziehung der zu erwartenden Bezüge

Übersteigt die gezahlte Entschädigung die bis zum Jahresende ausfallenden Einnahmen nicht, müssen weitere Einkünfte des Arbeitnehmers, die durch das frühere oder ein neues Arbeitsverhältnis veranlasst sind, in die Prüfung einbezogen werden.

Hier kannst du zur Vereinfachung den Vorjahreslohn heranziehen. Und den vergleichst du jetzt mit Summe aus bereits gezahltem Arbeitslohn + Abfindung + im gleichen Jahr bezogenen Nebenleistungen + Betriebsrenten + weiterem Arbeitslohn beim neuen Arbeitgeber + Lohnersatzleistungen (Arbeitslosengeld). Diese Summe muss höher sein, als der bisherige regelmäßige Lohn.

Das wird auch schon vom alten Arbeitgeber aufgrund der vorhandenen Informationen geprüft und grundsätzlich hat das auch Hand und Fuß, wenn du eine Lohnsteuerbescheinigung mit einer ermäßigt besteuerten Abfindung bekommst. Aber es gibt auch Zweifelsfälle, wo du genau nachrechnen musst und dem Mandanten eventuell eine alternative Berechnung ohne den Steuervorteil mitteilen solltest.

Besonders sind Fälle zu prüfen, in denen der Arbeitgeber die Abfindung vereinbarungsgemäß erst im Folgejahr bezahlt, hier muss dann die Zusammenballung im Auszahlungsjahr geprüft werden. Im Regelfall ist diese Verschiebung durch eine geringere Progression als im Vorjahr vorteilhaft.

TKP-TIPP

Die Finanzverwaltung schreibt im aktuellen Abfindungserlass vom 1. 11. 2013 dass eine steuerbegünstigte Entschädigung auch vorliegen kann, wenn der Arbeitnehmer eine (Teil-)Abfindung wegen Reduzierung seiner Wochenarbeitszeit erhält Das ist neu. Die Steuervergünstigung setzt demnach keine Beendigung des Arbeitsverhältnisse mehr voraus.

Im Urteil v. 8. 4. 2014 (IX R 28/13) wurde in Bezug auf Teilzahlungen festgestellt, dass die ermäßigte Besteuerung einer Entschädigung auch dann in Betracht kommen kann, wenn die Auszahlung in zwei Veranlagungszeiträumen erfolgt. Voraussetzung hierfür ist jedoch, dass der Steuerpflichtige zunächst nur eine geringfügige Teilleistung erhalten hat und die ganz überwiegende Hauptentschädigungsleistung in einem Betrag ausgezahlt wird. Eine Teilleistung von über 10 % der Hauptleistung ist nach allgemeinem Verständnis nicht geringfügig. Aber Achtung die Finanzverwaltung geht von 5 % aus.

TKP-TIPP

Es ist höchstrichterlich nicht eindeutig geklärt, ob bei einem Wechsel in die Selbständigkeit überhaupt eine Zusammenballung vorliegen muss. Hier ist die aktuelle Rechtsprechung zu überprüfen.

TKP-TIPP II

Sei ein Steuer-Fuchs und schaue dir jeden Mittwoch die neusten Urteile an. Wenn ein Urteil besonders wichtig ist, dann ist es in einer Pressemitteilung erklärt. Du kannst auch z. B. regelmäßig in der NWB Datenbank nach den Nachrichten (oben rechts) schauen.

1.8.4 Unterhaltsleistungen

Die zugrundeliegende Rechtsnorm, der § 33a EStG, ist ausgesprochen sperrig. Wenn du hier den Überblick hast, dann kannst du dem Mandanten helfen, sein steuerliches Ergebnis in Zukunft noch besser zu optimieren, momentan sind Aufwendungen von bis zu 8.354 € begünstigt.

TKP-TIPP

Davon zu unterscheiden ist der Trennungs- und der nacheheliche Unterhalt aufgrund eines rechtskräftigen Urteils. Dies nennt sich Realsplitting und wird in einer gesonderten Anlage U erfasst. Rechtsgrundlage ist § 10 Abs. 1 Nr. 1 EStG, danach sind bis zu 13.805 € abzugsfähig, wenn der Ex-Ehegatte der Versteuerung dieser Beträge zustimmt.

Was zählt zu den Unterhaltsleistungen? – Alle typischen Unterhaltskosten, also nicht nur die nachgewiesenen Geldbeträge, auch eine Wohnung, die zur Verfügung gestellt wird oder das regelmäßige Mittagessen.

Wer kann unterstützt werden? – Es muss sich um unterhaltsberechtigte Angehörige handeln. Das sind insbesondere Eltern, Großeltern, der Ex-Ehegatte oder die eigenen Kinder. Dieser Personenkreis darf kein wesentliches Vermögen haben.

Wie hoch darf das Einkommen der unterstützten Person sein? – Der anrechnungsfreie Betrag ist mit 624 € im Jahr sehr überschaubar. Dazu gehören Einkünfte, so wie der einkommensteuerrechtliche Einkünftebegriff das beschreibt. Aber auch Bezüge: Das sind alle Leistungen von öffentlichen Stellen, insbesondere die Bafög-Leistungen.

Wird nur der Ertragsanteil der Altersrente angesetzt? – Leider nein, der Ertragsanteil wird auf die Einkünfte angerechnet, der steuerfreie Teil der Rente zählt zu den Bezügen. Da der Gesetzgeber von Einkünften und Bezügen spricht, ist die gesamte Rente zu berücksichtigen. Als kleines Trostpflaster werden bei der Rente Werbungskosten von 102 € und eine insgesamt eine Kostenpauschale von 180 € abgesetzt – pro Jahr versteht sich.

Was ist die Opfergrenze? – Dem Unterstützer müssen ausreichende Mittel zum Lebensunterhalt bleiben. Die Berechnung ist etwas kompliziert, Faustformel sind 1 % je volle 500 € Nettoeinkommen abzüglich 5 % für jeden Haushaltsangehörigen.

TKP-TIPP

Vorlagen und Berechnungsbeispiele findest du im BMF-Schreiben v. 7. 6. 2010 „Allgemeine Hinweise zur Berücksichtigung von Unterhaltsaufwendungen nach § 33a Abs. 1 EStG als außergewöhnliche Belastung" (IV C 4 - S 2285).

TKP-TIPP II

Wenn ein Kind freiwilligen Wehrdienst leistet, wird die Kindergeldberechtigung während des freiwilligen Wehrdienstes im Einzelfall geprüft. Im Normalfall wird kein Kindergeld gezahlt. Wenn in dieser Zeit Unterhaltsaufwendungen an das Kind fließen (Geldzahlungen und Sachbezüge für Verpflegung und Unterkunft) können diese Beträge auf den Wehrsold angerechnet werden. Vielleicht hat man dann eine kleine Steuerersparnis zur anteiligen Deckung des Wochenendeinkaufs.

1.8.5 Außergewöhliche Belastungen – neue Berechnungsmethodik

Das Sammeln von außergewöhnlichen Belastungen wie Zahnarztrechnungen oder der Kosten für eine neue Brille lohnt sich jetzt noch mehr als bisher, denn der BFH hat mit seinem Urteil v. 19. 1. 2017 (VI R 75/14) die Berechnung der abziehbaren außergewöhnlichen Belastungen so geändert, dass mehr Mandanten in den Genuss einer Steuerersparnis kommen.

Krankheitskosten können grundsätzlich als außergewöhnliche Belastung geltend gemacht werden. Sie werden jedoch nach § 33 Abs. 3 EStG um die zumutbare Belastung gekürzt. Diese bestimmt sich nach dem Familienstand und der Höhe des Gesamtbetrags der Einkünfte. Sie beträgt zwischen 1 % und 7 % des Gesamtbetrags der Einkünfte. In drei Stufen steigt die zumutbare Belastung mit dem Gesamtbetrag der Einkünfte an.

1. Kategorie: unter 15.340 €

2. Kategorie: über 15.340 € bis 51.130 €

3. Kategorie: über 51.130 €

Bislang wurde der ermittelte Prozentsatz auf den kompletten Gesamtbetrag der Einkünfte einer Stufe angewendet, also alles über einen Kamm geschert. Aber irgendwie hat sich keiner darüber beschwert, selbst in diesem Urteil ging es eigentlich um eine ganz andere Frage.

Nach der neuen Berechnung wird nur der Teil des Gesamtbetrags der Einkünfte, der den jeweiligen Grenzbetrag übersteigt, mit dem höheren Prozentsatz belastet. Dadurch ist gegenüber der früheren Berechnung die zumutbare Belastung bei höheren Einkommen geringer und folglich die Steuerersparnis höher.

BEISPIEL: Ein Ehepaar mit einem Kind hat in einem Jahr 4.148 € an Krankheitskosten gezahlt. Der Gesamtbetrag der Einkünfte der Eheleute beträgt 51.835 €. Nach der bisherigen Berechnungsmethode beträgt die zumutbare Belastung der Eheleute 4 % von 51.835 €, also 2.073,40 €.

Nach der neuen Berechnungsmethode ist die zumutbare Belastung in drei Schritten zu ermitteln:

- bis 15.340 €	2 %	= 306,80 €
- über 15.340 € und bis 51.130 €	3 %	= 1.073,70 €
- über 51.835 €	4 %	= 28,20 €

= zumutbare Belastung 1.408 €

Es werden damit 2.740 € Krankheitskosten zusätzlich berücksichtigt.

TKP-TIPP

Damit sich potenziell als außergewöhnliche Belastung abzugsfähige Kankheitskosten auch tatsächlich steuermindernd auswirken, sollten Sie entsprechende Aufwendungen in einem Jahr gezielt bündeln. Bitte gib dem Mandanten diesen Tipp zusammen mit einer individuellen Probeberechnung mit.

1.8.6 Vermietung und Verpachtung

Worauf du immer achten musst, sind folgende zwei Fallgestaltungen:

- Wer eine Wohnung verbilligt – an zum Beispiel nahe Angehörige – vermietet, kann Werbungskosten in voller Höhe geltend machen, wenn die Miete mindestens 66 % der ortsüblichen Miete beträgt. Eine Überschussprognose gibt es hier nicht mehr.
- Bei Gewerbeobjekten muss die Absicht Gewinn zu erzielen, konkret festgestellt werden. Unter Umständen sind bauliche Veränderungen durchzuführen.

Probleme mit dem Finanzamt gibt es oft bei unüblichen Wohnungsgrößen oder Grundrissen, da diese schwerer zu vermieten sind. Schwer vermittelbare Gewerbeimmobilien könnten zu Wohnraum umgewidmet werden.

TKP-TIPP

Im notariellen Kaufvertrag sollte eine überlegte Kaufpreisaufteilung für Gebäude, Grund und Boden, Inventar und Instandhaltungsrücklagen bei Wohnungseigentümergemeinschaften getroffen werden. Dies spart Grunderwerbsteuer. Bei hohen Bodenrichtwerten oder großen Grundstücken lässt sich so der nicht abschreibungsfähige Wert des Grund und Bodens eingrenzen. Beim Erwerb von einem Bauträger sollte man sich bestätigen lassen, dass der im Notarvertrag genannte Kaufpreis für den Grund und Boden nicht unter dem Einstandspreis des Veräußerers liegt.

Lass mich noch ein Wort zum anschaffungsnahen Aufwand verlieren. Die Bedingungen dafür sind dir ja bekannt: Instandhaltungen abzüglich Umsatzsteuer, die innerhalb von drei Jahren 15 % der Anschaffungskosten übersteigen können nur im Rahmen der allgemeinen Gebäudeabschreibung berücksichtigt werden. Hier mag es angebracht sein, in den ersten Jahren als handwerklich begabter Neuimmobilienbesitzer nur das Notwendigste zu machen. Wenn eine Immobilie gemischt genutzt wird, z. B. unten die Gastwirtschaft und darüber Wohnungen, dann kann die 15 %-Grenze auf die einzelne Mieteinheit unter der Voraussetzung angewandt werden, dass die Anschaffungskosten wertmäßig aufgeteilt werden.

Damit du einen Überblick behältst, möchte ich dir gerne den Inhalt des von uns verwendeten TKP-Deckblatts zum Fach Vermietung weitergeben. So hast du die wichtigsten Informationen parat:

EINKÜNFTE VERMIETUNGSOBJEKT

Legen Sie bitte alle Unterlagen ab, die im Zusammenhang mit der Vermietung Ihrer Immobilie stehen. Dazu gehören:

Einnahmen:

- Aufstellung aller Mieteinnahmen (inkl. solche aus Umlagen, Garagen und Werbeflächen) Kopie von Mietverträgen bei erstmaliger Berücksichtigung Vertragskopien und
- Abrechnungen über Kautionen und Bürgschaften Ihrer Mieter
- Nachweise bei Anteilen an Vermietungseinkünften (z. B. aus Immobilienfonds, Grundstücksgemeinschaften oder sonstigen Gesellschaften)

Werbungskosten:

- Kaufvertrag und Darlehensvereinbarung bei erstmaliger Berücksichtigung
- Nachweis der Schuldzinsen und sonstigen Geldbeschaffungskosten wie Schätz-, Notar- und Grundbuchgebühren

- Rechnungsbelege der Erhaltungsaufwendungen
- Nachweise der laufenden Kosten wie: Grundsteuer, Straßenreinigung, Müllabfuhr, Wasserversorgung, Entwässerung, Hausbeleuchtung, Heizung, Warmwasser, Schornsteinreinigung, Hausversicherungen, Hauswart, Treppenreinigung, Fahrstuhl, Verwaltungskosten und Sonstiges, wie Rechts- und Beratungskosten, Aufstellung der Fahrten zum Objekt (mit Entfernungskilometern), Rechnungen für gemietetes Inventar und Einrichtungen, Gartenarbeiten, Maklergebühren, Kosten der Mietersuche u. ä.
- Hausgeldabrechnungen für das betreffende Steuerjahr und Vorjahr
- Nachweise über die Entwicklung der Instandhaltungsrücklage

Zusätzliche Angaben:

- Nachweise über vereinnahmte oder bewilligte Zuschüsse aus öffentlichen Mitteln zu den Anschaffungs-/Herstellungskosten
- Nachweise über Kapitalerträge, soweit sie im Zusammenhang mit der Vermietung angefallen sind (z. B. aus Kautionen)
- Kontoauszüge bitte hier abheften, sofern sie nicht bereits mit einer laufenden Buchhaltung beim Steuerberater vorgelegt wurden.

TKP-TIPP

Bitte vergiss auch nicht, dass der Vermieter Aufwendungen für Büromaterial, Porto und Telefon hatte. Außerdem zählt jeder Kilometer, der i. R. der Vermietung mit dem eigenen Pkw getätigt wurde. Anfallende Werbungskosten sollten unbedingt glaubhaft gemacht werden.

1.8.7 Mandantenanschreiben

Erkläre Deinem Mandanten, was du alles erledigt hast – im persönlichen Gespräch oder aber in einem verständlichen Brief.

Ich habe dir ein Musteranschreiben beigefügt, was in dieser Form in unserer Kanzlei genutzt wird. Denke daran, wie du dich aus der Masse herausheben kannst. Es gibt bestimmt einen kleinen individuellen Tipp, den du gerne an Deinen Mandanten weitergeben kannst. Das ist nicht besonders aufwendig, aber zeigt Dein persönliches Interesse.

TKP-TIPP

Wir haben einen Passus in Bezug auf die Höchstbeträge der Altersvorsorgeaufwendungen und sonstigen Vorsorgeaufwendungen aufgenommen, unseriöse Versicherungsvertreter haben mit diesem Wissen keine Chance mehr bei Deinem Mandanten.

Musteranschreiben zur Einkommensteuererklärung

Sehr geehrter Herr Cux,
sehr geehrte Frau Cux,

anliegend erhalten Sie die Einkommensteuererklärung nebst Anlagen für das Jahr 2015 in zweifacher Ausfertigung.

Wir möchten Sie bitten, die Steuererklärung nach Durchsicht zu unterschreiben und diese zwecks Weiterleitung an das Finanzamt Bremerhaven an uns zurückzusenden.

Soweit das Finanzamt nicht von der eingereichten Erklärung abweicht, ergibt sich eine

Einkommensteuererstattung von XXX,XX €
Erstattung Solidaritätszuschlag von XXX,XX €
Kirchensteuernachzahlung von XXX,XX €
Gesamterstattung von XXX,XX €

Alt.: Bitte beachten Sie dabei, dass die noch ausstehenden Beteiligungsergebnisse die vorstehende Steuerberechnung beeinflussen können.

Alt.: Mit dem Auswertungsbrief aus dem September 20XX vom TT.MM.JJJJ wurde Ihnen eine voraussichtliche Steuerberechnung i. H. von XXX,XX € mitgeteilt. Wie Sie der o. g. Steuermitteilung entnehmen können, entspricht dieses der berechneten Steuer in der Steuererklärung.

Alt.: Die Differenz zu der berechneten Steuer in der Steuererklärung ergibt sich aus folgenden Sachverhalten: ....

Bitte beachten Sie, dass das vorstehende Ergebnis auf den uns vorgelegten Mitteilungen Ihrer Versicherer zu den steuerlich zu berücksichtigenden Vorsorgeaufwendungen beruht. Es kann durch die endgültige Mitteilung Ihrer Versicherer an die Finanzämter zu Abweichungen kommen.

Die Höchstbeträge der Altersvorsorgeaufwendungen sowie der Vorsorgeaufwendungen im aktuellen und folgenden Veranlagungszeitraum wurden von Ihnen noch nicht ausgeschöpft. Um den vollen Höchstbetrag zu erreichen sind zusätzliche Altersvorsorgeaufwendungen i. H. von X.XXX,XX € und zusätzliche Vorsorgeaufwendungen i. H. von X.XXX,XX € notwendig. Beachten Sie, dass bei der Entscheidung über den möglichen Abschluss weiterer Versicherungsverträge neben der steuerlichen Auswirkung im Veranlagungszeitraum der Einzahlung auch immer die steuerliche Auswirkung im Veranlagungszeitraum der Auszahlung zu berücksichtigen ist.

Eine Ausfertigung der Steuererklärung nebst Anlagen ist für Ihre Unterlagen bestimmt.

Die nicht mehr benötigten Belege reichen wir zu unserer Entlastung zurück/**Alt.:** stehen zur Abholung in unserem Büro bereit.

Des Weiteren fügen wir diesem Schreiben unsere Honorarrechnung mit der Bitte um Ausgleich bei.

Sobald Sie vom Finanzamt Steuerbescheide erhalten, bitten wir Sie, diese umgehend an uns zur Prüfung weiterzuleiten, um gegebenenfalls die Rechtsbehelfsfristen einhalten zu können.

Sollten sich hierzu noch Fragen ergeben, stehen wir Ihnen selbstverständlich gern zur Verfügung.

Mit freundlichen Grüßen

1.8.8 Bescheidprüfung

Wenn es gewisse Unsicherheiten aufgrund von formellen Unregelmäßigkeiten von Seiten des Mandanten oder einer unsicheren Rechtslage gibt, dann teile es dem Mandanten vorab im Anschreiben im Rahmen der Steuererklärung zusammen mit den steuerlichen Auswirkungen mit.

Eine Hilfe in dieser Hinsicht ist unsere Checkliste „ESt-Bescheidprüfung“: Das ist eine standardisierte Prüfroutine, die hier Sicherheit gibt.

Das Ziel ist es, den Einkommensteuerbescheid zeitnah im Posteingang zu erfassen und auf formelle Richtigkeit zu überprüfen. Bei uns wird der Bescheid vom Sekretariat erfasst und landet kurz darauf im Dokumentenmanagementsystem des zuständigen Mitarbeiters. Der Mandant erhält dann den geprüften Bescheid im Original zugesandt.

TKP-Checkliste Einkommensteuer – Bescheidprüfung

1 Allgemeines

1	**Allgemeines** Der Bescheid sollte in jedem Fall sorgfältig geprüft und dies dokumentiert werden. Es können Fehler durch das Finanzamt gemacht werden, aber auch unsere Eintragungen in der Steuererklärung können dazu führen, dass der Steuerbescheid fehlerhaft ist.
2	**Kontrolle des Posteingangs und der Fristen** Alle Bescheide sind vom Sekretariat zu erfassen, mit Eingangsstempel zu versehen, einzuscannen und in das Fach des zuständigen Mitarbeiters zu legen bzw. dem Mitarbeiter als Aufgabe zuzuweisen. Insbesondere wenn Bescheide persönlich an den Sachbearbeiter übermittelt werden, ist zwingend die Erfassung durch das Sekretariat durchzuführen.
3	**Prüfung der allgemeinen Daten** Auf Anweisung der Kanzleileitung ist jeder Steuerbescheid innerhalb von drei Arbeitstagen zu prüfen und dem Mandanten zu übersenden.
3.1	**Prüfen der Steuernummer** Prüfung von Finanzamt, Steuernummer und Steueridentifikationsnummer.
3.2	**Bekanntgabe des Steuerbescheides (Rechtsgrundlage § 122 AO)** Wurde der Bescheid an den Mandanten bekanntgegeben, obwohl wir eine Empfangsvollmacht haben? → Rücksprache mit dem Finanzamt. Wenn noch keine Vollmacht vorliegt, ist dem Mandanten eine ausgefüllte Vollmacht zu übersenden und diese nach Unterschrift an das Finanzamt weiterzuleiten.

4	**Prüfung des formellen Inhalts des Steuerbescheids** Der Bescheid ist mit der Steuerberechnung zu vergleichen. Wichtige Prüfpunkte: - anrechenbare Beträge - Vorauszahlungen - Kirchensteuerpflicht - Kinder - Altersvorsorgebeiträge - Berücksichtigung von Verlusten - Erläuterungsteil - Rechtsbehelfsbelehrung Bei Richtigkeit die jeweiligen Werte/Tatbestände auf dem Bescheid abhaken (nicht unbedingt jede Zahl, aber z. B. die Summen).
5	**Bearbeitungsvermerke** Nach Abschluss der Bescheidprüfung ist der Steuerbescheid digital als bearbeitet zu kennzeichnen. Dies geschieht durch den Aufdruck des „DMS-Stempels" mit dem jeweiligen Bearbeitungsvermerk, z. B. „geprüft und in Ordnung.", „Einspruch" oder „Antrag auf Änderung".
6	**Prüfung auf anhängige Verfahren** Alle Steuerbescheide sind auf derzeit anhängige Verfahren zu prüfen: *<Link in kanzleiinterne Steuerrechtsdatenbank einfügen>*
7	**Einspruch**
7.1	**Kontakt mit Mandant aufnehmen** Bevor wir Einspruch einlegen, ist der Mandant zu informieren, wie hoch die Erfolgsaussichten des Rechtsbehelfs sind und dass ggf. weitere Kosten entstehen. Darüber ist eine Aktennotiz anzufertigen.
7.2	**Einlegung des Einspruchs** Nach Information des Mandanten ist der Einspruch umgehend und fristwahrend an das zuständige Finanzamt zu richten. Vorzugsweise sollte die elektronische Kommunikation mit der Finanzverwaltung genutzt werden. Sollte die Einspruchsbegründung durch unvermeidbare Faktoren zu diesem Zeitpunkt noch nicht vorliegen, ist der Einspruch formell einzulegen und darauf hinzuweisen, dass die Begründung später folgt.
8	**Prüfung der Vorauszahlungen** In jedem Fall sollten festgesetzte Einkommensteuervorauszahlungen sachlich und der Höhe nach überprüft werden. Zur Überprüfung steht die Programmverbindung „ESt-Vorausberechnung" zur Verfügung.

9	**Bescheid an Mandant** Nach Prüfung des Bescheids ist dieser dem Mandanten zur Kenntnis zu übersenden. Dies geschieht mit einem Musteranschreiben, in welchem dem Mandanten alle relevanten Sachverhalte dargestellt werden. Hat der Mandant eine Steuernachzahlung zu leisten, ist ihm diese in der Höhe und dem Fälligkeitstag mitzuteilen. Sind vom Mandanten noch Unterlagen beizubringen, so ist dieses unter der Angabe, um welche Unterlagen es sich handelt und Setzen einer Frist zu vermerken.

Andere Kanzleien haben eventuell eine abhakbare Checkliste in ihrem System hinterlegt, die so aussehen könnten:

Checkliste ESt-Bescheidprüfung

Mandant:	Jan Cux	Mandantennummer:	12345
Steuerart:	Einkommensteuer	Veranlagungszeitraum:	2016
Datum des Steuerbescheids:		23. 9. 2017	
(jede Frage ist mit ja/nein/nicht zutreffend zu beantworten)			
Stimmen die allgemeinen Angaben (Name, Adresse, Geburtsdatum usw.)?			
Ist die Religionszugehörigkeit richtig vermerkt?			
Ist die Bankverbindung richtig?			
Sind die Einkünfte aus nichtselbstständiger Arbeit (Bruttoarbeitslohn) richtig erfasst?			
Wurden alle geltend gemachten Werbungskosten berücksichtigt?			
Sind die nicht anerkannten Werbungskosten in den Erläuterungen zum Steuerbescheid aufgeführt?			
Sind die Einnahmen und Werbungskosten/Betriebsausgaben bei den Einkünften aus Vermietung und Verpachtung, selbstständiger Tätigkeit oder Gewerbebetrieb richtig erfasst?			
Wurde der richtige Freibetrag bei gesetzlichen Renten und Pensionen angerechnet?			
Stimmt die Berechnung des Ertragsanteils bei privaten Renten?			
Wurde der Altersentlastungsbetrag abgezogen (wenn nicht, stimmt das angegebene Geburtsdatum)?			
Wurden die geltend gemachten Versicherungsbeiträge, Spenden und anderen Sonderausgaben vollständig berücksichtigt?			
Sind nicht anerkannte Sonderausgaben in den Erläuterungen zum Steuerbescheid aufgeführt?			
Wurde der in Anlage AV beantragte Sonderausgabenabzug berücksichtigt?			
Wurden die angegebenen Krankheitskosten, Unterhaltszahlungen, behinderungsbedingten Aufwendungen und anderen außergewöhnlichen Belastungen anerkannt?			

Wurden alle Frei- und Pauschbeträge angewandt und die zumutbare Belastung fehlerfrei berechnet?	
Wurde bei Abfindungen oder Nachzahlungen von Arbeitslöhnen oder Renten die Fünftel-Regelung angewandt?	
Stimmen die Beträge, die bei haushaltsnahen Dienstleistungen und Handwerkerleistungen angenommen wurden?	
Wurden die richtigen Werte im Zusammenhang mit Steuervorteilen für Eltern (z. B. Kindergeld, Freibeträge für Kinder, Entlastungsbetrag für Alleinerziehende, Ausbildungsfreibetrag) angenommen?	
Ist der Steuerbescheid vorläufig und unterliegt er dem Vorbehalt der Nachprüfung?	
Sonstige Anmerkungen und Hinweise:	
Bescheid ist in Ordnung:	
Bescheid ist fehlerhaft:	
Einspruch/Änderungsantrag am:	
Bearbeiter:	
Datum:	

Wenn du einem Mandanten erklärst, was alles geprüft werden muss, dann hat er bestimmt Verständnis dafür, dass du mit Bearbeitung der Einkommensteuererklärung eine Gebühr für die Bescheidprüfung berechnest.

TKP-TIPP

Berechne gleich mit dem Honorar für die Steuererklärung vorab eine angemessene Pauschale für die Bescheidprüfung. Das erleichtert den Verwaltungsaufwand.

2. Umsatzsteuererklärung

2.1 Vorbereitungshandlungen

Bundesfinanzminister Wolfgang Schäuble wird folgendes Zitat zugeschrieben: *„Manchmal ist die Phantasie des Steuerzahlers größer als die Regelungskraft des Gesetzgebers.“* – Auf kaum einen Bereich trifft dies mehr zu, als den der Umsatzsteuer, wie ich finde.

Vor vielen Jahren saß ich mit einem Kollegen in der Kantine zusammen und wir redeten bei einem Kaffee – wie es bei uns Steuerfachleuten eben so ist – über den Steuersatz.

Und wie ist das mit dem Kaffee? Nun das Thema ist doch immer spannend und zeigt anschaulich, warum die Umsatzsteuer in der Kanzlei kein Nebengeschäft sein sollte.

Natürlich, im Café genossen, unterliegt der Umsatz dem Regelsteuersatz. Wenn man einen „Coffee to go" bestellt, dann fehlt ja das Dienstleistungselement. Der Umsatz ist daher zu versteuern mit? – genau, 19 %! Denn der ermäßigte Steuersatz nach § 12 Abs. 2 Nr. 1 UStG i.V. mit Nr. 12 der Anlage 2 gilt nur für Kaffeebohnen und -pulver – für frisch zubereiteten Kaffee werden immer 19 % USt fällig.

Immer? – Das (Um-die-Ecke-denkende-)Steuerrecht hat natürlich für alles eine Ausnahme!

Wenn es sich um Milchmischgetränke handelt, dann kann der Umsatz auch mit 7 % versteuert werden. Das Milchmischgetränk muss dann einen Anteil an Milch(-erzeugnissen) von mindestens 75 % haben. Das gilt aber nur dann, wenn es sich um tierische Milch handelt, so dass „Milchersatzprodukte" wie Sojamilch nicht darunterfallen. – Bei einem Mandelmilch-Macchiato wären wir also wieder bei unseren 19 % USt!

Wenn du die Umsatzsteuererklärung erstellst, dann übst du eine fachliche Qualitätskontrolle aus, die sehr anspruchsvoll ist und bei der es um viele Details geht. Ein kleiner systematischer Fehler beim Mandanten kann schnell existenzbedrohende Probleme hervorrufen.

TKP-TIPP

Wenn im Rahmen der Umsatzsteuererklärung erhebliche Nachzahlungen/Erstattungen errechnet werden, sollten die entsprechenden Korrekturbeträge vor Abgabe der Erklärung in korrigierten Voranmeldungen an das Finanzamt weitergeleitet werden. Ansonsten wird es im Rahmen des Risikomanagements des Finanzamts zu Rückfragen kommen und so evtl. weitergehende Überprüfungen zur Folge haben.

Auf dem Weg zum Umsatzsteuer-Experten ist es immer wichtig, einen Überblick über die Systematik des Umsatzsteuerrechts zu behalten – gerade im Gespräch mit dem Mandanten mögen ein Stift und ein Blatt Papier oder ein Flipchart sehr hilfreich sein.

2.2 Erläuterungen zur Checkliste

Nur mal ein paar Stichworte zur Notwendigkeit der Checkliste zur Umsatzsteuererklärung:

Wie war das nochmal mit der Kleinunternehmereigenschaft nach § 19 UStG? Das gilt, wenn der Umsatz im vergangenen Jahr 17.500 € nicht überschritten hat und im laufenden Jahr voraussichtlich 50.000 € nicht übersteigen wird. Rumpfwirtschaftsjahre sind hochzurechnen und ein Antrag auf Verzicht hat die Wirkung von fünf Jahren.

Auslandssachverhalte (Anlage UR) erfordern deine besondere Aufmerksamkeit: Sind Umsätze im Rahmen der Voranmeldungen korrekt angegeben worden? Gibt es ungeklärte Posten?

Die Anlage UR ist insbesondere abzugeben bei:

- innergemeinschaftlichen Erwerben,
- innergemeinschaftlichen Dreiecksgeschäften,
- Leistungsempfänger als Steuerschuldner,
- steuerfreien Leistungen,
- Verzicht auf Steuerbefreiungen,
- Leistungsort im Ausland.

TKP-TIPP

Es ist anzuraten, dass für Auslandsumsätze je Land und Art des Umsatzes (Lieferung/Leistung/EU/NON-EU) ein gesondertes Konto geführt wird.

Sollten Korrekturen von Bemessungsgrundlagen oder Vorsteuerbeträgen notwendig werden, dann erfasse diese vorzugsweise in einer berichtigten Umsatzsteuervoranmeldung des betroffenen Monats. Alles andere würde mehr oder weniger dem Risikomanagementsystem der Finanzverwaltung aufstoßen.

Und die Vorsteuerberichtigung? In Grundstücksfällen ist zu prüfen, ob sich die Verhältnisse der Nutzung eines Grundstückes geändert haben. Es muss eine Veränderung in der Nutzung im Verhältnis steuerfreie/steuerpflichtige Verwendung eingetreten sein. Das betrifft Anschaffungs- oder Herstellungskosten innerhalb eines Zeitraums von zehn Jahren (§ 15a Abs. 1 UStG) sowie größere Instandsetzungskosten (mehr als 1.000 € USt) (§ 15a Abs. 3 UStG) – die Verwendungsänderung muss mindestens 10 %-Punkte (oder mehr als 1.000 €) betragen (§ 44 Abs. 2 UStDV).

Vergleiche bei umfangreichen Fällen auch die Eintragungen im Vorjahr. Wenn es größere Abweichungen gibt, untersuche die Gründe dafür.

2.3 Checkliste zur Umsatzsteuererklärung

Es gibt also eine ganze Menge zu beachten.

TKP-TIPP

Unsere Checklisten sind ständig in Bewegung und erheben daher trotz größter Bemühungen keinen Anspruch auf Vollständigkeit.

TKP Checkliste Umsatzsteuer:

1 Änderung der Stammdaten oder der örtlichen Zuständigkeit

Ziel/Nutzen	Zur Vermeidung von Rückfragen und zur Rechtssicherheit sollten Änderungen geprüft werden.

2 Kleinunternehmer-Regelung Soll-/Ist-Besteuerer – prüfen

Ziel/Nutzen	Wird die Kleinunternehmerregelung angewandt, enthält die Steuererklärung nur wenige Daten. Die Frage der Soll- oder Istversteuerung entscheidet über den Zeitpunkt der Entstehung der Steuerschuld. (§§ 19, 20 UStG)

2.1	Prüfung der Kleinunternehmerregelung	Sofern im Vorjahr die Kleinunternehmerregelung (§ 19 UStG) angewandt wurde, ist anhand der Vorjahresumsätze zu prüfen, ob die Voraussetzungen für eine weitere Anwendung noch gegeben sind. (Optimierung/Steuerung der umsatzsteuerlichen Gestaltungsmöglichkeiten)
2.2	Istversteuerung	Grenzwert 500.000 € Wenn die Voraussetzungen des § 20 UStG für die Durchführung der Besteuerung nach vereinnahmten Entgelten vorliegen, ist zu prüfen, ob ein entsprechender Antrag gestellt werden soll.

3 Werte aus Jahresabschluss abgleichen

Ziel/Nutzen	Die Zahlen der Steuererklärung müssen mit denen des Jahresabschlusses übereinstimmen, falls kein vom Kalenderjahr abweichendes Wirtschaftsjahr besteht.
Ziel/Nutzen	Die Zahlen der Steuererklärung müssen mit denen des Jahresabschlusses übereinstimmen, falls kein vom Kalenderjahr abweichendes Wirtschaftsjahr besteht.

3.1	Übernahme der Werte aus dem Jahresabschluss	Der Jahresabschluss enthält für Zwecke der USt-Erklärung, bei entsprechender Verarbeitungsreife, bereits sämtliche Besteuerungsgrundlagen. Diese sind für die Berechnung der Steuer und die Steuererklärungen zu übernehmen. **Die umsatzsteuerrelevanten Daten können i. d. R. aus dem Rechnungswesenprogramm in die USt-Erklärung übernommen werden.**
3.2	Konsolidierungsmandanten?	Eventuell mehrere Mandanten zusammenführen, um eine gemeinsame USt-Erklärung abzugeben.

4 Steuerbarkeit/-ermäßigung/-befreiung prüfen

Ziel/Nutzen	Die Abgrenzung zwischen steuerbaren, steuerbefreiten und steuerpflichtigen Leistungen dient der umsatzsteuerlich zutreffenden Zuordnung von Steuertatbeständen. (§§ 1, 4 bis 8 UStG)

4.1	Prüfung auf umsatzsteuerliche Befreiungen	Nach Übernahme der umsatzsteuerlichen Bemessungsgrundlagen aus der Jahresabschlussbearbeitung ist nochmals eine kritische Prüfung im Hinblick auf deren Steuerbarkeit, Steuerbefreiung bzw. Steuersätze vorzunehmen. Liegen die Voraussetzungen der §§ 4 bis 6a UStG vor?
4.2	Nicht steuerbare Umsätze	Konten der Buchhaltung prüfen.
4.2.1	Geschäftsveräußerung im Ganzen	§ 1 Nr. 1a UStG; BFH v. 28.10.10 - V R 22/09; v. 18.1.12 - XI R 27/08
4.3	Ermittlung der umsatzsteuerlichen Bemessungsgrundlage prüfen	In § 10 EStG wird die Bemessungsgrundlage für Lieferungen, sonstige Leistungen und innergemeinschaftliche Erwerbe bestimmt. Die umsatzsteuerlich passende Bemessungsgrundlage soll angesetzt werden.
4.3.1	Ort der Lieferung (§ 3 Abs. 5a UStG)	Gesetzliche Grundlagen prüfen.
4.3.2	Ort der sonstigen Leistung (§ 3a Abs. 1)	Gesetzliche Grundlagen prüfen.
4.3.3	Innergemeinschaftliche Lieferungen	Gesetzliche Grundlagen prüfen.

4.3.4	Gelangensbestätigung (§ 17 ff. UStDV)	Nachweisvoraussetzungen prüfen und ggf. Gelangensbestätigungen in Vorlage halten.

5 Unentgeltliche Wertabgaben

5.1	Sach- und Nutzungsentnahmen	Neben den typischen Leistungsentgelten unterliegen vielfältige Nebenleistungen (z. B. Sachleistungen) der Umsatzsteuer. Hierauf sind die Daten des Jahresabschlusses bei Erstellung der USt-Erklärung zu prüfen.
5.1.1	Bemessungsgrundlagen richtig ermittelt (§ 10 Abs. 4 UStG)	Liegen alle Berechnungsvorlagen vor?
5.1.2	USt auf Pkw-Nutzung	Berechnungsvorlage zur Akte nehmen, Besonderheiten Elektromobile
5.1.3	private Telefonnutzung (Abschnitt 3.4 Abs. 4 und 10.6 Abs. 3 UStAE)	Berechnungsvorlage zur Akte nehmen
5.1.4	private Gebäudenutzung (§ 15 Abs. 1b UStG)	Berechnungsvorlage zur Akte nehmen

6 Umsatzsteuerlich relevante Sondertatbestände prüfen

6.1	Leistungsempfänger als Steuerschuldner (§ 13b UStG)	Übernahme der Konten mit Plausibilitätsprüfung
6.2	Unberechtigt ausgewiesene Steuer (§ 14c UStG)	Fallbezogene Anlagen
6.3	Berichtigung des Vorsteuerabzugs (§ 15a UStG)	Berechnungsvorlage zur Akte nehmen
6.3.1	Vorsteuerkorrektur wegen Änderung der Nutzungsverhältnisse	- beim Anlagevermögen innerhalb von 5/10 Jahren /v. a. Änderungen bei steuerpflichtiger/ steuerfreier Gebäudevermietung, Pkw-Nutzung - beim Umlaufvermögen zeitlich unbegrenzt, ebenso bei Erhaltungsaufwendungen, Einbau von Bestandteilen, bestimmten sonstigen Leistungen

7 Voraussetzungen VoSt-Abzug prüfen

Ziel/Nutzen	Die rechtzeitige Prüfung der Voraussetzungen für den Vorsteuerabzug ermöglicht eine zeitnahe Vervollständigung der Rechnungen und vermeidet damit Probleme bei späteren Prüfungen, die ggf. nicht mehr beseitigt werden und zu erheblichen Steuernachteilen führen können. (§ 15 UStG)

7.1	Prüfung der Voraussetzungen zum Vorsteuerabzug	Die Erfüllung der tatbestandlichen Voraussetzungen für den Vorsteuerabzug (§ 15 UStG) ist bei der Erstellung der USt-Erklärung einer gesonderten Prüfung zu unterziehen. - Leistung ist ausgeführt worden oder Leistung ist noch nicht ausgeführt worden, es ist aber schon eine Anzahlung geleistet worden. (§ 15 Abs. 1 Satz 1 Nr. 1 UStG) - ordnungsgemäße Rechnung nach § 14, § 14a UStG liegt vor. - in bestimmten Fällen ist eine Kleinbetragsrechnung (§ 33 Nr. 1 UStDV) ausreichend.
7.2	Rechnungen durchsehen	Die vorliegenden Rechnungen sind stichprobenweise dahingehend zu überprüfen, ob sie die formellen Anforderungen für die Gewährung des Vorsteuerabzugs erfüllen.

8 Wahlrechte/Optionsmöglichkeiten prüfen

Ziel/Nutzen	Die Wahrnehmung von Wahlrechten führt ggf. zur Inanspruchnahme des Vorsteuerabzugs. Deshalb ist zwischen den Vorteilen des Vorsteuerabzugs und den Folgen der Steuerpflicht der Umsätze abzuwägen. (§§ 9, 19, 24 UStG)

8.1	Beachtung von Wahlrechten/ Optionsmöglichkeiten	Die Wahlrechte/Optionsmöglichkeiten sind bei der Erstellung der USt-Erklärung auf ihre Anwendbarkeit und Zweckmäßigkeit zu prüfen. Hierbei handelt es sich z. B. um: - Verzicht auf Steuerbefreiung (§ 9 UStG) - Gemischt genutzte Gegenstände (§ 15 UStG) - Kleinunternehmerregelung (§ 19 UStG) (siehe Punkt 1.1) - Berechnung der Steuer nach vereinnahmen Entgelten (§ 20 UStG) (siehe Punkt 1.2) - Sonderregelungen (§ 23 ff. UStG), z. B. Differenzbesteuerung für gebrauchte, bewegliche Gegenstände (§ 25a UStG) und Reiseleistungen (§ 25 UStG)

9 Nachträgliche Korrekturen bei USt/VoSt

9.1	Forderungsausfälle (§ 17 UStG)	Anlagen für das Finanzamt beifügen
9.2	nachträgliche Kaufpreisminderungen/ Änderung der BMG	Dokumentation in Akte hinterlegen
9.3	Rückgängigmachung einer Leistung	Dokumentation in Akte hinterlegen

10 Berechnung der USt-Abschlusszahlung/-Erstattung

Ziel/Nutzen	Eine unzutreffende Eingabe des Vorauszahlungssolls führt zu vermeidbaren Abweichungen bei der Veranlagung. Darüber hinaus sind wesentliche Abweichungen zwischen der USt-Erklärung und der Summe der USt-Voranmeldungen zu überprüfen, da in diesen Fällen i. d. R. Rückfragen durch das Finanzamt ausgelöst werden.

10.1	Werte der USt-Voranmeldungen abgleichen	Das Vorauszahlungssoll, das sich auf Grundlage der Buchhaltung ergibt, ist ggf. mit dem Finanzamt abzustimmen.

11 Korrigierte Umsatzsteuervoranmeldung erstellen

Detailinformation	Bei höheren Nachzahlungen/Erstattungen ist vorzugsweise eine korrigierte USt-Voranmeldung zu erstellen und an das Finanzamt zu übermitteln.

12 Anlage UR

Detailinformation	Die Anlage UR ist insbesondere in folgenden Fällen abzugeben: - innergemeinschaftliche Erwerbe - innergemeinschaftliche Dreiecksgeschäfte - Leistungsempfänger als Steuerschuldner - steuerfreie Leistungen - Verzicht auf Steuerbefreiungen - Leistungsort im Ausland - leistender Unternehmer hat seinen Wohnsitz, Sitz oder Geschäftsleitung außerhalb des Geltungsbereichs des UStG

13 Vergütungsverfahren für ausländische VoSt (§ 18g UStG, § 61 UStDV)

Detailinformation	**Achtung**: Antrag an Bundeszentralamt für Steuern bis 30. 6. des auf das Jahr der Ausstellung der Rechnung folgenden Kalenderjahrs (Ausschlussfrist). Weitere Informationen: http://www.bzst.de/DE/Steuern_International/Vorsteuerverguetung/03_Unternehmer_Drittstaaten/Unternehmer_Drittstaaten_node.html

14 Bearbeitungshinweise abarbeiten

Detailinformation	Die Bearbeitungshinweise im Programm sind vollständig abzuarbeiten (ankreuzen) und ggf. mit entsprechenden Bemerkungen zu versehen.

15 Berechnungslisten ausdrucken und prüfen

Ziel/Nutzen	Die Prüfung der Berechnungslisten auf ihre Plausibilität ist geeignet, die Fehlerrisiken zu vermindern.

15.1	Ausdruck Berechnungslisten	Nach abschließender Ermittlung der steuerlichen Bemessungsgrundlagen sind die Berechnungslisten auszudrucken.
15.2	Überprüfung der Berechnungsergebnisse	Die Berechnungsergebnisse sind vom Sachbearbeiter auf Übereinstimmung mit den ermittelten Berechnungsgrundlagen und auf Plausibilität zu prüfen.

16 Technische Stundung

Detailinformation	Prüfen, ob im Fall einer USt-Erstattung ein Antrag auf technische Stundung/Verrechnungsantrag mit anderen Steuerverbindlichkeiten gestellt werden kann.

17 Vorlage Steuererklärung zur Kontrolle durch Berufsträger/Checkliste ESt abarbeiten

Detailinformation	Vorlage der Erklärung an die Kanzleileitung mit Berechnungsliste und Belegen, Abarbeitung und Ablage (digital) der Checkliste.

18 ggf. Rücksprache mit Mandant vornehmen

Ziel/Nutzen	Vor endgültiger Fertigstellung der Steuererklärungen ist der Mandant über die voraussichtlichen Ergebnisse zu informieren.

18.1	Rücksprache mit Mandanten bei Fällen von wesentlicher Bedeutung	Über das Ergebnis der Steuerberechnungen ist der Mandant in Fällen von **wesentlicher** Bedeutung vor endgültiger Fertigstellung zu unterrichten. Dies dient der frühzeitigen Einstellung auf eine ggf. zu leistende Steuerzahlung bzw. Einplanung einer ggf. zu erwartenden Steuererstattung und schafft darüber hinaus ein vertrauensvolleres Klima zwischen dem Steuerberater und dem Mandanten. Wesentlich heißt, eine relativ hohe Abweichung zu Vorjahren, neue Sachverhalte, einmalige, unübliche und außergewöhnliche Ereignisse.

19 Ergebnisse erläutern und Steuererklärung übergeben

Ziel/Nutzen	Die Inhalte der Steuererklärungen sind dem Mandanten im Rahmen der Übergabe zu erläutern.

19.1	Erläuterung des Ergebnisses	In jedem Fall ist dem Mandanten im Anschreiben das Ergebnis der Steuerberechnung – unabhängig von Übergabeart und -ort – und der sich hieraus ableitenden Nachzahlung/Erstattung darzustellen und zu erläutern.

19.2	Übergabe Original-StErklärungen	Anschließend sind die Steuererklärungen (Komprimierte Steuererklärung und Kopien bzw. ein Freigabeexemplar) zu übergeben (übersenden). § 87d Abs. 3 AO n. F.: Der Auftragnehmer hat dem Auftraggeber die Daten in leicht nachprüfbarer Form zur Zustimmung zur Verfügung zu stellen. Der Auftraggeber hat die ihm zur Verfügung gestellten Daten unverzüglich auf Vollständigkeit und Richtigkeit zu überprüfen." Aus Haftungsgründen muss organisatorisch sichergestellt und dokumentiert sein, dass dem Mandanten die Erklärung vollständig vorliegt und er der Erklärung zustimmt.

20 Ablage der Steuererklärung (digital)

Detailinformation	Ausgeben der vollständigen Berechnungslisten, Beratung, Formulare, Elektronische Steuererklärung, Individuelle Anlagen.

21 Beratungshinweise an Mandanten richten

Ziel/Nutzen	Die Durchführung der Steuererklärungsarbeiten bietet einen wirkungsvollen Ansatz für Beratungshinweise und zukünftige Verhaltensweisen.

21.1	Beratungshinweise erteilen (sofern konkret notwendig)	Wenn aus der Bearbeitung der Steuererklärungen Erkenntnisse für die Zukunft gewonnen wurden, sind diese mit dem Mandanten anzusprechen. Dies ist bei außergewöhnlichen Steuernachzahlungen bzw. Abweichungen notwendig.

22 Rechnung vorbereiten, erstellen und versenden

22.1	Rechnungserstellung	Die Gebührenrechnung ist als Entwurf vorzubereiten und dem Entscheidungsträger zur Freigabe zuzuleiten.
22.2	Rechnungserstellung erfolgt inklusive der Gebühren für die Bescheidprüfung	In allen Rechnungen sind die Gebühren für die zukünftige Prüfung der Bescheide zu den erstellten Steuererklärungen enthalten. D. h. bei der Rechnungserstellung ist die Gebührenposition Bescheidprüfung auszuwählen und die entsprechende Anzahl der zu erwartenden Bescheide bei der Stückzahl zu hinterlegen und dem Mandanten mit in Rechnung zu stellen.

23 Unterschrift der/des Steuerpflichtigen auf der Steuererklärung einscannen und digital ablegen

Detailinformation	Insbesondere bei der Abgabe der Erklärung im Rahmen des Authentifizierungsverfahrens ist die schriftliche Zustimmung der/des Steuerpflichtigen zwingend einzuholen und zu dokumentieren.

Ziel/Nutzen	Stellungnahme der Steuerberaterkammer: Angesichts der strafrechtlich bestehenden Gefahr im Rahmen des Authentifizierungsverfahrens, dass der Steuerberater wegen des Verzichts auf das Unterschriftserfordernis häufiger als früher in den Verdacht der Täterschaft gerät, sollte die inhaltliche Verantwortlichkeit des Mandanten für die Angaben in der Steuererklärung zweifelsfrei dokumentiert werden. Vor der Datenübermittlung ist daher die Bestätigung über die Überprüfung der Angaben sowie der Freigabe der Datenübermittlung für die jeweils angefertigte Steuererklärung durch den Mandanten einzuholen und zu den Akten zu nehmen. Dabei bieten sich u. a. folgende Vorgehensweisen an: - Unterschrift des Steuerpflichtigen auf dem ausgedruckten Formular der Steuererklärung, - (alternativ zur Entlastung des Aktenumfangs) eine gesondert unterzeichnete Freigabeerklärung, in der z. B. das Datum des Schreibens, mit dem die Kopie der Steuererklärung dem Mandanten übermittelt wurde, angegeben ist oder - eine Erklärung des Mandanten via E-Mail mit entsprechendem Inhalt. Sollte die Bestätigung durch eine Unterschrift auf dem Formular eingeholt werden, bietet es sich zur Vermeidung von Irritationen angesichts der langjährigen Erfahrung des Mandanten mit dem ehemaligen Layout der Formulare an, ihm statt eines Ausdrucks der komprimierten Steuererklärung die Standardformulare zu überreichen.

24 Datenübertragung an das Finanzamt vornehmen

Detailinformation	Erst nach Fertigstellung und Unterschrift kann die Datenübertragung ins Rechenzentrum zur Bereitstellung für die elektronische Übermittlung an die Finanzverwaltung oder auch nur zur Datensicherung erfolgen. Die §§ 87a - 87d AO regeln die Datenübermittlungen an die Finanzbehörden.

2.4 Exkurs: Rechtssicherheit bei Auslandssachverhalten

Grundsatz ist, dass jeder Umsatz irgendwo der Umsatzsteuer unterworfen werden muss. Wenn nicht in Deutschland, dann im Ausland. Wenn der Geschäftspartner Unternehmer ist, kannst du i. d. R. von der Umkehr der Steuerschuldnerschaft auf den ausländischen Unternehmer ausgehen. Bei Umsätzen an Nichtunternehmer innerhalb der EU sind Lieferschwellen zu beachten bevor es ernst wird.

Warum haben wir diese vielen Fälle, Sonderfälle und besonderen Sonderfälle? – Nun, jeder Mitgliedstaat der EU möchte etwas vom Mehrwertsteuerkuchen abhaben.

TKP-TIPP

Denke daran: Erwirb dir Spezialwissen zur Umsatzsteuer, dann hast du einen gewissen Vorsprung, den du nutzen musst!

In der laufenden Buchhaltung wurde alles korrekt auf den richtigen Konten erfasst und jeder Beleg ordnungsgemäß verbucht! Oder etwa nicht?

Das ist natürlich nur eine schöne Vorstellung, bei der Vielzahl der Geschäftsvorfälle passieren immer wieder Fehler.

Umsatzsteuerliche Auslandssachverhalte kommen deshalb immer wieder in den Fokus des Finanzamts und dies ist sogar so wesentlich, dass das Finanzamt hier immer wieder ungewöhnliche Wege geht.

Die Finanzverwaltung hat ein Merkblatt zur Beachtung des gemeinschaftsrechtlichen Umsatzsteuermissbrauchsverbots verfasst, welches sie ausgewählten Unternehmern aushändigen will.

Dies stellt ein Novum dar, da die Finanzämter den Empfang und etwaige Erläuterungen per Unterschrift bestätigt haben wollen. Sonst könnte der Vorsteuerabzug gefährdet oder die Steuerbefreiung der innergemeinschaftlichen Lieferungen aufs Spiel gesetzt werden.

Wenn ein Mandant dieses Merkblatt erhält, dann ist das genaugenommen schon eine „gelbe Karte“ und man sollte sich mal genauer mit dem Fall beschäftigen.

Wenn ein Mandant regelmäßige Auslandsbeziehungen hat, z. B. als Kfz-Händler in der Import-/Export-Branche, dann solltest du ihn auf dieses Merkblatt (sog. Berliner Liste) hinweisen:

„1. Beachten Sie die im Merkblatt dargestellten Umstände und sichern Sie sich durch eine sorgfältige Überprüfung Ihrer Vertragspartner ab.

2. Die Überprüfung und deren Ergebnis sollte für jeden Vertragspartner dokumentiert werden.

3. Gegen negative Steuerbescheide, die auf das Merkblatt Bezug nehmen wird Einspruch eingelegt, da das Merkblatt mit der Rechtsprechung des EuGH zum Vorsteuerabzug unvereinbar ist.“

Und hier ist das Merkblatt, in dem insgesamt 40 aus Sicht der Finanzverwaltung verdächtige Umstände aufgezählt werden:

„Merkblatt zur Umsatzsteuer Beachtung des gemeinschaftsrechtlichen Missbrauchsverbots

Ausgangslage

In der Bundesrepublik Deutschland finden immer wieder Umsatzsteuerhinterziehungen in erheblichem Umfang statt, bei denen mehrere Unternehmen auch in grenzüberschreitende Lieferketten eingebunden werden. Die Finanzbehörden haben darauf hinzuwirken, dass Umsatzsteuern nicht verkürzt und Steuererstattungen nicht zu Unrecht gewährt werden. Hierbei werden die Finanzbehörden auch präventiv im Interesse der Sicherstellung des Umsatzsteueraufkommens, zur Vermeidung von Wettbewerbsverzerrungen und zum Schutz steuerehrlicher Unternehmer tätig.

Gemeinschaftsrechtliches Missbrauchsverbot

Nach der Rechtsprechung des Europäischen Gerichtshofs und des Bundesfinanzhofes ist der Vorsteuerabzug zu versagen, wenn auf Grund objektiver Umstände feststeht, dass der Unternehmer wusste oder hätte wissen müssen, dass dieser Umsatz in eine vom Lieferer bzw. Leistenden oder einem anderen Wirtschaftsteilnehmer auf einer vorhergehenden Umsatzstufe begangenen Steuerhinterziehung einbezogen war. Hat das Finanzamt diese objektiven Umstände rechtlich hinreichend nachgewiesen bzw. substantiiert vorgetragen, obliegt es im Rahmen der Feststellungslast dem Unternehmer, dies zu widerlegen. Hierzu muss er die Feststellungen des Finanzamtes durch substantiierte Argumente und Beweise entkräften.

Dies gilt in gleicher Weise für die Beanspruchung der Steuerfreiheit für innergemeinschaftliche Lieferungen und die Haftung für die schuldhaft nicht abgeführte Steuer gem. § 25d UStG.

Betroffene Geschäfte

Das Finanzamt macht den Unternehmer hiermit darauf aufmerksam, dass er bei der Anbahnung und Abwicklung von Geschäften auf ungewöhnliche Geschäftsverhältnisse achten muss. Dem Unternehmer wird deshalb zur Kenntnis gebracht, dass folgende Umstände darauf deuten können, dass ein Unternehmen in einen Umsatzsteuerbetrug eingebunden sein kann.

a) Allgemein

Der Unternehmer wird durch einen Dritten aufgefordert/gebeten, sich an Umsätzen zu beteiligen, bei denen der Dritte z. B. Lieferanten und/oder Abnehmer vermittelt.

Einkaufs- und/oder Verkaufspreise vorgibt.

Zahlungsmodalitäten vorgibt.

Lieferwege vorgibt.

b) Bei einem Kauf

- Der Lieferant bietet Ware an, deren Preis unter dem Marktpreis liegt.
- Der Lieferant ist ein neu gegründetes Unternehmen oder hat gerade seine Geschäftstätigkeit begonnen.
- Der Lieferant ist in der Branche unbekannt.
- Der Gesellschaftszweck des Lieferanten laut Handelsregister entspricht nicht dem tatsächlich ausgeübten oder ist sehr allgemein gehalten.
- Der Lieferant bietet eine Warenmenge an, die für die Größe des Unternehmens und/oder seine fehlenden Erfahrungen in der Branche unüblich sind (z. B. ungewöhnlich hohe Stückzahlen trotz Neugründung).
- Es bestehen Zweifel an der umsatzsteuerlichen Registrierung des Lieferanten.
- Die Geschäftsadresse des Lieferanten ist ungewöhnlich, z. B. eine Büroservice- oder c/o-Adresse.
- Der Lieferant verfügt über keine oder keine angemessenen Lagerräume oder lässt Ware nur über eine Spedition lagern.

- Die verantwortlichen Personen des Lieferanten haben keinen Wohnsitz in der Nähe des Unternehmens oder in Deutschland und/oder sind der deutschen Sprache nicht mächtig.
- Die schriftlichen Anfragen des Lieferanten wirken laienhaft, z. B. bezüglich Briefpapier, Schrift, Logo.
- Der Lieferant hat keinen Internetauftritt.
- Der Lieferant ist ausschließlich über eine Mobilfunknummer und/oder ausländische Telefonnummern erreichbar.
- Die E-Mail-Adresse ist in einem anderen Staat vergeben.
- Der Lieferant bietet Waren an, die der Unternehmer schon einmal eingekauft hat (z. B. identische Fahrzeug-Identifikationsnummer, IMEI-Nummer u. ä. Seriennummern).
- Es gibt keine oder unübliche Reklamationsbedingungen.
- Die Lieferbedingungen sind für die Branche ungewöhnlich.
- Die Waren werden von einem nicht an dem Umsatz beteiligten Unternehmen geliefert.
- Zubehör oder Ausstattung der Ware sind für den Bestimmungsort ungewöhnlich (z. B. ausländische Bedienungsanleitungen, Software, Netzstecker).
- Die vom Lieferanten vorgegebene Zahlungsart ist Barzahlung oder eine ungewöhnliche Zahlungsart.
- Der vom Lieferanten vorgegebene Zahlungsweg ist ungewöhnlich, z. B. Zahlung nicht an den Lieferanten sondern an einen Dritten.
- Das vom Lieferanten angegebene Bankkonto befindet sich nicht in dem Land, in dem das Unternehmen betrieben wird.

c) Bei einem Verkauf

- Der Abnehmer ist ein neu gegründetes Unternehmen oder hat gerade seine Geschäftstätigkeit begonnen.
- Der Abnehmer ist in der Branche unbekannt.
- Der Gesellschaftszweck des Abnehmers laut Handelsregister entspricht nicht dem tatsächlich ausgeübten oder ist sehr allgemein gehalten.
- Es bestehen Zweifel an der umsatzsteuerlichen Registrierung des Abnehmers.
- Die Geschäftsadresse des Abnehmers ist ungewöhnlich, z. B. eine Büroservice- oder c/o-Adresse.
- Der Abnehmer bestimmt, dass die Waren in ein anderes Land geliefert werden sollen, als das, in dem der Abnehmer sein Unternehmen betreibt oder steuerlich registriert ist.
- Die schriftlichen Anfragen des Abnehmers wirken laienhaft, z. B. bezüglich Briefpapier, Schrift, Logo.
- Der Abnehmer hat keinen Internetauftritt.
- Der Abnehmer ist ausschließlich über eine Mobilfunknummer erreichbar.
- Die E-Mail-Adresse ist nicht in dem Staat vergeben, in dem der Abnehmer sein Unternehmen betreibt.
- Der Abnehmer besteht auf ungewöhnliche Lieferbedingungen.
- Der Abnehmer besteht auf Barzahlung oder einer ungewöhnlichen Zahlungsart.

- Die Zahlung erfolgt nicht durch den Abnehmer selbst, sondern einen Dritten, der nicht am Umsatz beteiligt ist.
- Die Zahlung erfolgt aus einem anderen Land, als dem, in dem der Abnehmer sein Unternehmer betreibt.
- Das vom Abnehmer genutzte Bankkonto befindet sich nicht in dem Land, in dem das Unternehmen betrieben wird.

HINWEIS

Liegen objektive Umstände vor, die darauf schließen lassen, dass der Unternehmer in einen Umsatzsteuerbetrug eingebunden war und hat der Unternehmer insbesondere o. g. Anhaltspunkte dafür ignoriert oder übersehen, kann im Einzelfall

- die Versagung des Vorsteuerabzugs (§ 15 UStG),
- die Versagung der Steuerfreiheit bei innergemeinschaftlichen Lieferungen (§ 4 Nr. 1b i.V. mit § 6a UStG) oder
- eine Haftung für schuldhaft nicht abgeführte Steuer (§ 25d UStG)

als mögliche Rechtsfolge in Frage kommen. Der Unternehmer sollte deshalb in der Lage sein, im Einzelfall gegenüber dem Finanzamt dokumentieren zu können, dass aufgetretene Anhaltspunkte untersucht wurden.

Der Unternehmer sollte auch alle ihm zur Verfügung stehenden Angaben über die beteiligten Unternehmer und Kontaktpersonen (Name, Adresse, Telefonnummer, Faxnummer, E-Mail-Adresse) aufbewahren. Treten Bevollmächtige (z. B. Angestellte, Vermittler) auf, sollten Handlungsvollmachten für diese Personen vorgelegt werden.

Vorsorglich wird darauf hingewiesen, dass die Beachtung der Hinweise dieses Merkblattes nicht automatisch zur Gewährung des Vorsteuerabzugs oder der Steuerbefreiung für innergemeinschaftliche Lieferungen führt.

Die o. g. Anhaltspunkte, die auf Umsatzsteuerbetrug hinweisen können, sind nicht abschließend. Der Unternehmer muss auch bei weiteren Auffälligkeiten seiner kaufmännischen Sorgfaltspflicht nachkommen.

Das Merkblatt wurde erläutert durch...

Das Merkblatt wurde ausgehändigt an...

Datum:..................... Empfang wird bestätigt:“

3. Körperschaftsteuererklärung

3.1 Vorbereitungshandlungen

Egal, ob du Vorauszahlungen berechnest, die Körperschaftsteuerrückstellung ermittelst oder die Erklärung erstellst:

TKP-TIPP

Regel Nummer 1 ist immer: Bemessungsgrundlage ist der steuerliche Gewinn!

Wenn du das beachtest, dann hast du bereits das wichtigste Stück Arbeit geleistet.

Hast du einen aktuellen Registerauszug? Bei einer Übertragung von mehr als 50 % der Anteile droht der Verlust der wirtschaftlichen Identität nach § 8 Abs. 4 KStG. Zwischen 25 % und 50 %

kommt es zu einer anteiligen Verlustversagung. Wie schnell kann so ein lange schlummernder Verlustvortrag verlorengehen? Sicher ist sicher!

Wo wir schon beim Verlustvortrag sind: Glaube nicht dem automatischen Übertrag deiner Software, im Zweifel gilt immer der letzte Steuerbescheid.

Sollte im laufenden Veranlagungszeitraum ein Verlust entstanden sein, dann musst du wissen, dass du ein Wahlrecht in Bezug auf die Höhe des Verlustabzugs hast. Im Zweifel musst du beim Finanzamt beantragen, dass ein von Amts wegen festzusetzender Verlustabzug ausgeschlossen ist.

TKP-TIPP

Die Beschränkung des Verlustrücktrags wird im Rahmen der Kennziffern der elektronischen Körperschaftsteuererklärung nicht an das Finanzamt weitergegeben. Übersende dem Finanzamt ein gesondertes Anschreiben zur gewünschten Höhe des Verlustrücktrags.

In den meisten Fällen wird Anlage A (Nichtabziehbare Aufwendungen) auszufüllen sein:

1. Sind die Zahlungen/Erstattungen von Gewerbesteuern abgestimmt?

2. Weitere nicht abziehbare Aufwendungen sind: Geschenke (Grenzen überprüfen), nicht abziehbare Bewirtungsaufwendungen oder Geldbußen

3. Verspätungszuschläge etc. auf nichtabziehbare Steuern, wie die Gewerbesteuer, gehören auch dazu.

Im Fall von Gewinnausschüttungen ist zusätzlich noch die Anlage WA auszufüllen:

1. Liegt ein Gesellschafterbeschluss vor?

2. Füge die ausgefüllte Steuerbescheinigung bei und überprüfe die Zahlung der Kapitalertragsteuer.

3. Wurde die Kirchensteuerpflicht des Gesellschafters mitberücksichtigt?

Außerdem musst du überprüfen, ob sich irgendwelche Änderungen bei Vereinbarungen mit Anteilseignern oder nahestehen Personen ergeben haben. Insbesondere betrifft dies Anstellungs-, Miet-, Pacht- oder Darlehensverträge oder auch Pensionszusagen.

Für Zwecke der Darstellung von Kapitalkonten gibt es entsprechende Feststellungsbescheide. Das mag am Anfang etwas schwer zu verstehen sein, aber nur Mut, wenn du dich einmal reinkniest, dann wirst du das auch noch verstehen.

Du siehst also, so viele Schwerpunkte gibt es gar nicht. Gerade in der Ausbildung zum Steuerfachangestellten kommt aber die Körperschaftsteuer oft etwas zu kurz. Deshalb empfehle ich dir unsere Checkliste:

3.2 Checkliste zur Körperschaftsteuererklärung

TKP-Checkliste Körperschaftsteuer:

Ziel/Nutzen	Bei der Ermittlung des körperschaftsteuerlichen Einkommens ist u. a. auf die Überleitung der Besteuerungsgrundlagen aus der Handels- zur sog. Steuerbilanz zu achten.

1 Änderung der Stammdaten oder der örtlichen Zuständigkeit

Ziel/Nutzen	Zur Vermeidung von Rückfragen und zur Rechtssicherheit sollten Änderungen geprüft werden.

2 Jahresabschluss erstellt und geprüft

3 Pers. und sachliche Steuerpflicht prüfen

Ziel/Nutzen	Die persönliche und sachliche Steuerpflicht bilden die Grundlage für die Verpflichtung zur Erstellung der Steuererklärung. (§§ 1 bis 6 KStG)

3.1	Ermittlung der persönlichen und sachlichen Steuerpflicht	Es ist zu prüfen, ob und inwieweit die Körperschaft der Körperschaftsteuer unterliegt (z. B. §§ 5, 24 KStG).

4 Übergang Handelsbilanz/Steuerbilanz prüfen

Ziel/Nutzen	Das Handelsbilanzergebnis ist zunächst um Positionen zu korrigieren, bei denen die handelsrechtlichen Werte nach steuerlichen Vorschriften nicht zulässig sind, weil Grundlage der Körperschaftsteuer nicht das Handelsbilanzergebnis ist, sondern der nach steuerlichen Vorschriften ermittelte Gewinn. (§§ 7, 8 KStG)

4.1	körperschaftsteuerlichen Ausgangsgewinn ermitteln	Ausgehend vom handelsrechtlichen Gewinn ist für Zwecke der Körperschaftsteuer eine Anpassung an die steuerlichen Einkommensermittlungsregeln vorzunehmen.
4.2	Korrekturen lt. Übergangsrechnung	§ 60 Abs. 2 EStDV
4.3	Nicht ausgleichsfähige Verluste	§ 8 Abs. 4 KStG, §§ 2b, 15 Abs. 4, 15a, 15b EStG
4.4	Zuschläge wegen Rücklagenauflösung	§ 6b Abs. 7 und 8, § 7g Abs. 5 EStG

5 vGA/verd. Einlagen beachten

Ziel/Nutzen	Verdeckte Gewinnausschüttungen sind dem Gewinn hinzuzurechnen und verdeckte Einlagen abzuziehen, weil Grundlage der Körperschaftsbesteuerung nicht der steuerliche Gewinn, sondern das körperschaftsteuerliche Einkommen ist. Bei dessen Ermittlung sind verdeckte Gewinnausschüttungen nicht abzugsfähig und verdeckte Einlagen keine Betriebseinnahmen. (§ 8 Abs. 3 KStG)

5.1	vGA/verdeckte Einlagen ermitteln	Haben **verdeckte Gewinnausschüttungen** den Gewinn gemindert? (z. B. Gesellschaft zahlt zu hohes Entgelt für Leistungen der Gesellschafter?) Angemessenheit? Fremdvergleich? Problemfelder: - Dienst- bzw. Beratungsverhältnisse (Geschäftsführergehalt – fixe/variable Bezüge) - Darlehensverhältnisse - Miet- und Pachtverhältnisse - Lieferverhältnisse - keine klaren, im Vorhinein getroffenen Vereinbarungen mit beherrschendem Gesellschafter.

6 Nicht abziehbare Aufwendungen/Steuerfreie Einnahmen

Detailinformation	Sind im Jahresergebnis nicht abziehbare Aufwendungen enthalten? - Aufwendungen zur Erfüllung von Satzungsaufgaben (§ 10 Nr. 1 KStG) - Steuern (§ 10 Nr. 2 KStG) - Geldstrafen und Ähnliches (§ 10 Nr. 3 KStG) - Hälfte der Aufsichtsratsvergütungen (§ 10 Nr. 4 KStG) Steuerfreie Einnahmen? - Investitionszulagen - Nach DBA steuerfreie Einnahmen - Beteiligungserträge/Veräußerungserlöse i. S. des § 8b KStG (5 %-Regel) - Nicht in das Nennkapital geleistete Einlagen (Vordruck KSt 1 F!) - Spenden? Höchstbetragsberechnung? Verteilung? (§ 9 KStG)

7 Verlustabzug prüfen

Ziel/Nutzen	Der Abzug von Verlusten aus Vorperioden mindert die körperschaftsteuerliche Bemessungsgrundlage. (§§ 10d EStG und 8 Abs. 4 KStG)

7.1	Prüfung Verlustabzug	Der gesondert festgestellte Verlustabzug aus dem Vorjahr ist bei der Ermittlung der körperschaftsteuerlichen Bemessungsgrundlage des Folgejahrs zu berücksichtigen (s. a. § 8 Abs. 4 KStG).

7.1.1	Sanierungsklausel	Sanierungsklausel derzeit wegen EU-Kommission nicht anwendbar → Bescheide unter Vorbehalt der Nachprüfung (§§ 8c Abs. 1 a, 34 Abs. 7c KStG; BMF, Schreiben v. 30. 4. 2010, BStBl 2010 I S. 488; Reaktion auf EUG 18. 12. 2012, T 205-11 beobachten – Klage wg. 1 Tag Fristversäumnis abgewiesen).

8 Verlustrücktrag/-vortrag prüfen

Ziel/Nutzen	Ist das körperschaftsteuerliche Einkommen negativ, so ist das optimale Verlustrücktragsvolumen zu ermitteln. Der restliche Verlust wird vorgetragen. (§§ 10d EStG und 8 Abs. 4 KStG)

8.1	Prüfung Verlustrücktrag/-vortrag	Bei der Ermittlung des körperschaftsteuerpflichtigen Einkommens und der gesonderten Feststellung des vortragsfähigen Verlustes, sind die Regelungen über den Verlustrücktrag/-vortrag zu beachten (s. a. § 8 Abs. 4 KStG). **Hinweis:** Ggf. Verlustrücktragsassistenten nutzen!

9 Besonderheiten nach §§ 27-38 KStG prüfen

9.1	Einlagekonto prüfen	(§ 27 KStG) Das steuerliche Einlagekonto wird über die Wirtschaftsjahre hinweg fortgeschrieben.
9.2	Entwicklung Nennkapital prüfen	(§§ 28, 29 KStG)
9.3	Entwicklung KSt-Guthaben prüfen	(§ 37 KStG)
9.4	KSt-Erhöhung prüfen	(§ 38 KStG)
9.5	Schlussvorschriften prüfen	(§ 34 KStG)

10 Körperschaftsteuerschuld ermitteln

Ziel/Nutzen	§ 23 KStG

10.1	Ermittlung der Körperschaftsteuer	Unter Berücksichtigung der Besonderheiten bei der Ermittlung des körperschaftsteuerlichen Einkommens ist die Körperschaftsteuer durch Anwendung des § 23 KStG zu berechnen.

11 Ausstellung von Steuerbescheinigungen

Detailinformation	a) Über Gewinnausschüttungen/Dividenden – KapESt (§ 45a EStG) - Kapitalertragsteuer-Anmeldung (Vordruck KapESt) - Auf Verlangen Bescheinigung über einbehaltene KapESt b) Über Spenden/Zuwendungen (§§ 48 bis 50 EStDV)

12 Bearbeitungshinweise abarbeiten

Detailinformation	Die Bearbeitungshinweise im Programm sind vollständig abzuarbeiten (ankreuzen) und ggf. mit entsprechenden Bemerkungen zu versehen. Hinweis DATEV-Nutzer: Sofern weitere Bemerkungen notwendig sind, ist hierfür mit der rechten Maustaste auf die Liste Fehler und Hinweise zu gehen, dann „Öffnen zum Bearbeiten", Kommentar/Hinweise geben, anschließend speichern in DMS, weil nach dem Schließen die Kommentare nicht gespeichert werden im ESt-Programm.

13 Berechnungslisten ausdrucken und prüfen

Ziel/Nutzen	Die Prüfung der Berechnungslisten auf ihre Plausibilität ist geeignet, die Fehlerrisiken zu vermindern.

13.1	Ausdruck Berechnungslisten	Nach abschließender Ermittlung der steuerlichen Bemessungsgrundlagen sind die Berechnungslisten auszudrucken.
13.2	Überprüfung der Berechnungsergebnisse	Die Berechnungsergebnisse sind vom Sachbearbeiter auf Übereinstimmung mit den ermittelten Berechnungsgrundlagen und auf Plausibilität zu prüfen.
13.3	Beachtung Zinslauf § 233a AO bei Nachzahlungen	Sofern sich eine Steuernachzahlung ergibt, ist der 15-monatige Zinslauf des § 233a AO zu beachten. Die Festsetzung von Zinsen kann umgangen werden, wenn der Mandant rechtzeitig (vor Beginn des Zinslaufes) den berechneten Betrag als A-Konto-Zahlung an das Finanzamt oder die Gemeinde überweist oder die festgesetzten Vorauszahlungen für das Veranlagungsjahr nachträglich per Antrag angepasst werden. Der Zinslauf ist zu beachten und der Mandant ist darauf hinzuweisen, die KL ist zu informieren.

14 Vorlage Steuererklärung zur Kontrolle durch Berufsträger/Checkliste abarbeiten

Detailinformation	Vorlage der Erklärung an die Kanzleileitung mit Berechnungsliste und Belegen, Abarbeitung der verknüpften Checkliste, Ablage der Checkliste.

15 Ggf. Rücksprache mit Mandant vornehmen

Ziel/Nutzen	Vor endgültiger Fertigstellung der Steuererklärungen ist der Mandant über die voraussichtlichen Ergebnisse zu informieren.

15.1	Rücksprache mit Mandanten bei Fällen von wesentlicher Bedeutung	Über das Ergebnis der Steuerberechnungen ist der Mandant in Fällen von **wesentlicher** Bedeutung vor endgültiger Fertigstellung zu unterrichten. Dies dient der frühzeitigen Einstellung auf eine ggf. zu leistende Steuerzahlung bzw. Einplanung einer ggf. zu erwartenden Steuererstattung und schafft darüber hinaus ein vertrauensvolleres Klima. Wesentlich heißt, eine relativ hohe Abweichung zu Vorjahren, neue Sachverhalte, einmalige, unübliche und außergewöhnliche Ereignisse.

16 Steuervorausschau erstellen und aktuelle Vorauszahlungen prüfen

Ziel/Nutzen	Der Mandant ist über die endgültigen Steuerzahlungen zu informieren. Darüber hinaus sind seine aktuellen Vorauszahlungen auf der Basis der Steuererklärungen und des Verlaufs des Folgejahrs zu überprüfen.

16.1	Prüfung d. künftigen Steuer/Vorauszahlungen	Im Zusammenhang mit der Erstellung der KSt-Erklärungen für das Vorjahr ist ggf. auf der Grundlage der voraussichtlichen Ergebnisse des lfd. Jahrs eine Steuerberechnung vorzunehmen und diese mit dem Mandanten zu besprechen.
16.2	Antrag auf Herabsetzung der Vorauszahlungen prüfen	Die auf das voraussichtliche Ergebnis des lfd. Jahrs entfallende KSt ist ggf. mit den bis dahin festgesetzten Vorauszahlungen abzugleichen. Ggf. ist ein entsprechend begründeter und mit Nachweisen unterlegter Antrag auf Herabsetzung bei der zuständigen Finanzbehörde zu stellen. Im Falle einer zu erwartenden Steuernachzahlung ist der Mandant hiervon in Kenntnis zu setzen.

17 Ergebnisse erläutern und StErkl. übergeben

Ziel/Nutzen	Die Inhalte der Steuererklärungen sind dem Mandanten im Rahmen der Übergabe zu erläutern.

17.1	Erläuterung des Ergebnisses	In jedem Falle ist dem Mandanten im Anschreiben das Ergebnis der Steuerberechnung – unabhängig von Übergabeart und -ort – und der sich hieraus ableitenden Nachzahlung/Erstattung darzustellen und zu erläutern.
17.2	St-Erklärungen übergeben	Anschließend sind die Steuererklärungen (Komprimierte Steuererklärung und Kopien bzw. ein Freigabeexemplar) zu übergeben (übersenden). § 87d Abs. 3 AO n. F.: „Der Auftragnehmer hat dem Auftraggeber die Daten in leicht nachprüfbarer Form zur Zustimmung zur Verfügung zu stellen. Der Auftraggeber hat die ihm zur Verfügung gestellten Daten unverzüglich auf Vollständigkeit und Richtigkeit zu überprüfen.“

18 Ablage der Steuererklärung (digital)

Detailinformation	Ausgeben der vollständigen Berechnungslisten, Beratung, Formulare, Elektronische Steuererklärung, Individuelle Anlagen.

19 Beratungshinweise an Mandanten richten

Ziel/Nutzen	Die Durchführung der Steuererklärungsarbeiten bietet einen wirkungsvollen Ansatz für Beratungshinweise und zukünftige Verhaltensweisen.

19.1	Beratungshinweise erteilen (sofern konkret notwendig)	Wenn aus der Bearbeitung der Steuererklärungen Erkenntnisse für die Zukunft gewonnen wurden, sind diese mit dem Mandanten anzusprechen. Dies ist bei außergewöhnlichen Steuernachzahlungen bzw. Abweichungen notwendig. Außergewöhnlich sind Abweichungen von den mitgeteilten Fibu-Berechnungen September und Dezember und allgemein wenn die Steuer mehr als 1.000 € oder mehr als 20 % von den vorab mitgeteilten Steuerzahlungen oder Zahlungen aus den Vorjahren abweicht.

20 Rechnung vorbereiten, erstellen und versenden

20.1	Rechnungserstellung	Die Gebührenrechnung ist als Entwurf vorzubereiten und dem Entscheidungsträger zur Freigabe zuzuleiten.
20.2	Rechnungserstellung erfolgt inklusive der Gebühren für die Bescheidprüfung	In allen Rechnungen sind die Gebühren für die zukünftige Prüfung der Bescheide zu der erstellten Steuererklärung enthalten. D. h. bei der Rechnungserstellung ist die Gebührenposition Bescheidprüfung auszuwählen und die entsprechende Anzahl der zu erwartenden Bescheide bei der Stückzahl zu hinterlegen und dem Mandanten mit in Rechnung zu stellen.

21 Unterschrift der/des Steuerpflichtigen auf der Steuererklärung einscannen und ablegen

Detailinformation	Insbesondere bei der Abgabe der Erklärung im Rahmen des Authentifizierungsverfahrens ist die schriftliche Zustimmung der/des Steuerpflichtigen zwingend einzuholen und zu dokumentieren.

Ziel/Nutzen	Stellungnahme der Steuerberaterkammer: „Angesichts der strafrechtlich bestehenden Gefahr im Rahmen des Authentifizierungsverfahrens, dass der Steuerberater wegen des Verzichts auf das Unterschriftserfordernis häufiger als früher in den Verdacht der Täterschaft gerät, sollte die inhaltliche Verantwortlichkeit des Mandanten für die Angaben in der Steuererklärung zweifelsfrei dokumentiert werden. Vor der Datenübermittlung ist daher die Bestätigung über die Überprüfung der Angaben sowie der Freigabe der Datenübermittlung für die jeweils angefertigte Steuererklärung durch den Mandanten einzuholen und zu den Akten zu nehmen. Dabei bieten sich unter anderem folgende Vorgehensweisen an: - Unterschrift des Steuerpflichtigen auf dem ausgedruckten Formular der Steuererklärung, - (alternativ zur Entlastung des Aktenumfangs) eine gesondert unterzeichnete Freigabeerklärung, in der z. B. das Datum des Schreibens, mit dem die Kopie der Steuererklärung dem Mandanten übermittelt wurde, angegeben ist oder - eine Erklärung des Mandanten via E-Mail mit entsprechendem Inhalt. Sollte die Bestätigung durch eine Unterschrift auf dem Formular eingeholt werden, bietet es sich zur Vermeidung von Irritationen angesichts der langjährigen Erfahrung des Mandanten mit dem ehemaligen Layout der Formulare an, ihm statt eines Ausdrucks der komprimierten Steuererklärung die Standardformulare zu überreichen.“

22 Datenübertragung an das Finanzamt vornehmen

Detailinformation	Erst nach Fertigstellung und Unterschrift kann die Datenübertragung ins Rechenzentrum zur Bereitstellung für die elektronische Übermittlung an die Finanzverwaltung oder auch nur zur Datensicherung erfolgen. Die §§ 87a bis 87d AO regeln die Datenübermittlungen an die Finanzbehörden.

4. Gewerbesteuererklärung

4.1 Vorbereitungshandlungen

In den überwiegenden Fällen besteht bei der Gewerbesteuer eine Doppelstruktur: Festsetzung des Messbetrags durch das Finanzamt und Erhebung durch die Gemeinde.

TKP-TIPP

Für Änderungen der Bemessungsgrundlage der Gewerbesteuer und die Feststellung des vorläufigen Messbetrags für Vorauszahlungszwecke ist das Finanzamt zuständig. Wenn es um Stundung oder Ratenzahlung der ordnungsgemäß festgesetzten Gewerbesteuer geht, dann ist die Gemeinde zuständig.

Grundsätzlich wird das 3,8-fache des Gewerbesteuermessbetrags von der Einkommensteuer abgezogen, höchstens jedoch der Betrag, der auf die gewerblichen Einkünfte entfällt. Allerdings bringt die Gewerbesteuer-Anrechnung regelmäßig keine vollständige Entlastung. Wenn du das im Blick hast, hast du immer einen kleinen Small-Talk parat, wenn es zum Thema kommt.

TKP-TIPP

Die Inanspruchnahme des Gewerbesteuer-Anrechnungsverfahrens hängt von einer Vielzahl anderer Umstände ab, die mit der GewSt-Belastung nicht das Geringste zu tun haben. Gerade bei Einkünften aus verschiedenen Einkunftsquellen solltest du eine genaue Berechnung im Rahmen der Einkommensteuer vornehmen.

Übrigens, hast du überhaupt schon mal überlegt, ob dein Mandant überhaupt eine Gewerbesteuererklärung abgeben muss?

TKP-TIPP

Wenn der Mandant keine Verlustvorträge hat und der Gewinn dauerhaft unter dem Freibetrag des § 11 Gewerbesteuergesetz von 24.500 € bleibt, kannst du beim Finanzamt unter Hinweis auf § 25 GewStDV formlos die dauerhafte Befreiung von der Abgabepflicht zur Gewerbesteuer beantragen.

Am Anfang musst du dich natürlich immer eine Erklärung abgeben und überlegen, ob überhaupt Einkünfte aus Gewerbebetrieb vorliegen. Alles schon vorgekommen und in Zeiten von Ferienwohnungen, gewerblichem Grundstückshandel, Photovoltaikanlagen und Co. gar nicht so von der Hand zu weisen.

Da ja am Ende immer die zuständige Gemeinde zum Zuge kommen möchte, musst du besonders aufpassen, wenn unterjährig ein Umzug oder eine Erweiterung/Verlegung von Filialen oder Betriebsstätten durchgeführt wurde. Hier gibt es oft die größten Streitpunkte.

TKP-TIPP

In Zerlegungsfällen musst du dir die folgenden Fragen stellen: Wurde die Anzahl der hebeberechtigten Gemeinden geprüft? Wurde der zutreffende Zerlegungsschlüssel gewählt und wurde der Zerlegungsschlüssel auf seine aktuelle Gültigkeit überprüft? Wurde eine zutreffende Gewichtung bei einem vom Regelfall abweichenden Zerlegungsmaßstab vorgenommen? Sind die Gemeinden gegenüber dem Vorjahr identisch?

Die Verlustanrechnung bei der Gewerbesteuer ist i. d. R. etwas einfacher: Es gibt nur einen Verlustvortrag. Aber bitte auch diese vermeintlich einfache Konstellation immer mit dem aktuellen Verlustfeststellungsbescheid überprüfen!

TKP-TIPP

Und dann bitte als Bemessungsgrundlage die steuerliche Gewinnermittlung des Unternehmens als Grundlage heranziehen.

Hat der Mandant im Veranlagungszeitraum einen Betriebsteil oder seinen gesamten Betrieb aufgegeben und einen Veräußerungsgewinn festgestellt? Dann beachte:

TKP-TIPP

Ein Veräußerungsgewinn (auch von Teilbetrieben und Mitunternehmeranteilen) unterliegt nicht der Gewerbesteuer!

Für Hinzurechnungen zur Gewerbesteuer sind nach § 8 GewSt die wichtigsten Regeln:

1. sämtliche anfallenden Zinsaufwendungen, Renten, dauernde Lasten und Gewinnanteile stiller Gesellschafter i. H. von 25 %,

2. 25 % folgenden pauschalierten Finanzierungsanteile:
   - 25 % der Lizenzen und Konzessionen
   - Mieten, Pachten und Leasingraten
     - o davon 20 % bei beweglichen Anlagevermögen,
     - o davon 50 % bei unbeweglichen Vermögen1.

3. die steuerbefreiten sog. Streubesitzdividenden, wenn die Beteiligung an der Kapitalgesellschaft weniger als 15 % beträgt,

4. Spenden i. S. des § 9 Abs. 1 Nr. 2 KStG

Die Summe der Hinzurechnungen muss zwar den Betrag von 100.000 € übersteigen, du musst sie aber trotzdem eintragen. Kleiner Trost: In den meisten Fällen übernimmt deine Software die Übertragung der Werte.

Die wichtigsten Kürzungen sind dagegen (§ 9 GewStG):

► 1,2 % des Einheitswerts des zum Betriebsvermögen gehörenden Grundbesitzes.

Eine Kürzung nur dann erfolgen, wenn der Grundbesitz nicht von der Grundsteuer befreit ist.

► Anteile am Gewinn einer gewerblichen Personengesellschaft.

TKP-TIPP

Solch eine Kürzung anhand des Einheitswert scheint vielleicht sehr unbedeutend zu sein. Aber gerade bei grundbesitzenden Unternehmen kann das merkliche Effekte haben. Für reine Grundstücksunternehmen gibt es sogar eine erweiterte Kürzung, die zu einer vollständigen Gewerbesteuerentlastung führen kann!

4.2 Checkliste zur Gewerbesteuererklärung

Zur Zusammenfassung hier wieder unsere Checkliste:

TKP-Checkliste Gewerbesteuer:

Ziel/Nutzen	Bei der Gewerbesteuererklärung sind neben der Übernahme der Ausgangsgrößen für die Ermittlung des Gewerbeertrages Werte für die Hinzurechnungs- und Kürzungsvorschriften aus dem Jahresabschluss zu entnehmen.

1 Änderung der Stammdaten oder der örtlichen Zuständigkeit

Ziel/Nutzen	Zur Vermeidung von Rückfragen und zur Rechtssicherheit sollten Änderungen geprüft werden.

2 Jahresabschluss/EÜR erstellt und geprüft

3 Allgemeines

Ziel/Nutzen	Die Frage der persönlichen und sachlichen Steuerpflicht ist Grundlage für die Erstellung der Steuererklärung überhaupt. (§§ 2, 3 GewStG)

3.1	Liegt ein Gewerbebetrieb vor?	Steuerpflichtig ist gem. § 2 GewSt zunächst jeder stehende Gewerbebetrieb, soweit er im Inland betrieben wird.
3.1.1	Photovoltaikanlagen	Der Betrieb einer Photovoltaikanlage ist ein eigenständiger gewerblicher Betrieb.
3.1.2	Ferienwohnung	Betrieb gewerblicher Art? Genau prüfen! Ist vom konkreten Einzelfall abhängig.
3.1.3	Gewerblicher Grundstückshandel	Individuelle Umstände sind zu prüfen.
3.2	Gewerbeanmeldung/-ummeldung/-abmeldung	Dokumentation
3.3	Änderung der Rechtsform	Neues Rechtssubjekt entstanden?
3.4	Ist eine Gewerbesteuererklärung abzugeben? (§ 25 GewStDV)	- Gewerbeertrag über 24.500 € - Kapitalgesellschaft - im Vorjahr vortragsfähige Fehlbeträge festgestellt
3.5	abweichendes Wirtschaftsjahr	- Ermittlung des Freibetrags nach § 8 Nr. 1 GewStG - zutreffende Anrechnung der geleisteten Vorauszahlungen, § 19 GewStG

4 GewSt. Ausgangsgewinn ermitteln

Ziel/Nutzen	Zunächst ist das handelsrechtliche Ergebnis um gewerbesteuerlich nicht relevante Teile zu kürzen und um bei der Gewerbesteuer nicht abzugsfähige Teile, wie die Vergütungen an Mitunternehmer, zu erhöhen, um den gewerbesteuerlich maßgeblichen Gewinn zu erhalten. (§ 7 GewStG)

4.1	Ausgangsgewinn ermitteln	Ausgehend vom handelsrechtlichen Gewinn ist für Zwecke der Gewerbesteuer eine Anpassung an die steuerlichen Gewinnermittlungsregeln vorzunehmen.
4.2	Veräußerungs-/Aufgabegewinn	Ein Veräußerungsgewinn unterliegt **nicht** der Gewerbesteuer. (§ 7 Satz 2 GewStG, BFH v. 22. 7. 2010 - IV R 29/07)

5 Hinzurechnungen und Kürzungen ermitteln

Ziel/Nutzen	Die gewerbesteuerlichen Hinzurechnungen und Kürzungen haben erhebliche Auswirkungen auf die Gewerbesteuerschuld. (§§ 8, 9 GewStG)

5.1	Hinzurechnungen (§ 8 GewStG)	**Hinzurechnungen (soweit Gewerbeertrag gemindert)** - Sämtliche Schuldzinsen (nicht nur für Dauerschulden) zu 100 % - Renten, dauernde Lasten (nicht nur für Gründung/Erwerb) zu 100 % - Gewinnanteile stiller Gesellschafter zu 100 % - Miete, Pacht, Leasingzahlungen für bewegliche Wirtschaftsgüter zu 20 % - Miete, Pacht, Leasingzahlungen für unbewegliche Wirtschaftsgüter zu 50 % (nur Kaltmiete) - Konzessionen, Lizenzen zu 25 % - Erbbauzinsen **Zwischensumme der Finanzierungsaufwendungen** abzgl. Freibetrag 100.000 € **übersteigender Betrag x 25 % = Hinzurechnungsbetrag** sowie - Dividenden u. ä. Leistungen (nicht bei Organgesellschaften) - Verluste aus verbundenen Unternehmen - Ausgaben i. S. des § 9 Abs. 1 Nr. 2 KStG - Teilwertabschreibungen wegen Gewinnausschüttungen - bestimmte ausländische Steuern
5.1.1	Hinzurechnungen zu 100 % in GewSt-Erklärung eingetragen?	prozentuale Hinzurechnung erfolgt automatisch
5.2	Kürzungen (§ 9 GewStG)	- 1,2 % des Einheitswerts für **Betriebsgrundstücke** (erweiterte Kürzung bei Grundstücksunternehmen – nicht bei Organschaft (BFH, Urteil v. 18. 5. 2011 - X R 4/10)) - Gewinnanteile aus einer Mitunternehmerschaft - Erträge aus verbundenen Unternehmen **(Schachtelprivileg)** Begünstigte Beteiligungsgrenze 15 %; zu kürzende Erträge sind nicht um mit dem Erwerb der Beteiligung zusammenhängende Aufwendungen zu kürzen - Ausländische Gewinnanteile - Spenden u. ä. Zuwendungen
5.2.1	In Zeile 55 sind die um den Vervielfältiger (§ 121a und § 133 BewG) erhöhten Einheitswerte einzutragen.	
5.2.2	Wurde der Teil des Grundbesitzes ermittelt, der betrieblich genutzt wird?	

5.2.3	Liegen die Voraussetzungen der erweiterten Kürzung nach § 9 Nr. 1 Satz 2 und 3 GewStG vor?	Grundstücksunternehmen

6 Verlustabzug prüfen

Ziel/Nutzen	Der gewerbesteuerliche Verlustabzug mindert die steuerliche Bemessungsgrundlage zur Ermittlung der Steuerschuld. (§ 10a GewStG)

6.1	Prüfung des Verlustabzugs	Zusätzlich zu den einkommen- bzw. körperschaftsteuerlichen Normen sind die abweichenden Regelungen der Berücksichtigung von Gewerbeverlusten (§ 10a GewStG) zu beachten.
6.1.1	Unternehmer- und Unternehmensidentität (R 10a.2 GewStR)	Unternehmensidentität bedeutet, dass der im Abzugsjahr bestehende Gewerbebetrieb **identisch** ist mit dem Gewerbebetrieb, der im Jahr der Entstehung des Verlusts bestanden hat.
6.1.2	Teilbetriebsveräußerung	Liegt eine Teilbetriebsveräußerung vor, stehen die Verluste, soweit sie auf den veräußerten Teilbetrieb entfallen, mangels Unternehmensidentität für eine spätere Kürzung nicht mehr zur Verfügung.
6.1.3	PersG – Änderung der Beteiligungsquote oder Gesellschafterbestand?	Vertragliche Grundlagen beifügen
6.1.4	Prüfung des Verlustfeststellungsbescheids des Vorjahrs der Höhe nach	Prüfung des zugrundeliegenden Bescheids

7 Organschaftsverhältnis

7.1	Liegt ein Organschaftsverhältnis vor?	Vertragliche Voraussetzungen dokumentieren
7.2	Gewerbeertrag der Organgesellschaften zutreffend ermittelt? (Zeile 77)	
7.3	Korrekturbeträge zutreffend ermittelt? (Zeile 78)	§ 8b KStG, § 3 Nr. 40 EStG i.V. mit § 3c Abs. 2 EStG mit § 15 Satz 1 Nr. 2 KStG

8 Gewerbesteuermessbetrag ermitteln

Ziel/Nutzen	Der Gewerbesteuermessbetrag bildet die Grundlage für die Errechnung der Gewerbesteuerschuld. (§ 11 GewStG)

8.1	Ermittlung des Gewerbesteuermessbetrags	Auf die ermittelte gewerbesteuerliche Bemessungsgrundlage ist unter Anwendung der Steuermesszahl der Gewerbesteuermessbetrag zu errechnen. (§ 11 GewStG)

9 Ggf. GewSt-Zerlegung durchführen

Ziel/Nutzen	Bei Unternehmen mit Betriebsstätten in mehreren Gemeinden, bzw. mehrgemeindlichen Betrieben, ermöglicht erst die Zerlegung des Gewerbesteuermessbetrags die Errechnung der Gewerbesteuer, da diese sich durch Anwendung des Hebesatzes der jeweiligen Gemeinde auf den auf diese entfallenden Zerlegungsanteil ergibt. (§§ 28 bis 34 GewStG)

9.1	Zerlegung der Gewerbesteuer	Bei mehreren Betriebsstätten oder mehrgemeindlichen Betriebsstätten hat nach den Regeln der §§ 28 ff. GewStG eine Zerlegung des Gewerbesteuermessbetrags zu erfolgen.
9.1.1	Überprüfung der Gemeinden in Bezug auf Vorjahreswerte	Anlagen des Vorjahrs prüfen
9.1.2	Überprüfung des Zerlegungsmaßstabs (§§ 28 ff. GewStG) bei Betrieben in mehreren Gemeinden	**Grundsätzlich Verhältnis der Arbeitslöhne; d. h. Geld- und Sachbezüge** - ohne steuerfreie Teile - allerdings mit steuerfreien Zuschlägen für Sonntags-, Feiertags- und Nachtarbeit und Zuschläge für Mehrarbeit - ohne Löhne für Auszubildende - ohne gewinnabhängige einmalige Vergütungen - aber mit gewinnunabhängigen Gratifikationen und Tantiemen - ohne sonstige Vergütungen, die 50.000 € übersteigen - Besonderheiten für in mehreren Betriebsstätten tätige Arbeitnehmer - Für in Pers.ges. tätige **(Mit-)Unternehmer** fiktiver Ansatz von insg. 25.000 € In Ausnahmefällen anderer Zerlegungsmaßstab (§ 33 GewStG)

10 Gewerbesteuerschuld ermitteln

Ziel/Nutzen	Die Ermittlung der Gewerbesteuerschuld dient einerseits zur Bildung der GewSt-Rückstellung und andererseits der Information des Mandanten. (§ 16 GewStG)

10.1	Freibeträge/Ermäßigungen prüfen	Freibeträge/Ermäßigungen: a) Freibeträge nach § 11 Abs. 1 GewStG - bei Personenunternehmen (EUR/Pers.Ges.) 24.500 € - bei wirtschaftl. Geschäftsbetrieben (teilweise) befreiter Betriebe 5.000 € b) Ermäßigung für Hausgewerbetreibende (§ 11 Abs. 3 GewStG)

10.2	Ermittlung der Gewerbesteuerschuld	Die Gewerbesteuerschuld ist durch Multiplikation des (ggf. zerlegten) Gewerbesteuermessbetrags mit dem Hebesatz der (jeweiligen) Gemeinde zu berechnen.

11 Bearbeitungshinweise abarbeiten

Detailinformation	Die Bearbeitungshinweise im Programm sind vollständig abzuarbeiten (ankreuzen) und ggf. mit entsprechenden Bemerkungen zu versehen.

12 Berechnungslisten ausdrucken und prüfen

Ziel/Nutzen	Die Prüfung der Berechnungslisten auf ihre Plausibilität ist geeignet, die Fehlerrisiken zu vermindern.

12.1	Ausdruck Berechnungslisten	Nach abschließender Ermittlung der steuerlichen Bemessungsgrundlagen sind die Berechnungslisten auszudrucken.
12.2	Überprüfung der Berechnungsergebnisse	Die Berechnungsergebnisse sind vom Sachbearbeiter auf Übereinstimmung mit den ermittelten Berechnungsgrundlagen und auf Plausibilität zu prüfen.
12.3	Beachtung Zinslauf § 233a AO bei Nachzahlungen	Sofern sich eine Steuernachzahlung ergibt, ist der 15-monatige Zinslauf des § 233a AO zu beachten. Die Festsetzung von Zinsen kann umgangen werden, wenn der Mandant rechtzeitig (vor Beginn des Zinslaufs) den berechneten Betrag als A-conto-Zahlung an das Finanzamt oder die Gemeinde überweist oder die festgesetzten Vorauszahlungen für das Veranlagungsjahr nachträglich per Antrag angepasst werden. Der Zinslauf ist zu beachten und der Mandant ist darauf hinzuweisen, die KL ist zu informieren.

13 Vorlage Steuererklärung zur Kontrolle durch Berufsträger

Detailinformation	Vorlage der Erklärung an die Kanzleileitung mit Berechnungsliste und Belegen, Abarbeitung der verknüpften Checkliste, Ablage der Checkliste (digital).

14 Ggf. Rücksprache mit Mandant vornehmen

Ziel/Nutzen	Vor endgültiger Fertigstellung der Steuererklärungen ist der Mandant über die vorauss. Ergebnisse zu informieren.

14.1	Rücksprache mit Mandanten bei Fällen von wesentlicher Bedeutung	Über das Ergebnis der Steuerberechnungen ist der Mandant in Fällen von **wesentlicher** Bedeutung vor endgültiger Fertigstellung zu unterrichten. Dies dient der frühzeitigen Einstellung auf eine ggf. zu leistende Steuerzahlung bzw. Einplanung einer ggf. zu erwartenden Steuererstattung und schafft darüber hinaus ein vertrauensvolleres Klima zwischen dem Steuerberater und dem Mandanten. Wesentlich heißt, eine relativ hohe Abweichung zu Vorjahren, neue Sachverhalte, einmalige, unübliche und außergewöhnliche Ereignisse.

15 Steuervorausschau erstellen und akt. Vorauszahlung. prüfen

Ziel/Nutzen	Der Mandant ist über die endgültigen Steuerzahlungen zu informieren. Darüber hinaus sind seine aktuellen Vorauszahlungen auf der Basis der Steuererklärungen und des Verlaufs des Folgejahrs zu überprüfen.

15.1	Prüfung d. künftigen Steuer/Vorauszahlungen	Im Zusammenhang mit der Erstellung der GewSt-Erklärungen für das Vorjahr ist ggf. auf der Grundlage der voraussichtlichen Ergebnisse des lfd. Jahrs eine Steuerberechnung vorzunehmen und diese mit dem Mandanten zu besprechen.
15.2	Antrag auf Herabsetzung der Vorauszahlungen prüfen	Die auf das voraussichtliche Ergebnis des lfd. Jahrs entfallende GewSt ist ggf. mit den bis dahin festgesetzten Vorauszahlungen abzugleichen. Ggf. ist ein entsprechend begründeter und mit Nachweisen unterlegter Antrag auf Herabsetzung bei der zuständigen Finanzbehörde zu stellen. Im Falle einer zu erwartenden Steuernachzahlung ist der Mandant hiervon in Kenntnis zu setzen.

16 Ergebnisse erläutern und StErkl. übergeben

Ziel/Nutzen	Die Inhalte der Steuererklärungen sind dem Mandanten im Rahmen der Übergabe zu erläutern.

16.1	Erläuterung des Ergebnisses	In jedem Falle ist dem Mandanten im Anschreiben das Ergebnis der Steuerberechnung – unabhängig von Übergabeart und -ort – und der sich hieraus ableitenden Nachzahlung/Erstattung darzustellen und zu erläutern.

16.2	St-Erklärungen übergeben	Anschließend sind die Steuererklärungen (Komprimierte Steuererklärung und Kopien bzw. ein Freigabeexemplar) zu übergeben (übersenden). § 87d Abs. 3 AO n. F.: "Der Auftragnehmer hat dem Auftraggeber die Daten in leicht nachprüfbarer Form zur Zustimmung zur Verfügung zu stellen. Der Auftraggeber hat die ihm zur Verfügung gestellten Daten unverzüglich auf Vollständigkeit und Richtigkeit zu überprüfen."

17 Ablage der Steuererklärung (digital)

Detailinformation	Ausgeben der vollständigen Berechnungslisten, Beratung, Formulare, Elektronische Steuererklärung, Individuelle Anlagen.

18 Beratungshinweise an Mandanten richten

Ziel/Nutzen	Die Durchführung der Steuererklärungsarbeiten bietet einen wirkungsvollen Ansatz für Beratungshinweise und zukünftige Verhaltensweisen.

18.1	Beratungshinweise erteilen (sofern konkret notwendig)	Wenn aus der Bearbeitung der Steuererklärungen Erkenntnisse für die Zukunft gewonnen wurden, sind diese mit dem Mandanten anzusprechen. Dies ist bei außergewöhnlichen Steuernachzahlungen bzw. Abweichungen notwendig. Außergewöhnlich sind Abweichungen von den mitgeteilten Fibu-Berechnungen September und Dezember und allgemein wenn die Steuer mehr als 1.000 € oder mehr als 20 % von den vorab mitgeteilten Steuerzahlungen oder Zahlungen aus den Vorjahren abweicht.

19 Rechnung vorbereiten, erstellen und versenden

19.1	Rechnungserstellung	Die Gebührenrechnung ist als Entwurf vorzubereiten und dem Entscheidungsträger zur Freigabe zuzuleiten.
19.2	Rechnungserstellung erfolgt inklusive der Gebühren für die Bescheidprüfung	In allen Rechnungen sind die Gebühren für die zukünftige Prüfung der Bescheide der zu erstellten Steuererklärungen enthalten. D. h. bei der Rechnungserstellung ist die Gebührenposition Bescheidprüfung auszuwählen und die entsprechende Anzahl der zu erwartenden Bescheide bei der Stückzahl zu hinterlegen und dem Mandanten mit in Rechnung zu stellen.

20 Unterschrift der/des Steuerpflichtigen auf der Steuererklärung einscannen und digital ablegen

Detailinformation	Insbesondere bei der Abgabe der Erklärung im Rahmen des Authentifizierungsverfahrens ist die schriftliche Zustimmung der/des Steuerpflichtigen zwingend einzuholen und zu dokumentieren.

Ziel/Nutzen	Stellungnahme der Steuerberaterkammer: Angesichts der strafrechtlich bestehenden Gefahr im Rahmen des Authentifizierungsverfahrens, dass der Steuerberater wegen des Verzichts auf das Unterschriftserfordernis häufiger als früher in den Verdacht der Täterschaft gerät, sollte die inhaltliche Verantwortlichkeit des Mandanten für die Angaben in der Steuererklärung zweifelsfrei dokumentiert werden. Vor der Datenübermittlung ist daher die Bestätigung über die Überprüfung der Angaben sowie der Freigabe der Datenübermittlung für die jeweils angefertigte Steuererklärung durch den Mandanten einzuholen und zu den Akten zu nehmen. Dabei bieten sich unter anderem folgende Vorgehensweisen an: - Unterschrift des Steuerpflichtigen auf dem ausgedruckten Formular der Steuererklärung, - (alternativ zur Entlastung des Aktenumfangs) eine gesondert unterzeichnete Freigabeerklärung, in der z. B. das Datum des Schreibens, mit dem die Kopie der Steuererklärung dem Mandanten übermittelt wurde, angegeben ist oder - eine Erklärung des Mandanten via E-Mail mit entsprechendem Inhalt. Sollte die Bestätigung durch eine Unterschrift auf dem Formular eingeholt werden, bietet es sich zur Vermeidung von Irritationen angesichts der langjährigen Erfahrung des Mandanten mit dem ehemaligen Layout der Formulare an, ihm statt eines Ausdrucks der komprimierten Steuererklärung die Standardformulare zu überreichen.

21 Datenübertragung an das Finanzamt vornehmen

Detailinformation	Erst nach Fertigstellung und Unterschrift kann die Datenübertragung ins Rechenzentrum zur Bereitstellung für die elektronische Übermittlung an die Finanzverwaltung oder auch nur zur Datensicherung erfolgen. Die §§ 87a bis 87d AO regeln die Datenübermittlungen an die Finanzbehörden.

5. Feststellungserklärung

5.1 Vorbereitungshandlungen

Die Feststellungserklärung ist ja eigentlich keine „Steuer"erklärung, sondern dient der Feststellung von Besteuerungsgrundlagen.

Hauptanwendungsfall sind Personengesellschaften, wie die Gesellschaft bürgerlichen Rechts (GbR), die KG oder die OHG.

Im Grunde genommen könnten das auch Ehegatten sein, daher denke daran:

TKP-TIPP

Eine Feststellungserklärung für eine Ehegatten-GbR ist nur abzugeben, wenn die Einkünfte unterschiedlichen Einkunftsarten zuzurechnen sind (BFH, Urteil v. 9.10.2008 - IX R 72/07).

Gerade bei Personengesellschaften mit vielen Teilhabern ist Ordnung das halbe Leben:

1. Sind Gesellschafter ein- oder ausgetreten, dann erfasse das Ein- oder Austrittsdatum.

2. Ordne jedem Gesellschafter eine Nummer zu. Hintergrund ist, dass die Finanzverwaltung die Einkünfte nach diesen Kennziffern und nicht nach den Namen des Gesellschafters verteilt. In den amtlichen Erläuterungen der Finanzverwaltung heißt es dazu: „Die Feststellungsbeteiligten sind fortlaufend zu nummerieren und auch dann nur einmal aufzuführen, wenn sie mehrere Anteile gezeichnet haben. Auf diese Nummer wird in den anderen Anlagen Bezug genommen. Die erstmalige Nummerierung ist auch in Folgejahren unbedingt beizubehalten, damit die gespeicherten Daten weiter genutzt werden können. Deshalb ist bei Ausscheiden eines Beteiligten dessen laufende Nummer nicht neu zu belegen."

3. Gibt es Änderungen der Aufteilungsquote?

4. Sind die Verluste des Vorjahres gem. Bescheid überprüft worden?

Die jeweiligen Gewinnermittlungen bzw. Überschussermittlungen sind bei den jeweiligen Einkunftsarten einzutragen. Wenn die Möglichkeit der Übernahme aus einer Software besteht, dann sollte dies genutzt werden, um Übernahmefehler zu vermeiden.

Bevor du die Feststellungserklärung elektronisch authentifiziert an das Finanzamt übersendest, musst du dir die Zustimmung des/der vertretungsberechtigten Gesellschafter einholen.

TKP-TIPP

Sind Vorauszahlungen für Gesellschafter anzupassen? Dann musst du das im Rahmen des Feststellungsverfahrens und nicht beim Gesellschafter beantragen. Stelle einen „Antrag auf Anpassung der steuerlichen Bemessungsgrundlagen für Zwecke von Vorauszahlungen".

5.2 Checkliste zur Feststellungserklärung

Um das noch einmal im umfassenden Rahmen darzustellen, nutzen wir die folgende Checkliste:

TKP-Checkliste

Feststellungserklärung

Ziel/Nutzen	Die einheitliche und gesonderte Gewinn-(Einkünfte-)feststellung beruht auf dem Umstand, dass die Gemeinschaft als solche nicht Gegenstand der Besteuerung ist, sondern die an dieser Beteiligten mit ihren anteiligen Einkünften zur Besteuerung heran gezogen werden. Die Feststellungserklärung stellt somit verfahrensrechtlich eine Einkünfteermittlungs- und -zuordnungserklärung dar.

1 Änderung der Stammdaten oder der örtlichen Zuständigkeit

Ziel/Nutzen	Zur Vermeidung von Rückfragen und zur Rechtssicherheit sollten Änderungen geprüft werden.

2 Jahresabschluss/EÜR erstellt und geprüft

3 Feststellungsgemeinschaft ermitteln

Ziel/Nutzen	Die Ermittlung der Feststellungsgemeinschaft ist notwendig, da sie den Kreis derer darstellt, denen das Gemeinschaftsergebnis steuerlich zuzurechnen ist. Wichtig ist diese Feststellung auch für die Entscheidung, wie Entgelte an diese Person steuerlich zu behandeln sind. (§§ 180 f. AO)

3.1	Ermittlung der Feststellungsgemeinschaft	Es ist zu prüfen, ob eine Gemeinschaft i. S. von § 180 Abs. 1 Nr. 2a AO vorliegt und ggf. welche Personen (Unternehmen) an dieser beteiligt sind.
3.2	Gesellschaftsrechtliche Änderungen prüfen, begründen und belegen	Verträge
3.2.1	Änderungen im Gesellschafterbestand (Ein-/Austritte)	Gesellschafterliste
3.2.2	Eintritt neuer Gesellschafter mit Einbringung Betriebsvermögen	Gesellschafterliste
3.2.3	Veräußerung eines Mitunternehmeranteils	Verträge
3.2.4	Änderungen in der Beteiligungsquote/ Gewinnverteilungsschlüssel	Gesellschaftsvertragliche Regelungen
3.2.5	Wechsel in der Geschäftsführung	Soweit steuerlich relevant
3.2.6	Andere Verzinsung/Zuordnung der Kapitalkonten	Berechnungslisten
3.2.7	Betriebsaufspaltung/Betriebsverpachtung (Durch Gesellschafterwechsel personelle Änderungen)	Verträge
3.2.8	Gezeichnete Einlage laut Handelsregister	HR-Auszug

4 Ergebnis der Gesamthandsbilanz übernehmen

Ziel/Nutzen	Das Ergebnis der Gesamthandsbilanz ist Grundlage auch für die steuerliche Gewinnermittlung. Entscheidend ist dabei das Ergebnis der nach steuerlichen Vorschriften aufgestellten Bilanz.

4.1	Gesamthandsbilanzwerte übernehmen	Die Handelsgesellschaft hat nach handelsrechtlichen Grundsätzen einen Jahresabschluss zu erstellen. Bei der GbR erfolgt die Aufstellung des Jahresabschlusses grundsätzlich nach steuerrechtlichen Regeln.
4.2	Gesamthandsvermögen maßgeblich	Bei Gesamthandsgesellschaften (-gemeinschaften) ist zunächst nur das Vermögen der Gesellschaft zu berücksichtigen, das dem Gesamthandsvermögen (der Verbundenheit aller Gesellschafter/Gemeinschafter) zuzurechnen ist.

5 Werte aus Ergänzungsbilanzen übernehmen

Ziel/Nutzen	Bei der Ergänzungsbilanz geht es gesellschafterbezogen um abweichende Werte für einzelne Wirtschaftsgüter. Diese Werte sind fortzuschreiben und die Veränderung jeweils dem betroffenen Gesellschafter unmittelbar zuzurechnen. Es gibt positive und negative Ergänzungsbilanzen.

5.1	Ergänzungsbilanzwerte übernehmen	Bei Gesamthandsgesellschaften (-gemeinschaften) sind unter bestimmten Voraussetzungen steuerliche Ergänzungsbilanzen zu beachten, deren Ergebnisse in die Besteuerungsgrundlagen einfließen.

6 Werte aus Sonderbilanzen übernehmen

Ziel/Nutzen	In Sonderbilanzen werden positive (z. B. Grundstücke) oder negative (z. B. Darlehen) Wirtschaftsgüter erfasst, die zivilrechtlich einem Mitglied der Gesellschaft/Gemeinschaft persönlich zuzurechnen sind, steuerlich aber z. B. gem. § 15 Abs. 1 Nr. 2 EStG zum (Sonder-) Betriebsvermögen der Gesellschafter (Gemeinschafter) gehören. Das Sonderbilanzergebnis ist dem betroffenen Mitunternehmer direkt zuzurechnen. (§ 15 Abs. 1 Satz 1 Nr. 2 EStG)

6.1	Sonderbilanzwerte übernehmen	Die zum Sonderbetriebsvermögen von Gesellschaftern der Gesellschaft gehörenden Wirtschaftsgüter (z. B. zur Nutzung überlassenen Wirtschaftsgüter und damit verbundene Verbindlichkeiten) sind in Sonderbilanzen darzustellen. Deren Ergebnisse sind bei der Ermittlung der steuerlichen Bemessungsgrundlage zu erfassen.

7 Einkommen von Organträger/Organgesellschaft (§§ 14 bis 19 KStG)

8 Vorabgewinne

9 Sonderbetriebseinnahmen/-ausgaben ermitteln

Ziel/Nutzen	Sonderbetriebsausgaben und Sonderbetriebseinnahmen sind Beträge, die einem Mitunternehmer direkt zugeflossen sind, bzw. allein von ihm getragen wurden, jedoch steuerlich zum Ergebnis der Mitunternehmerschaft gehören. Sie sind im Rahmen des Feststellungsverfahrens unmittelbar dem betreffenden Mitunternehmer zuzurechnen. Eine Berücksichtigung in der persönlichen ESt-Erklärung ist verfahrensrechtlich unzutreffend. (§ 15 Abs. 1 Nr. 2 EStG)

9.1	Ermittlung der Sonderbetriebseinnahmen/-ausgaben	Die Vergütungen für Leistungen der Mitunternehmer an die Mitunternehmerschaft sind als solche zu erfassen und in der Feststellungserklärung anzusetzen. Hierzu gehören insbesondere: Tätigkeitsvergütungen, Miet-/Pachtzinsen, Darlehenszinsen.
9.1.1	Tätigkeitsvergütungen laut Gesellschaftsvertrag	Nachweise aus der Finanzbuchhaltung
9.1.2	Miet-/Pachtzinsen	Nachweise aus der Finanzbuchhaltung
9.1.3	Darlehenszinsen	Nachweise aus der Finanzbuchhaltung

10 Gewerbesteueranrechnungspotenzial prüfen und evtl. Gewinnverteilung optimieren

10.1	Auswirkung von Vorabgewinnen beachten	(BMF, Schreiben v. 24. 2. 2009; v. 22. 12. 2009; v. 25. 11. 2010; BFH, Urteil v. 22. 9. 2011 - IV R 3/10 und IV R 8/09; v. 30. 5. 2012 - IV B 114/11)

11 Einkünfte Teileinkünfteverfahren (§ 3 Nr. 40 EStG)

12 Entwicklung personenbezogener Steuerbegünstigungen (z. B. § 6b EStG)

13 Entwicklung der Entnahmen/Einlagen der einzelnen Gesellschafter

14 Entwicklung der Kapitalkonten (richtige Zuordnung? Verzinsung?)

15 Verlustabzugsbeschränkungen prüfen

Ziel/Nutzen	Insbesondere bei Mitunternehmern, die den Gesellschaftsgläubigern gegenüber nur beschränkt haften, ist der Verlustausgleich auf die Höhe des positiven Kapitals beschränkt. Dies ist bei der Erstellung der Feststellungserklärung zu berücksichtigen. (§ 15a EStG)

15.1	Prüfung der Beschränkungen des Verlustabzugs	Bei nur beschränkt haftenden Gesellschaftern ist die Berücksichtigung von Verlusten nur beschränkt möglich (sog. verrechenbare Verluste). Die sich aus den Regelungen des § 15a EStG ergebenden Besonderheiten sind bei der Feststellungserklärung zu beachten.

16 Gewinnverteilung nach Gesamthandsbilanz nach HGB

17 Korrekturen außerhalb der Bilanz

17.1	Steuerfreie Einnahmen abziehen (z. B. Investitionszulage)	Nachweisvoraussetzungen beachten
17.2	Nicht abziehbare Ausgaben hinzurechnen	Anlage gemäß Gewinnermittlung

18 Bearbeitungshinweise abarbeiten

Detailinformation	Die Bearbeitungshinweise im Programm sind vollständig abzuarbeiten (ankreuzen) und ggf. mit entsprechenden Bemerkungen zu versehen.

19 Berechnungslisten ausdrucken und prüfen

Ziel/Nutzen	Die Prüfung der Berechnungslisten auf ihre Plausibilität ist geeignet, die Fehlerrisiken zu vermindern.

19.1	Ausdruck Berechnungslisten	Nach abschließender Ermittlung der steuerlichen Bemessungsgrundlagen sind die Berechnungslisten auszudrucken.
19.2	Überprüfung der Berechnungsergebnisse	Die Berechnungsergebnisse sind vom Sachbearbeiter auf Übereinstimmung mit den ermittelten Berechnungsgrundlagen und auf Plausibilität zu prüfen.

20 Vorlage Steuererklärung zur Kontrolle durch Berufsträger

Detailinformation	Vorlage der Erklärung an die Kanzleileitung mit Berechnungsliste und Belegen, Abarbeitung der verknüpften Checkliste, Ablage der Checkliste (digital).

21 Ggf. Rücksprache mit Mandant vornehmen

Ziel/Nutzen	Vor endgültiger Fertigstellung der Steuererklärungen ist der Mandant über die voraussichtlichen Ergebnisse zu informieren.

21.1	Rücksprache mit Mandanten bei Fällen von wesentlicher Bedeutung	Über das Ergebnis der Steuerberechnungen ist der Mandant in Fällen von **wesentlicher** Bedeutung vor endgültiger Fertigstellung zu unterrichten. Dies dient der frühzeitigen Einstellung auf eine ggf. zu leistende Steuerzahlung bzw. Einplanung einer ggf. zu erwartenden Steuererstattung und schafft darüber hinaus ein vertrauensvolleres Klima zwischen dem Steuerberater und dem Mandanten. Wesentlich heißt, eine relativ hohe Abweichung zu Vorjahren, neue Sachverhalte, einmalige, unübliche und außergewöhnliche Ereignisse.

22 Steuervorausschau erstellen und akt. Vorauszahlg. prüfen

Ziel/Nutzen		Der Mandant ist über die endgültigen Steuerzahlungen zu informieren. Darüber hinaus sind seine aktuellen Vorauszahlungen auf der Basis der Steuererklärungen und des Verlaufes des Folgejahrs zu überprüfen.
22.1	Prüfung d. künftigen Steuer/Vorauszahlungen	Im Zusammenhang mit der Erstellung der Feststellungserklärungen für das Vorjahr ist ggf. auf der Grundlage der voraussichtlichen Ergebnisse des lfd. Jahres eine Steuerberechnung vorzunehmen und diese mit dem Mandanten zu besprechen.
22.2	Antrag auf Herabsetzung der Vorauszahlung prüfen	Die auf das voraussichtliche Ergebnis des lfd. Jahres entfallende Steuer ist ggf. mit den bis dahin festgesetzten Vorauszahlungen abzugleichen. **Ggf. ist eine „Gesonderte Feststellung zur Festsetzung von Besteuerungsgrundlagen für Zwecke von Vorauszahlungen" zu beantragen.** Im Falle einer zu erwartenden Steuernachzahlung ist der Mandant hiervon in Kenntnis zu setzen.

23 Ergebnisse erläutern und StErkl. übergeben

Ziel/Nutzen		Die Inhalte der Steuererklärungen sind dem Mandanten im Rahmen der Übergabe zu erläutern.
23.1	Erläuterung des Ergebnisses	In jedem Falle ist dem Mandanten im Anschreiben das Ergebnis der Steuerberechnung – unabhängig von Übergabeart und -ort – und der sich hieraus ableitenden Nachzahlung/Erstattung darzustellen und zu erläutern.
23.2	St-Erklärungen übergeben	Anschließend sind die Steuererklärungen (Ausdruck) zu übergeben (ubersenden). § 87d Abs. 3 AO n. F.:"Der Auftragnehmer hat dem Auftraggeber die Daten in leicht nachprüfbarer Form zur Zustimmung zur Verfügung zu stellen. Der Auftraggeber hat die ihm zur Verfügung gestellten Daten unverzüglich auf Vollständigkeit und Richtigkeit zu überprüfen." Aus Haftungsgründen muss organisatorisch sichergestellt und dokumentiert sein, dass dem Mandanten die Erklärung vollständig vorliegt und er der Erklärung zustimmt.

24 Ablage der Steuererklärung (digital)

Detailinformation	Ausgeben der vollständigen Berechnungslisten, Beratung, Formulare, Elektronische Steuererklärung, Individuelle Anlagen.

25 Beratungshinweise an Mandanten richten

Ziel/Nutzen	Die Durchführung der Steuererklärungsarbeiten bietet einen wirkungsvollen Ansatz für Beratungshinweise und zukünftige Verhaltensweisen.

25.1	Beratungshinweise erteilen (sofern konkret notwendig)	Wenn aus der Bearbeitung der Steuererklärungen Erkenntnisse für die Zukunft gewonnen wurden, sind diese mit dem Mandanten anzusprechen. Dies ist bei außergewöhnlichen Steuernachzahlungen bzw. Abweichungen notwendig. Außergewöhnlich sind Abweichungen von den mitgeteilten Fibu-Berechnungen September und Dezember und allgemein wenn die Steuer mehr als 1.000 € oder mehr als 20 % von den vorab mitgeteilten Steuerzahlungen oder Zahlungen aus den Vorjahren abweicht.

26 Rechnung vorbereiten, erstellen und versenden

26.1	Rechnungserstellung	Die Gebührenrechnung ist als Entwurf vorzubereiten und dem Entscheidungsträger zur Freigabe zuzuleiten.
26.2	Rechnungserstellung erfolgt inklusive der Gebühren für die Bescheidprüfung	In allen Rechnungen sind die Gebühren für die zukünftige Prüfung der Bescheide zu den erstellten Steuererklärungen enthalten. D. h. bei der Rechnungserstellung ist die Gebührenposition Bescheidprüfung auszuwählen und die entsprechende Anzahl der zu erwartenden Bescheide bei der Stückzahl zu hinterlegen und dem Mandanten mit in Rechnung zu stellen.

27 Unterschrift des/der Steuerpflichtigen auf der Steuererklärung einscannen und digital ablegen

Detailinformation	Insbesondere bei der Abgabe der Erklärung im Rahmen des Authentifizierungsverfahrens ist die schriftliche Zustimmung der/des Steuerpflichtigen zwingend einzuholen und zu dokumentieren.

Ziel/Nutzen	Stellungnahme der Steuerberaterkammer: Angesichts der strafrechtlich bestehenden Gefahr im Rahmen des Authentifizierungsverfahrens, dass der Steuerberater wegen des Verzichts auf das Unterschriftserfordernis häufiger als früher in den Verdacht der Täterschaft gerät, sollte die inhaltliche Verantwortlichkeit des Mandanten für die Angaben in der Steuererklärung zweifelsfrei dokumentiert werden. Vor der Datenübermittlung ist daher die Bestätigung über die Überprüfung der Angaben sowie der Freigabe der Datenübermittlung für die jeweils angefertigte Steuererklärung durch den Mandanten einzuholen und zu den Akten zu nehmen. Dabei bieten sich unter anderem folgende Vorgehensweisen an: - Unterschrift des Steuerpflichtigen auf dem ausgedruckten Formular der Steuererklärung, - (alternativ zur Entlastung des Aktenumfangs) eine gesondert unterzeichnete Freigabeerklärung, in der z. B. das Datum des Schreibens, mit dem die Kopie der Steuererklärung dem Mandanten übermittelt wurde, angegeben ist oder - eine Erklärung des Mandanten via E-Mail mit entsprechendem Inhalt. Sollte die Bestätigung durch eine Unterschrift auf dem Formular eingeholt werden, bietet es sich zur Vermeidung von Irritationen angesichts der langjährigen Erfahrung des Mandanten mit dem ehemaligen Layout der Formulare an, ihm statt eines Ausdrucks der komprimierten Steuererklärung die Standardformulare zu überreichen.

28 Datenübertragung an das Finanzamt vornehmen

Detailinformation	Erst nach Fertigstellung und Unterschrift kann die Datenübertragung ins Rechenzentrum zur Bereitstellung für die elektronische Übermittlung an die Finanzverwaltung oder auch nur zur Datensicherung erfolgen. Die §§ 87a bis 87d AO regeln die Datenübermittlungen an die Finanzbehörden.

V. Betriebsprüfung

Eine meiner ersten Betriebsprüfungen fand bei einem Restaurantbetreiber statt. Rechtzeitig vor Prüfung hatte mein Chef nochmals gefragt, wie das mit dem Kassensystem im Restaurant denn so laufe und ob da irgendwo mal das klassische Spiel mit den Stornobuchungen gemacht wurde. Der Mandant versicherte, dass er sowas nie gemacht hätte. Am dritten Tag der Prüfung erfolgte dann die Überprüfung der elektronischen Kassen. Seltsam, dass regelmäßig Stornobuchungen in erheblicher Höhe mit dem Kassenschlüssel des Mandanten durchgeführt wurden – leichtes Spiel für den Prüfer und eine saftige Steuernachzahlung waren die Folge. Auch so kann eine Betriebsprüfung laufen.

Einen grundlegenden theoretischen Überblick geben wir euch in den vertiefenden Inhalten (unter C., V. Betriebsprüfung S. 352).

In manchen Kanzleien ist es üblich, dass Betriebsprüfungen nur vom Kanzleileiter selbst oder angestellten Steuerberatern betreut werden. Steuerfachangestellte arbeiten dem betreuenden Kollegen/Vorgesetzten dann zu. Wichtig ist daher, dass du immer erst mal fragst oder beobachtest wie das in deiner Kanzlei gehandhabt wird. Darfst du dem Prüfer Unterlagen zusenden? Oder darf das nur der Chef machen? Darfst du Auskünfte erteilen? Wenn das aus deiner Sicht nicht klar ist, sei lieber zurückhaltend und besprich mit deinem Chef oder einem erfahrenen Mitarbeiter, was du machen sollst und darfst und was nicht.

Trotzdem solltest du gegenüber dem Prüfer jederzeit so freundlich wie möglich sein – übertreiben muss man es aber natürlich auch nicht. Eine „gute Chemie" zwischen Betriebsprüfer und Steuerberater/Mandant ist nicht weniger wichtig, als fachliches Wissen. Und am Ende läuft es i. d. R. auf einen Kompromiss hinaus, der in einer entspannten und freundlichen Stimmung deutlich leichter zu erzielen ist als in aufgeheizter Atmosphäre.

Bei TKP handhaben wir die Betriebsprüfungen so, dass grundsätzlich jeder Sachbearbeiter für die Prüfung seines Mandanten verantwortlich ist. Hierfür haben wir ein einheitliches Vorgehen entwickelt. Der Sachbearbeiter stellt dem Prüfer alle gewünschten Unterlagen zur Verfügung und übernimmt auch die Kommunikation mit dem Prüfer. Bei Unsicherheiten ist natürlich immer ein Steuerberater ansprechbar. Stellen wir uns nun also vor du erhältst für einen deiner Mandanten eine Prüfungsanordnung. Du gehst zu deinem Chef und der sagt: „Prima Übungsfall für Sie. Legen Sie mal los – wenn Fragen sind, sprechen Sie mich an...". Wie fängst du an? An was solltest du denken?

1. Anlage einer Vorgangsmappe und Prüfungsbegleitordner

Wie fast immer in unserer Branche ist es sinnvoll, einen Ordner für die Betriebsprüfung anzulegen, in der der gesamte Inhalt zum Fall enthalten ist. Wenn ihr in deiner Kanzlei DATEV DMS nutzt, ist auch eine sog. Vorgangsmappe in DMS sinnvoll. So findet man selbst, aber auch Kollegen und der Vorgesetzte immer alle Unterlagen. Folgendes Inhaltsverzeichnis hat sich dabei bei uns bewährt:

- Prüfungsanordnung
- Bescheide/Prüfungsbericht
- Prüfungsfeststellungen und Stellungnahmen
- Protokolle der Besprechungen mit dem Prüfer

- Schriftverkehr
- Kontennachweise zur Bilanz und Gewinn- und Verlustrechnung (pro Prüfungsjahr)
- Entwicklung des Anlagevermögens (pro Prüfungsjahr)
- wichtige Vertragsunterlagen
- ggf. Checklisten

Das Inhaltsverzeichnis kann natürlich auch ergänzt werden, wenn dies den Fall übersichtlicher macht.

2. Prüfungsanordnung bearbeiten/prüfen

Die rechtzeitige Einlegung von Rechtsmitteln gegen rechtswidrige Prüfungsanordnungen oder Teile davon wahrt die Rechte des Mandanten. Daher sollten wir die Prüfungsanordnung auf formelle Fehler prüfen:

Prüfung der Verjährung	Es ist zu prüfen, ob hinsichtlich der zu prüfenden Sachverhalte bereits Festsetzungsverjährung eingetreten ist. Zeiträume, in denen bereits Festsetzungsverjährung eingetreten ist, können zwar geprüft werden, die Bescheide der entsprechenden Veranlagungszeiträume dürfen jedoch nicht mehr geändert werden. Dabei sind insbesondere die Anlaufhemmung (§ 170 AO), Festsetzungsfrist (§ 169 AO) und ggf. eine Ablaufhemmung (§ 171 AO) zu beachten.
Prüfung formeller Voraussetzungen	Die Prüfungsanordnung muss durch die zuständige Behörde ergangen sein. Die Schriftform der Prüfungsanordnung muss eingehalten werden. Die Rechtsbehelfsbelehrung muss vorhanden sein. Es dürfen keine Einwendungen gegen die Person des Prüfers vorhanden sein (§§ 195 ff. AO).
Prüfung der korrekten Bezeichnung	Es ist zu prüfen, ob die folgenden Bezeichnungen in der Prüfungsanordnung richtig sind: - bei Einzelunternehmen: Name und genaue Adresse des Inhabers, - bei BGB-Gesellschaft: Name bzw. Firma (evtl. des Vertreters) und genaue Adresse, - bei OHG, KG: Name bzw. Firma (evtl. des Vertreters) und genaue Adresse, - Kapitalgesellschaften: Firma und genaue Adresse, - Gesellschaft nach Liquidation: Name und genaue Adresse eines jeden früheren Gesellschafters, - Prüfung einzelner Gesellschafter oder Ehegatten: Name und genaue Adresse der Gesellschafter oder Ehegatten, - bei Empfangsvollmacht des Steuerberaters: Bekanntgabe an den Steuerberater mit genauer Adresse.

Prüfung der Zulässigkeitsvoraussetzungen	Es ist zu prüfen, ob die Außenprüfung nach § 193 AO i.V. mit § 4 Abs. 3 BpO zulässig ist.
Prüfung Zeitpunkt der Bekanntgabe	Es ist zu prüfen, ob die Prüfungsanordnung dem Steuerpflichtigen angemessene Zeit vor dem Beginn der Prüfung bekannt gegeben worden ist (§ 197 AO).
Hinweis Selbstanzeige § 371 AO/Berichtigung § 153 AO	Mit dem Mandanten sollte besprochen werden, dass eine Selbstanzeige mit Bekanntgabe der Prüfungsanordnung nicht mehr zur Straffreiheit führt (§ 371 Abs. 2 Nr. 1a) AO). Zudem ist zu klären, ob Gründe für die Berichtigung der Steuererklärungen nach § 153 AO vorliegen. Sollten diese vorliegen, ist das weitere Vorgehen mit einem Steuerberater zu besprechen.

3. Prüfungstermin und Prüfungsort

Die einvernehmliche Festlegung des Prüfungstermins zwischen Prüfer, Mandant und Steuerberater stellt sicher, dass alle wichtigen Personen während der Prüfung zur Verfügung stehen.

Termin- und Ortsabstimmung	Der in der Prüfungsanordnung vorgeschlagene Termin für den Beginn der Prüfung sowie der Prüfungsort sind mit dem Mandanten und dem Betriebsprüfer abzustimmen. Dabei ist zu beachten, dass die Prüfung grundsätzlich in den Geschäftsräumen des Mandanten zu erfolgen hat (§ 6 BpO). Sinnvoll ist es zudem, dem Prüfer eine Ansprechperson zu nennen, die sich um Rückfragen vor Ort kümmert. Der Prüfer darf grundsätzlich alle Mitarbeiter im Betrieb befragen, auch diejenigen, die nicht als Auskunftspersonen benannt wurden (§ 8 Abs. 2 BpO). Nach Möglichkeit sollte die Prüfung gerade bei kleineren Mandanten beim Steuerberater erfolgen. Auskunftsperson ist dann der Steuerberater bzw. du als Sachbearbeiter. Bei der Abstimmung des Termins für den Prüfungsbeginn ist der Prüfer auf die Terminierung einer evtl. Betriebsbesichtigung anzusprechen. Der zuständige Steuerberater sollte an der vom Betriebsprüfer gewünschten Betriebsbesichtigung teilnehmen, um dem Prüfer aus seiner Sicht notwendige Erläuterungen zu den Betriebsabläufen zu geben.
Reservierung Betriebsprüferzimmer	In unserer Kanzlei gibt es ein separates Zimmer für den Betriebsprüfer. Dieses Prüferzimmer sollte natürlich für den geplanten Zeitraum der Prüfung reserviert werden.

Schreiben an Mandant	Nach Abstimmung des Termins und des Ortes der Prüfung sollte der Mandant informiert werden. **TKP-Tipp:** In der Regel hilft es sowohl uns als auch dem Mandanten, wenn zumindest in groben Zügen klar ist, was auf uns zukommt. Natürlich ist jede Prüfung anders und hat andere Schwerpunkte, aber insgesamt ist der Ablauf doch immer ähnlich. Bei uns erhält der Mandant daher neben einem Anschreiben (siehe S. 253) auch einen Mandantenflyer „Betriebsprüfung" zur Information.
Endabnahme Prüferzimmer	Einen Tag vor Prüfungsbeginn sollte ein Mitarbeiter das Prüferzimmer kontrollieren: Ist alles sauber und in Ordnung? Befinden sich **nur** die Unterlagen und Ordner des zu prüfenden Mandanten im Prüfungszimmer?

4. Datenträger erstellen

Der Betriebsprüfer bekommt einen Datenträger mit den elektronischen Daten des Prüfungszeitraums (GDPdU-Export).

Prüfung Datenbestände	Der Sachbearbeiter sollte den Datenbestand dahingehend überprüfen, dass alle Vorläufe festgeschrieben und vollständig an das Rechenzentrum gesendet wurden. Sollte dies nicht der Fall sein, ist die Festschreibung und Übermittlung ans Rechenzentrum nachzuholen. Hierbei ist darauf zu achten, dass arbeitstäglich nur ein Jahr an das Rechenzentrum gesendet werden kann.
Anforderung und Weiterleitung Datenträger (Archiv-CD)	- Der Abruf der Archiv-CD erfolgt im Programm. - Die Archiv-CD sollte mindestens zwei Wochen vor Prüfungsbeginn im Rechenzentrum angefordert werden. - Die Archiv-CD sollte anschließend zusammen mit dem Fragebogen zum EDV-System spätestens eine Woche vor Prüfungsbeginn dem Betriebsprüfer zugesendet werden.

5. Prüfungsunterlagen

Bezüglich der Prüfungsunterlagen ist es wichtig, dass

- der Prüfer alle benötigten Unterlagen zeitnah erhält,
- der Prüfer keine Informationen erhält, die ggf. nicht für Ihn bestimmt sind und
- das jederzeit nachvollziehbar ist, welche Unterlagen dem Prüfer vorliegen.

Anforderung Unterlagen	Da die Belege zur Buchführung in den meisten Fällen an den Mandanten zurück geschickt werden, sobald die Verbuchung erfolgte, muss der Mandant nun informiert werden, welche Unterlagen für die Betriebsprüfung vorzulegen sind. Je nach Prüfungsschwerpunkt sind alle Buchführungsbelege und Verträge der Prüfungszeiträume bereitzuhalten. Die Unterlagen sollten eine Woche vor Beginn der Prüfung in der Kanzlei vorliegen.
Durchsicht eingereichter Unterlagen	Es ist sinnvoll, die Unterlagen des Mandanten stichprobenartig auf Vollständigkeit durchzusehen.
Durchsicht besonderer Belege	Besondere Belege (z. B. Bewirtung, Geschenke, Vorsteuerausweis, Ausfuhrnachweise usw.) sollten unbedingt vorab gesichtet werden.
Eigene Unterlagen und Verträge zusammenstellen	Auch die relevanten Unterlagen des Steuerberaters beispielweise die Arbeitspapiere der Jahresabschlusserstellung oder aktuelle unterzeichnete Verträge sollten zusammengestellt werden.

6. Prüfungsbegleitung

Eröffnungsgespräch	In dem Eröffnungsgespräch zwischen Steuerberater, Sachbearbeiter, Betriebsprüfer und Mandant wird auf ggf. vorhandene Besonderheiten des Mandanten hingewiesen. Außerdem werden die Vorgehensweise des Prüfers und die Art der Kommunikation besprochen. In erster Linie lernen sich aber alle Beteiligten erst mal kennen.
Kommunikation mit dem Prüfer	Sinnvoll ist es aus unserer Sicht, wenn der Prüfer einen Fragenkatalog erstellt, der dann in Ruhe durch dich abgearbeitet werden kann. Zu klären ist dann jedoch, ob der Prüfer die Beantwortung der Fragen am Ende eines Tages oder erst am Ende einer Woche wünscht. Alle Gespräche/Telefonate mit dem Betriebsprüfer sollten protokolliert werden. Auch dies dient dazu festzuhalten, welche Informationen der Betriebsprüfer erhalten hat.

Rückfragen des Prüfers	Die Rückfragen des Betriebsprüfers sollten vollständig und zeitnah durch dich erledigt werden. Die Diskussionspunkte sind dabei je nach Branche verschieden. Oft geht es aber um folgende Themen: - Sind Betriebsausgaben tatsächlich betrieblich veranlasst? - Kann der betriebliche Anlass bei Bewirtungskosten nachgewiesen werden? - Ist der Anteil der Privatfahrten des Firmenautos tatsächlich so gering? - Dienen Anschaffungen tatsächlich dem Betrieb oder werden sie privat genutzt? - Deckt das erklärte Einkommen den Lebensunterhalt des Steuerpflichtigen? - Sind die Zahlungen an Familienangehörige fremdüblich? Einige Feststellungen können durch geeignete Unterlagen und Nachweise schnell ausgeräumt werden. Sollten notwendige Unterlagen und Antworten auf Fragen des Prüfers fehlen, können diese kurzfristig beim Mandanten angefordert werden. In Ausnahmefällen ist es bei erheblichen zeitlichen Verzögerungen möglich, dass ein sog. Verzögerungsgeld gem. § 146 Abs. 2b AO festsetzt wird.
Rückmeldung an Mandanten	Für Mandanten ist eine Betriebsprüfung oft eine ungewohnte und daher unangenehme Situation. Während der Betriebsprüfung freut sich der Mandant daher, wenn er in regelmäßigen Abständen (mindestens alle zwei Wochen) über den aktuellen Stand und die Entwicklungen im Rahmen der Betriebsprüfung telefonisch oder im direkten Gespräch informiert wird. Schließlich geht es im Zweifel um sein Geld. Hierzu kann man sich beispielweise einen Wiederholungstermin im Kalender einrichten.
Prüfungsfeststellungen	Am Ende der Prüfung erstellt der Prüfer eine Übersicht über seine Prüfungsfeststellungen. Die Feststellungen des Prüfers sind auf Richtigkeit zu prüfen. Sinnvoll ist es für jede Prüfungsfeststellung eine Stellungnahme vorzubereiten. Diese sollte neben der Feststellung des Prüfers, den zugrundeliegenden Sachverhalt beschreiben und eine rechtliche Würdigung enthalten. Zudem ist es sinnvoll die Unterlagen zum Sachverhalt beizufügen. So kann der zuständige Steuerberater sich schnell einen Überblick über die Feststellungen und die zugrunde liegenden Sachverhalte machen. Außerdem dient die Dokumentation und Abarbeitung auch der Vorbereitung der Schlussbesprechung.

Steuerstrafverfahren: Möglichkeiten der Steuerfahndung	In seltenen Fällen kommt es bei Betriebsprüfungen zum Verdacht einer Steuerstraftat. Können die Vorwürfe hierfür nicht entkräftet werden, kann sich hieraus ein Steuerstrafverfahren entwickeln, in dessen Folge eine Durchsuchung durch die Steuerfahndung in den Geschäfts- und Privaträumen des Mandanten oder in der Kanzlei des Steuerberaters stattfinden kann.
Prüfung Änderungsmöglichkeiten	Zur Minderung von Mehrergebnissen durch die Betriebsprüfung sind alle Änderungsmöglichkeiten zu prüfen. Eine Bilanzänderung i. S. des § 4 Abs. 2 EStG bedeutet, dass der Steuerpflichtige ein zulässiges Wahlrecht anders ausübt als dies ursprünglich in der Steuererklärung bzw. im Jahresabschluss der Fall war. Eine Bilanzänderung ist nur in engem zeitlichem und sachlichem Zusammenhang mit einer Bilanzberichtigung (Berichtigung von falschen Wertansätzen bspw. i. R. einer Betriebsprüfung) möglich. Eine typische Form der Bilanzänderung ist die Ausübung des Wahlrechts zur nachträglichen Bildung eines Investitionsabzugsbetrags nach § 7g EStG. Zu diesem Sachverhalt ist das Urteil des Niedersächsischen FG (4 K 159/13) v. 18. 12. 2013 sehr interessant.
Besprechung mit Steuerberater	Nachdem du nun alles übersichtlich aufbereitet und jede Prüfungsfeststellung überprüft hast, kommt der erste Moment der Wahrheit: Die Vorbesprechung mit dem zuständigen Steuerberater. Diese sollte ausreichende Zeit vor der Schlussbesprechung stattfinden, damit ggf. noch Zeit für Änderungen in der Argumentation und Recherchen vorhanden ist.
Mitteilungsbrief an den Mandanten	Unmittelbar nach der Vorbesprechung mit dem Steuerberater freut sich auch der Mandant, wenn er erfährt, wie der Stand der Dinge ist. Wir schreiben dazu den Mandanten an und erläutern ihm in einer Worst-Case-Betrachtung die Prüfungsfeststellungen und deren Mehrergebnisse. Ganz wichtig dabei ist auch eine erste kurze Einschätzung von uns, damit der Mandant sieht, an welchen Punkten wir noch was erreichen können.
Vorbesprechungstermin Mandant	Je nach Umfang der Feststellungen ist ein persönlicher oder telefonischer Termin mit dem Mandanten notwendig. Im Rahmen der Besprechung werden die Prüfungsfeststellungen mit dem Mandanten durchgegangen und eine Strategie für die folgende Schlussbesprechung festgelegt. Wenn der Betriebsprüfer schwierige Sachverhalte aufgreift bzw. die rechtliche Würdigung eines Sachverhalts unklar ist, sind diese kritischen Besprechungspunkte nach einer Erörterung mit dem zuständigen Steuerberater mit dem Mandanten vor der Schlussbesprechung zu diskutieren.

Schlussbesprechung	Die Schlussbesprechung hat in der Praxis einen hohen Stellenwert. Eine gute Vorbereitung, hohes fachliches Wissen, taktisches Geschick, rhetorische Qualitäten und Fingerspitzengefühl sind nötig, um möglichst gute Ergebnisse mit dem Prüfer zu erzielen. Wie so oft im Leben, bedarf es auch hier oft eines Kompromisses. Der hierfür notwendige Termin sollte rechtzeitig mit dem Betriebsprüfer sowie dem zuständigen Steuerberater und ggf. dem Mandanten abgestimmt werden. Dabei sollte auch die interne Bearbeitungszeit für die Prüfungsfeststellungen eigeplant werden. An der Schlussbesprechung nehmen neben dem Betriebsprüfer evtl. auch sein Chef – der Sachgebietsleiter – und selbstverständlich der zuständige Steuerberater sowie der Mandant teil. Die Ergebnisse der Schlussbesprechung mit den sich daraus ergebenden steuerlichen Folgen sollten in einem Protokoll dokumentiert werden.

7. Bericht über die Betriebsprüfung

Prüfung des BP-Berichts	Der Betriebsprüfungsbericht fasst die Ergebnisse der Prüfung und der Schlussbesprechung zusammen. Daher ist unbedingt zu überprüfen, ob alle Sachverhalte mit den dokumentierten Ergebnissen der Schlussbesprechung übereinstimmen. Bei Abweichungen sollten kurzfristig Einwendungen erhoben werden. Dabei ist zu beachten, dass der Prüfungsbericht – wie bereits erwähnt – nur eine interne Mitteilung ist und daher keinen Verwaltungsakt darstellt. Ein Einspruch ist daher unzulässig.
Weiterleitung an Mandanten	Die Zweitausfertigung des Prüfungsberichts kann an den Mandanten zur Information weitergeleitet werden.

8. Prüfung der Änderungsbescheide

Soweit nach einer Betriebsprüfung Änderungsbescheide ergehen, solltest du diese daraufhin überprüfen, ob sie mit den Ergebnissen der Betriebsprüfung übereinstimmen. Bei der Prüfung der Bescheide, die auf Grund der Außenprüfung ergangen sind, kann letztmals eine rechtliche Überprüfung stattfinden.

9. Einarbeitung der Prüfungs-Ergebnisse in Steuer- und Handelsbilanz

Abschließend müssen noch die Handels- bzw. Steuerbilanzen an die Ergebnisse der Betriebsprüfung angepasst werden. Für handelsbilanzielle Zwecke ist hierzu das Schreiben vom IDW RS HFA 6 hilfreich. Die Anpassungsbuchungen aufgrund der abgeschlossenen Betriebsprüfung müssen im ersten noch offenen Wirtschaftsjahr erfolgen. Dabei ist es sinnvoll für die Anpassungsbuchungen sowie die Folgebuchungen jeweils separate Buchungsvorläufe anzulegen.

10. Änderungsanträge für Folgejahre stellen

Sofern sich aus der Betriebsprüfung Auswirkungen für die Folgejahre ergeben, ist die Änderung der Bescheide in den Folgejahren zu beantragen, um Nachteile für den Mandanten zu vermeiden. Änderungen in den Folgejahren ergeben sich insbesondere bei Sachverhalten,

- die analog zum Prüfungszeitraum in Folgejahren ebenfalls zu berichtigen sind (meistens Mehrergebnisse) oder
- die sich in den Folgejahren umkehren (meistens Minderergebnisse).

TKP-TIPP

Bei Mehrergebnissen solltest du wieder die Bilanzänderungsmöglichkeiten prüfen und so dem Mandanten eventuell unnötige Nachzahlungen ersparen.

11. Praxishilfen

Nun folgen noch einige Musterschreiben, welche dir die Arbeit vereinfachen können:

11.1 Brief an Mandanten zu Beginn der Betriebsprüfung

Herrn Mustermann
Musterstraße 12
12345 Musterstadt

Betriebsprüfung

Sehr geehrter Herr Mustermann,

wie Ihnen bereits mitgeteilt, hat das Finanzamt für Ihr Unternehmen eine Betriebsprüfung angesetzt. Hierzu möchten wir Ihnen einige wichtige Informationen geben:

Geprüft werden die Jahre X bis X.

Die Prüfung soll am TT.MM.JJJJ beginnen.

Wir konnten in unserem Gespräch mit dem Prüfer vereinbaren, dass dieser bereit ist, die Prüfung in unserem Büro durchzuführen. Dies hat für Sie den Vorteil, dass Sie nicht direkt mit „heiklen" Fragen konfrontiert sind und auch Zeit sparen, die Sie produktiver einsetzen können.

Wie lange die Prüfung dauern wird, kann vorweg schwer abgeschätzt werden. Der Großteil der Prüfungen dauert erfahrungsgemäß etwa drei bis sechs Wochen. Infolge von häufigen Unterbrechungen kann sich dieser Zeitraum aber auch verlängern.

Wir werden Sie über den Verlauf der Prüfung in regelmäßigen Abständen telefonisch unterrichten. Sobald uns vorläufige Prüfungsfeststellungen vorliegen, werden wir Ihnen diese schriftlich mitteilen und mit Ihnen einen Vorbesprechungstermin für die Schlussbesprechung vereinbaren.

Für weitere Informationen fügen wir diesem Schreiben unsere Informationsbroschüre „Betriebsprüfung" bei.

Wir wissen, dass jede Betriebsprüfung eine kritische Zeit darstellt. Seien Sie versichert, dass wir alle Anstrengungen unternehmen, um ein positives Ergebnis für Sie zu erreichen. Sollten sich in der Zwischenzeit bereits Rückfragen ergeben, stehen wir Ihnen selbstverständlich gerne zur Verfügung.

Mit freundlichen Grüßen

11.2 Auswertung Prüfungsfeststellungen

Prüfungsfeststellung 1:

Feststellung des Betriebsprüfers: *Bedenken wegen .....*

Sachverhalt: *Beschreibung Sachverhalt*

Stellungnahme/rechtliche Würdigung:

11.3 Mitteilung an Mandanten über Auswirkungen der vorläufigen Prüfungsfeststellungen

Herrn Mustermann
Musterstraße 12
12345 Musterstadt

Vorläufige Prüfungsfeststellungen der Betriebsprüfung

Sehr geehrter Herr Mustermann,

im Rahmen der in Ihrem Unternehmen aktuell durchgeführten Betriebsprüfung für die Veranlagungsjahre 20XX bis 20XX wurden uns durch den zuständigen Betriebsprüfer die vorläufigen Prüfungsfeststellungen mitgeteilt. Diese würden zu folgenden Mehrergebnissen (siehe auch Anlage) in den entsprechenden Veranlagungszeiträumen führen:

Vorläufige Prüfungsfeststellungen (in €)

	20XX	20XX	20XX
Summe Mehrergebnisse			
ESt (42 %)			
SolZ			
GewSt			
USt			
Steuermehrbelastung			

Nach Würdigung der vorläufigen Prüfungsfeststellungen und Einschätzung der Sachverhalte halten wir insbesondere die Punkte X, X sowie X für nicht bzw. nicht vollumfänglich haltbar. Aus diesem Grund ist unserer Einschätzung nach ein endgültiges Mehrergebnis von XXX € über den Prüfungszeitraum realistisch, sofern die vorgenannten Punkte von unserer Seite stichhaltig entkräftet werden können.

Um dieses Ergebnis gemeinsam erreichen zu können benötigen wir ihre Mithilfe sowie insbesondere noch die folgenden Unterlagen bzw. Nachweise:

- .....
- .....

Zur weiteren Erläuterung der o. g. Feststellungen und Abstimmung des weiteren Vorgehens sowie insbesondere zur Festlegung der Strategie für die kommende Schlussbesprechung, schlagen wir einen telefonischen/persönlichen Vorbesprechungstermin in der Woche vom TT.MM. bis TT.MM.JJJJ zusammen mit Herrn StB X und Herrn/Frau X vor. Bezüglich der Terminabstimmung werden wir Sie in den kommenden Tagen telefonisch kontaktieren.

Sollten sich in der Zwischenzeit bereits Rückfragen ergeben, stehen wir Ihnen selbstverständlich gerne zur Verfügung.

Mit freundlichen Grüßen

VI. Rechtbehelfsverfahren

Wenn wir vom Finanzamt einen Steuerbescheid oder einen anderen Verwaltungsakt bekommen, der aus unserer Sicht falsch ist oder Fehler enthält, ist es unsere Aufgabe, die Rechte des Mandanten zu wahren bzw. durchzusetzen. Hierfür gibt es in unserem Rechtssystem verschiedene Rechtsbehelfsverfahren, die aufeinander aufbauen.

Das einzige außergerichtliche Rechtsbehelfsverfahren ist der Einspruch, der in der Abgabenordnung normiert ist und auch als Vorverfahren bezeichnet wird. Das Einspruchsverfahren hat für dich als Sachbearbeiter eine hohe praktische Relevanz. Klagen vor Finanzgerichten oder gar eine Revision vor dem BFH sind in der Kanzleipraxis eher selten und im Fall der Fälle Aufgabe der Steuerberater oder entsprechender Fachanwälte. Aus diesem Grund wollen wir uns auch hauptsächlich mit dem Einspruchsverfahren beschäftigen.

1. Vorbereitungshandlungen

Im Folgenden möchten wir dir einige wichtige Schritte zur Bescheidprüfung und zum Einspruch aufzeigen. Theoretische Grundlagen zum Rechtsbehelfsverfahren findest du in Abschnitt vertiefende Inhalte (unter C., VI. Rechtsbehelfsverfahren, S. 356).

Jeder Bescheid sollte sorgfältig geprüft werden und die Prüfschritte sollten auch dokumentiert werden. Es können Fehler durch das Finanzamt gemacht werden, aber auch Eintragungen in der Steuererklärung können dazu führen, dass der Steuerbescheid fehlerhaft ist.

2. Kontrolle des Posteingangs und der Fristen

Alle Bescheide sollten in einem Fristenkontrollbuch erfasst, mit Eingangsstempel versehen und in das Fach des jeweiligen Mitarbeiters gelegt werden. Insbesondere wenn du Bescheide persönlich vom Mandaten erhältst, sollte die Erfassung im Fristenkontrollbuch erfolgen. Nur so ist sichergestellt, dass alle Bescheide geprüft werden und keine Frist versäumt wird. Die Dokumentation dieser Büroorganisation kann auch bezüglich der Klärung der Frage des Verschuldens bei einer möglichen Wiedereinsetzung nach § 110 AO vor Gericht relevant werden.

3. Prüfung der allgemeinen Daten

Prüfen der Steuernummer	Überprüfung von Finanzamt, Steuernummer und Steueridentifikationsnummer
Bekanntgabe des Steuerbescheids	Wurde der Bescheid an den Mandanten bekanntgegeben, obwohl der Steuerberater eine Empfangsvollmacht hat? In diesem Fall ist mit dem Finanzamt Rücksprache zu halten. Wenn noch keine Vollmacht vorliegt, ist es sinnvoll, dem Mandanten eine ausgefüllte Vollmacht zu übersenden und diese nach Unterschrift an das Finanzamt weiterzuleiten.

4. Prüfung des formellen Inhalts des Steuerbescheids

Der Bescheid ist mit der Steuerberechnung aus dem Steuerprogramm abzugleichen.

Wichtige Prüfpunkte:

- anrechenbare Steuerbeträge
- Vorauszahlungen zur jeweiligen Steuerart
- Kirchensteuerpflicht
- Kinder
- Altersvorsorgebeiträge
- Berücksichtigung von Verlusten
- Erläuterungsteil
- Rechtsbehelfsbelehrung

Bei Richtigkeit sollten die jeweiligen Werte/Tatbestände auf dem Bescheid abgehakt werden (nicht unbedingt jede Zahl, aber z. B. die Summen).

5. Einspruch

Kontakt mit Mandant aufnehmen	Bevor du Einspruch einlegst, ist es sinnvoll den Mandanten darüber zu informieren, wie hoch die Erfolgsaussichten des Rechtsbehelfs sind und dass ggf. weitere Kosten durch das Verfahren entstehen.
Einlegung des Einspruchs	Anschließend sollte der Einspruch umgehend und fristwahrend an das zuständige Finanzamt gerichtet werden. Hierzu kannst du das beigefügte **Muster** benutzen. Sollte die Einspruchsbegründung durch unvermeidbare Faktoren zu diesem Zeitpunkt noch nicht vorliegen, ist der Einspruch fristwahrend einzulegen und darauf hinzuweisen, dass die Begründung später folgt.

6. Prüfung der Steuervorauszahlungen

Auf jeden Fall sollten festgesetzte Steuervorauszahlungen sachlich und der Höhe nach überprüft werden.

7. Bescheid an Mandant

Nach Prüfung des Bescheids sollte der Bescheid oder eine Kopie dem Mandanten zur Kenntnis übersandt werden. Hierfür kann das beigefügte Musterschreiben, in welchem dem Mandanten alle relevanten Sachverhalte dargestellt werden, genutzt werden. Hat der Mandant eine Steuernachzahlung zu leisten, solltest du ihm die Höhe und den Fälligkeitstermin mitteilen (s. a. beigefügtes Muster 8.2, S. 259)

8. Praxishilfen

Hier wollen wir dir noch einige Musterschreiben rund um die Themen Bescheidprüfung und Einspruch zeigen.

8.1 Musterschreiben: Einspruch

An das
Finanzamt Musterstadt
Postfach 1234
12345 Musterstadt

Einspruch gegen Steuerbescheid 20XX

Steuer-Nr.: 1234567890

Herr Steuerpflichtiger, Musterstraße 12, 12345 Musterstadt

Sehr geehrte Damen und Herren,

namens und im Auftrag unserer/unseres o. g. Mandanten/Mandantin legen wir hiermit gegen die folgenden Bescheide vom TT.MM.JJJJ

Einspruch

ein:

- Bescheid über ....
- Bescheid über ...

Begründung:

.....

Bis zur Entscheidung über unseren Einspruch beantragen wir unter Hinweis auf die höchstrichterliche Rechtsprechung die Aussetzung der Vollziehung. (**Alt.**: Des Weiteren bitten wir um technische Stundung der ...)

Sollten sich hierzu noch Fragen ergeben, stehen wir Ihnen selbstverständlich gern zur Verfügung.

Mit freundlichen Grüßen

8.2 Anschreiben Mandant über Bescheidprüfung

Herr Mustermann
Musterstraße 12
12345 Musterstadt

Steuerbescheide für das Jahr 20XX

Sehr geehrter Herr Mustermann,

den uns übersandten Einkommensteuerbescheid für das Jahr 20XX vom TT.MM.JJJJ haben wir geprüft und nicht zu beanstanden./**Alt.**: zu beanstanden.

Der Bescheid entspricht in vollem Umfang der eingereichten Steuererklärung.

Alt.: Der Bescheid ergeht unter dem Vorbehalt der Nachprüfung nach § 164 Abs. 1 der Abgabenordnung. Wir weisen Sie darauf hin, dass das Finanzamt Ihren Betrieb möglicherweise für eine Betriebsprüfung für das Veranlagungsjahr vorgemerkt hat.

Aus dem Bescheid ergibt sich eine Einkommen-/Körperschaftsteuernachzahlung (**Alt.**: Einkommen-/Körperschaftsteuererstattung) i. H. von XX.XXX,XX €, die bis spätestens TT.MM.JJJJ an die Finanzkasse des Finanzamts Bremerhaven unter Angabe Ihrer Steuernummer und des Verwendungszwecks entrichtet werden muss. (**Alt.**: die zum Fälligkeitstag aufgrund der erteilten Einzugsermächtigung von Ihrem Konto abgebucht wird.)

Alt.: Die Steuererstattungen erfolgen auf die angegebene IBAN-Nummer bei der X-Bank im o. g. Steuerbescheid.

Bitte beachten Sie ebenfalls die neu festgesetzten Vorauszahlungen ab TT.MM.JJJJ

Alt.: Gegen diesen Bescheid ist das Rechtsmittel des Einspruchs zulässig.

Alt.: Für den Fall, dass Sie unsere Kanzlei mit der Führung des Einspruchsverfahrens beauftragen, möchten wir vorab darauf hinweisen, dass hierdurch weitere Kosten entstehen.

Alt.: Wir möchten Sie bitten, uns bis zum TT.MM.JJJJ mitzuteilen, wie Sie weiter verfahren möchten, damit wir gegebenenfalls innerhalb der Einspruchsfrist für Sie tätig werden können.

Sollten sich hierzu noch Fragen ergeben, stehen wir Ihnen selbstverständlich gern zur Verfügung.

Mit freundlichen Grüßen

VII. Weitere Anträge

1. Weitere Anträge (Stundung, Vollstreckungsaufschub, Säumniszuschläge)

1.1 Wie es oft anfängt – Stundung

Der Mandant ruft an, dass er eine Vollstreckungsankündigung des Finanzamts bekommen hat – und wenn er nichts tut, dann ist morgen das Geschäftskonto gesperrt.

Noch dramatischer wird es, wenn der Mandant aus dem Urlaub anruft, dass er gerade nicht mehr an sein Geld rankommt – das Finanzamt hat gepfändet.

Nachdem du erste Informationen vom Mandanten erhalten hast, legst du dir alle relevanten Unterlagen zusammen und rufst beim zuständigen Finanzamt an, um den Sachverhalt für alle Beteiligten zufriedenstellend zu klären.

TKP-TIPP

Eigentlich bist du es, der die Sache von Anfang an in der Hand hat. Du kennst die Steuerbescheide, du kennst die Steuervorauszahlungen. Du kennst den Mandanten. Erinnere ihn rechtzeitig an fällige Zahlungstermine. Frage direkt nach, ob er die Zahlung vollständig und unter Wahrung der Frist zahlen kann. Sende dem Mandanten eine ausgefüllte Einzugsermächtigung zu. Damit kannst du allen Beteiligten eine Menge Ärger und Stress ersparen.

1.2 Grundregeln

Welche Grundregeln gelten für Stundung, Vollstreckungsaufschub und Co.?

Nach § 222 AO kann das zuständige Finanzamt seine Ansprüche auf Steuerzahlungen unter bestimmten Voraussetzungen stunden. So muss eine Geltendmachung der Ansprüche für den Steuerpflichtigen eine vorübergehende, erhebliche Härte darstellen; ferner darf der Anspruch durch die Stundung nicht gefährdet werden.

Dabei stellt sich jedoch die Frage, ob eine Stundung nur bei Existenzgefährdung oder bereits bei erheblichen Zahlungsschwierigkeiten des Steuerzahlers gewährt werden kann.

Ein Urteil des FG Sachsen v. 12. 2. 2014 (8 K 1870/12) ist sehr interessant:

Bei der Frage, ob eine Steuerstundung gewährt wird, steht dem Finanzamt zwar grundsätzlich Ermessen zu. Ist der Steuerpflichtige jedoch stundungsbedürftig und -würdig, so wird eine Stundung i. d. R. gewährt werden müssen.

So wies das FG unter anderem darauf hin, dass eine erhebliche Härte nicht erst bei einer Existenzgefährdung vorliegt, sondern bereits bei ernsthaften Zahlungsschwierigkeiten, „die der Steuerpflichtige nicht in zumutbarer Weise [...] überwinden kann". Zumutbar wäre z. B. die Aufnahme eines Kredits oder der Verkauf von Wertpapieren.

Im Sachverhalt machte der Selbstständige ernsthafte Zahlungsschwierigkeiten geltend, weil er bei Tilgung der Steuerschuld andere fällig werdende Aufwendungen privater und betrieblicher Natur nicht zahlen kann – was für eine Stundungsbedürftigkeit theoretisch ausreicht.

Das Finanzamt ging vorschnell von einer Stundungsunwürdigkeit aus. Eine solche liegt etwa vor, wenn der Steuerpflichtige seine Zahlungsschwierigkeiten selbst verursacht hat, z. B. durch mangelnde Vermögensvorsorge.

Ob eine solche anzunehmen war, hätte das Finanzamt durch das Anfordern entsprechender Nachweise erst überprüfen müssen.

Da der Selbstständige bisher regelmäßig Raten an das Finanzamt gezahlt hatte, war auch nicht von einer Gefährdung des Steueranspruchs auszugehen.

Die Grundvoraussetzungen für eine Stundung sind zum einen sachliche und persönliche Härtegründe.

Ein sachlicher Grund könnte vorliegen, wenn mit der Festsetzung nicht zu rechnen war oder demnächst mit einer Erstattung gerechnet wird. Im letzteren Fall spricht man von einer technischen Stundung.

Persönliche Gründe haben mit nicht zu beeinflussenden wirtschaftlichen Verhältnissen zu tun. Das könnte bei vorübergehenden Liquiditätsproblemen aufgrund hoher Forderungsbestände oder bei unerwarteten Forderungsausfällen der Fall sein.

Deshalb muss der Mandant stundungswürdig sein, die vorübergehende geminderte Zahlungsunfähigkeit darf also nicht selbst verschuldet sein. Bei absoluter Zahlungsunfähigkeit hingegen ist nicht mit einer Stundung zu rechnen.

Für die Stundung werden Stundungszinsen i. H. von 0,5 % pro Monat verlangt. In Fällen von erheblicher Bedeutung kann auch eine Sicherheitsleistung verlangt werden.

TKP-TIPP

Wenn aus einer weiteren Veranlagung eine Erstattung erwartet wird, dann sollte die entsprechende Erklärung unter Hinweis auf den Stundungswunsch kurzfristig eingereicht werden. Bei einer Verrechnungsstundung fallen i. d. R. keine Stundungszinsen an, also ist das nach Möglichkeit der günstigste Weg.

1.3 Stundung beantragen

Bei kleineren und kurzfristigen Stundungswünschen reicht oft ein Anruf aus. In Fällen von erheblicher Bedeutung geht es natürlich oft nicht ohne einen schriftlichen Antrag, der an das zuständige Finanzamt zu richten ist. Hier gilt aber der Grundsatz der Formfreiheit.

Frage den Mandanten vorher, ob er die nach Stundensätzen bemessenen Leistungen der Kanzlei in Anspruch nehmen möchte oder ob er sich selbst mit dem Finanzamt einigen möchte.

TKP-TIPP

Meiner Erfahrung nach möchten einige Mandanten den Sachverhalt selbst klären, da sie dir nicht ihre ganze Lebensgeschichte erklären möchten und sie sich für den Sachverhalt selbst verantwortlich fühlen.

Gib ihnen in einem solchen Fall den Kontakt des Sachbearbeiters des Finanzamts weiter, informiere das Finanzamt darüber und gib dem Mandanten als Service ein Muster mit, das vielleicht so aussehen könnte:

Antrag auf Stundung mit Ratenzahlung durch den Mandanten

Betreff: Stundung meiner Steuerzahlung; Steuernummer

Sehr geehrte Damen und Herren,

aufgrund meiner wirtschaftlichen Lage bin ich derzeit/nach wie vor außerstande, die in Ihrem Steuerbescheid vom TT.MM.JJJJ festgesetzte Nachzahlung meiner Umsatz-/Einkommensteuer fristgemäß zu erbringen.

Dies begründet sich wie folgt:

(Hier eine genauere Schilderung der sozialen und/oder gesundheitlichen Situation.)

Da mir auch die Bank keine weiteren Kredite gewährt/Deshalb bitte ich Sie um die Stundung meiner Steuerschuld und um die Möglichkeit, Ihre Forderung in X Raten wie folgt begleichen zu dürfen:

1. Rate i. H. von (…) EUR, zahlbar am (…).

2. Rate i. H. von (…) EUR, zahlbar am (…).

3. Rate i. H. von (…) EUR, zahlbar am (…).

Als Beleg(e) bezüglich meiner Situation habe ich den Anlagen die Kopie/n von …… (sowie eine entsprechende Bestätigung) der Bank beigefügt.

Mit freundlichen Grüßen

Name

Anlagen

1.4 Möglichkeiten und Grenzen der Stundung

Sollten Steuernachzahlungen absehbar sein und mit einem wirtschaftlichen Engpass des Mandanten zusammenfallen, wäre es bestimmt ein guter Rat, wenn der Mandant rechtzeitig die Möglichkeiten bei seiner Hausbank auslotet.

1.4.1 Sonderfall Umsatzsteuer

Regelmäßig geht es um Umsatzsteuervoranmeldungen oder Nachzahlungen aus Umsatzsteuererklärungen. Eine Stundung der Umsatzsteuer kommt allerdings nur in Ausnahmefällen in Betracht. Hier wird so argumentiert, dass die Umsatzsteuer sozusagen mit den Einnahmen treuhänderisch vereinnahmt wurde und deshalb keine Stundungsbedürftigkeit gegeben ist.

Dies stimmt auch bis zu einem gewissen Punkt. Denn wenn ein Mandant seine Umsätze nach vereinbarten Entgelten versteuern, er aber unverhältnismäßig lange auf seine Einnahmen warten muss, dann sollte man um eine Stundung kämpfen, sofern nicht eine Korrektur der Bemessungsgrundlage nach § 17 UStG möglich wäre.

TKP-TIPP

Es gibt keinen uneingeschränkten Zwang zur Vorfinanzierung der Umsatzsteuer! Das BFH, Urteil v. 24.10.2013 (V R 31/12) hat folgenden Leitsatz: Soweit ein der Sollbesteuerung unterliegender Unternehmer seinen Entgeltanspruch aufgrund eines vertraglichen Einbehalts zur Absicherung von Gewährleistungsansprüchen über einen Zeitraum von zwei bis fünf Jahren nicht verwirklichen kann, ist er bereits für den Voranmeldungszeitraum der Leistungserbringung zur Steuerberichtigung berechtigt.

Die Stundungsbefugnis der Finanzämter gilt grundsätzlich bei Beträgen von bis zu 100.000 € zeitlich unbegrenzt und bei Beträgen darüber bis zu sechs Monaten. Was darüber hinausgeht, muss von der zuständigen Oberfinanzdirektion genehmigt werden.

Wer sich bei diesen Beträgen die Augen reibt und von seinem Finanzamt bei weitaus geringeren Summen schon mit astronomischen Anforderungen konfrontiert wird, steht nicht alleine da.

TKP-TIPP

Es mag anzuraten sein, telefonisch mit dem zuständigen Sachbearbeiter die Grenzen des individuellen Falles abzustecken und dies dann in einem Stundungsantrag schriftlich festzuhalten.

1.4.2 Stundungsantrag

Ich habe in den vergangenen Sätzen oft betont, dass ich in solchen Fällen i. d. R. anrufe, um schnelle Lösungen oder Vereinbarungen zu treffen. Stell dir vor, du schreibst einen Stundungsantrag ins Blaue hinein. Es wird dich viel mehr Zeit kosten. Dein Mandant hat keine Planungssicherheit und fühlt sich durch die sehr kurzfristig auftretenden Nachfragen in die Ecke gedrängt. Wenn du so früh wie möglichst beginnst, kannst du dem Finanzamt noch vor Fälligkeit des zu stundenden Betrags einen ordentlichen Stundungsantrag mit Erklärung über die aktuellen persönlichen und wirtschaftlichen Verhältnisse auf amtlichem Formblatt zusenden.

Anzumerken ist, dass solche Fragebögen in den Bundesländern sehr unterschiedlich ausfallen, von zwei Seiten bis sieben Seiten ist so alles dabei. Grundsätzlich sollten die Fragebögen bis zur Grenze der Zumutbarkeit gewissenhaft ausgefüllt werden und es sind ähnliche Fragen wie bei der Selbstauskunft der Bank zu erwarten.

So könnte ein Muster eines Stundungsantrags aussehen:

Muster Stundungsantrag

Mandant: Jan Cux

Steuernummer: 099/123/45678

Antrag auf Stundung nach § 222 AO

Sehr geehrte Damen und Herren,

mit Schreiben/Telefonat vom TT.MM.JJJJ hatte ich um Stundung der Einkommensteuernachzahlung aus dem Einkommensteuerbescheid JJJJ vom TT.MM.JJJJ gebeten.

Sie erhalten von uns den vom Mandanten vollständig ausgefüllten Fragebogen zu den wirtschaftlichen Verhältnissen. Der Mandant hat aufgrund von Zahlungsschwierigkeiten des Hauptauftraggebers Liquiditätsprobleme, die aufgrund von vertraglichen Absprachen bis zum Ende des X. Quartals gelöst sein dürften. Die festgesetzte Steuerzahlung kann auch nicht auf anderem Weg erbracht werden, da die Bank einer Erhöhung des Dispositionskredits nicht zugestimmt hat, ein entsprechendes Schreiben ist beigefügt.

Die Einkommensteuer i. H. von XX.XXX € ist bitte für sechs Monate zu stunden. Der Mandant wird die Zahlungen nach folgendem Tilgungsplan leisten.

Rate i. H. von X.XXX € am TT.MM.JJJJ

Rate i. H. von X.XXX € am TT.MM.JJJJ

Rate i. H. von X.XXX € am TT.MM.JJJJ

Rate i. H. von X.XXX € am TT.MM.JJJJ

Rate i. H. von X.XXX € am TT.MM.JJJJ

Rate i. H. von X.XXX € am TT.MM.JJJJ

Die Zahlung der ersten Rate wurde bereits angewiesen.

Anlagen:

Fragebogen zur Erklärung der wirtschaftlichen Verhältnisse

Ablehnungsschreiben der Bank

TKP-TIPP

Wenn du einen mit dem Mandanten vereinbarten Tilgungsplan vorschlägst, sind die Erfolgsaussichten besser und die Bearbeitungsdauer i. d. R. kürzer. Die Anzahl der Raten sollte so niedrig wie möglich gehalten werden.

1.4.3 Stundungszinsen

Der zu verzinsende Steueranspruch wir auf den nächsten durch 50 € teilbaren Betrag abgerundet und pro Monat mit 0,5 % verzinst.

Bei Beträgen bis 10 € werden keine Stundungszinsen festgesetzt.

Eine vorzeitige Tilgung bringt nur etwas, wenn man mindestens einen Monat im Voraus fällige Beträge bezahlt. Alles andere verpufft im Nichts, da die Zinsen pro Monat berechnet werden.

TKP-TIPP

Für Stundungen unter einem Monat werden keine Stundungszinsen festgesetzt.

Bei verspäteten Zahlungen fällt neben den Stundungszinsen i. d. R. noch ein Säumniszuschlag an und man riskiert unter Umständen sogar das automatische Erlöschen der Stundung.

1.5 Vollstreckungsaufschub

Warum müssen wir uns überhaupt mit diesem Thema beschäftigen?

Aufgrund der vorliegenden Vollmachten der Kanzlei geht in vielen Fällen der Schriftverkehr des Mandanten zum Erhebungsverfahren direkt an ihn. Manch einer nimmt – evtl. aufgrund von Krankheiten und längere Auslandsaufenthalten nicht jeden Schriftverkehr des Finanzamts wahr.

Der Vollstreckungsaufschub ist sozusagen die letzte Verschnaufpause, bevor das Konto gepfändet wird, was i. d. R. weitreichende und sehr unangenehme Folgen für den Steuerpflichtigen hat.

TKP-TIPP

Wenn es keine Möglichkeit der Stundung mehr gibt, ist oft ein Vollstreckungsaufschub möglich, das Finanzamt hat hier ein größeres Ermessen.

Eigentlich braucht man vor dem Vollstreckungsaufschub keine Angst zu haben, denn hier kommt es nicht darauf an, um welche Steuerart sich handelt, wen das Verschulden trifft oder ob kleinliche Formalitäten beachtet oder nicht wurden.

Oft scheitert ein Antrag daran, dass der Vollstreckungsaufschub für einen nicht näher bestimmten Zeitraum beantragt wird oder die gewünschte Laufzeit der Raten einfach zu lange ist. Man sollte sich daran orientieren, dass das Finanzamt i. d. R. Ratenzahlungen für einen Zeitraum von sechs bis zwölf Monaten annimmt.

TKP-TIPP

Aus der Kfz-Branche kennst du bestimmt die Ballonfinanzierung, relativ geringe Monatsraten, dafür aber eine hohe Schlussrate. Vielleicht könnte ein ähnlicher Antrag für Deinen Mandanten Vorteile bringen.

Wenn alle Stricke reißen und das Finanzamt keinen Schritt weiter geht, dann frage deinen Vorgesetzten wie das mit dem Antrag auf einstweilige Anordnung nach § 114 FGO geht.

1.6 Erlass von Säumniszuschlägen

Mitteilungen des Finanzamts dieser Art erhältst du oft kommentarlos vom Mandanten per Telefax oder E-Mail zugesandt.

Unter welchen Voraussetzungen lohnt sich ein Antrag auf Erlass oder Erstattung von Säumniszuschlägen?

Ganz offensichtlich, wenn dem Mandanten ein einmaliges Versehen unterläuft. Einmalig bedeutet hier nicht einmal im Leben, sondern grundsätzlich einmal im Jahr. Oder der Mandant ist ganz plötzlich ins Krankenhaus gekommen oder schwer erkrankt.

In solchen Fällen sollte ein Antrag auf vollständigen Erlass der Säumniszuschläge möglich sein.

Wenn der Mandant den Betrag nicht zahlen könnte, weil er vorübergehend zahlungsunfähig oder überschuldet ist, erlässt das Finanzamt i. d. R. die Hälfte der Säumniszuschläge. Diese Stundung sollte dem Steuerpflichtigen außerhalb der Eröffnung eines Insolvenzverfahrens die Fortführung seiner wirtschaftlichen Existenz ermöglichen.

Ein entsprechender Antrag könnte wie folgt aussehen:

Muster – Antrag auf Erfass von Säumniszuschlägen

Empfänger

(zuständiges Finanzamt)

Antrag auf Erlass von Säumniszuschlägen

Sehr geehrte Damen und Herren,

gegenüber unserer Mandantin (Steuernummer: XXX) wurden Säumniszuschläge i. H. von X.XXX € festgesetzt.

Nach höchstrichterlicher Rechtsprechung ist die Erhebung von Säumniszuschlägen als sachlich unbillig anzusehen, wenn dem Steuerpflichtigen die rechtzeitige Zahlung der Steuer unmöglich ist und deshalb die Ausübung eines Drucks zur Zahlung keine Wirkung hat.

Das Finanzamt hat der Mandantin mit Datum vom TT.MM.JJJJ einen Vollstreckungsaufschub gewährt. Die vereinbarten Ratenzahlungen wurden gemäß Zahlungsplan und vollständig geleistet. Wir beantragen deshalb den hälftigen Erlass der Säumniszuschläge.

Mit freundlichen Grüßen

TKP-TIPP

Einzugsermächtigung, Einzugsermächtigung, Einzugsermächtigung – Es könnte alles so einfach sein!

C. Vertiefende Inhalte

I. Finanzbuchhaltung

1. Grundsatz ordnungsgemäßer Buchführung

1.1 Wer muss Bücher führen?

Die Buchführung bildet die Grundlage u. a. für viele an das Finanzamt abzuführende Steuerarten (z. B. Lohnsteuer der Arbeitnehmer, Umsatzsteuer, Gewerbesteuer usw.). Aus diesem Grund werden an die Ordnungsmäßigkeit der Buchführung strenge Anforderungen gestellt. Grundsätzlich sind nur Kaufleute nach § 238 HGB verpflichtet Bücher zu führen.

In § 238 Abs. 1 HGB heißt es: „Jeder Kaufmann ist verpflichtet, Bücher zu führen und in diesen seine Handelsgeschäfte und die Lage seines Vermögens nach den Grundsätzen ordnungsmäßiger Buchführung ersichtlich zu machen." Kaufmann ist nach § 1 Abs. 1 HGB „wer ein Handelsgewerbe betreibt." § 1 Abs. 2 HBG besagt „Handelsgewerbe ist jeder Gewerbebetrieb, es sei denn, dass das Unternehmen nach Art oder Umfang einen in kaufmännischer Weise eingerichteten Geschäftsbetrieb nicht erfordert."

Somit ist **handelsrechtlich** jeder gewerbliche Unternehmer buchführungspflichtig, dessen Unternehmen nach Art oder Umfang einen in kaufmännischer Weise eingerichteten Geschäftsbetrieb erfordert, unabhängig von der Eintragung in das Handelsregister.

Die **steuerrechtliche** Buchführungspflicht ergibt sich aus §§ 140 und 141 AO.

In § 140 AO ist die sog. abgeleitete Buchführungspflicht geregelt:

„Wer nach anderen Gesetzen als den Steuergesetzen Bücher und Aufzeichnungen zu führen hat, die für die Besteuerung von Bedeutung sind, hat die Verpflichtungen, die ihm nach den anderen Gesetzen obliegen, auch für die Besteuerung zu erfüllen."

In § 141 AO ist die sog. originäre Buchführungspflicht geregelt:

„Gewerbliche Unternehmer sowie Land- und Forstwirte, die nach den Feststellungen der Finanzbehörde für den einzelnen Betrieb

1. Umsätze einschließlich der steuerfreien Umsätze, ausgenommen die Umsätze nach § 4 Nr. 8 bis 10 des UStG, von mehr als 600.000 € im Kalenderjahr oder

3. selbstbewirtschaftete land- und forstwirtschaftliche Flächen mit einem Wirtschaftswert (§ 46 des Bewertungsgesetzes) von mehr als 25.000 € oder

4. einen Gewinn aus Gewerbebetrieb von mehr als 60.000 € im Wirtschaftsjahr oder

5. einen Gewinn aus Land- und Forstwirtschaft von mehr als 60.000 € im Kalenderjahr

gehabt haben, sind auch dann verpflichtet, für diesen Betrieb Bücher zu führen und auf Grund jährlicher Bestandsaufnahmen Abschlüsse zu machen, wenn sich eine Buchführungspflicht nicht aus § 140 ergibt."

1.2 Ordnungsgemäße Buchführung: Formalia

In den §§ 238, 239, 257 HGB und im § 146 AO ist geregelt, wie eine ordnungsgemäße Buchhaltung aufgestellt werden muss. Zusammenfassend ergibt sich aus den Paragraphen folgendes:

- Führung der Bücher in einer „lebenden" (verständlichen) Sprache.
- Sollten Abkürzungen, Ziffern genutzt werden, müssen diese verständlich sein.
- Aufzeichnungen müssen vollständig, richtig, zeitgerecht, geordnet sein.
- Kasseneinnahmen-/ausgaben müssen täglich erfasst werden.
- Eintragungen dürfen nicht verändert werden, in dem der bisherige Bestand unleserlich gekennzeichnet wird.
- Buchungen müssen einzeln und geordnet erfolgen.
- Ein sachverständiger Dritter muss sich in der Buchführung in einer angemessen Zeit zurechtfinden.

1.3 Konsequenzen bei einer nicht ordnungsgemäßen Buchführung

Bei einer nicht ordnungsgemäßen Buchführung ist zu unterscheiden, ob formelle, sachliche oder materielle Mängel vorliegen.

Bei fehlender Buchführung kann das Finanzamt zunächst die Besteuerungsgrundlagen nach § 162 AO schätzen und Zwangsgelder bis zu 25.000 € nach §§ 328 ff. AO anordnen. Liegen schwere und gewichtige formelle Mängel vor, kann dies zur Verwerfung der gesamten Buchführung führen.

Materielle Fehler können durch Ergänzungsschätzungen seitens des Finanzamts korrigiert werden. Eine Vollschätzung nach § 162 AO kommt in Betracht, wenn die Buchführung aus schwerwiegenden formellen und/oder materiellen Fehlern besteht.

Sollten buchführungspflichtige Geschäftsvorfälle leichtfertig oder sogar vorsätzlich nicht bzw. falsch gebucht werden, liegt eine Steuergefährdung vor. Hier können Geldbußen bis zu 5.000 € festgesetzt werden (§ 379 AO). Bei einer Steuerhinterziehung können dem Steuerpflichtigen Geldstrafen oder Freiheitsstrafen verhängt werden (§ 370 AO).

Um die Folgen einer nicht ordnungsgemäßen Buchführung zu vermeiden, hat jeder Sachbearbeiter bei der Erstellung der Buchhaltung auf die Einhaltung der Aufzeichnungspflichten zu achten und den Mandanten auf die möglichen Konsequenzen hinzuweisen, falls die Buchhaltung nicht vollständig eingereicht wird.

1.4 Rechnungsanforderung

Zum Vorsteuerabzug sind Rechnungen berechtigt, die sämtliche Angaben des § 14 Abs. 4 UStG enthalten. Dieses ist in § 15 Abs. 1 Satz 1 UStG geregelt.

Eine Rechnung muss nach § 14 Abs. 4 UStG folgende Angaben enthalten:

- den vollständigen Namen und die vollständige Anschrift des leistenden Unternehmers und des Leistungsempfängers,
- die dem leistenden Unternehmer vom Finanzamt erteilte Steuernummer oder die ihm vom Bundeszentralamt für Steuern erteilte Umsatzsteuer-Identifikationsnummer,

- das Ausstellungsdatum,
- eine fortlaufende Nummer mit einer oder mehreren Zahlenreihen, die zur Identifizierung der Rechnung vom Rechnungsaussteller einmalig vergeben wird (Rechnungsnummer),
- die Menge und die Art (handelsübliche Bezeichnung) der gelieferten Gegenstände oder den Umfang und die Art der sonstigen Leistung,
- den Zeitpunkt der Lieferung oder sonstigen Leistung; in den Fällen des Abs. 5 Satz 1 den Zeitpunkt der Vereinnahmung des Entgelts oder eines Teils des Entgelts, sofern der Zeitpunkt der Vereinnahmung feststeht und nicht mit dem Ausstellungsdatum der Rechnung übereinstimmt,
- das nach Steuersätzen und einzelnen Steuerbefreiungen aufgeschlüsselte Entgelt für die Lieferung oder sonstige Leistung (§ 10 UStG) sowie jede im Voraus vereinbarte Minderung des Entgelts, sofern sie nicht bereits im Entgelt berücksichtigt ist,
- den anzuwendenden Steuersatz sowie den auf das Entgelt entfallenden Steuerbetrag oder im Fall einer Steuerbefreiung einen Hinweis darauf, dass für die Lieferung oder sonstige Leistung eine Steuerbefreiung gilt,
- in den Fällen des § 14b Abs. 1 Satz 5 UStG einen Hinweis auf die Aufbewahrungspflicht des Leistungsempfängers und
- in den Fällen der Ausstellung der Rechnung durch den Leistungsempfänger oder durch einen von ihm beauftragten Dritten gem. Abs. 2 Satz 2 die Angabe „Gutschrift".

TKP-TIPP

Originalunterlagen auf Thermokopierpapier sollten immer kopiert und mit dem Original aufbewahrt werden, da die Tinte mit der Zeit verblasst. Dies ist z. B. oft der Fall bei Tankrechnungen oder Rechnungen von Supermärkten.

2. Aufbewahrungsfristen

2.1 Aufzubewahrende Unterlagen

Oft fragt der Mandant, welche Unterlagen überhaupt aufbewahrt werden müssen. Die Aufbewahrungsfristen der Buchführungs- und Aufzeichnungsunterlagen ergeben sich nach § 257 HGB und § 147 AO.

Nach § 147 AO müssen folgende Unterlagen aufbewahrt werden:

- „Bücher und Aufzeichnungen, Inventare, Jahresabschlüsse (inkl. Bilanz und Gewinn- und Verlustrechnung), Lageberichte, Eröffnungsbilanz, die zum Verständnis dieser Unterlagen erforderlichen Arbeitsanweisungen und sonstigen Organisationsunterlagen,
- empfangene Handels- und Geschäftsbriefe,**
- Wiedergaben der abgesandten Handels- und Geschäftsbriefe,**
- Buchungsbelege,
- Unterlagen, die einer mit Mitteln der Datenverarbeitung abgegebenen Zollanmeldung nach Art. 77 Abs. 1 i.V. mit Art. 62 Abs. 2 Zollkodex beizufügen sind, sofern die Zollbehörden auf ihre Vorlage verzichtet oder sie nach erfolgter Vorlage zurückgegeben haben,
- sonstige Unterlagen, soweit sie für die Besteuerung von Bedeutung sind.***"

Nach § 257 Abs. 1 HGB ist jeder Kaufmann dazu verpflichtet, die folgenden Unterlagen geordnet aufzubewahren:

- „Handelsbücher, Inventare, Eröffnungsbilanzen, Jahresabschlüsse, Einzelabschlüsse, Lageberichte, Konzernabschlüsse, Konzernlageberichte sowie die zu ihrem Verständnis erforderlichen Arbeitsanweisungen und sonstigen Organisationsunterlagen,
- die empfangenen Handelsbriefe,**
- Wiedergaben der abgesandten Handelsbriefe,**
- Belege für Buchungen in den zu führenden Büchern (Buchungsbelege)."

Nicht aufbewahrungspflichtig sind dagegen betriebsinterne Aufzeichnungen. Hierzu gehören z. B. Kalender oder Arbeits- und Fahrberichte. Diese Papiere dürfen zeitnah entsorgt werden.

HINWEIS

Die bisherige Aufbewahrungsfrist der empfangenen und abgesandten Handels- oder Geschäftsbriefe (Lieferscheine) von sechs Jahren wurde gestrichen. Nach § 147 Abs. 3 Satz 3, 4 AO endet die Aufbewahrungsfrist jeweils mit Erhalt oder Versand der Rechnung, soweit keine Buchungsbelege betroffen sind. Entsprechenden Informationen können dann direkt aus der Rechnung entnommen werden. Die Neuregelung gilt seit dem 1. 1. 2017 und betrifft alle Lieferscheine, deren Aufbewahrungsfrist am 31. 12. 2016 nach der bisherigen Frist noch nicht abgelaufen ist.

2.2 Dauer der Aufbewahrungsfrist

Bei der Aufbewahrungsfrist wird zwischen 6- und 10-jähriger Frist unterschieden.

HINWEIS

Bei der o. g. Aufstellung sind die Unterlagen gekennzeichnet (**), welche sechs Jahre aufzubewahren sind. Die restlichen Unterlagen sind zehn Jahre aufzubewahren.

Nach § 257 Abs. 5 HGB und § 147 Abs. 4 AO „beginnt die Frist mit dem Schluss des Kalenderjahres, in dem die letzte Eintragung in das Handelsbuch gemacht, das Inventar aufgestellt, die Eröffnungsbilanz oder der Jahresabschluss festgestellt, der Einzelabschluss nach § 325 Abs. 2a oder der Konzernabschluss aufgestellt, der Handelsbrief empfangen oder abgesandt worden oder der Buchungsbeleg entstanden ist."

TKP-TIPP

Die Aufbewahrungsfrist für Verträge beginnt erst mit Ende der Vertragsdauer.

2.3 Art und Weise der Aufbewahrung

Über die gesamte Laufzeit der Aufbewahrungsfrist müssen die Unterlagen leserlich aufbewahrt werden.

Nach § 147 Abs. 2 AO heißt es:

„Mit Ausnahme der Jahresabschlüsse, der Eröffnungsbilanz und der Unterlagen nach Abs. 1 Nr. 4a können die in Abs. 1 aufgeführten Unterlagen auch als Wiedergabe auf einem Bildträger oder auf anderen Datenträgern aufbewahrt werden, wenn dies den Grundsätzen ordnungsmäßiger Buchführung entspricht und sichergestellt ist, dass die Wiedergabe oder die Daten

1. mit den empfangenen Handels- oder Geschäftsbriefen und den Buchungsbelegen bildlich mit den anderen Unterlagen inhaltlich übereinstimmen, wenn sie lesbar gemacht werden

2. während der Dauer der Aufbewahrungsfrist jederzeit verfügbar sind, unverzüglich lesbar gemacht und maschinell ausgewertet werden können."

2.4 Besonderheiten

Nach § 66 Abs. 1 StBerG hat der Steuerberater die Handakten für die Dauer von zehn Jahren nach Beendigung des Auftrags aufzubewahren. Der Steuerberater kann den Mandanten jedoch auffordern die Handakten abzuholen. In diesem Fall erlischt die Aufbewahrungsfrist sechs Monate, nachdem die Aufforderung zur Abholung erfolgt ist.

Doch was genau sind Handakten?

Handakten sind nach § 66 Abs. 3 StBerG die Schriftstücke, die der Steuerberater während der beruflichen Tätigkeit von dem Auftraggeber oder für ihn erhalten hat. Hierzu zählen **nicht**:

- der Briefwechsel zwischen dem Steuerberater und dem Mandanten selbst;
- Urschriften die der Mandant bereits erhalten hat bzw. nur noch in Kopie vorliegen oder
- interne Arbeitspapiere.

Gleiche Regelungen gelten für Steuerberatungskanzleien, die die Unterlagen elektronisch aufbewahren.

Mit der Beendigung des Auftrags ist das tatsächliche oder rechtliche Ende des Auftragsverhältnisses gemeint.

TKP-TIPP

Sollten keine Rechtsansprüche mehr gegenüber des Mandanten bestehen, sollten dem Mandanten bei Mandatsbeendigung sämtliche Unterlagen zur Verfügung gestellt werden.

3. Fristen und Termine

3.1 Abgabetermin der Umsatzsteuer-Voranmeldung

Die Abgabetermine für die Umsatzsteuer-Voranmeldungen sind im § 18 UStG geregelt.

Grundsätzlich ist die Umsatzsteuer-Voranmeldung nach § 18 Abs. 1 UStG bis zum 10. Tag nach Ablauf jedes Voranmeldungszeitraums zu übermitteln.

Folgende Grenzen sind hierbei nach § 18 Abs. 2 UStG zu beachten – als Bemessungsgrundlage (BMG) gilt immer die Umsatzsteuer des Vorjahrs:

BMG < 1.000,00 € = Abgabe der USt-Voranmeldung pro Kalenderjahr mit Abgabe der USt-Jahreserklärung

BMG > 7.500,00 € = Abgabe der USt-Voranmeldung pro Monat

BMG < 7.500,00 € = Abgabe der USt-Voranmeldung pro Vierteljahr

Ausnahme: Bei Neugründung gilt die monatliche Abgabe der Umsatzsteuer-Voranmeldung

3.2 Antrag auf Dauerfristverlängerung

Auf Antrag kann das Finanzamt die Frist zur Abgabe der Umsatzsteuer-Voranmeldung um einen Monat verlängern (§ 18 Abs. 6 UStG i.V. mit § 46 UStDV).

Der Antrag ist für das Folgejahr mit Abgabe der Voranmeldung für den Zeitraum Dezember bis 10. 2. des Folgejahrs in elektronischer Form zu stellen (§ 48 Abs. 1 UStDV).

Bei Steuerpflichtigen, die die Umsatzsteuer-Voranmeldung monatlich abgeben, ist zur Gewährung der Dauerfristverlängerung eine Sondervorauszahlung zu leisten. Die Sondervorauszahlung beträgt 1/11 der Summe der Vorauszahlungen für das vorangegangene Kalenderjahr (§ 47 Abs. 1 UStDV).

Die Sondervorauszahlung ist im letzten Monat anzurechnen, für den die Fristverlängerung gilt. In der Regel ist das der Voranmeldezeitraum Dezember (§ 48 Abs. 4 UStDV).

Das Finanzamt kann dem Mandanten die Dauerfristverlängerung entziehen oder den Antrag ablehnen, wenn der Steueranspruch gefährdet erscheint. Dies ist oft der Fall, wenn der Mandant die Steuerzahlungen mehrmals verspätet leistet oder trotz Dauerfristverlängerung die Abgabe der Voranmeldung verspätet erfolgt.

3.3 Zuständigkeit des Finanzamts

Die Zuständigkeit des Finanzamts ist, soweit nicht anders geregelt, örtlich bestimmt.

Im Regelfall ist dies das Betriebsfinanzamt (Ort der Geschäftsleitung) oder das Wohnsitzfinanzamt (Wohnsitz des Steuerpflichtigen) (vgl. §§ 18 bis 20 AO).

3.4 Zusammenfassende Meldung (ZM)[1]

In der Zusammenfassenden Meldung (ZM) sind für innergemeinschaftliche Warenlieferungen, innergemeinschaftliche sonstige Leistungen und innergemeinschaftliche Dreiecksgeschäfte die UStIdNr. des Erwerbers, die Bemessungsgrundlage und die Art des Umsatzes anzugeben.

Wurden keine der o. g. Umsatzarten getätigt, ist keine ZM zu übermitteln. Warenbezüge (Erwerbe) aus anderen Mitgliedstaaten sind nicht zu melden.

Die ZM ist grundsätzlich bis zum 25. Tag nach Ablauf des Meldezeitraums an das Bundeszentralamt für Steuern (BZSt) zu übermitteln.

Der Meldezeitraum für innergemeinschaftliche Warenlieferungen (§ 18a Abs. 6 UStG) und Lieferungen i. S. des § 25b Abs. 2 UStG ist im Regelfall der Kalendermonat. Soweit die Summe der Bemessungsgrundlagen für innergemeinschaftliche Warenlieferungen und für Lieferungen i. S. des § 25b Abs. 2 weder für das laufende noch für eines der vier vorangegangenen Kalendervierteljahre jeweils mehr als 50.000 € beträgt, kann die ZM bis zum 25. Tag nach Ablauf des Kalendervierteljahres übermittelt werden (vgl. § 18a UStG).

Über die die meisten Programme wird die ZM direkt erstellt. Hier sollte darauf geachtet werden, dass bei dem Buchungssatz für die ZM auch immer die UStIdNr. des Erwerbers mit hinterlegt werden muss. In der Regel öffnet sich bei der Buchführung ein entsprechendes Fenster, in dem man aufgefordert wird, die erforderlichen Angaben einzugeben.

1 Quelle: http://www.bzst.de.

4. Steuerliche Nebenleistungen

4.1 Säumniszuschläge

„Wird eine Steuer nicht bis zum Ablauf des Fälligkeitstags entrichtet, ist für jeden angefangenen Monat der Säumnis ein Säumniszuschlag von 1% des abgerundeten rückständigen Steuerbetrags zu entrichten; abzurunden ist auf den nächsten durch 50 € teilbaren Betrag“ (vgl. § 240 AO).

Es gilt jedoch eine sog. „Schonfrist“. Somit wird ein Säumniszuschlag bei einer Säumnis von bis zu drei Tagen nicht erhoben (§ 240 Abs. 3 AO). Die Schonfrist gilt nur für unbare Zahlungen, wie Überweisungen oder Bareinzahlungen bei der Bank des Finanzamts – nicht jedoch bei Bar- oder Scheckeinzahlungen (vgl. § 224 AO).

4.2 Verspätungszuschläge

Nach § 152 AO kann das Finanzamt bei verspäteter oder Nicht-Abgabe der Voranmeldung einen Verspätungszuschlag festsetzen. Die Höhe beträgt max. 10% der festgesetzten Steuer und max. 25.000 €. Der Verspätungszuschlag kann dazu dienen, dass der Steuerpflichtige zukünftig für eine fristgerechte Abgabe Sorge trägt.

5. Steuerentstehung bei Leistungen

Bei der Besteuerung der Leistungen wird zwischen Soll- und Istversteuerung unterschieden. Grundsätzlich gilt für jeden Mandanten zunächst die Sollversteuerung.

5.1 Sollversteuerung

Die Steuer ist nach **vereinbarten** Entgelten zu berechnen. Das bedeutet, dass die Steuer mit Ablauf des Voranmeldezeitraums entsteht, in dem die Leistung ausgeführt wurde (vgl. § 16 Abs. 1 UStG).

Für die Entstehung der Steuer ist somit der Leistungszeitpunkt maßgebend und entsprechend in dem Umsatzsteuer-Voranmeldungsmonat der Leistung zu berücksichtigen. Dieses betrifft auch Teilleistungen, wenn hierfür ein gesondertes Entgelt vereinbart wurde (vgl. § 13 Abs. 1 UStG).

5.2 Istversteuerung

Auf Antrag kann die Steuer nach **vereinnahmten** Entgelten berechnet werden. Das bedeutet, dass die Steuer mit Ablauf des Voranmeldezeitraums entsteht, in dem die Zahlung erfolgt ist (vgl. § 20 UStG). Voraussetzung für die Genehmigung der Istversteuerung sind folgende Punkte:

- „der Gesamtumsatz (§ 19 Abs. 3 UStG) darf im vorangegangenen Kalenderjahr nicht mehr als 500.000 € betragen, oder
- der Unternehmer ist von der Verpflichtung, Bücher zu führen und auf Grund jährlicher Bestandsaufnahmen regelmäßig Abschlüsse zu machen, nach § 148 AO befreit, oder
- soweit der Unternehmer Umsätze aus einer Tätigkeit als Angehöriger eines freien Berufs i. S. des § 18 Abs. 1 Nr. 1 EStG ausführt.“

Sollte ein Unternehmen neugegründet sein, ist für die Genehmigung der Istversteuerung der voraussichtliche Gesamtumsatz im Betriebseröffnungsjahr maßgebend. Stellt sich im Nachhinein heraus, dass der Gesamtumsatz im Betriebseröffnungsjahr die Grenzen nach § 20 UStG überschritten hat, hat dieses nur Auswirkungen auf das Folgejahr – nicht auf das abgeschlossene Betriebsjahr.[1]

5.3 Wiederkehrende Einnahmen/Ausgaben

Die Wiederkehrenden Einnahmen sind besonders bei der Erstellung der Einnahmenüberschussrechnung zu berücksichtigen. Hierbei wird der Zeitraum vom 22.12. bis 10.1. kontrolliert, ob ein Zu-oder Abfluss stattfand. Insbesondere ist hier der Aufwand an Zinsen, Renten, Löhnen und Gehälter, Mieten, Pachten, Wasser-, Strom- und Telefongebühren zu kontrollieren.

Die Umsatzsteuer, welche zum 10.1. fällig wird, zählt auch zu den Wiederkehrenden Einnahmen/Ausgaben. Hier kommt es auf die Fälligkeit und Zahlung an. Die beiden Voraussetzungen müssen zusammen zu treffen.[2]

„Werden Ausgaben für eine Nutzungsüberlassung von mehr als fünf Jahren im Voraus geleistet, sind sie insgesamt auf den Zeitraum gleichmäßig zu verteilen, für den die Vorauszahlung geleistet wird“ – vgl. hierzu § 11 Abs. 2 Satz 3 EStG.

Buchhalterisch werden die Wiederkehrenden Einnahmen über das Gegenkonto 1450 erfasst. Die Wiederkehrenden Ausgaben werden über das Gegenkonto 1704 bzw. bei Lohn/Gehaltsbuchungen über # 1756 erfasst.

6. Sonderfall: Kleinunternehmer

6.1 Antrag Kleinunternehmer § 19 UStG

Auf Antrag kann der Unternehmer die Besteuerung nach § 19 UStG beantragen. Voraussetzung hierfür ist:

1. Der Umsatz zzgl. der darauf entfallenden Steuer im vorangegangenen Kalenderjahr darf 17.500 € nicht übersteigen.

2. Der Umsatz darf im laufenden Kalenderjahr 50.000 € nicht übersteigen.

Als Gesamtumsatz ist hier die Summe der vom Unternehmer ausgeführten steuerbaren Umsätze i. S. des § 1 Abs. 1 Nr. 1 UStG gemeint.

6.2 Steuererleichterung bei Ausübung des Wahlrechts

Unabhängig von der Kleinunternehmerregelung sind die Einfuhrumsatzsteuer oder Steuer für einen innergemeinschaftlichen Erwerb im Inland zu betrachten. Nach § 19 Abs. 1 Satz 3 UStG sind diese Steuern unabhängig vom Umsatz zu leisten.

1 Vgl. hierzu BFH, Urteil v. 19. 2. 1976 - V R 23/73, BStBl 1976 II S. 400.
2 Vgl. hierzu BFH, Urteil v. 1. 8. 2007 - XI R 48/05, BStBl 2008 II S. 282

Zu beachten ist noch, dass auch bei der Ausübung der Kleinunternehmerregelung ein Antrag auf Versteuerung nach vereinnahmten Entgelten § 20 UStG gestellt werden muss. Ansonsten gilt auch hier ohne Antrag die Versteuerung nach vereinbarten Entgelten.

6.3 Verzicht auf die Regelung des Kleinunternehmers

Verzichtet der Steuerpflichtige auf das Wahlrecht zur Besteuerung nach § 19 UStG, ist er für fünf Jahre an die Ausübung der normalen Besteuerung gem. UStG gebunden.

7. Unentgeltliche Wertabgaben

Praktische Probleme treten auch immer wieder bei der Verbuchung von Privatentnahmen auf. Das liegt zum einen daran, dass es unterschiedliche Bemessungsgrundlagen für die Einkommen- und Umsatzsteuer geben kann und zum anderen daran, dass Privatentnahmen mit und ohne Umsatzsteuer existieren.

Entnahmen sind alle Wirtschaftsgüter (Barentnahmen, Waren, Erzeugnisse, Nutzungen und Leistungen), die der Steuerpflichtige dem Betrieb für sich, für seinen Haushalt oder für andere betriebsfremde Zwecke im Laufe des Wirtschaftsjahrs entnommen hat (§ 4 Abs. 1 Satz 2 EStG). Entnahmen des Steuerpflichtigen für sich, für seinen Haushalt oder für andere betriebsfremde Zwecke sind mit dem Teilwert anzusetzen (§ 6 Abs. 1 Nr. 4 EStG). Dabei ist der Teilwert ein fiktiver Wert, denn in § 6 Abs. 1 Nr. 1 Satz 3 EStG heißt es: „Teilwert ist der Betrag, den ein (gedachter) Erwerber des ganzen Betriebs im Rahmen des Gesamtkaufpreises für das einzelne Wirtschaftsgut ansetzen würde; dabei ist davon auszugehen, dass der Erwerber den Betrieb fortführt."

Darüber hinaus unterliegen Privatentnahmen unter bestimmten Bedingungen der Umsatzbesteuerung nach § 10 UStG. Dort heißt es in § 10 Abs. 4 UStG u. a.: „Der Umsatz wird bemessen... nach dem Einkaufspreis zuzüglich der Nebenkosten für den Gegenstand oder für einen gleichartigen Gegenstand oder mangels eines Einkaufspreises nach den Selbstkosten, jeweils zum Zeitpunkt des Umsatzes."

Es können nicht nur Gegenstände entnommen werden, sondern auch Nutzungen. Das bekannteste Beispiel ist die Privatnutzung des Betriebsfahrzeugs.

7.1 Eigenverbrauch

In bestimmten Branchen wird dem Unternehmer unterstellt, dass er aus seinem Unternehmen auch privat z. B. Lebensmittel entnimmt oder in seinem eigenen Restaurant mit seiner Familie kostenlos isst. Hierfür wird jedes Jahr ein BMF-Schreiben[1] veröffentlicht, in dem die Pauschbeträge der Sachentnahmen für die einzelnen Branchen aufgeführt werden. Diese sind pro Angehörige (Kinder anteilig) in der Buchhaltung zu berücksichtigen.

---

1 www.bundesfinanzministerium.de

7.2 Private Kfz-Nutzung

Zuordnung eines Pkw aufgrund der Nutzung:

Ertragsteuerlich

- bis 10 % betriebliche Nutzung: notwendiges Privatvermögen
- 10 % bis 50 % betriebliche Nutzung: gewillkürtes Betriebsvermögen
- über 50 % betriebliche Nutzung: notwendiges Betriebsvermögen

Umsatzsteuerlich

Bei einer betrieblichen Nutzung von mehr als 10 % kann der Pkw dem Unternehmensvermögen zugeordnet werden.

Wenn der Unternehmer einen Pkw im Betriebsvermögen hat, muss gleichzeitig geprüft werden, ob eine private Kfz-Nutzung vorliegt. Entweder wird dieses bereits über den Lohn berücksichtigt (z. B. bei einem Gesellschafter der GmbH) oder es wird meistens aus Vereinfachungsgründen die sog. 1 %-Regelung genutzt. Natürlich kann der Unternehmer auch ein Fahrtenbuch führen, jedoch raten wir in den meisten Fällen dem Mandanten hiervon ab, da bei einer Betriebsprüfung das Fahrtenbuch im seltensten Fall Bestand hält. Die Ansprüche eines Fahrtenbuchs sind sehr hoch. Aus dem Grund wird als private Kfz-Nutzung 1 % des Bruttolistenpreises in der Buchhaltung monatlich angesetzt. Gleichzeitig ist am Jahresende immer zu prüfen, ob die private Kfz-Nutzung die tatsächlichen Kfz-Kosten im Jahr übersteigen würde. In dem Fall tritt die sog. „Kostendeckelung" ein.

Vergleiche für die Ermittlung der privaten Kfz-Nutzung die Vorlage im Bereich B., III. JA/EÜR 6.7.3.1, S. 160.

Ein **Fahrtenbuch** muss folgende Angaben enthalten:

- jede „betrieblich" zusammenhängende, einzelne Fahrt mit km;
- Datum;
- Gesamt-Kilometer zu Beginn und Ende;
- betriebliche Reiseziele;
- Reiseroute bei Umwegen;
- aufgesuchte Personen bzw. betriebliche Verrichtung;
- Privatfahrten mit Kilometerangaben;
- mit kurzem Vermerk bei Wohnung/Betriebsstätte;
- zeitnahe Erfassung;
- nachträgliche Aufzeichnungen werden nicht anerkannt;
- handschriftliche Aufzeichnungen müssen lesbar sein (BFH, Beschluss v. 14. 3. 2012 - VIII B 120/11, BFH/NV 2012 S. 949 Nr. 6).

Sachverhalt	Einkommensteuer	Umsatzsteuer
Die betriebliche Nutzung beträgt **nicht mehr als 50 %.**	Die Abgrenzung zu den Privatfahrten erfolgt nach den tatsächlichen Kosten. Die Berechnungsgrundlage erfolgt durch repräsentative Aufzeichnungen oder durch Schätzung bei einem Zeitraum von mind. 3 Monaten gem. BMF, Schreiben v. 18. 11. 2009, BStBl 2009 I S. 1326.	**Nur steuerfreie Umsätze:** keine USt **Steuerpflichtige Umsätze:** Ebenfalls nach den tatsächlichen Kosten, aber nur Einbeziehung der Kosten, bei denen ein Vorsteuerabzug möglich war.
Die betriebliche Nutzung beträgt **mehr als 50 %.**	► Fahrtenbuchmethode oder ► 1 %-Regelung	**Nur steuerfreie Umsätze:** keine USt **Steuerpflichtige Umsätze:** 1 %-Methode: zu berücksichtigen sind 80 % als Bemessungsgrundlage. Beim Fahrtenbuch: zu berücksichtigen sind als Bemessungsgrundlage nur die Aufwendungen, bei denen der Vorsteuerabzug möglich war.

8. Betriebsausgaben

8.1 Wesen der Betriebsausgabe

„Betriebsausgaben sind Ausgaben, die durch den Betrieb veranlasst sind" (§ 4 Abs. 4 EStG). Das bedeutet, die Ausgaben müssen mit dem Betrieb im wirtschaftlichen Zusammenhang stehen. Die Betriebsausgaben können die Betriebseinnahmen auch übersteigen. Dadurch entsteht ein Verlust.

8.2 Abgrenzung zu privaten Lebenserhaltungskosten

Ausgaben, die den privaten Bereich betreffen, dürfen **nicht** als Betriebsausgaben abgezogen werden (§ 12 Abs. 1 EStG). Sie werden in der Buchhaltung dem privaten Bereich zugeordnet.

8.3 Nicht abzugsfähige Betriebsausgaben

Nach § 4 Abs. 5 EStG dürfen folgende Betriebsausgaben den Gewinn **nicht** mindern:

- Aufwendungen für die Bewirtung von Personen, welche als unangemessen anzusehen sind (§ 4 Abs. 5 Nr. 2 EStG)
- Aufwendungen für Gästehäuser, für Jagd oder Fischerei, für Segel- oder Motorjachten (§ 4 Abs. 5 Nr. 3 und 4 EStG)
- Geldstrafen, Bußgelder, Ordnungs- und Verwarnungsgelder (§4 Abs. 5 Nr. 8 EStG)

- Bestechungs- und Schmiergelder (§ 4 Abs. 5 Nr. 10 EStG)
- Gewerbesteuer ab dem 1. 1. 2008 (§ 4 Abs. 5b EStG)

8.4 Beschränkt abziehbare Betriebsausgaben

Folgende Aufwendungen sind nur **beschränkt** abzugsfähig:

- Aufwendungen für Geschenke an Personen, die nicht Arbeitnehmer des Steuerpflichtigen sind und 35 € pro Jahr pro Empfänger übersteigen (§ 4 Abs. 5 Nr. 1 EStG)
- Aufwendungen für die Bewirtung von Personen aus geschäftlichem Anlass, soweit sie 70 % der Aufwendungen übersteigen, die nach der allgemeinen Verkehrsauffassung als angemessen anzusehen sind (§ 4 Abs. 5 Nr. 2 EStG)
- Mehraufwendungen für Verpflegung bei Geschäftsreisen (§ 4 Abs. 5 Nr. 5 EStG)
- Aufwendungen für Fahrten des Steuerpflichtigen zwischen seiner Wohnung und der Betriebsstätte und für Familienheimfahrten (§ 4 Abs. 5a EStG)
- Mehraufwendungen für doppelte Haushaltsführung
- Aufwendungen für ein häusliches Arbeitszimmer

8.5 Vorweggenommene Betriebsausgaben

Vorweggenommene Betriebsausgaben sind Ausgaben, die bereits vor Gründung des Unternehmens entstanden sind. Voraussetzung für den Abzug der Betriebsausgaben ist, dass diese im wirtschaftlichen Zusammenhang mit dem neuen Unternehmen stehen (z. B. Kosten für die Anmietung von Geschäftsräumen oder für die Anschaffung von (Büro-)Material).

9. Die Anlagenbuchführung

Zum Anlagevermögen zählen alle Vermögensgegenstände, die dem Unternehmen länger als ein Jahr zur Verfügung stehen, zum Umlaufvermögen alle anderen. In der Regel stehen die Vermögensgegenstände des Anlagevermögens allerdings nicht auf unbegrenzte Zeit zur Verfügung. Sie unterliegen einem Material- und damit auch Werteverschleiß, d. h. jedes abnutzbare Anlagegut muss irgendwann einmal ersetzt werden. Aus diesem Grund sind bei Vermögensgegenständen des Anlagevermögens, deren Nutzung zeitlich begrenzt ist, die Anschaffungs- oder Herstellungskosten um planmäßige Abschreibungen zu mindern. Die Abschreibungen stehen dabei stellvertretend für den Werteverzehr des Vermögensgegenstands während der Nutzungsdauer.

Der eigentliche Kauf eines Vermögensgegenstands stellt einen erfolgsneutralen Vorgang dar (z. B. Kauf einer Maschine auf Ziel, d. h. Aktiv-Passiv-Mehrung), erst die Abschreibung führt zu einem erfolgswirksamen Vorgang. Erst die „Stückelung" der gesamten Anschaffungs- oder Herstellungskosten auf die voraussichtliche Nutzungsdauer führt in den Folgejahren zur „portionsweisen" Gewinnminderung. Die jährliche Wertminderung (und damit auch der jährliche Werteverzehr) wird durch die Abschreibung zum Ausdruck gebracht. Ziel des Buchungssatzes „planmäßige Abschreibung an Anlagegut" ist nicht nur die Gewinnminderung. Vorrangig geht es um folgenden **Kreislauf**:

1. Kauf von Anlagevermögen.
2. Planmäßige Abschreibung des Anlagevermögens.
3. Geld kommt über den korrekt kalkulierten Verkaufspreis unserer Produkte wieder in das Unternehmen.
4. Bestand an Geldmitteln erhöht sich.

Erläuterungen

1. Es wird ein Vermögensgegenstand des Anlagevermögens erworben, z. B. Kauf einer Maschine für 15.000 € zzgl. 19 % USt.
2. Bei einer betriebsgewöhnlichen Nutzungsdauer von z. B. 10 Jahren und linearer Abschreibung wird der Gewinn pro Jahr um 1.500 € gemindert.
3. Mit der Maschine werden Produkte hergestellt, die am Absatzmarkt verkauft werden. Sind die Preise für die zu verkaufenden Produkte verursachungsgerecht kalkuliert, so beinhalten diese auch anteilige Kosten für die Abschreibung. Damit fließen im Ergebnis die in den Preis einkalkulierten Abschreibungsbeträge über die Umsatzerlöse wieder in das Unternehmen zurück.
4. Der zurückgeflossene Geldbestand (z. B. durch Erhöhung des Bargeldbestands oder ein Mehr auf dem betrieblichen Bankkonto) kann dazu verwendet werden, in 10 Jahren eine neue Maschine zu kaufen, die die alte ersetzt – anschließend beginnt der Kreislauf wieder von vorne.

9.1 Abschreibung

Seit dem 1. 1. 2011 ist die degressive Abschreibung durch das Unternehmenssteuerreformgesetz nicht mehr zulässig. Entsprechend entfällt diese Abschreibungsmöglichkeit bei den neuen Wirtschaftsgütern.

Die Regelung, dass jeder Vermögensgegenstand, der eine längere Nutzungsdauer als ein Jahr hat, aktiviert werden muss und erst über die Abschreibung zu gewinnminderndem Aufwand wird, besitzt nicht uneingeschränkte Gültigkeit. Immer da, wo die Wesentlichkeitsgrundsätze tangiert werden, existieren Ausnahmen. So sieht die Finanzverwaltung vor, dass Anschaffungen bis zu einem Wert von einschließlich 250 € sofort als Aufwand verbucht werden können. Ein Wahlrecht besteht für Anschaffungs- oder Herstellungskosten von bestimmten beweglichen abnutzbaren Wirtschaftsgütern des Anlagevermögens, die einer selbständigen Nutzung fähig sind; diese können im Wirtschaftsjahr der Anschaffung oder Herstellung in voller Höhe als Betriebsausgaben gewinnmindernd abgesetzt werden, wenn die Anschaffungs- oder Herstellungskosten, vermindert um einen darin enthaltenen Vorsteuerabzug, für das einzelne Wirtschaftsgut den Betrag von 800 € nicht übersteigen.

Abweichend davon kann für die abnutzbaren beweglichen Wirtschaftsgüter des Anlagevermögens, die einer selbständigen Nutzung fähig sind, im Wirtschaftsjahr der Anschaffung, Herstellung oder Einlage des Wirtschaftsguts oder der Eröffnung des Betriebs ein Sammelposten gebildet werden, wenn die Anschaffungs- oder Herstellungskosten, vermindert um einen darin enthaltenen Vorsteuerbetrag für das einzelne Wirtschaftsgut 250 €, aber nicht 1.000 € übersteigen. Der Sammelposten ist im Wirtschaftsjahr der Bildung und den folgenden vier Wirtschaftsjahren mit jeweils einem Fünftel gewinnmindernd aufzulösen.

„Die Frage, ob ein Wirtschaftsgut des Anlagevermögens selbständig nutzungsfähig ist, stellt sich regelmäßig für solche Wirtschaftsgüter, die in einem Betrieb zusammen mit anderen Wirtschaftsgütern genutzt werden. Für die Entscheidung in dieser Frage ist maßgeblich auf die betriebliche Zweckbestimmung des Wirtschaftsguts abzustellen. Hiernach ist nach Meinung der Finanzverwaltung ein Wirtschaftsgut des Anlagevermögens einer selbständigen Nutzung nicht fähig, wenn folgende Voraussetzungen kumulativ vorliegen:

1. Das Wirtschaftsgut kann nach seiner betrieblichen Zweckbestimmung nur zusammen mit anderen Wirtschaftsgütern des Anlagevermögens genutzt werden,
2. das Wirtschaftsgut ist mit den anderen Wirtschaftsgütern des Anlagevermögens in einen ausschließlichen betrieblichen Nutzungszusammenhang eingefügt, d. h., es tritt mit den in den Nutzungszusammenhang eingefügten anderen Wirtschaftsgütern des Anlagevermögens nach außen als einheitliches Ganzes in Erscheinung, wobei für die Bestimmung dieses Merkmals im Einzelfall die Festigkeit der Verbindung, ihre technische Gestaltung und ihre Dauer von Bedeutung sein können,
3. das Wirtschaftsgut ist mit den anderen Wirtschaftsgütern des Anlagevermögens technisch abgestimmt.

Dagegen bleiben Wirtschaftsgüter, die zwar in einen betrieblichen Nutzungszusammenhang mit anderen Wirtschaftsgütern eingefügt und technisch aufeinander abgestimmt sind, dennoch selbständig nutzungsfähig, wenn sie nach ihrer betrieblichen Zweckbestimmung auch ohne die anderen Wirtschaftsgüter im Betrieb genutzt werden können (z. B. Müllbehälter eines Müllabfuhrunternehmens). Auch Wirtschaftsgüter, die nach ihrer betrieblichen Zweckbestimmung nur mit anderen Wirtschaftsgütern genutzt werden können, sind selbständig nutzungsfähig, wenn sie nicht in einen Nutzungszusammenhang eingefügt sind, so dass die zusammen nutzbaren Wirtschaftsgüter des Betriebs nach außen nicht als ein einheitliches Ganzes in Erscheinung treten (z. B. Bestecke, Trivialprogramme). Selbständig nutzungsfähig sind ferner Wirtschaftsgüter, die nach ihrer betrieblichen Zweckbestimmung nur zusammen mit anderen Wirtschaftsgütern genutzt werden können, technisch mit diesen Wirtschaftsgütern aber nicht abgestimmt sind (z. B. Paletten, Einrichtungsgegenstände).

Bei der Beurteilung der Frage, ob die Anschaffungs- oder Herstellungskosten für das einzelne Wirtschaftsgut 250 € (sofort gewinnmindernder Aufwand), 800 € (GWG-Regelung) oder 1.000 € (Sammelpostenregelung) nicht übersteigen, ist,

1. wenn von den Anschaffungs- oder Herstellungskosten des Wirtschaftsgutes ein Betrag nach § 6b oder § 6c EStG abgesetzt worden ist, von den nach § 6b Abs. 6 EStG maßgebenden,
2. wenn die Anschaffungs- oder Herstellungskosten nach § 7g Abs. 2 Satz 2 EStG gewinnmindernd herabgesetzt wurden, von den geminderten,
3. wenn das Wirtschaftsgut mit einem erfolgsneutral behandelten Zuschuss aus öffentlichen oder privaten Mitteln nach R 6.5 EStR angeschafft oder hergestellt worden ist, von den um den Zuschuss gekürzten,
4. und wenn von den Anschaffungs- oder Herstellungskosten des Wirtschaftsgutes ein Betrag nach R 6.6 EStR abgesetzt worden ist, von den um diesen Betrag gekürzten Anschaffungs- oder Herstellungskosten auszugehen.“ (R 6.13 EStR)

„Wurden die Anschaffungs- oder Herstellungskosten eines Wirtschaftsguts gem. § 6 Abs. 2 EStG (GWG-Regelung) oder § 6 Abs. 2a Satz 4 EStG (bis 250 €) im Jahr der Anschaffung oder Herstellung in voller Höhe als Betriebsausgaben abgesetzt, sind in späteren Wirtschaftsjahren nachträgliche Anschaffungs- oder Herstellungskosten im Jahr ihrer Entstehung ebenfalls in voller Höhe als Betriebsausgaben zu behandeln. Dies gilt unabhängig davon, ob sie zusammen mit den ursprünglichen Anschaffungs- oder Herstellungskosten den Betrag von 800 € bzw. im Falle der Bildung des Sammelpostens gem. § 6 Abs. 2a EStG von 250 € übersteigen.

Für jedes Wirtschaftsjahr, in dem vom einheitlich für alle Anlagegüter i. S. des § 6 Abs. 2a EStG auszuübenden Antragsrecht zur Bildung eines Sammelpostens Gebrauch gemacht wurde, ist ein gesonderter Sammelposten zu bilden. Nachträgliche Anschaffungs- oder Herstellungskosten, die nicht im Wirtschaftsjahr der Anschaffung oder Herstellung angefallen sind, erhöhen den Sammelposten des Wirtschaftsjahres, in dem die nachträglichen Anschaffungs- oder Herstellungskosten anfallen.

(…)

Der Sammelposten i. S. des § 6 Abs. 2a EStG ist kein Wirtschaftsgut, sondern eine Rechengröße und damit beispielsweise einer Teilwertabschreibung nicht zugänglich. Ein Sammelposten i. S. des § 6 Abs. 2a EStG wird nicht dadurch vermindert, dass ein oder mehrere darin erfasste Wirtschaftsgüter durch Veräußerung oder Entnahme oder auf Grund höherer Gewalt (R 6.6 Abs. 2 EStR) aus dem Betriebsvermögen ausscheiden. (…)“ (R 6.13 EStR)

Voraussetzung für den vollen Abzug im Jahr der Anschaffung oder Herstellung ist außerdem, dass entweder für diese Wirtschaftsgüter ein besonderes Verzeichnis neben der eigentlichen Buchhaltung geführt wird, aus dem der Tag der Anschaffung oder Herstellung sowie die Anschaffungs- oder Herstellungskosten ersichtlich sind oder sich diese Angaben alternativ aus der Buchführung ergeben, indem z. B. ein separates Konto mit dem Namen „Geringwertige Wirtschaftsgüter“ anlegt wird.

Zusammenfassung:

Folgende Grenzen sind zu beachten:

- Wirtschaftsgüter bis 150,00 € (**ab 2018: 250,00 €**) sind als sofortige Betriebsausgabe zu buchen
- Bei Wirtschaftsgütern über 150,00 € (**ab 2018: 250,00 €**) sind möglich:
  - Abschreibung für geringwertige Wirtschaftsgüter über ein Jahr von 150,01 € bis 410,00 € (**ab 2018 250,01 €** bis 800,00 €) nach § 6 Abs. 2 EStG
  - Lineare Abschreibung nach §7 Abs. 1 EStG ab 410,01 € (**ab 2018: 800,01 €**)

oder

  - Abschreibung Sammelposten über fünf Jahre von 150,01 € bis 1.000,00 € (**ab 2018: 250,01 €** bis 1.000 €) nach § 6 Abs. 2a EStG
  - Lineare Abschreibung nach § 7 Abs. 1 EStG ab 1.000,01 €

II. Lohnbuchhaltung

1. Sofortmeldung

Es gibt eine Pflicht zur Abgabe einer Sofortmeldung für Wirtschaftsbereiche in denen ein erhöhtes Risiko für Schwarzarbeit und illegale Beschäftigung besteht. Die Sofortmeldung ist spätestens bei Aufnahme der Beschäftigung an die Datenstelle der Rentenversicherung mit dem Abgabegrund 20 zu melden. Da es sich hierbei um eine zusätzliche Meldung handelt, ist diese auch abzusetzen, wenn zeitgleich die Anmeldung wegen Beschäftigungsbeginn (Meldegrund 10) übermittelt worden ist.

Besteht Sofortmeldepflicht, sind die Arbeitnehmer verpflichtet ihre Personalausweise mitzuführen. Der Arbeitgeber ist verpflichtet, seine Arbeitnehmer schriftlich hierüber zu informieren und diesen unterschrieben Nachweis zu den Lohnunterlagen zu nehmen. Die Deutsche Rentenversicherung Bund hat eine Anlage veröffentlicht, aus der sich ergibt, welche Betriebe der Pflicht zur Abgabe einer Sofortmeldung unterliegen.

Die einzelnen Sparten sind:[1]

- **Baugewerbe**
  Der Begriff des Baugewerbes ist umfassend zu verstehen und erfasst auch das Ausbau- und Baunebengewerbe sowie den Garten- und Landschaftsbau. Auf die Anwendung der Tarifverträge für das Baugewerbe oder die unfallversicherungsrechtliche Zuordnung der Betriebe kommt es nicht an.[2]
- **Gaststätten- und Beherbergungsgewerbe**[3]
- **Personenbeförderungsgewerbe und Speditions-, Transport- und damit verbundene Logistikgewerbe**[3]
- **Schaustellergewerbe**[3]
  Als Schausteller werden solche Gewerbetreibende bezeichnet, die ein oder mehrere Betriebsstätten, die nach ihrer Gestaltung und äußeren Aufmachung volksfesttypische Geschäfte aus den Bereichen Fahrgeschäfte, Verkaufsgeschäfte, Zeltgaststätten, Imbiss und Ausschank, Schau- und Belustigungsgeschäfte, Schießgeschäfte oder Ausspielungsgeschäfte unterhalten.
- **Unternehmen der Forstwirtschaft**[3]
  Zu den gewerblichen Unternehmen der Forstwirtschaft gehören insbesondere die Einschlags- und Rückunternehmen.
- **Gebäudereinigungsgewerbe**[3]
  Das Gebäudereinigungsgewerbe umfasst Gebäude-, Fassaden-, Raum- und Inventarreinigung sowie Industriereinigung und alle sonstigen von diesem Gewerbe angebotenen Dienstleistungen.

1 Für weiterführende Hinweise empfehlen wir das „Praxishandbuch für Lohnabrechnung“, NWB Verlag.
2 Vgl. Baugetriebe-Verordnung v. 28. 10. 1980 (BStBl 1980 I S. 2033).
3 Quelle: Deutsche Rentenversicherung Bund.

- **Unternehmen, die sich am Auf- und Abbau von Messen und Ausstellungen beteiligen**[1]
- **Fleischwirtschaft**[2]

2. Geringfügige Beschäftigung

2.1 Allgemeines

Jetzt kommen wir zu einer Beschäftigungsgruppe, die im Rahmen der Lohnabrechnung recht arbeitsaufwendig ist. Viele Mandanten stufen die geringfügig Beschäftigten als „nur Aushilfen" ein. Allerdings benötigen sie z. B. auch einen Arbeitsvertrag, und man muss viele besondere Dinge beachten. Das will ich dir jetzt einmal erläutern.

Für geringfügig entlohnte Beschäftigungen (450 € bzw. Minijobs) sowie für kurzfristige Beschäftigungen (Saisonbeschäftigungen) gelten sozialversicherungs- und steuerrechtliche Sonderregelungen.

Minijobs und Saisonbeschäftigungen müssen bei der Minijob-Zentrale angemeldet werden. Sie erhält die An- und Abmeldungen sowie Beitragsnachweise und nimmt die Pauschalabgaben entgegen.

Das Arbeitsentgelt eines geringfügig entlohnten Beschäftigten darf regelmäßig im Monat 450,00 € nicht übersteigen. Die Arbeitszeit und die Anzahl der jeweiligen Arbeitseinsätze sind dabei unerheblich. Allerdings ist auch hier der gesetzliche Mindestlohn zu beachten.

2.2 Sozialversicherung und Lohnsteuer

Der Arbeitgeber muss für jeden Minijobber Pauschalabgaben an die Minijob-Zentrale der Bundesknappschaft abführen. Das ist derzeit bezogen auf das Arbeitsentgelt (Stand Jan. 2018):

- 13 % Krankenversicherung,
- 15 % Rentenversicherung,
- 3,6 % Aufstockungsbeitrag bzw. Differenzbeitrag zur Rentenversicherung, zahlbar vom Arbeitnehmer
- 2 % Pauschsteuer (einschließlich Kirchensteuer und Solidaritätszuschlag), sofern nicht per Lohnsteuerkarte abgerechnet wird,
- ggf. 0,9 % Umlage U1 Lohnfortzahlung bei Krankheit, 80 % Erstattung
- 0,24 % Umlage U2 zum Ausgleich der Mutterschutzaufwendungen, die von allen Arbeitgebern zu zahlen ist, Erstattung 100 %
- 0,06 % Insolvenzgeldumlage

Bei Minijobbern, die privat krankenversichert sind, entfällt der Pauschalbeitrag zur Krankenversicherung. Das betrifft hauptsächlich Beamte.

1 Quelle: Deutsche Rentenversicherung Bund.
2 Quelle: Deutsche Rentenversicherung Bund.

2.3 Rentenversicherung

Grundsätzlich sind Minijobs rentenversicherungspflichtig. Dabei trägt der Versicherte den Differenzbetrag von derzeit 3,6 % zusätzlich zum Pauschalbeitrag des Arbeitgebers. Diesen Eigenanteil des Arbeitnehmers behält der Arbeitgeber vom Arbeitsentgelt ein und zahlt ihn zusammen mit den Pauschalabgaben an die Minijob-Zentrale. Zu beachten ist, dass der volle Rentenversicherungsbeitrag mindestens von einem Arbeitsentgelt i. H. von 175 € zu zahlen ist. Die Vorteile der Versicherungspflicht für den Arbeitnehmer ergeben sich aus dem Erwerb von Pflichtbeitragszeiten in der Rentenversicherung. Das bedeutet, dass die Beschäftigungszeit in vollem Umfang für die Erfüllung der verschiedenen Wartezeiten (Mindestversicherungszeiten) berücksichtigt wird. Pflichtbeitragszeiten sind beispielsweise Voraussetzung für einen früheren Rentenbeginn.

Ich möchte noch einen Hinweis auf die Möglichkeit „zu riestern" geben. Das ist für einen bestimmten Personenkreis eine Überlegung wert. Mit einem versicherungspflichtigen Minijob gehört man zum unmittelbar förderberechtigten Personenkreis. Bei Geringverdienern kann schon die Zahlung eines jährlichen Eigenbeitrags von 60 € in einen **Riester-Vertrag** ausreichen, um die volle staatliche Zulage zu bekommen. Besonders Geringverdiener und Familien mit Kindern profitieren von dieser Förderung. Die volle staatliche Grundzulage für jedermann beträgt 175 € und für Kinder 185 € pro Jahr. Für Kinder, die ab 2008 geboren wurden, fließen sogar 300 € pro Jahr an Zulage.

BEISPIEL: Miriam W., Mutter von zwei Töchtern, die ab 2008 geboren wurden, verdient in ihrem Minijob 450 € im Monat, also 5.400 € im Jahr. Um die volle staatliche Zulage zu bekommen, muss sie davon 4 % in einen zertifizierten Riester-Vertrag einzahlen. Von den 216 €, die sie zahlen müsste, werden daher die Grundzulage von 175 € und die Kinderzulage für beide Töchter von je 300 € (= 600 €) abgezogen. Als Geringverdienerin muss sie damit nur einen Sockelbetrag von 60 € im Jahr (= 5 € im Monat) zahlen, um jährlich 775 € an staatlichen Zulagen für ihren Riester-Vertrag zu bekommen.

2.4 Befreiungsmöglichkeit

Der Arbeitnehmer kann sich durch schriftlichen Antrag an den Arbeitgeber, von der Rentenversicherungspflicht befreien lassen. Dann zahlt nur der Arbeitgeber den Pauschalbeitrag zur Rentenversicherung. Als Folge erwirbt der Arbeitnehmer aber auch keine vollen Leistungsansprüche aus der Rentenversicherung. Die Befreiung kann nur für die Zukunft und im Falle der Ausübung mehrerer geringfügiger Beschäftigungen, nur einheitlich für alle Beschäftigungen erklärt werden. Die Befreiung von der Rentenversicherungspflicht gilt für die gesamte Dauer des Minijobs und kann nicht widerrufen werden. Endet dieser Minijob, verliert der Befreiungsantrag seine Wirkung. Bei einer erneuten Aufnahme eines Minijobs ist ein erneuter Befreiungsantrag notwendig. Bei gleichem Arbeitgeber verliert die Befreiung erst dann ihre Wirkung, wenn zwischen den Beschäftigungen mehr als zwei Monate liegen. Obwohl das Nachweisgesetz Arbeitgeber nicht dazu verpflichtet, ihre Arbeitnehmer auf die Möglichkeit der Befreiung von der Versicherungspflicht hinzuweisen, ist dies zu empfehlen.

TKP-TIPP

Grundsätzlich empfehlen wir eine Befreiung von der Rentenversicherung, da die Beiträge sehr gering sind und die Rente nicht maßgeblich erhöhen. Anders verhält es sich z. B. bei einer Hausfrau, die einen Minijob ausübt und ihre Pflichtzeiten noch nicht erfüllt hat. Sie kann durch Einzahlung des Aufstockungsbetrags von 3,6 % ihre Mindestversicherungszeiten erhöhen. Siehe dazu die Praxishilfe: Antrag auf Befreiung von der Rentenversicherungspflicht, S. 113.

2.5 Lohnsteuer

Anstelle der Pauschalierung der Lohnsteuer kann auch ein Lohnsteuerabzug nach den Lohnsteuerabzugsmerkmalen durchgeführt werden. Dieses kann dann sinnvoll sein, wenn für den Arbeitnehmer überhaupt keine Lohnsteuer anfällt, weil der Freibetrag nicht überschritten wird, z. B. bei Schülern, die nur in der Ferienzeit arbeiten.

2.6 Zeitguthaben aus einer flexiblen Arbeitszeitregelung

Auch bei Minijobs besteht die Möglichkeit, ein Arbeitszeitkonto zu führen. Bei der sonstigen flexiblen Arbeitszeitregelung steht die flexible Gestaltung der täglichen und wöchentlichen Arbeitszeit oder der Ausgleich der betrieblichen Produktions- oder Arbeitszeitzyklen im Vordergrund. Übersetzt heißt das, es können z. B. Betriebsferien oder saisonbedingte Arbeitsspitzen aufgefangen werden. Es muss aber unbedingt darauf geachtet werden, dass der Arbeitsentgeltanspruch die Jahresgrenze von 5.400 € nicht übersteigt. Wird die Grenze überschritten, finden die Regelungen für Minijobs keine Anwendung mehr.

TKP-TIPP

Wir empfehlen unseren Mandanten immer, die Höchstgrenze von monatlich 450 € nicht auszunutzen, sondern immer noch einen kleinen Spielraum zu lassen, falls z. B. bei einer Betriebsprüfung noch etwas Unvorhergesehenes gefunden wird. Wir haben viele Mandanten im Bundesland Bremen. Hier wird ein Kammerbeitrag erhoben (im Saarland gibt es das auch), der schnell einmal vergessen wird abzuziehen. Schon ist man in die Falle getappt: 450 € überschritten. Bleibt also lieber bei 430 € monatlich. So ist die Gefahr nicht so groß, plötzlich einem versicherungspflichtigen Arbeitsverhältnis gegenüber zu stehen. Sollte der Mitarbeiter bereits ausgeschieden sein oder die 3-Monats-Frist ist überschritten, zahlt der Arbeitgeber alle Beiträge allein. Das Haftungsrisiko für Nachforderungen liegt dann bei der Steuerberatungskanzlei.

2.7 Mehrere geringfügig entlohnte Beschäftigungen

Bei Minijobbern ist die Beurteilung der Versicherungspflicht von besonderer Bedeutung. Vorbeschäftigungen oder aktuelle weitere Beschäftigungen solltest du unbedingt dokumentieren (einen Personalfragebogen verwenden). Die Minijob-Zentrale stellt unter www.minijob-zentrale.de in ihrem Download-Center einen speziellen Fragebogen für Minijobber zur Verfügung.

Um eine korrekte Lohnabrechnung für einen neu eingestellten Minijobber durchführen zu können, musst du vor der ersten Lohnabrechnung besonders neugierig sein!

Wir Lohnbuchhalter müssen unbedingt wissen:

- Hat der Minijobber bereits einen weiteren Minijob?
- Wenn ja, wie hoch ist der Verdienst bei dem anderen Arbeitgeber?
- Hat der Minijobber eine steuer- und sozialversicherungspflichtige Hauptbeschäftigung?

Es dürfen nur mehrere geringfügig entlohnte Beschäftigungen bei verschiedenen Arbeitgebern parallel ausgeübt werden, wenn die 450 € insgesamt nicht überschritten wird und der Minijobber keine versicherungspflichtige Hauptbeschäftigung hat. Das wäre nur möglich z. B. für eine Hausfrau oder einen Schüler.

Bei einer versicherungspflichtigen Hauptbeschäftigung kann nur eine geringfügig entlohnte Beschäftigung versicherungsfrei ausgeübt werden, auch wenn sie weit unter 450 € liegt. Jeder zusätzlich aufgenommene Minijob wird mit der Hauptbeschäftigung zusammengerechnet. In der

Praxis sieht das so aus, dass dieser Minijob mit Steuerklasse VI abgerechnet wird und in den Zweigen Kranken-, Pflege- und Rentenversicherung pflichtig ist. Arbeitslosenversicherung fällt nicht an.

2.8 Kurzfristige Beschäftigung

Die kurzfristige Beschäftigung ist neben den Minijobs die zweite Variante der geringfügigen Beschäftigung. Dafür müssen zwei Bedingungen erfüllt sein:

- Die Beschäftigung ist auf drei Monate oder auf 70 Arbeitstage im Kalenderjahr im Voraus begrenzt
- Sie darf nicht berufsmäßig ausgeübt werden, falls das Entgelt über 450 € im Monat liegt.

Typische Beispiele sind Krankheits- und Urlaubsvertretungen, Saisontätigkeiten und Ferienjobs für Schüler oder Studenten.

Der Unterschied einer kurzfristigen Beschäftigung zu einer geringfügig entlohnten Beschäftigung besteht darin, dass der Arbeitgeber keine Beiträge zur Sozialversicherung zahlen muss, auch keine Pauschalen.

Lohnsteuer wird i. d. R. mit den persönlichen Lohnsteuerabzugsmerkmalen des Mitarbeiters abgezogen. Es gibt aber auch Ausnahmen. Unter bestimmten Voraussetzungen kann mit 25 % pauschaliert werden, wenn die Beschäftigung 18 zusammenhängende Arbeitstage nicht überschreitet, der Arbeitslohn während der Beschäftigungsdauer durchschnittlich 72 € pro Arbeitstag nicht übersteigt, oder die Beschäftigung zu einem unvorhersehbaren Zeitpunkt sofort erforderlich ist und der durchschnittliche Stundenlohn 12 € nicht übersteigt.

BEISPIEL: Während des Weihnachtsgeschäfts wird eine Mitarbeiterin plötzlich längerfristig krank. Das wäre ein „unvorhersehbarer Zeitpunkt". Du musst alle Unterlagen/Aktennotizen sehr sorgfältig dokumentieren. Ein Prüfer schaut sich solch einen Fall i. d. R. ganz genau an.

Ob eine kurzfristige Beschäftigung vorliegt, hängt auch von der Regelmäßigkeit ab. Auch wenn an nur vier Tagen im Monat (48 Tage im Jahr) gearbeitet wird, der MA also unter der 70-Tage-Grenze bleibt, gilt dies als regelmäßig beschäftigt, wenn diese Beschäftigung über ein Jahr besteht. Nicht einbezogen werden die Jobs, in denen der Mitarbeiter eine versicherungspflichtige Beschäftigung hat.

Ein nächstes Problem ist noch die Beurteilung der Berufsmäßigkeit. Kurzfristige Aushilfstätigkeiten sind nur dann versicherungsfrei, wenn sie nicht berufsmäßig ausgeübt werden. Berufsmäßigkeit bedeutet, dass die Beschäftigung von großer wirtschaftlicher Bedeutung ist.

- **Berufsmäßigkeit** liegt z. B. vor:
  - Beschäftigung vor dem Studium, wenn zuvor noch ein Bundesfreiwilligendienst oder ein freiwilliger Wehrdienst abgeleistet wurde.
  - Kurzfristige Beschäftigung in der Elternzeit, Personen, die als beschäftigungslos gelten und bei der Agentur für Arbeit als arbeitssuchend gemeldet sind (für eine Beschäftigung mehr als kurzfristig).
- **Keine Berufsmäßigkeit** liegt z. B. vor:
  - Bei kurzfristigen Beschäftigungen, die z. B. zwischen Schulabschluss und beabsichtigtem Studium ausgeübt werden, neben einer sozialversicherungspflichtigen Hauptbeschäftigung oder nach dem Ausscheiden aus dem Berufsleben z. B. Rentner oder Hausfrau.

Die Berufsmäßigkeit muss nicht geprüft werden, wenn das monatliche Entgelt bis 450 € beträgt.

TKP-TIPP

In der Praxis sind wir immer sehr vorsichtig mit kurzfristigen Beschäftigungen. Wir raten häufig davon ab. Man weiß nie, was es plötzlich doch noch für andere Beschäftigungen gibt. Außerdem ist der kurzfristig Beschäftigte immer schnell wieder aus der Firma ausgeschieden. Sollte die Krankenkasse zu einer anderen Beurteilung des Arbeitsverhältnisses kommen, ist der Arbeitnehmer nicht mehr greifbar und der Mandant muss alle Beiträge (Arbeitnehmer- und Arbeitgeberanteile) selbst bezahlen. Unproblematisch ist es jedoch bei Rentnern, Schülern und evtl. auch Studenten, wenn sie nicht noch andere kurzfristige Beschäftigungen haben. Also, genau nachfragen und informieren!

3. Haushaltsscheckverfahren

Für Minijobs in Privathaushalten gelten grundsätzlich die gleichen Voraussetzungen wie für geringfügige Beschäftigungen außerhalb des Privathaushalts. Unter einem Minijob in einem Privathaushalt versteht man, dass von einem Arbeitnehmer Tätigkeiten verrichtet werden, die normalerweise durch Familienmitglieder erledigt werden, z. B. Reinigung der Wohnung, Kochen, Gartenpflege, Versorgung und Betreuung von Kindern oder pflegebedürftigen Personen.

Die Anmeldung der Haushaltshilfe erfolgt im Haushaltsscheckverfahren. Dies bezeichnet ein vereinfachtes Melde- und Beitragsverfahren. Die Berechnung, den Einzug und die Abgaben sowie die Meldung zur Unfallversicherung übernimmt die Minijob-Zentrale. Die pauschalen Beiträge betragen insgesamt 14,80 %. Der Gesamtbeitrag wird zweimal jährlich abgebucht und von der Minijob-Zentrale an die zuständigen Träger weitergeleitet.

4. Gleitzone

Arbeitnehmer sind in der sog. Gleitzone beschäftigt, wenn das monatliche Arbeitsentgelt zwischen 450,01 € und max. 850,00 € liegt. Während geringfügige Beschäftigungen mit einem Arbeitsentgelt bis zu 450,00 € im Monat versicherungsfrei bleiben, sind Beschäftigungen mit einem Arbeitsentgelt in der Gleitzone versicherungspflichtig. Der Arbeitnehmer hat – bei Beschäftigungen in der Gleitzone – nur einen reduzierten Sozialversicherungsbeitrag zu zahlen. Dieser beträgt bei 450,01 € ca. 15 % des Arbeitsentgelts und steigt auf den vollen Arbeitnehmerbeitrag von ca. 20 % bei 850,00 € Arbeitsentgelt an. Der Arbeitgeber hat dagegen stets den vollen Beitragsanteil zu tragen. Die Berechnung des Arbeitnehmeranteils in dieser Gleitzone ist kompliziert. Ansprechpartner für Detailfragen ist die Minijob-Zentrale. Beschäftigungsverhältnisse mit einem Arbeitsentgelt in der Gleitzone sind i. d. R. versicherungspflichtig in der Kranken-, Pflege-, Renten- und Arbeitslosenversicherung. Daher ist nicht die Minijob-Zentrale, sondern die jeweilige Krankenkasse des Arbeitnehmers zuständig.

Die Besteuerung erfolgt in diesem Entgeltbereich nach den persönlichen Lohnsteuerabzugsmerkmalen des Arbeitnehmers.

TKP-TIPP

Die Regelung zur Gleitzone gilt jedoch nicht für Auszubildende, für Teilnehmer am freiwilligen sozialen oder freiwilligen ökologischen Jahr sowie für Teilnehmer am Bundesfreiwilligendienst.

5. Sachbezüge

Sachbezüge sind alle Einnahmen, die nicht in Geld zufließen.

Dies ergibt sich aus § 2 Abs. 1 LStDV (Lohnsteuer-Durchführungsverordnung):

„Arbeitslohn sind alle Einnahmen, die dem Arbeitnehmer aus dem Dienstverhältnis zufließen. Es ist unerheblich, unter welcher Bezeichnung oder in welcher Form die Einnahmen gewährt werden."

Und § 8 Abs. 1 EStG:

„Einnahmen sind alle Güter, die in Geld oder Geldeswert bestehen und dem Steuerpflichtigen im Rahmen einer der Einkunftsarten des § 2 Abs. 1 Satz 1 Nr. 4 bis 7 zufließen."

Durch die speziellen Bewertungskriterien und Pauschalierungsmöglichkeiten, die Sozialversicherungsfreiheit auslösen, sind viele Sachbezüge sowohl für Arbeitnehmer, als auch für Arbeitgeber sehr interessant. Die wichtigsten haben wir dir deshalb hier kurz erläutert. Bitte beachte, dass wir die Themen hier wirklich nur kurz anreißen können, um dir einen kleinen Überblick zu verschaffen.

5.1 Firmenwagen

Überlässt der Arbeitgeber seinem Arbeitnehmer einen Pkw, den dieser nicht nur für betriebliche Fahrten, sondern auch für Privatfahrten und für Fahrten zwischen Wohnung und erster Tätigkeitsstätte benutzen darf, entsteht ein geldwerter Vorteil.

Für die Bewertung dieses geldwerten Vorteils gibt es zwei Methoden:

5.1.1 Individuelle Methode (Fahrtenbuch)

Es muss ein Fahrtenbuch geführt werden, in dem für jede betriebliche Fahrt das Datum, die Kilometer zu Beginn und Ende, das Reiseziel (bei Umwegen auch die Reiseroute), der Reisezweck und der aufgesuchte Geschäftspartner notiert werden. Bei Privatfahrten und bei Fahrten zwischen Wohnung und erster Tätigkeitsstätte genügt ein entsprechender Vermerk. Des Weiteren muss sichergestellt sein, dass die Daten nicht nachträglich verändert werden können. Es darf also z. B. keine Excel-Tabelle geführt werden.

Für die Berechnungen des Kilometersatzes müssen anschließend die Gesamtkosten des Fahrzeugs ermittelt werden.

Zu diesen **Gesamtkosten** zählen (brutto):

- Absetzung für Abnutzung,
- Kosten für Benzin und Fahrzeugpflege,
- Haftpflicht- und Fahrzeugversicherungen,
- Kfz-Steuer,
- Leasing- und Leasingsonderzahlungen (statt AfA),
- Reparatur- und Wartungskosten und
- Garagen-/Stellplatzmiete.

Nicht zu den **Gesamtkosten** gehören hingegen:

- Mautgebühren,
- Unfallkosten,
- Zinsen für das Anschaffungsdarlehen oder
- Verwarnungs- und Bußgelder.

Aus den Gesamtjahreskilometern und den Gesamtkosten ist ein Kilometersatz zu bilden. Mit diesem Kilometersatz sind die Privatfahrten und die Fahrten zwischen Wohnung und erster Tätigkeitsstätte zu versteuern und zu verbeitragen. Bei den Fahrten zwischen Wohnung und erster Tätigkeitsstätte kann der Arbeitgeber den Anteil pauschal versteuern, den der Arbeitnehmer als Werbungskosten ansetzen könnte.

BEISPIEL: Torsten darf seinen Firmenwagen auch für Privatfahrten und für Fahrten zur Arbeit benutzen. Die Gesamtkosten des Fahrzeugs betragen 8.500 € bei einer Laufleistung von 25.000 km im Jahr. Nach dem geführten Fahrtenbuch betragen die reinen Privatfahrten 6.000 km, die Fahrten zur Arbeit 5.625 km (25 km x 225 Fahrten).

Der Kilometersatz beträgt 0,34 € (8.500 € : 25.000 km).

Geldwerter Vorteil für die Privatfahrten:

6.000 km x 0,34 € = 2.040,00 €

Geldwerter Vorteil für die Fahrten zur Arbeit:

5.625 km x 0,34 € = 1.912,50 €

Geldwerter Vorteil insgesamt: 3.952,50 €

Der Arbeitgeber kann den geldwerten Vorteil aus den Fahrten zur Arbeit pauschal mit 15 % versteuern, für den Anteil, für den ein Werbungskostenabzug möglich wäre, also für 1.687,50 € (25 km x 225 Tage x 0,30 €). Somit muss nur noch der Betrag von 225,00 € mit dem individuellen Steuersatz versteuert und der Sozialversicherung unterworfen werden.

5.1.2 Pauschale Ermittlung (1 %-Methode)

Wird kein Fahrtenbuch geführt, oder das Fahrtenbuch verworfen, kommt die 1 %-Methode zur Anwendung. Dabei wird für die reinen Privatfahrten monatlich 1 % des auf volle 100 € abgerundeten Bruttolistenpreises (inkl. Sonderausstattung) des Fahrzeugs versteuert, egal ob es sich um ein Neufahrzeug oder einen Gebrauchtwagen handelt. Für die Fahrten zur Arbeit sind es 0,03 % monatlich je Entfernungskilometer.

BEISPIEL: Nina bekommt von Ihrem Arbeitgeber einen Firmenwagen. Diesen darf sie auch für Privatfahrten und für die Fahrten zur Arbeit (einfache Entfernung 20 km) benutzen. Der Bruttolistenpreis beträgt 35.000 €. Der Arbeitgeber erwirbt das Fahrzeug für 33.000 € inkl. Sonderausstattungen im Wert von 2.500 €.

Geldwerter Vorteil Privatfahrten (1 % v. 35.000 € + 2.500 €) = 375 €

Geldwerter Vorteil für die Fahrten zur Arbeit

0,03 % von 37.500 € = 11,25 € x 20 km = 225 €

Geldwerter Vorteil insgesamt 600 €

Auch hier kann der Arbeitgeber wieder die Pauschalversteuerung anwenden, auf den Teil der als Werbungskosten abziehbar wäre (20 km x 225 Tage x 0,30 € = 1.350 €/Jahr bzw. 112,50 €/Monat).

5.2 Gutscheine

Bei der Anwendung der 44 €-Sachbezugsgrenze kommt es darauf an, was der Arbeitnehmer vom Arbeitgeber aufgrund der arbeitsvertraglichen Vereinbarung beanspruchen kann.

Auf welche Art und Weise der Arbeitgeber den Anspruch erfüllt ist unerheblich. Habe ich also arbeitsvertraglich geregelt, dass mein Arbeitnehmer z. B. im Monat für 44 € bei der Tankstelle XY tanken kann, eine alternative Auszahlung von Barlohn jedoch ausgeschlossen ist, dann ist klar geregelt, dass der Arbeitnehmer nur die Sache, nicht das Geld verlangen kann. Die 44 €-Grenze ist anzuwenden.

Nach diversen Urteilen des BFH kann der Arbeitgeber dann auch einen Gutschein über einen Eurobetrag ausstellen, dem Arbeitnehmer das Recht einräumen bei einer Tankstelle zu tanken oder eine Zahlung an den Arbeitnehmer mit der Auflage verbinden, diesen nur in einer bestimmten Weise zu verwenden.

BEISPIEL: Die Arbeitnehmerin Melanie hat das Recht, auf Kosten ihres Arbeitgebers mit einer Tankkarte bei einer Tankstelle bis zu einem Höchstbetrag von 44 € im Monat zu tanken.

Lt. BFH v. 11. 11. 2010 handelt es sich um einen Sachbezug, bei dem die 44 € Freigrenze anzuwenden ist.

5.3 Betriebliche Gesundheitsförderung

Nach § 3 Nr. 34 EStG kann der Arbeitgeber Zusatzleistungen zur betrieblichen Gesundheitsförderung bis zur Höhe von 500 € im Jahr steuer- und sozialversicherungsfrei leisten. Dieser Betrag kann auch zusammen mit der Lohnabrechnung als Barzuschuss geleistet werden.

Die Leistungen des Arbeitgebers müssen hinsichtlich Qualität, Zweckbindung und Zielgerichtetheit den Anforderungen der §§ 20 und 20a SGB V genügen. Zu den förderfähigen Maßnahmen hat der Spitzenverband der GKV in seinem „Leitfaden Prävention" Stellung genommen. Demnach sind folgende Leistungen begünstigt:[1]

Primärprävention nach § 20 Abs. 1 SGB V	Betriebliche Gesundheitsförderung nach § 20a SGB V
► Bewegungsgewohnheiten – Reduzierung von Bewegungsmangel durch gesundheitssportliche Aktivität – Vorbeugung und Reduzierung spezieller gesundheitlicher Risiken durch geeignete verhaltens- und gesundheitsorientierte Bewegungsprogramme ► Ernährung – Vermeidung von Mangel- und Fehlernährung – Vermeidung und Reduktion von Übergewicht ► Stressmanagement	► Arbeitsbedingte körperliche Belastungen – Vorbeugung und Reduzierung arbeitsbedingter Belastungen des Bewegungsapparates ► Betriebsverpflegung – Gesundheitsgerechte Verpflegung am Arbeitsplatz ► Psychosoziale Belastungen (Stress) – Förderung individueller Kompetenzen zur Stressbewältigung am Arbeitsplatz – Gesundheitsgerechte Mitarbeiterführung

1 www.gkv-spitzenverband.de unter der Rubrik „Prävention und betriebliche Gesundheitsförderung": Leitfaden Prävention.

– Förderung von Stressbewältigungskompetenzen – Förderung von Entspannung ► Suchtmittelkonsum – Förderung des Nichtrauchens – Gesundheitsgerechter Umgang mit Alkohol/Reduzierung des Alkoholkonsums	► Suchtmittelkonsum – Rauchfrei im Betrieb – „Punktnüchternheit" (Null Promille bei der Arbeit)

5.4 Betriebsveranstaltungen

Betriebsausflüge, Weihnachtsfeiern, Feiern des Geschäftsjubiläums etc. sind Betriebsveranstaltungen, da es Veranstaltungen auf betrieblicher Ebene sind, die den Kontakt der Arbeitnehmer untereinander und somit das Betriebsklima fördern sollen. Für diese Veranstaltungen gilt ein Freibetrag von 110 € je Arbeitnehmer für zwei Veranstaltungen im Jahr (§ 19 Abs. 1 EStG). Eine begünstigte Betriebsveranstaltung muss allen Angehörigen des Betriebes oder eines Betriebsteils grundsätzlich offenstehen.

Bei der Ermittlung der Kosten sind alle Aufwendungen zusammen zu zählen, die im Zusammenhang mit der Betriebsveranstaltung stehen. Auch die Kosten für den äußeren Rahmen der Betriebsveranstaltung wie z. B. Fremdkosten für die Saalmiete oder den Eventmanager sind einzurechnen. Begleitpersonen werden dem jeweiligen Arbeitnehmer zugerechnet.

5.5 Fahrten zwischen Wohnung und Arbeitsstätte

Der Arbeitgeber hat die Möglichkeit, seinem Arbeitnehmer die Kosten für die Fahrten zwischen Wohnung und erster Tätigkeitsstätte i. H. des Werbungskostenabzugs zu erstatten.

Berechnungsformel: Entfernungskilometer x Anzahl der monatlichen Arbeitstage x 0,30 €

Diesen Betrag kann der Arbeitgeber dann mit 15 % pauschal versteuern. Dadurch entsteht Beitragsfreiheit in der Sozialversicherung. Der Arbeitnehmer bekommt den Betrag brutto wie netto ausgezahlt. Allerdings kann der Arbeitnehmer diesen Betrag dann nicht mehr in seiner Einkommensteuererklärung geltend machen.

5.6 Freie Unterkunft und Verpflegung

Gewährt der Arbeitgeber seinem Arbeitnehmer freie Unterkunft und Verpflegung besteht für diesen geldwerten Vorteil steuer- und sozialversicherungspflicht. Der Arbeitnehmer kann eine Zuzahlung leisten, diese wird angerechnet.

Nach der Sozialversicherungsentgeltverordnung werden die Sachbezugswerte amtlich festgesetzt. Sie betragen für 2018 für die freie Verpflegung:

	Frühstück	Mittagessen	Abendessen	Gesamtwert
monatlich	52,00 €	97,00 €	97,00 €	246,00 €
täglich	1,73 €	3,23 €	3,23 €	8,20 €

Bei den unentgeltlichen oder verbilligten Mahlzeiten im Betrieb (sog. Kantinenessen) gelten die Tageswerte.

Für die Bewertung des Sachbezugs Unterkunft muss zunächst einmal geprüft werden, ob es sich „nur" um eine Unterkunft oder doch um eine Wohnung handelt. Eine Wohnung ist immer mit dem ortsüblichen Mietpreis (inkl. Nebenkosten) zu bewerten!

Um eine Unterkunft handelt es sich nur, wenn etwas mitbenutzt werden muss, wie eine Gemeinschaftsküche, eine Gemeinschaftsdusche oder eine Gemeinschaftstoilette. Nur dann kann mit den amtlichen Sachbezugswerten bewertet werden. Ein Einzimmerappartement mit Küchenzeile und WC ist hingegen eine Wohnung.

Der Sachbezugswert für Unterkunft und Miete zum 1. 1. 2018 beträgt 226 €.

5.7 Kindergartenzuschuss

Arbeitgeberleistungen zur Unterbringung (einschließlich Unterkunft und Verpflegung) und Betreuung von nicht schulpflichtigen Kindern des Arbeitnehmers in Kindergärten oder vergleichbaren Einrichtungen, wie bei einer Tagesmutter, sind steuer- und sozialversicherungsfrei, wenn der Arbeitgeber die Zahlungen zusätzlich zum ohnehin geschuldeten Arbeitslohn leistet.

Die Aufwendungen können bis zur Höhe der tatsächlich entstandenen Kosten übernommen werden. Eine betragsmäßige Obergrenze gibt es nicht. Allerdings muss der Arbeitnehmer die zweckentsprechende Verwendung in Form einer Beitragsrechnung nachweisen, welche zum Lohnkonto zu nehmen ist. Auf welchen Elternteil die Rechnung hierbei läuft, ist unerheblich. Es können somit auch die Aufwendungen übernommen werden, für die der nicht beim Arbeitgeber beschäftigte Elternteil die Aufwendungen getragen hat.

5.8 Personalrabatte

Grundsätzlich liegt bei jeder unentgeltlichen oder verbilligten Überlassung von Wirtschaftsgütern an den Arbeitnehmer Steuer- und Sozialversicherungspflicht vor. Dies gilt sogar, wenn es sich um Wirtschaftsgüter aus dem Privatvermögen des Arbeitgebers handelt.

Eine Ausnahme hiervon gibt es für Wirtschaftsgüter oder Dienstleistungen, mit denen der Arbeitgeber Handel treibt, die er also überwiegend – zumindest im gleichen Umfang – an fremde Dritte veräußert. Hier gilt ein Rabattfreibetrag von 1.080 € jährlich.

Für die Bewertung des Sachbezugs kann ein Preisabschlag von 4 % in Anspruch genommen werden.

BEISPIEL:

Bruttowarenwert (Verkaufspreis an Dritte)	3.800 €
abzgl. Preisabschlag i. H. von 4 %	152 €
verbleiben	3.648 €
vom Arbeitnehmer bezahlt	2.568 €
geldwerter Vorteil	1.080 €
abzüglich Rabattfreibetrag	1.080 €
steuerpflichtiger geldwerter Vorteil	0,00 €

6. Mutterschutz, Beschäftigungsverbot und Elternzeit

Durch die Neuregelung des Mutterschutzrechts v. 23. 5. 2017 heißt das Mutterschutzgesetz ab 2018 „Gesetz zum Schutze von Müttern bei der Arbeit, in der Ausbildung und im Studium" und bringt damit vor allem eine Ausweitung des geschützten Personenkreises.

6.1 Mutterschutz

Die Arbeitnehmerin sollte die Schwangerschaft möglichst frühzeitig ihrem Arbeitgeber mitteilen. Die Kosten für die Bescheinigung eines Arztes, die der Arbeitgeber zur korrekten Ermittlung der Schutzfristen benötigt, sind vom Arbeitgeber zu erstatten. Mit Mitteilung der Schwangerschaft besteht Kündigungsschutz. Eine Kündigung des Arbeitgebers ist außerdem unwirksam, wenn die Arbeitnehmerin innerhalb von zwei Wochen nach Aussprache der Kündigung ihre Schwangerschaft mitteilt und belegt. Der Kündigungsschutz besteht auch, wenn sich die Arbeitnehmerin noch in der Probezeit, oder in einem Teilzeit- oder Aushilfsarbeitsverhältnis befindet.

Sechs Wochen vor der Geburt und acht Wochen danach, gibt es ein absolutes Beschäftigungsverbot. Die Arbeitnehmerin erhält in dieser Zeit Mutterschaftsgeld i. H. von 13 €/Tag von ihrer Krankenkasse. Die Differenz zwischen diesen 13 € und dem vorherigen kalendertäglichen Nettoeinkommen muss der Arbeitgeber als Zuschuss zum Mutterschaftsgeld zahlen. Dieses bekommt er aber zu 100 % von der Krankenkasse erstattet (U2).

BEISPIEL: Die Arbeitnehmerin Silke teilt ihrem Arbeitgeber mit, dass sie schwanger ist und der voraussichtliche Geburtstermin der 16. 4. 2017 sein wird. Ihr Nettoentgelt beträgt im Durchschnitt der letzten drei Monate 1.116,02 €.

Die Mutterschutzfrist beginnt am 5. 3. 2017 (sechs Wochen vor dem voraussichtlichen Geburtstermin) und endet am 11. 6. 2017 (acht Wochen nach dem Geburtstermin). Sollte sich der tatsächliche Geburtstermin nach hinten verschieben, verlängert sich die Schutzfrist entsprechend um diese Tage.

Für den Monat April 2017 berechnet sich der Zuschuss zum Mutterschaftsgeld wie folgt:

Nettoentgelt der letzten drei Monate	3.348,06 €
geteilt durch die Anzahl der Kalendertage	90
= kalendertägliches Durchschnitts-Netto	37,20 €
Zuschuss pro Tag 37,20 € - 13,00 € = 24,20 € x 30 Tage =	726,00 €

TKP-TIPP

Im Programm gibt es hierzu eine Erfassungsmaske. Wenn man das voraussichtliche Geburtsdatum einträgt, wird automatisch die Schutzfrist und die Höhe des Zuschusses berechnet. Außerdem werden die möglichen Elternzeiten vorgeschlagen.

6.2 Beschäftigungsverbot

Stellt der Arzt fest, dass das Leben oder die Gesundheit von Mutter und Kind bei Fortführung der Beschäftigung gefährdet sind, kann er ein Beschäftigungsverbot aussprechen. Außerdem gibt es ein Beschäftigungsverbot für bestimmte Tätigkeiten, wie schwere körperliche Arbeit, Arbeiten unter Einwirkung von gesundheitsgefährdenden Stoffen oder Strahlen, Gasen, Dämpfen, Staub, Hitze, Kälte oder Nässe, Erschütterungen und Lärm. Der Arbeitgeber muss in diesem Fall der Arbeitnehmerin einen anderen Arbeitsplatz anbieten. Kann er dies nicht, hat er ein Beschäftigungsverbot auszusprechen. Während des Beschäftigungsverbots bekommt die Arbeitnehmerin ihr Gehalt normal weiter, als sei sie weiterhin beschäftigt. Der Arbeitgeber bekommt das fortgezahlte Entgelt (inkl. dem Arbeitgeberanteil zur Sozialversicherung) auf Antrag von der Krankenkasse erstattet.

BEISPIEL: Elvira ist Altenpflegerin bei einer ambulanten Alten- und Krankenpflege. Da bei ihrer Arbeit das Heben von schweren Lasten, Kontakt mit Krankheitserregern, der Umgang mit Medikamenten und lange Anfahrtswege unumgänglich sind und der Pflegedienst ihr keine ausweichende Beschäftigung anbieten kann, spricht er ein individuelles Beschäftigungsverbot nach § 4 MuSchG aus.

TKP-TIPP

Im Programm gibt es unter der Erfassungsmaske „Mutterschutz" einen Reiter „Beschäftigungsverbote" unter dem man die Zeiten erfassen und in die Fehlzeiten übertragen kann. Die Anträge auf der Erstattung bei der Krankenkasse werden dann automatisch elektronisch erstellt.

6.3 Elternzeit

Im Anschluss an die Mutterschutzzeiten folgt i. d. R. die Elternzeit. Beide Elternteile haben Anspruch auf Elternzeit bis zur Vollendung des dritten Lebensjahrs des Kindes. Nach Rückkehr aus der Elternzeit besteht ein Anspruch des Arbeitnehmers auf Rückkehr auf den ursprünglichen bzw. auf einen gleichwertigen Arbeitsplatz. Mit Zustimmung des Arbeitgebers hat der Arbeitnehmer die Möglichkeit einen Teil der Elternzeit auf die Zeit zwischen dem 3. und 8. Geburtstag des Kindes zu übertragen, z. B. während des ersten Schuljahrs. Dieser Zeitraum darf max. zwölf Monate betragen. Während der Elternzeit besteht Kündigungsschutz für den Arbeitnehmer.

Die Elternzeit ist spätestens sieben Wochen vor Antritt schriftlich vom Arbeitgeber zu verlangen. Außerdem ist während der Elternzeit eine Teilerwerbstätigkeit bis zu 30 Stunden pro Woche möglich. Sollte die Arbeitnehmerin in dieser Zeit jedoch noch Elterngeld beziehen, wird der Verdienst voll auf das Elterngeld angerechnet.

TKP-TIPP

In der Erfassungsmaske Mutterschutz im Programm werden die möglichen Elternzeiten angezeigt und können dort eingepflegt und in die Fehlzeiten übernommen werden.

7. Pflegezeit

Mit dem Pflegezeitgesetz gem. Art. 3 des am 1. 7. 2008 in Kraft getretenen Pflege-Weiterentwicklungsgesetzes vom 28. 5. 2008, BGBl I S. 874 wurden zwei Formen der Pflegezeit eingeführt. Die kurzzeitige Arbeitsverhinderung und die Pflegezeit. Unter bestimmten Voraussetzungen haben die Arbeitnehmer einen Rechtsanspruch gegen ihren Arbeitgeber

1. der Arbeit bis zu zehn Tagen fern zu bleiben und
2. für eine bis zu sechs Monate dauernde Pflegezeit von der Arbeit freigestellt zu werden.

Dadurch soll man die Möglichkeit haben, pflegebedürftige, nahe Angehörige in häuslicher Umgebung zu pflegen.

Bei kurzzeitiger Arbeitsverhinderung gilt folgendes:

Die Beschäftigten haben das Recht, bis zu zehn Arbeitstage von der Arbeit freigestellt zu werden, um für einen nahen Angehörigen (z. B. Ehegatten, Lebenspartner, Kinder, Eltern, Großeltern) in einer akut auftretenden Pflegesituation eine Pflege zu organisieren. Dies wird regelmäßig nur einmal je pflegebedürftigen Angehörigen der Fall sein. In der Praxis hat man diese Arbeitsverhinderung häufig bei Pflege kleiner Kinder.

Der Arbeitnehmer muss dem Arbeitgeber auf Verlangen eine ärztliche Bescheinigung über die Pflegebedürftigkeit vorlegen. Lohnfortzahlung ist nur dann zu leisten, wenn sich solch eine Verpflichtung aus arbeitsrechtlichen Vorschriften oder aufgrund von Betriebsvereinbarungen oder Tarifverträgen ergibt. In der gesetzlichen Sozialversicherung gilt die Beschäftigung als unterbrochen fortbestehend. Der Arbeitnehmer erhält für die Ausfalltage von der gesetzlichen Krankenversicherung Krankengeld. Freiwillig Versicherte haben jedoch keinen Anspruch auf Krankengeld und müssen weiter ihren vollen Beitrag zahlen.

Bei Pflegezeit gilt folgendes:

Anspruch auf die Pflegezeit haben Angestellte nur in Betrieben mit mehr als 15 Mitarbeitern (inkl. Halbtagskräfte und Auszubildende, keine Praktikanten) und wenn die zu pflegende Person mindestens die Pflegestufe 1 erhalten hat. Die Freistellung muss mindestens zehn Arbeitstage vorher schriftlich dem Arbeitgeber angekündigt worden sein. Es besteht während der Pflegezeit Kündigungsschutz ab dem Zeitpunkt der Antragstellung beim Arbeitgeber und Anspruch auf Erhalt des identischen Arbeitsplatzes. Im § 3 Pflegezeitgesetz sind die gesetzlichen Grundlagen nachzulesen. Als Nachweis gilt die Bescheinigung der Pflegekasse oder des medizinischen Dienstes. Es ist jedoch zu beachten, dass prinzipiell der Arbeitgeber auf die Vorstellungen des Arbeitnehmers einzugehen hat, allerdings ist das nicht der Fall, wenn dem wichtige betriebliche Belange entgegenstehen, etwa wenn der Arbeitnehmer nicht kurzfristig ersetzt werden kann.

Während der Pflegezeit von sechs Monaten besteht kein Krankenversicherungsschutz. Als Arbeitnehmer muss man sich selber krankenversichern oder sich beim Ehepartner kostenfrei mitversichern lassen (Familienversicherung). Die Arbeitslosen- und Rentenversicherung übernimmt aber die Pflegeversicherung des Angehörigen.

Stirbt der Pflegebedürftige während der Pflegezeit, so endet die Pflegezeit automatisch vier Wochen später und der Arbeitnehmer kehrt zu seinem bisherigen Arbeitgeber zurück.

Bei einer vollständigen Freistellung muss der Arbeitgeber folgende Meldungen an die Krankenkasse absetzen: Am letzten Tag des Entgeltbezugs, ist eine Abmeldung mit Grund 30 zu erstellen. Nach Beendigung der Pflegezeit, ist der Arbeitnehmer wieder mit Grund 10 anzumelden.

Bei weniger als 15 Mitarbeitern gilt das Pflegezeitgesetz nicht. In diesem Fall muss man dies mit dem Arbeitgeber aushandeln. Wenn der Arbeitgeber einer Freistellung zustimmt, sollte auch ein Kündigungsschutz während der Pflegezeit vereinbart werden. Für den Arbeitgeber sind sechs Monate lang, und da kann oder muss gerade in kleinen Betrieben der Chef sich nach Ersatz umschauen. Also eine Freistellung und der Kündigungsschutz bleiben Verhandlungssache.

8. Krankheit

Arbeitnehmer haben im Falle einer Krankheit Anspruch auf Lohnfortzahlung. Allerdings entsteht dieser Anspruch in einem neuen Beschäftigungsverhältnis erst nach Ablauf von 28 Tagen. Bei einer Krankheit innerhalb der ersten 28 Tage ist der Arbeitgeber nicht zur Lohnfortzahlung verpflichtet. Für die entsprechenden Tage wird in den Bewegungsdaten eine Unterbrechung gesetzt und der Arbeitnehmer erhält Krankengeld von seiner Krankenkasse.

Der Lohnfortzahlungsanspruch besteht für sechs Wochen, bzw. für 42 Kalendertage. Ab dem 43. Tag fällt der Arbeitnehmer auch hier ins Krankengeld. Erkrankt der Arbeitnehmer immer wieder an derselben Krankheit, werden die Ausfalltage der letzten zwölf Monate zusammengerechnet, sofern der Arbeitnehmer zwischen den einzelnen Ausfalltagen nicht mindestens sechs Monate ohne Ausfall gearbeitet hat. Da der Arbeitgeber in den meisten Fällen nicht wissen wird, ob bei den einzelnen Krankheiten derselbe Grund vorliegt, kannst du dieses bei der Krankenkasse des Arbeitnehmers erfragen.

Für die Berechnung des fortzuzahlenden Entgeltes im Krankheitsfall gilt das Ausfallprinzip. D. h. der Arbeitnehmer bekommt das Entgelt weitergezahlt, das er bekommen hätte, wenn er nicht erkrankt wäre. Überstunden werden nicht berücksichtigt, es sei denn diese werden regelmäßig geleistet. Als Bemessungsgrundlage kann der Durchschnittsverdienst der letzten drei Monate vor der Erkrankung zugrunde gelegt werden.

Der Anspruch auf Lohnfortzahlung endet auch mit Beendigung des Arbeitsverhältnisses, sofern die Kündigung nicht wegen Krankheit ausgesprochen wird. Auch hier fällt der Arbeitnehmer mit dem Ende der Lohnfortzahlung ins Krankengeld.

Der Arbeitnehmer hat die Pflicht seine Krankheit und dessen voraussichtliche Dauer so schnell wie möglich, grundsätzlich am ersten Tag der Erkrankung, dem Arbeitgeber mitzuteilen. Eine Arbeitsunfähigkeitsbescheinigung muss spätestens nach Ablauf von drei Kalendertagen vorgelegt werden. Der Arbeitgeber kann die Vorlage einer Arbeitsunfähigkeitsbescheinigung auch schon am ersten Tag verlangen. Kommt der Arbeitnehmer seiner Verpflichtung nicht nach, kann der Arbeitgeber die Lohnfortzahlung einstellen, bis der Nachweis vorgelegt worden ist.

BEISPIELE: ▶ Krank innerhalb der ersten 28 Tage

Die Arbeitnehmerin Christin nimmt am 1. 11. 2017 eine neue Beschäftigung auf. In der Zeit vom 12. bis 14. 11. 2017 ist sie krank. Ihr monatliches Bruttogehalt beträgt 1.500 €.

Es ist eine Unterbrechung zu setzen. Das Entgelt muss für drei Tage um 150 € (1.500 €/30 Tage x 3 Tage) gekürzt werden.

Krank über sechs Wochen

Dennis hat sich das Bein gebrochen und ist für die Zeit vom 28. 10. bis 16. 12. 2017 krankgeschrieben.

Er erhält für 42 Tage, also bis zum 8. 12. 2017 die Lohnfortzahlung vom Arbeitgeber. Für die Zeit vom 9. 12. bis zum 16. 12. 2017 wird eine Unterbrechung gesetzt und er erhält Krankengeld von seiner Krankenkasse.

Lohnfortzahlung bei Stundenlohn

Martin bekommt als Servicekraft eines Restaurants einen Stundenlohn von 9,00 €. Seine wöchentliche Arbeitszeit beträgt 39 Stunden. Am 18. 12. 2017 ist er krank. Laut Dienstplan hätte er an diesem Tag acht Stunden arbeiten müssen.

Martin bekommt für diesen Ausfalltag eine Lohnfortzahlung i. H. von 72 € (8 Stunden x 9 €).

TKP-TIPP

Im Programm sind die Fehlzeiten mit Beginn, Ende und Grund einzugeben. Die Erstattungsanträge (U1) werden dann elektronisch erstellt. Ab Krankengeldbezug muss die entsprechende Fehlzeit gesetzt werden. Das Entgelt wird dann automatisch gekürzt.

9. Urlaub

Der Urlaubsanspruch von Arbeitnehmern ist im Bundesurlaubsgesetz (BUrlG) geregelt. Der gesetzliche Mindesturlaub beträgt 24 Werktage bzw. 20 Arbeitstage bei einer 5-Tage-Woche (also jeweils vier Wochen/Jahr). Tarifverträge sehen oft höhere Urlaubsansprüche vor und selbstverständlich darf arbeitsvertraglich auch ein höherer Urlaubsanspruch vereinbart werden, eben nur kein geringerer.

Für Teilzeitbeschäftigte ist der Urlaubsanspruch anteilig zu berechnen. Maßgebend ist hier nicht die wöchentliche Arbeitszeit, sondern die Anzahl der Arbeitstage pro Woche.

BEISPIEL: Der gesetzliche Mindesturlaub für einen Vollzeitbeschäftigten mit einer 5-Tage-Woche beträgt 20 Arbeitstage (= 4 Wochen).

Eine Teilzeitbeschäftigte arbeitet an drei Tagen in der Woche. Ihr Urlaubsanspruch berechnet sich wie folgt: 20 Tage/5 Tage x 3 Tage = 12 Arbeitstage (= 4 Wochen).

Der Urlaubsanspruch von minderjährigen Arbeitnehmern ist im Jugendarbeitsschutzgesetz geregelt. Dieser liegt altersabhängig zwischen 25 und 30 Werktagen.

In den ersten sechs Monaten eines neuen Beschäftigungsverhältnisses erwirbt der Arbeitnehmer pro vollen Monat der Beschäftigung 1/12 seines Jahresurlaubsanspruchs (sog. Wartezeit). Erst nach Ablauf dieser sechs Monate erwirbt er den vollen Urlaubsanspruch.

Der Urlaub muss bis zum 31. 12. des Jahres genommen werden. Nur aus dringenden Gründen ist ein Übertrag bis zum 31. 3. des Folgejahrs möglich. Der bis dahin immer noch nicht genommene Urlaub verfällt (Ausnahme: Krankheit). Natürlich können Arbeitgeber und Arbeitnehmer aber auch im gegenseitigen Einvernehmen beschließen, dass der Urlaub auch nach dem 31. 3. nicht verfallen soll.

Des Weiteren dient der Urlaub der Erholung und ist deshalb in Freizeit zu gewähren. Eine Auszahlung des Urlaubs im laufenden Beschäftigungsverhältnis ist daher nicht erlaubt und hat somit keine abgeltende Wirkung! D. h. trotz Zahlung einer Urlaubsabgeltung ist der Anspruch auf den Urlaub nicht verfallen!

Das Urlaubsentgelt für gewährten Urlaub bemisst sich aus dem durchschnittlichen Arbeitsentgelt der letzten 13 Wochen vor Urlaubsbeginn.

10. Besondere Personengruppen (Schüler, Studenten und Praktikanten)

10.1 Schüler

Bei der Abrechnung von Schülern ist grundsätzlich nichts Außergewöhnliches zu beachten. In der Regel üben Schüler in den Ferien oder an den Wochenenden eine Beschäftigung im Rahmen eines Minijobs aus. Hier gelten die gleichen Spielregeln wie für alle anderen geringfügig Beschäftigten auch.

In der Krankenversicherung ist der pauschale Beitrag von 13 % an die Bundesknappschaft abzuführen, auch wenn der Schüler noch Familienversichert ist. Genauso besteht die Versicherungspflicht in der Rentenversicherung mit 15 % sowie des Eigenanteils von 3,6 %. Auch die Mindestbemessungsgrenze von 175 € ist anzuwenden. Der Schüler kann sich von der Rentenversicherungspflicht für den Eigenanteil befreien lassen.

Die Versteuerung erfolgt entweder mit 2 % pauschal, oder – weil Schüler oftmals nur ein Einkommen unter dem Freibetrag haben – individuell nach den Lohnsteuerabzugsmerkmalen.

Übt der Schüler mehrere Minijobs nebeneinander aus und überschreitet insgesamt die 450-€-Grenze oder nimmt er eine sozialversicherungspflichtige Beschäftigung auf, so besteht Sozialversicherungspflicht in allen Zweigen der Sozialversicherung mit Ausnahme der Arbeitslosenversicherung.

Allerdings muss er dazu Schüler einer allgemeinbildenden Schule wie Haupt-, Sonder-, oder Realschule bzw. Gymnasium sein. Der Besuch einer Abendschule begründet keinen Sonderstatus. Der Schulbesuch ist durch eine aktuelle Schulbescheinigung nachzuweisen.

10.2 Studenten

Nun wird es schon etwas spannender. Bei der Beschäftigung von Studenten musst du zuerst einmal prüfen, ob es sich um eine kurzfristige oder eine geringfügige Beschäftigung handelt. Hier gelten dann die „normalen" Regelungen. Trifft keine der beiden Regelungen zu, musst du prüfen, ob es sich um einen sogenannten Werkstudenten handelt. Ein Werkstudent erfüllt folgende Voraussetzungen:

Er ist an einer Fachschule, Höheren Fachschule oder Berufsfachschule eingeschrieben (Immatrikulationsbescheinigung vorlegen lassen) und übt nebenbei eine Beschäftigung von max. 20 Stunden pro Woche aus. Das Studium steht also im Vordergrund.

Dann handelt es sich um einen sog. ordentlich Studierenden, der das Studentenprivileg genießt, er ist nämlich frei in der Kranken-, Pflege- und Arbeitslosenversicherung. Beitragspflicht besteht nur in der Rentenversicherung.

In der vorlesungsfreien Zeit darf die wöchentliche Arbeitszeit von 20 Stunden überschritten werden. Um allerdings böse Überraschungen zu vermeiden, würde ich empfehlen, den Versicherungsstatus in jedem Fall mit der Krankenkasse abzustimmen. Wird nämlich in einer Prüfung festgestellt, dass der Student seinen Werkstudentenstatus verliert, weil das Studium nicht mehr im Vordergrund steht, werden Nachzahlungen fällig!

Trifft auch die Werkstudentenregelung nicht zu, ist der Student ein ganz normaler Arbeitnehmer.

10.3 Praktikanten

Vorweggenommen: Nicht jeder, der Praktikant genannt wird, ist wirklich ein Praktikant! Ein Arbeitnehmer der ein paar Tage Probearbeiten soll, damit sich Arbeitgeber und Arbeitnehmer besser kennenlernen und gucken können, ob der angebotene Arbeitsplatz passt, ist ein ganz normaler Arbeitnehmer, kein Praktikant im sozialversicherungsrechtlichen Sinne!

Praktikant ist, wer sich aufgrund einer schulischen Ausbildung praktische Kenntnisse in einem Unternehmen aneignen soll. Dieses Praktikum kann in Form eines Vor-, Zwischen-, oder Nachpraktikums absolviert werden – mit oder ohne Entgelt. Und das Schöne daran: es wird in der Sozialversicherung alles unterschiedlich behandelt. Also erstmal den Mandanten ganz genau fragen, was das für ein Praktikant ist und auf jeden Fall einen Nachweis in Form einer Kopie der Studienordnung etc. zu den Lohnunterlagen nehmen!

- Vorgeschriebenes Vorpraktikum oder Nachpraktikum ohne Arbeitsentgelt:

Diese Praktikanten sind versicherungspflichtig in der Kranken- und Pflegeversicherung, sog. Praktikantenversicherung, Ausnahme bei Familienversicherung, was i. d. R. der Fall sein wird. In der Renten- und Arbeitslosenversicherung besteht Versicherungspflicht mit einem Entgelt i. H. von 1 % der monatlichen Bezugsgröße.

Beitragsgruppenschlüssel: 0110, Personengruppe 105

- **Vorgeschriebenes Vorpraktikum oder Nachpraktikum mit Arbeitsentgelt:**
  Es besteht Versicherungspflicht in der Kranken-, Renten-, Arbeitslosen- und Pflegeversicherung.
  Beitragsgruppenschlüssel: 1111, Personengruppe 105
- **Vorgeschriebenes Zwischenpraktikum**
  Hier besteht Versicherungsfreiheit in allen Zweigen der Sozialversicherung, da es sich um einen Teil der Ausbildung handelt, der in einen Betrieb verlagert wird. Folgende Unterlagen müssen jedoch zwingend vorgelegt werden:
  - Praktikantenvertrag zwischen der Hochschule und dem Betrieb
  - ggf. Auszug aus der Studien-/Prüfungsordnung
  - aktuelle Immatrikulationsbescheinigung

Es ist die SV-Meldung mit der Personengruppe 190 erforderlich.

11. Beschäftigung von Rentnern

Bei Beschäftigung eines Rentners müssen einige Besonderheiten beachtet werden. Zunächst einmal muss dem Rentner klar sein, dass der Verdienst dieser Beschäftigung, je nach Art der Rente und bei Überschreitung bestimmter Grenzen zu einer Kürzung seiner Rente bzw. zum Anspruchsverlust führen kann. Durch verschiedene gesetzliche Regelungen ist es dem Lohnbuchhalter nicht mehr möglich, den rentenunschädlichen Hinzuverdienst zu ermitteln. Ein Rentner, der vor Vollendung des 65. Lebensjahrs Arbeitsentgelt aus einer Beschäftigung bezieht, muss unbedingt die Rentenberatung bzw. seinen Sachbearbeiter bei der Deutschen Rentenversicherung hinzuziehen. Es wird für den Rentner eine persönliche Berechnung mit den entsprechenden Hinzuverdienstgrenzen und den daraus folgenden Rentenkürzungen erstellt. Eine geringfügige Beschäftigung bis zu einem Arbeitsentgelt von 450 € führt i. d. R. zu keiner Kürzung. Als sozialversicherungspflichtiger Rentner darf man außerdem zweimal jährlich ein volles Gehalt dazuverdienen.

Die Versicherungspflicht in den einzelnen Versicherungszweigen hängt immer von der Art der Rente ab. Nachfolgend erläutere ich, was bei den verschiedenen Renten zu berücksichtigen ist.

- **Vollrente wegen Alters**
  Versicherungspflicht besteht bei Rentenbeziehern in einem Arbeitsverhältnis bis zur Vollendung des 65. Lebensjahrs. Neuerdings können noch einige Monate dazukommen, bis man den vollen Rentenanspruch hat. Erst dann greifen folgende Regelungen.
  Es besteht weiterhin Versicherungspflicht in der KV und PV. In der KV kommt nur der ermäßigte Beitrag zur Anwendung, da kein Anspruch auf Krankengeld besteht.
  In der RV und ALV sind Bezieher einer Vollrente versicherungsfrei, jedoch muss der Arbeitgeber in der RV für diese Beschäftigten normale Arbeitgeberbeiträge entrichten. In der ALV ist der Arbeitgeberbeitrag bis zum 31.12.2021 ausgesetzt.
- **Berufsunfähigkeitsrente**
  Es besteht Versicherungspflicht in der KV, PV, RV und ALV.
- **Erwerbsunfähigkeitsrentner**
  Es besteht Versicherungspflicht in der KV, PV und RV. In der ALV besteht Versicherungsfreiheit, egal wie alt diese Person ist.
- **Beschäftigte, die eine Teilrente wegen Alters beziehen**
  Das sind Personen, die vor Erreichen des 65. Lebensjahrs eine Rente mit entsprechenden Abzügen beziehen.
  Es besteht Versicherungspflicht in der KV und PV und bis zur Vollendung des 65. Lebensjahrs plus X-Monate in der ALV.
  In der RV besteht ebenso Versicherungspflicht, auch dann, wenn der Beschäftigte das 65. Lebensjahr vollendet hat und weiterhin eine Teilrente bezieht.

TKP-TIPP

Bei Einstellung eines Rentners immer den Rentner darauf aufmerksam machen, sich mit dem Rentenversicherungsträger in Verbindung zu setzen, um die Hinzuverdienstgrenze zu erfahren. Das böse Erwachen kommt meistens später, wenn der Rentner seine zu viel erhaltene Rente zurückzahlen muss. In der Regel prüft der Rentenversicherungsträger einmal jährlich, durch Anforderung einer Verdienstbescheinigung, den Hinzuverdienst..

- **Beschäftigung von Pensionsempfängern**
  Weiterbeschäftigte pensionierte Beamte sind versicherungsfrei in KV und PV. Sie haben keinen Anspruch auf einen Zuschuss zu ihrer privaten Krankenversicherung durch ihren Arbeitgeber.
  In der RV und AV sind Pensionsempfänger versicherungsfrei, wenn sie nach beamtenrechtlichen Vorschriften eine Versorgung nach Erreichen einer Altersgrenze beziehen (§ 5 Abs. 4 Nr. 2 SGB VI). Der Arbeitgeber hat jedoch in jedem Fall den normalen Arbeitgeberbeitragsanteil zu leisten.

TKP-TIPP

Einen Fall möchte ich noch einmal schildern, und zwar den eines Rentners, der bereits mit 60 Jahren in Rente gegangen ist. Er erhielt eine Vollrente mit entsprechenden Abzügen. Mit 62 Jahren wird ihm ein Teilzeitjob mit 20 Stunden angeboten. Er wendet sich an den Rentenversicherungsträger, um die genauen Hinzuverdienstgrenzen und entsprechenden Rentenkürzungen zu erfahren. Bei seinem Gehalt berücksichtigt der Arbeitgeber diese Grenze, und gibt die entsprechende Information an die Lohnbuchhaltung, also uns, weiter.

Jetzt wird der Rentner 65. Der Rentenversicherungsträger rechnet die Rente neu aus und teilt ihm mit, dass die bisherige Rente falsch vom Lohnbüro abgerechnet wurde, und er einige tausend Euro Rentenversicherungsbeiträge nachträglich zahlen muss. – Was habe ich falsch gemacht? Bei der Einstellung wurde auf dem Personalstammblatt „Vollrentner" angekreuzt. Dieser Status ändert sich mit dem versicherungspflichtigen Beschäftigungsbeginn in „Teilrentner". Der Rentner wird wieder rentenversicherungspflichtig. Obwohl jährliche Verdienstbescheinigungen an den Rentenversicherungsträger gingen und sogar eine Außenprüfung des Rentenversicherungsträgers stattfand, ist niemandem aufgefallen, dass der Status falsch war. Dieser Fall kommt zwar nicht so häufig vor, da ein Rentner selten wieder eine sozialversicherungspflichtige Beschäftigung aufnimmt, hat aber schwerwiegende Folgen.

12. Mindestlohn

Zum 1. 1. 2015 wurde der gesetzliche Mindestlohn eingeführt. Der Mindestlohn gilt grundsätzlich für alle Arbeitnehmer, auch für Aushilfen.

Ausnahmen vom gesetzlichen Mindestlohn gibt es für folgende Personengruppen:

- Auszubildende
- Ehrenamtlich tätige Personen, da diese grundsätzlich keine Arbeitnehmer sind und für ihre Tätigkeit auch keine Vergütung erhalten.
- Praktikanten, wobei Praktikant auch wirklich nur ist, wer ein Pflichtpraktikum aufgrund einer Schul- Ausbildungs- oder Studienordnung leistet – hier sind genaue Aufzeichnungen bzw. Unterlagen zu den Lohnunterlagen zu nehmen – oder wenn das Praktikum nicht länger als drei Monate dauert (Orientierungspraktikum).
- Jugendliche unter 18 Jahren ohne abgeschlossene Berufsausbildung, damit diese nicht lieber eine Beschäftigung aufnehmen anstatt eine Ausbildung zu machen.
- Langzeitarbeitslose, die mindestens ein Jahr arbeitslos gewesen sind in den ersten sechs Monaten der Beschäftigung, damit diese eine bessere Chance auf Vermittlung am Arbeitsmarkt haben.

In den Jahren 2015 und 2016 betrug der gesetzliche Mindestlohn 8,50 € pro Stunde. Seit dem 1. 1. 2017 beträgt der Mindestlohn 8,84 €. Alle zwei Jahre trifft sich die Mindestlohnkommission, um einen Vorschlag zur Anpassung des Mindestlohns zu unterbreiten.

Sachbezüge dürfen bei der Ermittlung des Mindestlohns nicht berücksichtigt werden. Ebenso dürfen Einmalbezüge nur eingerechnet werden, wenn sie monatlich ausgezahlt werden. Wird also z. B. das Weihnachtsgeld zu je 1/12 monatlich zusammen mit dem Gehalt an den Arbeitnehmer ausgezahlt, darf es in die Berechnung zur Ermittlung des Mindestlohns eingerechnet werden. Wird es einmal im Jahr im Monat November ausgezahlt, dann darf es nur im Monat November bei der Berechnung berücksichtigt werden.

Um die Einhaltung des Mindestlohns überwachen zu können, sind zusammen mit dem Mindestlohngesetz auch neue Aufzeichungspflichten in Kraft getreten. So ist Beginn, Ende und Dauer der täglichen Arbeitszeit für alle Aushilfen und für alle Arbeitnehmer in den sofortmeldepflichtigen Branchen aufzuzeichnen. Eine Ausnahme gab es hier zu Beginn nur, wenn das regelmäßige verstetigte Entgelt über der Grenze von 2.956 € lag.

Am 1. 8. 2015 ist eine Lockerung der Dokumentationspflichten in Kraft getreten. Demnach besteht seit diesem Zeitpunkt keine Aufzeichungspflicht mehr für enge Familienangehörige (Kinder, Eltern, Ehegatte und der eingetragene Lebenspartner des Arbeitgebers) und eine Aufzeichungspflicht entfällt, wenn der regelmäßige Bruttolohn mindestens 2.000 € beträgt und bereits für zwölf Monate Dokumentationen geführt worden sind.

13. Beendigung des Arbeitsverhältnisses

Es gibt viele Gründe, warum ein Arbeitsverhältnis beendet wird. Und alle sind unterschiedlich zu bearbeiten.

13.1 Tod des Arbeitnehmers oder des Arbeitgebers

Besonderheiten gibt es bei Abrechnung der Lohnzahlung an die Hinterbliebenen. Der Arbeitgeber muss auch von diesen Bezügen den Lohnsteuerabzug vornehmen. Aus Vereinfachungsgründen darf der Arbeitslohn für den Sterbemonat noch nach den Besteuerungsmerkmalen des Verstorbenen abgerechnet werden.

Bei der Berechnung der Sozialversicherungsbeiträge ist das Arbeitsentgelt nur bis zum Sterbetag heranzuziehen. Die darüber hinausgehende Zahlung (Entgelt bis Ende des Sterbemonats und ggf. Sterbegeld) bleibt sozialversicherungsfrei.

13.2 Aufhebungsvertrag

Um ein Beschäftigungsverhältnis aufzulösen, gibt es neben den Möglichkeiten der Kündigung eine Alternative: Den Aufhebungsvertrag. Dieser umgeht die gesetzlichen oder tariflichen Voraussetzungen und Regelungen wie Kündigungsfristen und Kündigungsschutz. Er vermeidet auch in umstrittenen Fällen Kündigungsprozesse vor dem Arbeitsgericht. Ein Aufhebungsvertrag wird im Gegensatz zu Kündigungen (einseitig durch Arbeitgeber oder Arbeitnehmer) im beidseitigen Einverständnis getroffen. Gründe für die Trennung müssen nicht angegeben werden. Der Aufhebungsvertrag muss schriftlich geschlossen werden.

Gründe für einen Aufhebungsvertrag sind z. B.

- Kurzfristige Trennung vom Mitarbeiter (z. B. kurzfristige Umstrukturierungsmaßnahmen) oder vom Unternehmen (z. B. weil der Mitarbeiter einen neuen Job antreten will)
- es müssen keine Kündigungsfristen eingehalten werden,
- es werden Prozesse vermieden,
- eine Sozialauswahl ist nicht nötig,
- Umgehung von Kündigungsschutz, z. B. bei Schwerbehinderten oder bei Betriebsratsmitgliedern,
- der Betriebsrat muss keine Zustimmung geben, außer bei Aufhebungsverträgen mit leitenden Angestellten. Diese sind dem Betriebsrat mitzuteilen

Bestandteile eines Aufhebungsvertrags können sein:

- Zahlung einer Abfindung, z. B. 1/2 Monatsverdienst für jedes Jahr der Betriebszugehörigkeit. Ein gesetzlicher Anspruch besteht aber nicht;
- Datum der Auflösung des Arbeitsverhältnisses;
- Regelungen zu ausstehenden Zahlungen, z. B. Provisionen, Weihnachtsgeld, Überstundenvergütungen, evtl. auch Reisekosten. Ebenfalls müssen Regelungen für den Resturlaub, Dienstwagen, Tantiemen und die betriebliche Altersversorgung erfasst werden;
- Freistellung von der Arbeit;
- Rückgabe von Firmeneigenturm (PC, Handy, Dienstwagen, Unterlagen);
- Güte des Arbeitszeugnisses;
- nachträgliches Wettbewerbsverbot;
- Widerrufsvorbehalt;
- Allgemeine Erledigungsklausel, um alle gegenseitigen Ansprüche auch später noch regeln zu können.

Folgen eines Aufhebungsvertrags

Die Folgen eines Aufhebungsvertrags sind für den Arbeitnehmer nicht unerheblich.

- Der Aufhebungsvertrag hebt die ordentliche Kündigungsfrist auf und somit ruht der Anspruch auf Arbeitslosengeld. Sollte der Arbeitnehmer eine Abfindung erhalten, wird sie mit dem Arbeitslosengeld verrechnet.
- Außerdem erhält der Arbeitnehmer durch das Arbeitsamt eine Sperrzeit von mindestens zwölf Wochen, in denen ihm kein Arbeitslosengeld bezahlt wird.

13.3 Befristete Arbeitsverträge

Ein befristetes Arbeitsverhältnis ist für eine feste Dauer geschlossen und endet daher – ohne dass es einer Kündigung bedarf – mit dem im Arbeitsvertrag vereinbarten Datum. Gleiches gilt bei **Erreichen einer im Tarifvertrag, Betriebsvereinbarung oder im Arbeitsvertrag festgelegten Altersgrenze.**

Mit dem Erreichen der festgelegten Altersgrenze endet das Arbeitsverhältnis.

13.4 Kündigung

Die Kündigung ist ein wichtiges Thema in unserem Alltag. Wir werden häufig nach Kündigungsfristen gefragt, egal ob gesetzlich, tariflich oder auch nach Sonderregelungen. Viele Mandanten wollen gerne wissen, was ein Kündigungsschreiben beinhalten muss. Ich habe einmal ein Muster beigefügt. Du findest es in den Praxishilfen S. 115.

Eine Kündigung bedarf immer der Schriftform, um wirksam zu sein. Das gilt für die ordentliche (fristgemäße) und auch für die außerordentliche (fristlose) Kündigung. Die Kündigungsfristen sind in § 622 BGB geregelt. Es gelten für Arbeiter und Angestellte einheitliche Kündigungsfristen.

Die Kündigungsfrist des Arbeitnehmers beträgt vier Wochen zum 15. oder zum Ende eines Kalendermonats. Es ist möglich, im Arbeitsvertrag verlängerte Kündigungsfristen zu vereinbaren, so dass die individuelle Absprache gilt. Ebenso gehen tarifvertragliche Regelungen der gesetzlichen Regelung zur Kündigungsfrist vor.

Der Arbeitgeber hat grundsätzlich die gleichen Kündigungsfristen einzuhalten. Besteht das Arbeitsverhältnis längere Zeit, verlängert sich die Kündigungsfrist für den Arbeitgeber. Eine Übersicht hierzu findest du in den Praxishilfen S. 116.

13.5 Kündigungsschutz in Sonderfällen

- **Schwerbehinderte**
  Für Schwerbehinderte beträgt die Kündigungsfrist mindestens vier Wochen. Dies gilt nur für den Arbeitgeber, der zur Wirksamkeit der Kündigung außerdem die vorherige Zustimmung des Integrationsamts einzuholen hat. Der Schwerbehinderte selbst kann mit den eventuell kürzeren gesetzlichen Fristen kündigen.
- **Schwangerschaft**
  Nach § 9 Abs. 1 Mutterschutzgesetz (MuSchG) ist die Kündigung gegenüber einer Frau während der Schwangerschaft und bis zum Ablauf von vier Monaten nach der Entbindung unzulässig. – Wenn dem Arbeitgeber zur Zeit der Kündigung die Schwangerschaft bekannt war oder innerhalb von zwei Wochen nach Zugang der Kündigung mitgeteilt wird. Während der Elternzeit darf der Arbeitgeber das Arbeitsverhältnis ebenfalls nicht kündigen.
- **Beendigung des Ausbildungsverhältnisses**
  Die Kündigung bedarf in jedem Fall der Schriftform. Für den Arbeitgeber ist nach Ablauf der Probezeit eine ordentliche Kündigung ausgeschlossen. Bei einer fristlosen Kündigung sind die Gründe schriftlich zu benennen. Während der Probezeit kann das Ausbildungsverhältnis dagegen ohne Einhaltung einer Frist gekündigt werden.

13.6 Ausstellung der Arbeitspapiere

Grundsätzlich gilt: Endet das Arbeitsverhältnis mit einem Mitarbeiter, dann müssen ihm diese Arbeitspapiere ausgehändigt werden:

- die Lohnsteuerbescheinigung (wird mit der letzten Lohnabrechnung erstellt);
- der Sozialversicherungsnachweis (wird ebenfalls mit der letzten Lohnabrechnung erstellt);
- ein einfaches oder ein qualifiziertes Arbeitszeugnis – allerdings nur auf Anforderung (§ 630 BGB);
- eine Urlaubsbescheinigung, aus der hervorgeht, welcher Urlaub im laufenden Kalenderjahr gewährt oder abgegolten wurde;
- eine Arbeitsbescheinigung für die Agentur für Arbeit. Der Arbeitgeber ist verpflichtet, dem Arbeitnehmer nach Beendigung des Arbeitsverhältnisses eine sog. Arbeitsbescheinigung auszustellen. Hierzu ist der amtliche Vordruck der Agentur für Arbeit zu verwenden;

TKP-TIPP

In unserem Programm füllen wir schon bei Kündigung die dafür vorgesehenen Laschen aus, die alle Angaben in das Programm: „Bescheinigungen" einspeist. Die Bescheinigung wird dann fast automatisch erstellt.

- sonstige Unterlagen wie z. B. eine Arbeitserlaubnis.

TKP-TIPP

Grundsätzlich solltest du die Unterlagen bis zum letzten Tag des Arbeitsverhältnisses zusammengestellt haben und dann an den Mitarbeiter herausgeben. Allerdings hat der Arbeitgeber hier keine Bringschuld, der Arbeitnehmer muss sich die Papiere selbst abholen. In der Praxis werden die Papiere aber per Post versandt.

14. Baulohn

Ein Bauunternehmer beherrscht die Organisation komplexer Arbeitsabläufe auf einer Baustelle. Das ist sein Berufsalltag. Da ist er i. d. R. froh, wenn er sich abends nicht noch mit dem „Papierkram" herumschlagen muss und schon gar nicht mit der aufwendigen Baulohnabrechnung. Deshalb sind wir da und nehmen ihm diese Arbeit sehr gerne ab.

Im Bereich Baulohn sind besonders fundierte Kenntnisse erforderlich. Die Lohnabrechnung im Baugewerbe beinhaltet viele Besonderheiten und komplizierte Regelungen, die beachtet und berücksichtigt werden müssen. Man unterscheidet hierbei das Bauhauptgewerbe und das Baunebengewerbe. Zum Bauhauptgewerbe gehören Baufirmen, Fliesenleger, Trockenbauer usw. Die Sozialkasse für das Baugewerbe (SOKA Bau) entscheidet nach Auswertung eines Fragebogens, wer zum Bauhauptgewerbe gehört und wer nicht. Zum Baunebengewerbe gehören: das Dachdeckerhandwerk, Gerüstbauhandwerk, Garten-, Landschafts- und Sportplatzbau (GaLa-Bau), Maler und Lackierhandwerk und zuletzt Steinmetz- und Steinbildhauerhandwerk.

Da ich in diesem Rahmen nicht auf die gesamte Palette des Baulohns, inklusive der vielen Besonderheiten des Baunebengewerbes, eingehen kann, beschränke ich mich hauptsächlich auf das Bauhauptgewerbe. Zum Schluss werde ich euch einen kurzen Überblick auf die relevanten Abweichungen im Baunebengewerbe geben.

14.1 Bauhauptgewerbe

Neben den steuer- und sozialversicherungsrechtlichen Bestimmungen, sind für die Lohnabrechnungen im Bauhauptgewerbe die tarifvertraglichen Regelungen zu berücksichtigen.

Der Rahmentarifvertrag im Bauhauptgewerbe ist allgemeinverbindlich. Hier werden u. a. Arbeitszeiten, Lohn und Urlaub geregelt.

14.1.1 Arbeitszeiten

Es gibt unterschiedliche Arbeitszeiten. Man unterscheidet zwischen Sommer- und Winterarbeitszeit. Die Winterarbeitszeit, Dezember bis März, beträgt wöchentlich 38,0 Stunden, während sich die Sommerarbeitszeit, April bis November, auf wöchentlich 41,0 Stunden beläuft. Der Bauunternehmer kann sich auch für eine individuelle Wochenarbeitszeit entscheiden. Auch Arbeitszeitkonten sind möglich.

14.1.2 Lohn

Im Bauhauptgewerbe gibt es schon lange einen Mindestlohn. Der Mindestlohn ist allgemeinverbindlich. Im Jahr 2017 beträgt er für das Tarifgebiet West in der Lohngruppe 1: 11,30 € und in der Lohngruppe 2: 14,70 €. Die Lohngruppen sind ebenfalls im Tarifvertrag geregelt.

14.1.3 Urlaub

Die Urlaubsregelungen im Bauhauptgewerbe werden von einer Sozialkasse geregelt. Wie das abläuft, erkläre ich dir jetzt:

14.1.3.1 Sozialkasse für das Baugewerbe (SOKA)

Die Sozialkasse für das Baugewerbe heißt abgekürzt SOKA-Bau und ist für den Beitragseinzug der beteiligten Bauunternehmen zuständig. Die Arbeitgeber zahlen monatlich einen Beitrag ein, der sich aus dem zu versteuernden Einkommen bemisst. Der Beitrag beinhaltet eine Ausbildungsumlage, den Beitrag zur Urlaubsumlage und Beiträge zur Zusatzversorgung des Baugewerbes. Die Höhe der Beiträge richtet sich nach dem Standort (alte Bundesländer, neue Bundesländer und Berlin).

14.1.3.2 Urlaubs- und Lohnausgleichskasse (ULAK)

Die Urlaubs- und Lohnausgleichskasse ist eine Abteilung innerhalb der SOKA-Bau. Sie ist für die Kontrolle und Berechnung der abgerechneten Urlaubsansprüche und Urlaubsentgelte zuständig. Die Urlaubsermittlung für die gewerblichen Arbeitnehmer erfolgt nach dem tariflichen Ansparverfahren, d. h. der Urlaubsanspruch richtet sich nach den Beschäftigungstagen. Ein Arbeitnehmer erwirbt für zwölf Beschäftigungstage (Beschäftigungstage = Kalendertage) einen Tag Urlaub. Ein voller Beschäftigungsmonat wird mit 30 Beschäftigungstagen angesetzt. Die Urlaubsvergütung beträgt 14,25 % des Bruttolohns. Der Prozentsatz beinhaltet das zusätzliche Urlaubsgeld von 25 %. Diese 14,25 % werden monatlich an die Urlaubskasse abgeführt.

Dem gewerblichen Arbeitnehmer stehen immer nur die Urlaubstage zur Verfügung, die er angespart hat. Genauso verhält es sich mit der Urlaubsvergütung. Bei einem Arbeitgeberwechsel übernimmt der neue Arbeitgeber den angesparten Urlaub. Der Abgleich der Urlaubstage und des Urlaubsgeldes erfolgt ausnahmslos über die ULAK.

Am Ende des Urlaubsjahres, sind Restansprüche der Urlaubsvergütung in das folgende Kalenderjahr zu übertragen. Nach Ablauf des Kalenderjahres, das auf das Jahr der Entstehung des Urlaubsanspruches folgt, verfallen die Urlaubsansprüche. Der Arbeitnehmer hat aber immer die Möglichkeit, innerhalb eines weiteren Kalenderjahres, Ansprüche auf Entschädigung gegenüber der ULAK geltend zu machen.

Für Angestellte und Poliere ist die Urlaubsberechnung ganz „normal". Sie erhalten jährlich 30 Tage Urlaub und ein zusätzliches Urlaubsgeld, das nach Alter gestaffelt ist.

14.1.3.3 Zusatzversorgungskasse des Baugewerbes (ZVK)

Innerhalb der SOKA werden die Beiträge zur Zusatzversorgung verwaltet. Die ZVK berechnet die Ansprüche der Arbeitnehmer für die betriebliche Altersvorsorge und zahlt sie bei Fälligkeit (Rentenbeginn) aus.

Die ZVK ist eine eigenständige Pensionskasse mit integrierter Unterstützungskasse für die tarifliche Pflichtversicherung. Darüber hinaus bietet sie den Arbeitnehmern die Möglichkeit, persönliche freiwillige Altersvorgen anzulegen.

14.1.4 Leistungen in der Winterarbeitszeit

In der Winterperiode vom 1. 12. bis 31. 3. des Folgejahres fördert die Bundesagentur für Arbeit die ganzjährige Beschäftigung der gewerblichen Arbeitnehmer des Bauhauptgewerbes mit folgenden Leistungen:

14.1.4.1 Saisonkurzarbeitergeld

Das Saisonkurzarbeitergeld wird für gewerbliche Arbeitnehmer ausschließlich in der gesetzlichen Schlechtwetterzeit als Sonderform des Kurzarbeitergeldes gezahlt. Finanziert wird das Saisonkurzarbeitergeld durch die sogenannte Winterbauumlage, die vom Arbeitgeber und Arbeitnehmer gemeinsam ganzjährig gezahlt wird. Mit der Leistung sollen witterungsbedingte Kündigungen vermieden werden.

In der Zeit vom 1. 12. bis zum 31. 3. des Folgejahres gewährt die Bundesagentur für Arbeit Saisonkurzarbeitergeld für witterungsbedingten Arbeitsausfall. Auch wenn der Ausfall konjunkturbedingt ist, wird während des entsprechenden Zeitraumes Saisonkurzarbeitergeld gewährt.

Der Arbeitgeber muss der Bundesagentur für Arbeit den Arbeitsausfall vor Beginn anzeigen. Die Bundesagentur erstattet dem Arbeitgeber die gesamten Aufwendungen. Zusätzlich erhält der Arbeitgeber die darauf entfallenden Sozialversicherungsbeiträge in voller Höhe erstattet. Die Arbeitnehmer bekommen i. d. R. die gleichen Leistungen wie beim Arbeitslosengeld I. Ledige Arbeitnehmer erhalten weniger Saisonkurzarbeitergeld, als Verheiratete mit zu berücksichtigende Kindern.

14.1.4.2 Winterbeschäftigungsumlage

Arbeitgeber des Baugewerbes haben eine Winterbeschäftigungs-Umlage zu entrichten, wenn sie und die Arbeitnehmer Anspruch auf ergänzende Leistungen haben, wie das Mehraufwands-Wintergeld, Zuschuss-Wintergeld und Erstattung der Sozialversicherungsbeiträge bei Saison-Kurzarbeitergeld. Sie dient dazu, Arbeitsplätze in der Schlechtwetterzeit zu erhalten.

Die Winterbeschäftigungsumlage beträgt 2,0 % und wird zu 1,2 % vom Arbeitgeber und zu 0,8 % vom Arbeitnehmer getragen. Bemessungsgrundlage ist der Bruttolohn des Arbeitnehmers. Da diese Umlage für den Arbeitnehmer steuer- und sv-pflichtig ist, wird sie vom Nettolohn abgezogen. Aus Vereinfachungsgründen, ist die Winterbeschäftigungsumlage der ULAK zu melden, die diese an die Landesämter der Bundesagentur für Arbeit weiterführt.

14.1.4.3 Mehraufwands-Wintergeld (MWG)

Vom 15. 12. bis Ende Februar des Folgejahres erhalten gewerbliche Arbeitnehmer im Baugewerbe, die an einem witterungsabhängigen Arbeitsplatz beschäftigt sind, für jede geleistete Arbeitsstunde (auch für geleistete Überstunden, max. 90 Stunden im Dezember, im Januar und Februar max. 180 Stunden), ein MWG i. H. von 1,00 €.

Das MWG wird monatlich über die Lohnabrechnung ausgezahlt und ist steuer- und sv-frei. Auf Antrag wird das MWG von der zuständigen Agentur für Arbeit erstattet. Die Ausschlussfrist beträgt drei Kalendermonate nach dem Monat, in dem das MWG entstanden ist.

14.1.4.4 Zuschuss Wintergeld (ZWG)

Im Schlechtwetterzeitraum (1. 12. bis 31. 3. des Folgejahres) wird für das Einbringen von Guthabenstunden aus Arbeitszeitkonten der Arbeitnehmer, zur Vermeidung von Saison-KUG, ein Zuschuss je Arbeitsstunde von 2,50 € gewährt. Das ZWG wird ebenfalls auf Antrag von der zuständigen Agentur für Arbeit erstattet.

Weiterführende Erläuterungen findet ihr unter www.soka-bau.de. Unter anderem findet ihr dort eine Erklärung über das Beitragseinzugsverfahren im Baugewerbe.[1]

14.2 Baunebengewerbe

Soweit zum Thema Bauhauptgewerbe. Hier jetzt, wie bereits angekündigt, die relevanten Besonderheiten der Lohnabrechnungen des Baunebengewerbes:

- **Dachdeckergewerbe**
  Im Dachdeckergewerbe liegt der Urlaubsermittlung ein Jahresurlaubsanspruch zugrunde. Der Anspruch richtet sich nach der Dauer der Zugehörigkeit zum Dachdeckergewerbe.
- **Garten- und Landschaftsbau**
  Arbeitszeitkonto und Arbeitszeitregelungen
  Im Garten- und Landschaftsbau kann eine tarifliche Jahresarbeitszeit in Verbindung mit einem verstetigten Monatslohn vereinbart werden. Für jeden Arbeitnehmer muss dann über den Ausgleichszeitraum von zwölf Monaten hinweg ein Arbeitszeitkonto (Ausgleichskonto) geführt werden.
  Urlaubsregelungen
  Der Urlaubsermittlung wird ein Jahresurlaubsanspruch zugrunde gelegt. Das Urlaubsentgelt berechnet sich nach dem durchschnittlichen Verdienst der letzten abgerechneten 26 Wochen bzw. sechs Monate.
- **Gerüstbaugewerbe**
  Arbeitszeitkonten und Arbeitszeitregelung
  Im Gerüstbauhandwerk hat der Unternehmer die Möglichkeit, die Arbeitszeit in einem Ausgleichszeitraum von zwölf Monaten betriebsindividuell zu verteilen. Mit einem Ausgleichskonto werden Zeitdifferenzen, bei Über- oder Unterschreitungen der jeweiligen Arbeitszeit, berücksichtigt.
  Saison-Kurzarbeitergeld und ergänzende Leistungen
  Vor dem Anspruch auf Saison-Kurzarbeitergeld haben die gewerblichen Arbeitnehmer bei Arbeitsausfall aus zwingenden witterungsbedingten Gründen ein Recht auf Überbrückungsgeld für die Monate Januar bis März sowie November und Dezember.
  Lohnausgleich
  Für die Zeiträume 24.12. bis 26.12. und 31.12. und 1.1. erhält der Arbeitnehmer vom Arbeitgeber einen Pauschalbetrag als Lohnausgleich.
- **Maler- und Lackiererhandwerk**
  Arbeitszeitkonto und Arbeitszeitregelungen
  Die regelmäßige wöchentliche Arbeitszeit im Maler- und Lackiererhandwerk beträgt 40 Stunden. Der Tarifvertrag sieht eine gleichmäßige Verteilung von Montag bis Freitag vor, es ist aber eine betriebsindividuelle Arbeitszeitverteilung möglich. Zur Vermeidung von witterungsbedingten Kündigungen kann ein Arbeitszeitkonto vereinbart werden.
  Urlaubsregelungen
  Die Höhe des Urlaubsanspruchs der volljährigen gewerblichen Arbeitnehmer bemisst sich

1 Quelle: DATEV eG

nach dem Lebensalter. Der gesamte Urlaubsentgeltanspruch für ein Kalenderjahr wird erst am Ende des Jahres erreicht. Generell gilt im Urlaubskassen-Verfahren das „Ansparprinzip“.

- **Steinmetz- und Steinbildhauerhandwerk**

  Arbeitszeitkonto und Arbeitszeitregelungen

  Im Steinmetzgewerbe können Arbeitszeiten flexibel gestaltet werden. Es muss dann allerdings ein manuelles Arbeitszeitkonto geführt werden, welches zum Ende des Ausgleichszeitraums eines jeden Jahres ausgeglichen werden muss.

  Urlaubsregelungen

  Es gibt einen Jahresurlaubsanspruch von 30 Tagen, außer in Berlin. Das Urlaubsentgelt berechnet sich nach dem durchschnittlichen Verdienst der letzten sechs Monate, bei kürzerer Betriebszugehörigkeit wird das Entgelt nach Tagen ermittelt.

  Urlaubsermittlung (Berliner Betriebe): Die Urlaubsermittlung für die gewerblichen Arbeitnehmer erfolgt nach dem tariflichen Ansparverfahren, d. h., der Urlaubsanspruch richtet sich nach den Beschäftigungstagen.

  Saison-Kurzarbeitergeld und ergänzende Leistungen

  Im Schlechtwetterzeitraum kann der Arbeitsausfall nur durch Zeitguthaben überbrückt werden, eine Förderung durch Saison-Kurzarbeitergeld und ergänzende Leistungen gibt es nicht.

  Feiertagsregelungen

  Für die Tage 24. 12. und 31. 12. sowie den 25. und 26. 12. und den 1. 1. sind die Regelungen bezüglich der Freistellung und Entlohnung in den Gewerben sehr unterschiedlich. Grundsätzlich sind die Feiertage (25./26. 12. und 1. 1.) mit Feiertagslohn zu entlohnen, für den 24. 12. und den 31. 12. gibt es mehrere Möglichkeiten. Jedes Gewerk regelt das anders.

Nun hast du einen Eindruck bekommen, wie umfangreich eine Baulohnabrechnung ist. Ganz wichtig: Du benötigst unbedingt ein spezielles Lohnprogramm, egal wie groß die abzurechnenden Baumandanten sind.

TKP-TIPP

Der Lohn Info-Ordner! Dir ist vielleicht auch schon aufgefallen, dass die Mandanten immer wieder die gleichen Fragen haben „Wie war das nochmal mit dem Urlaubsanspruch meiner Teilzeitkraft?“ oder „Ich möchte einen Rentner einstellen. Was muss ich beachten?“ Aus diesem Grund haben wir den TKP Lohn Info-Ordner entworfen. Ein Nachschlagewerk für unsere Mandanten mit den wichtigsten Themen rund um die Lohnabrechnung. Zusätzlich haben wir unsere Personalfragebögen und wichtige Vorlagen wie Stundenzettel, Reisekostenabrechnungen etc. gleich mit dazu gepackt.

III. Jahresabschluss/EÜR

Um dir eine praxisgerechte Hilfe für die Jahresabschlusserstellung zu geben, haben wir uns dafür entschieden, dir diesen Bereich mit den aus unserer Sicht wichtigsten Fragen nebst Antworten näherzubringen. Im zweiten Teil zum Jahresabschluss zeigen wir dann anhand unserer Praxisvorlagen- und vorgaben, wie diese Tätigkeit strukturiert erledigt werden kann.

1. Pflicht zur Jahresabschlusserstellung

Warum erstellt man einen Abschluss? Wer ist dazu verpflichtet?

Vorab kann man sagen, dass auf eine ordnungsgemäße Buchführung kein Unternehmer verzichten sollte. Andernfalls würde er nämlich schnell den Überblick über die Vermögens- und Ertragslage sowie die Liquidität seines Unternehmens verlieren.

Die Buchführungspflicht ist im Handelsgesetzbuch geregelt (§ 238 HGB):

„(1) Jeder Kaufmann ist verpflichtet, Bücher zu führen und in diesen seine Handelsgeschäfte und die Lage seines Vermögens nach den Grundsätzen ordnungsmäßiger Buchführung ersichtlich zu machen. Die Buchführung muss so beschaffen sein, dass sie einem sachverständigen Dritten innerhalb angemessener Zeit einen Überblick über die Geschäftsvorfälle und über die Lage des Unternehmens vermitteln kann. Die Geschäftsvorfälle müssen sich in ihrer Entstehung und Abwicklung verfolgen lassen."

Somit müssen wir erst einmal schauen, wer als Kaufmann i. S. des Handelsgesetzbuches angesehen wird.

Kaufmann ist zum einen jeder, der ein Handelsgewerbe betreibt, § 1 Abs. 1 HGB. Das Unternehmen ist im Handelsregister eingetragen, der Unternehmer wird aufgrund der gesetzlichen Vorschriften zum Kaufmann. Die Folgerung „Gewerbeeintrag → Kaufmannseigenschaft" gilt freilich nur bedingt, denn in § 1 Abs. 2 HGB macht der Gesetzgeber gleich wieder eine Einschränkung. Als Handelsgewerbe gilt nur derjenige Gewerbebetrieb, der einen „in kaufmännischer Weise eingerichteten Geschäftsbetrieb" erforderlich macht. Die Inhaber von Unternehmen, die nach Art oder Umfang keinen in kaufmännischer Weise eingerichteten Geschäftsbetrieb erfordern, sind keine Kaufleute und damit auch nicht buchführungspflichtig.

Dadurch sind die sog. Kleingewerbetreibenden von der Kaufmannseigenschaft ausgeschlossen. Allerdings kann jeder Gewerbetreibende durch eine freiwillige Eintragung im Handelsregister die Kaufmannseigenschaft erwerben (§ 2 HGB).

Die Kaufmannseigenschaft hängt also auch eng mit dem Betrieb eines „Gewerbes" zusammen. Nicht jede Tätigkeit, die auf Dauer angelegt ist und mit der in erlaubter Weise Gewinn erzielt werden soll, stellt ein Gewerbe dar. Eine Gruppe ist nämlich davon ausgenommen: die freien Berufe einschließlich künstlerischer und wissenschaftlicher Tätigkeiten (§ 6 Abs. 1 GewO).

Freiberufler sind also keine Kaufleute. Da sie kein Gewerbe betreiben, gelten sie nicht als Kaufmann i. S. des HGB. Damit entfallen die Buchführungs- und Bilanzpflichten, die Eintragung ins Handelsregister und die verschärften Rechtsanforderungen an Kaufleute.

Die Gruppe der freiberuflich Tätigen genießt auch unter steuerrechtlichen Gesichtspunkten Vorteile. Zum einen bezahlen sie keine Gewerbesteuer. Zum anderen reicht es dem Finanzamt bei ihnen i. d. R., wenn sie statt einer Bilanz eine Einnahmenüberschussrechnung erstellen, den Unterschied erklären wir dir später (siehe S. 314).

Der Gesetzgeber hat in § 18 EStG einen strengen Katalog aufgestellt, wer in den Genuss dieser Erleichterungen kommen kann.

Freiberuflich tätig **ist**, wer selbstständig eine

- wissenschaftliche,
- künstlerische,
- unterrichtende oder
- erzieherische Tätigkeit ausübt.

Typische freiberufliche Tätigkeiten sind z. B.:

- Arzt, Zahnarzt, Tierarzt,
- Rechtsanwalt, Notar, Patentanwalt,
- Vermessungsingenieur, Ingenieur, Architekt,
- Handelschemiker,
- Wirtschaftsprüfer, Steuerberater, beratender Volks- oder Betriebswirt, vereidigter Buchprüfer, Steuerbevollmächtigter,
- Heilpraktiker, Dentist, Krankengymnast,
- Bildberichterstatter, Dolmetscher, Übersetzer,
- Lotse und ähnlichen Berufen.

Für Handelsgesellschaften, wie die Offene Handelsgesellschaft (OHG), die Kommanditgesellschaft (KG) oder die stille Gesellschaft gelten die Vorschriften für Kaufleute (§ 6 Abs. 1 HGB). Sie sind entweder durch den Betrieb eines Handelsgewerbes Kaufmann (§ 105 Abs. 1 HGB gilt für die OHG, § 161 Abs. 2 und § 105 Abs. 1 HGB für die KG), oder sie erhalten die Kaufmannseigenschaft durch Eintragung in das Handelsregister (§ 105 Abs. 2, § 161 Abs. 2 HGB).

Eine GmbH bzw. AG gilt automatisch kraft Rechtsform als Kaufmann.

Daneben müssen wir auch prüfen, welche Vorgaben uns das Steuerrecht macht.

Der Unternehmer kann, solange er keiner gesetzlichen Buchführungspflicht unterliegt, zwischen der Einnahmenüberschussrechnung und der Buchführung wählen. Dabei gilt der Grundsatz, dass die Gewinnermittlung regelmäßig nach § 4 Abs. 1 EStG erfolgen muss, wenn das Wahlrecht nach § 4 Abs. 3 EStG nicht wirksam ausgeübt wird.

Nach § 140 AO hat derjenige, der nach anderen Gesetzen als den Steuergesetzen Bücher und Aufzeichnungen zu führen hat (z. B. § 238 HGB), die Verpflichtungen auch für die Besteuerung zu erfüllen.

Damit sind Unternehmer, die handelsrechtlich zur Buchführung verpflichtet sind, von der Einnahmenüberschussrechnung ausgeschlossen.

Für alle anderen ist in § 141 Abs. 1 AO festgelegt, dass gewerbliche Unternehmer sowie Land- und Forstwirte eine Buchführung zu erstellen haben, soweit

- deren Umsätze einschließlich der steuerfreien Umsätze, ausgenommen die Umsätze nach § 4 Nr. 8 bis 10 UStG, mehr als 500.000 € betragen oder

- deren Gewinn mehr als 50.000 € beträgt und
- das Finanzamt sie dazu auffordert.

2. Recht zur Jahresabschlusserstellung

Muss ein Steuerberater oder ein Wirtschaftsprüfer den Jahresabschluss erstellen? Kann ich den Abschluss nicht selber machen?

Einige Kaufleute wissen nicht, ob sie ihren eigenen Jahresabschluss selber durchführen dürfen, oder ob sie verpflichtet sind, sich externen Rat zu holen.

Kurz und knapp – Unternehmen dürfen ihren Jahresabschluss selber erstellen.

Wenn der Unternehmer dazu nicht die erforderlichen Fähigkeiten besitzen sollte, könnte er z. B. eine entsprechende Steuerfachangestellte einstellen. Gelegentlich wechseln Auszubildende nach der Ausbildung oder während des Berufslebens zu einem Mandanten. Dies zeigt, dass du mit dieser Ausbildung sehr flexibel bist. Abschlüsse unterschreiben und damit bestätigen darf allerdings nur der Unternehmer selber.

Aufgrund ihrer Ausbildung sind natürlich Steuerberater dazu befugt, für ihre Mandanten Jahresabschlüsse zu erstellen. Dabei werden sie von ihren ebenfalls qualifizierten Mitarbeitern unterstützt, also von Dir. Den vom Steuerberater erstellten Jahresabschluss darf aber nur dieser Unterschreiben und damit offiziell bestätigen. Wenn der Steuerberater den Jahresabschluss erstellen soll, hat dieser bei seiner Tätigkeit und Berichterstattung die berufsrechtlichen Normen und Berufspflichten zu beachten. Die Vorgaben der Bundessteuerberaterkammer werden wir dir später noch zeigen (siehe S. 320).

3. Fristen für die Aufstellung des Jahresabschlusses

Der Jahresabschluss muss zum Bilanzstichtag aufgestellt werden. Das bedeutet aber nicht, dass der Jahresabschluss immer auf den 31. 12. erstellt werden muss, der Bilanzstichtag kann z. B. auch der 30. 6. oder der 12. 9. eines Jahres sein. Der Bilanzstichtag muss somit nicht automatisch immer am Jahresende liegen.

Ein abweichendes Wirtschaftsjahr wird vom Unternehmer z. B. aus saisonalen Gründen gewählt, da der 31. 12. für ihn z. B. mitten in der Saison liegt und eine Inventur denkbar ungünstig wäre. So könnte sein Wirtschaftsjahr z. B. vom 1. 7. bis 30. 6. laufen.

Die Fristen der Aufstellung kannst du im § 264 HGB nachlesen. Danach haben Große und mittelgroße Kapitalgesellschaften den Jahresabschluss in den ersten drei Monaten, kleine Kapitalgesellschaften in den ersten sechs Monaten des neuen Jahres aufzustellen. Die Größenklassen werden wir dir später noch erklären (siehe S. 324).

Eine Erleichterung gibt es aber noch, siehe § 243 HGB. Danach sind Nicht-Kapitalgesellschaften zur Einhaltung einer „einem ordnungsgemäßen Geschäftsgang entsprechenden Zeit" verpflichtet, dies entspricht bei normalem Geschäftsgang einem Zeitraum von bis zu neun Monaten und bei unvorhergesehenen Ereignissen bis zu zwölf Monaten.

4. Unterschiede zwischen EÜR und Bilanzierung

Die Grundlage bildet der schon zitierte § 238 HGB, der Gesetzgeber hat aber eine Erleichterungsvorschrift im § 241a HGB vorgenommen. Danach können Einzelkaufleute auf eine Bilanzierung und Buchführung verzichten, wenn ihre Umsatzerlöse 500.000 € und der Jahresüberschuss 50.000 € an zwei aufeinanderfolgenden Abschlussstichtagen nicht übersteigt.

Die Einnahmenüberschussrechnung erleichtert bestimmten Gewerbetreibenden und Freiberuflern die Gewinnermittlung. Statt zu bilanzieren genügt es, die Betriebseinnahmen und -ausgaben gegenüberzustellen. Es entfällt die Einrichtung und das laufende Führen einer umfangreichen Buchführung und das Aufstellen von Bilanzen.

Am Ende jeden Geschäftsjahrs muss eine Einnahmenüberschussrechnung erstellt werden, die nach der folgenden Formel den Überschuss ermittelt:

Betriebseinnahmen ./. Betriebsausgaben = Gewinn/Verlust

Gesetzliche Regelungen finden sich in § 4 Abs. 3 EStG.

5. Zeitraum der Gewinnermittlung

Nur für Gewerbetreibende, deren Firma im Handelsregister eingetragen ist, oder für Land- und Forstwirte sind vom Kalenderjahr abweichende Gewinnermittlungszeiträume zulässig.

Einnahmenüberschussrechner müssen somit immer das Kalenderjahr der Gewinnermittlung zugrunde legen. Für Selbständige wie z. B. Freiberufler ergibt sich der Gewinnermittlungszeitraum aus § 2 Abs. 7 Satz 2 EStG. Danach sind die Grundlagen für die Festsetzung der Einkommensteuer jeweils für ein Kalenderjahr zu ermitteln.

6. Bestandteile eines Jahresabschlusses

Was gehört eigentlich zu einem Jahresabschluss? Ist dies immer gleich oder ändert sich das vielleicht auch bei unterschiedlichen Größen des Unternehmens? Ist es vielleicht auch von der Rechtsform abhängig?

Der Einzelabschluss eines eingetragenen Kaufmanns muss mindestens aus einer Bilanz und einer Gewinn- und Verlustrechnung bestehen.

Dieser schlanke Abschluss reicht aber nicht für eine Kapitalgesellschaft, dort muss generell ein Anhang beigefügt werden. Und abhängig von der Größe der Kapitalgesellschaft könnte sogar noch ein Lagebericht erforderlich werden. Dieser wird notwendig wenn die Gesellschaft nicht mehr als kleine Kapitalgesellschaft eingestuft wird, dies erklären wir dir noch später (siehe S. 319).

Somit ist der Jahresabschluss des einzelnen Unternehmens abhängig von der Unternehmensform und der Größe des Unternehmens.

Die Vorschriften darüber sind ebenfalls im HGB verankert, siehe §§ 242, 264 HGB.

Im Folgenden geben erklären wir dir kurz, welche Funktionen die einzelnen Bestandteile des Jahresabschlusses haben.

6.1 Die Bilanz

Die Bilanz – als ein Bestandteil des Jahresabschlusses eines Kaufmanns – ist eine Gegenüberstellung des Vermögens und der Schulden eines Kaufmanns (§ 242 Abs. 1 HGB) zu einem bestimmten Zeitpunkt (Bilanzstichtag). Die Bilanz ist in Kontoform aufzustellen. Die Bilanz ist für den Schluss eines jeden Geschäftsjahrs aufzustellen, dabei darf das Geschäftsjahr den Zeitraum von zwölf Monaten nicht überschreiten.

Wie ist die Bilanz aufgebaut? Auf der linken Seiten der Bilanz steht das Vermögen (Aktiva), auf der rechten Seite der Bilanz stehen das Eigenkapital sowie die Schulden (Passiva). Die Schulden umfassen dabei insbesondere die Verbindlichkeiten sowie die Rückstellungen. Was sich hinter den einzelnen Bezeichnungen üblicherweise verbirgt erklären wir dir im Folgenden.

Das HGB sagt, dass die Bilanz des Kaufmanns das Verhältnis seines Vermögens und seiner Schulden an einem bestimmten Bilanzstichtag darstellt.

Für die Bilanz gilt die sog. Bilanzgleichung: die Summe der Aktiva (Vermögen) muss immer der Summe der Passiva (Kapital) entsprechen.

Das HGB sieht in § 266 Abs. 2 und 3 folgenden Aufbau vor:

Aktivseite

A. Anlagevermögen

I. Immaterielle Vermögensgegenstände

1. Selbst geschaffene gewerbliche Schutzrechte und ähnliche Rechte und Werte
2. entgeltlich erworbene Konzessionen, gewerbliche Schutzrechte und ähnliche Rechte und Werte sowie Lizenzen an solchen Rechten und Werten
3. Geschäfts- oder Firmenwert
4. geleistete Anzahlungen

II. Sachanlagen

1. Grundstücke, grundstücksgleiche Rechte und Bauten einschließlich der Bauten auf fremden Grundstücken
2. technische Anlagen und Maschinen
3. andere Anlagen, Betriebs- und Geschäftsausstattung
4. geleistete Anzahlungen und Anlagen im Bau

III. Finanzanlagen

1. Anteile an verbundenen Unternehmen
2. Ausleihungen an verbundene Unternehmen
3. Beteiligungen
4. Ausleihungen an Unternehmen, mit denen ein Beteiligungsverhältnis besteht
5. Wertpapiere des Anlagevermögens
6. sonstige Ausleihungen

B. Umlaufvermögen

I. Vorräte

1. Roh-, Hilfs- und Betriebsstoffe
2. unfertige Erzeugnisse, unfertige Leistungen
3. fertige Erzeugnisse und Waren
4. geleistete Anzahlungen

II. Forderungen und sonstige Vermögensgegenstände

1. Forderungen aus Lieferungen und Leistungen
2. Forderungen gegen verbundene Unternehmen
3. Forderungen gegen Unternehmen, mit denen ein Beteiligungsverhältnis besteht
4. sonstige Vermögensgegenstände

III. Wertpapiere

1. Anteile an verbundenen Unternehmen
2. sonstige Wertpapiere

IV. Kassenbestand, Bundesbankguthaben, Guthaben bei Kreditinstituten und Schecks

C. Rechnungsabgrenzungsposten

D. Aktive latente Steuern

E. Aktiver Unterschiedsbetrag aus der Vermögensverrechnung

Passivseite

A. Eigenkapital

I. Gezeichnetes Kapital

II. Kapitalrücklage

III. Gewinnrücklagen

1. gesetzliche Rücklage
2. Rücklage für Anteile an einem herrschenden oder mehrheitlich beteiligten Unternehmen
3. satzungsmäßige Rücklagen
4. andere Gewinnrücklagen

IV. Gewinnvortrag/Verlustvortrag

V. Jahresüberschuss/Jahresfehlbetrag

B. Rückstellungen

1. Rückstellungen für Pensionen und ähnliche Verpflichtungen
2. Steuerrückstellungen
3. sonstige Rückstellungen

C. Verbindlichkeiten

1. Anleihen

   davon konvertibel

2. Verbindlichkeiten gegenüber Kreditinstituten
3. erhaltene Anzahlungen auf Bestellungen
4. Verbindlichkeiten aus Lieferungen und Leistungen
5. Verbindlichkeiten aus der Annahme gezogener Wechsel und der Ausstellung eigener Wechsel
6. Verbindlichkeiten gegenüber verbundenen Unternehmen
7. Verbindlichkeiten gegenüber Unternehmen, mit denen ein Beteiligungsverhältnis besteht
8. sonstige Verbindlichkeiten, davon aus Steuern, davon im Rahmen der sozialen Sicherheit

D. Rechnungsabgrenzungsposten

E. Passive latente Steuern

6.2 Gewinn- und Verlustrechnung

Eine ausführliche Aufstellung findest du in § 275 HGB.

Die Gewinn- und Verlustrechnung ist eine Gegenüberstellung der Aufwendungen und Erträge des Geschäftsjahres, siehe auch § 242 Abs. 2 HGB – meistens ist dies der Zeitraum vom 1. 1. bis 31. 12., allerdings sind auch abweichende Geschäftsjahre möglich.

Sie ermittelt zeitraumbezogen den Jahresüberschuss bzw. Gewinn eines Unternehmens (Erfolgsrechnung).

Das HGB sieht in § 275 Abs. 2 und 3 folgenden Aufbau vor:

(2) Bei Anwendung des Gesamtkostenverfahrens sind auszuweisen:

1. Umsatzerlöse
2. Erhöhung oder Verminderung des Bestands an fertigen und unfertigen Erzeugnissen
3. andere aktivierte Eigenleistungen
4. sonstige betriebliche Erträge
5. Materialaufwand:
   a) Aufwendungen für Roh-, Hilfs- und Betriebsstoffe und für bezogene Waren
   b) Aufwendungen für bezogene Leistungen
6. Personalaufwand:
   a) Löhne und Gehälter
   b) soziale Abgaben und Aufwendungen für Altersversorgung und für Unterstützung, davon für Altersversorgung

7. Abschreibungen:
   a) auf immaterielle Vermögensgegenstände des Anlagevermögens und Sachanlagen
   b) auf Vermögensgegenstände des Umlaufvermögens, soweit diese die in der Kapitalgesellschaft üblichen Abschreibungen überschreiten
8. sonstige betriebliche Aufwendungen
9. Erträge aus Beteiligungen, davon aus verbundenen Unternehmen
10. Erträge aus anderen Wertpapieren und Ausleihungen des Finanzanlagevermögens, davon aus verbundenen Unternehmen
11. sonstige Zinsen und ähnliche Erträge, davon aus verbundenen Unternehmen
12. Abschreibungen auf Finanzanlagen und auf Wertpapiere des Umlaufvermögens
13. Zinsen und ähnliche Aufwendungen, davon an verbundene Unternehmen
14. Steuern vom Einkommen und vom Ertrag
15. Ergebnis nach Steuern
16. sonstige Steuern
17. Jahresüberschuss/Jahresfehlbetrag

(3) Bei Anwendung des Umsatzkostenverfahrens sind auszuweisen:

1. Umsatzerlöse
2. Herstellungskosten der zur Erzielung der Umsatzerlöse erbrachten Leistungen
3. Bruttoergebnis vom Umsatz
4. Vertriebskosten
5. allgemeine Verwaltungskosten
6. sonstige betriebliche Erträge
7. sonstige betriebliche Aufwendungen
8. Erträge aus Beteiligungen, davon aus verbundenen Unternehmen
9. Erträge aus anderen Wertpapieren und Ausleihungen des Finanzanlagevermögens, davon aus verbundenen Unternehmen
10. sonstige Zinsen und ähnliche Erträge, davon aus verbundenen Unternehmen
11. Abschreibungen auf Finanzanlagen und auf Wertpapiere des Umlaufvermögens
12. Zinsen und ähnliche Aufwendungen, davon an verbundene Unternehmen
13. Steuern vom Einkommen und vom Ertrag
14. Ergebnis nach Steuern
15. sonstige Steuern
16. Jahresüberschuss/Jahresfehlbetrag.

6.3 Anhang

Die gesetzlichen Vertreter einer Kapitalgesellschaft haben den Jahresabschluss (§242 HGB) um einen Anhang zu erweitern. Der Anhang soll mit der Bilanz und der Gewinn- und Verlustrechnung eine Einheit bilden. Seine Aufgabe ist es somit, die Bilanz und GuV zu ergänzen und die Verständlichkeit des Jahresabschlusses zu erhöhen.

Der Inhalt des Anhangs bestimmt sich hauptsächlich nach den §§ 284 bis 288 HGB.

Der Anhang enthält Erläuterungen und Ergänzungen zu einzelnen Positionen der Bilanz und der Gewinn- und Verlustrechnung (GuV). Hierzu gehören allg. Erläuterungen zum Einblick in die Vermögens-, Finanz- und Ertragslage sowie zur Vergleichbarkeit der Jahresabschlüsse; Angaben der in der Bilanz und der Gewinn- und Verlustrechnung angewandten Bilanzierungs- und Bewertungsmethoden; Einzelangaben wie den Gesamtbetrag der Verbindlichkeiten mit einer Restlaufzeit von mehr als fünf Jahren; Erläuterungen von Rückstellungen, die in der Bilanz unter dem Posten „sonstige Rückstellungen" nicht gesondert ausgewiesen werden, wenn sie einen nicht unerheblichen Umfang haben; Zusammensetzung und Gesamtbezüge des Geschäftsführungsorgans und eines Aufsichtsrats; Informationen zu Finanzinstrumenten und zur Honorierung des Abschlussprüfers. Diese Erläuterungen sind so aus den Zahlen der Bilanz und Gewinn- und Verlustrechnung meistens nicht ersichtlich.

Für den Anhang hat das HGB keine bestimmte Gliederung wie bei der Bilanz oder der Gewinn- und Verlustrechnung vorgegeben. Meistens orientiert man sich aber bei den Erläuterungen an der Reihenfolge in der Bilanz und der Gewinn- und Verlustrechnung. Viele Kanzleien verwenden einen Musteranhang, der den Gegebenheiten entsprechend angepasst werden kann, da für kleine Gesellschaften die Anhangsangaben nicht so umfangreich sind wie für große Gesellschaften.

6.4 Lagebericht

Grundsätzlich haben die gesetzlichen Vertreter von Kapitalgesellschaften einen Lagebericht aufzustellen, für kleine Gesellschaften hat der Gesetzgeber aber eine Erleichterung vorgesehen, diese brauchen keinen Lagebericht aufstellen.

Freiwillig kann natürlich auch von einer kleinen Gesellschaft ein Lagebericht erstellt werden.

Welche Funktion hat den nun der Lagebericht?

Der Lagebericht soll die Darstellung des Geschäftsverlaufs und der wirtschaftlichen Situation des Unternehmens darstellen, siehe auch § 289 HGB.

Außerdem soll der Lagebericht noch auf Vorgänge von besonderer Bedeutung nach Ende des Geschäftsjahrs, die voraussichtliche Entwicklung der Kapitalgesellschaft, den Bereich Forschung und Entwicklung sowie auf bestehende Zweigniederlassungen der Gesellschaft eingehen.

Der Lagebericht erläutert den Jahresabschluss und ergänzt diesen um Informationen allgemeiner Art über den Geschäftsverlauf einschließlich des Geschäftsergebnisses und die Lage der Gesellschaft. Er hat eine ausgewogene und umfassende, dem Umfang und der Komplexität der Geschäftstätigkeit entsprechende Analyse des Geschäftsverlaufs und der Lage der Gesellschaft zu enthalten.

7. Vorgaben der Steuerberaterkammer für die Erstellung eines Jahresabschlusses

Bei der Erstellung des Jahresabschlusses und der zu erteilenden Bescheinigung haben wir uns an die Vorgaben der Steuerberaterkammer zu halten. Damit du dir einen Überblick verschaffen kannst, haben wir dir im Folgenden die entsprechende Verlautbarung der Bundessteuerberaterkammer in Auszügen beigefügt.

Weitere Informationen findest du auch unter der Homepage der Bundessteuerberaterkammer, siehe www.bstbk.de.

Die Bescheinigungsformen können sowohl bei der Gewinnermittlung nach § 4 Abs. 3 EStG (Einnahmenüberschussrechnung) als auch bei der nach § 4 Abs. 1 EStG (Bilanzierung) analog angewandt werden. Somit ist die Bescheinigung den Gegebenheiten anzupassen.

Du wirst sehen, dass an den Jahresabschluss mit Plausibillitätsbeurteilungen erhöhte Anforderungen gestellt werden. Somit kommt die Frage auf warum sollte ich das denn tun? Oft ist dies eine Vorgabe der Kreditinstitute, die sich nach § 18 KWG die wirtschaftlichen Verhältnisse ihrer Kunden offenlegen lassen.

„Verlautbarung der Bundessteuerberaterkammer zu den Grundsätzen für die Erstellung von Jahresabschlüssen

Beschlossen von der Bundeskammerversammlung am 12./13. April 2010

... Der Auftragsumfang zur Erstellung eines Jahresabschlusses ist nicht gesetzlich normiert und grundsätzlich zwischen Auftraggeber und Auftragnehmer frei vereinbar. Nach dem Grad der Beurteilung der dem Steuerberater vorgelegten Unterlagen (Belege, Bücher und Bestandsnachweise) lassen sich folgende Arten von Erstellungsaufträgen unterscheiden:

(1) Erstellung ohne Beurteilungen

Den Mindestumfang einer Jahresabschlusserstellung i. S. dieser Verlautbarung stellt die Entwicklung des Jahresabschlusses aus den vorgelegten Belegen, Büchern und Bestandsnachweisen unter Berücksichtigung der erteilten Auskünfte dar. Bei einem Auftrag zur Erstellung des Jahresabschlusses ohne Beurteilungen hat der Steuerberater den Jahresabschluss aus den zur Verfügung gestellten Unterlagen nach gesetzlichen Vorgaben, Bestimmungen des Gesellschaftsvertrages und nach den innerhalb dieses Rahmens liegenden Anweisungen des Auftraggebers zur Ausübung bestehender Wahlrechte zu entwickeln.

(2) Erstellung mit Plausibilitätsbeurteilungen

Ein Auftrag zur Erstellung eines Jahresabschlusses mit Plausibilitätsbeurteilungen ist dadurch gekennzeichnet, dass der Steuerberater neben der eigentlichen Erstellungstätigkeit die ihm vorgelegten Belege, Bücher und Bestandsnachweise durch Befragungen und analytische Beurteilungen auf ihre Plausibilität hin beurteilt, um mit einer gewissen Sicherheit auszuschließen, dass diese nicht ordnungsgemäß sind.

(3) Erstellung mit umfassenden Beurteilungen

Ein Auftrag zur Erstellung eines Jahresabschlusses mit umfassenden Beurteilungen ist darauf gerichtet, dass sich der Steuerberater neben der eigentlichen Erstellungstätigkeit im Rahmen der Auftragsdurchführung durch geeignete Maßnahmen von der Ordnungsmäßigkeit der ihm vorgelegten Belege, Bücher und Bestandsnachweise überzeugt.

Je nach Auftragsart übernimmt der Steuerberater dabei mehr oder weniger weitreichende Aufgaben. Die sich hieraus ergebenden Auswirkungen sind bereits bei der Auftragsannahme zu beachten und bestimmen Art und Umfang der Auftragsdurchführung sowie der Berichterstattung.

3. Auftragsannahme

Dem Steuerberater wird empfohlen, bei der erstmaligen Auftragsannahme die vom Steuerberater zu übernehmenden Aufgaben eindeutig festzulegen und den Tätigkeitsumfang in der Auftragsbestätigung im Einzelnen zu beschreiben. Bei der wiederholten Beauftragung ohne wesentliche Veränderung des

Auftragsinhalts ist eine erneute schriftliche Auftragsbestätigung nicht erforderlich. Ohne hinreichende Konkretisierung seiner Tätigkeit soll der Steuerberater einen Erstellungsauftrag nicht annehmen.

Im Auftrag zur Erstellung eines Jahresabschlusses ist insbesondere festzulegen, auf welcher Grundlage (Buchführung und Inventuren sowie zu erteilende Auskünfte) und nach welcher Maßgabe (Handels- und/oder Steuerrecht, Spezialgesetze, Gesellschaftsvertrag, ggf. näher spezifiziert) der Jahresabschluss zu erstellen ist.

Wird die Anfertigung eines Erstellungsberichts vereinbart, sind Art und Umfang der Berichterstattung zu konkretisieren. Wurden konkrete Festlegungen zu Art und Umfang der Berichterstattung nicht getroffen, so wird der Steuerberater in berufsüblicher Form i. S. der nachstehenden Grundsätze über Umfang und Ergebnis seiner Tätigkeit berichten.

In den Auftragsvereinbarungen ist ferner vorzusehen, dass eine Bezugnahme auf die Erstellung durch den Steuerberater nur in Verbindung mit dem vollständigen von ihm erstellten Jahresabschluss erfolgen darf.

Bei der Auftragsannahme hat der Steuerberater auszubedingen, dass ihm die benötigten Unterlagen und Aufklärungen vollständig gegeben werden. Der Steuerberater hat den Auftrag abzulehnen, wenn die Erteilung der erforderlichen Informationen durch den Mandanten nicht sichergestellt ist. Auf die Verlautbarung der Bundessteuerberaterkammer zur Qualitätssicherung in der Steuerberaterpraxis wird verwiesen.

Aufgrund des gesetzlich nicht normierten Auftragsumfangs zur Erstellung eines Jahresabschlusses kann ein Erstellungsauftrag über die jeweilige Auftragsart hinausgehende Tätigkeiten umfassen und damit die Verantwortlichkeit des Steuerberaters entsprechend erweitern (abweichende Aufträge).

4. Auftragsdurchführung

4.1 Allgemeine Anforderungen

Für die Erstellung von Jahresabschlüssen durch Steuerberater gelten die Grundsätze der Unabhängigkeit, Gewissenhaftigkeit, Verschwiegenheit, Eigenverantwortlichkeit (§ 57 StBerG).

Eine Erstellung des Jahresabschlusses schließt dessen Prüfung oder prüferische Durchsicht, auch freiwilliger Art, aus. Der Steuerberater, der einen Jahresabschluss erstellt, darf daher in seinen Äußerungen nicht den Eindruck erwecken, es habe eine Abschlussprüfung oder prüferische Durchsicht stattgefunden.

Die Erstellung des Jahresabschlusses umfasst unabhängig von der Auftragsart die Tätigkeiten, die erforderlich sind, um auf Grundlage der Buchführung und des Inventars sowie der eingeholten Vorgaben zu den anzuwendenden Bilanzierungs- und Bewertungsmethoden unter Vornahme der Abschlussbuchungen die gesetzlich vorgeschriebene Bilanz und Gewinn- und Verlustrechnung sowie erforderlichenfalls einen Anhang und weitere Abschlussbestandteile zu erstellen.

4.1.1 Jahresabschluss

Nicht zur Erstellung des Jahresabschlusses gehören die erforderlichen Entscheidungen über die Ausübung materieller und formeller Gestaltungsmöglichkeiten (Ansatz-, Bewertungs- und Ausweiswahlrechte sowie Ermessensentscheidungen). Bestehende Gestaltungsmöglichkeiten sind im Rahmen der Erstellung nach den Vorgaben des Kaufmanns bzw. der gesetzlichen Vertreter auszuüben.

Entsprechendes gilt für Entscheidungen über die Anwendung von Aufstellungs- und Offenlegungserleichterungen des Jahresabschlusses für kleine und mittelgroße Gesellschaften. Bei der Erstellung des Jahresabschlusses einer Personenhandelsgesellschaft, die weder unter § 264a HGB noch unter die Vorschriften des PublG fällt, ist auch eine Entscheidung der geschäftsführenden Gesellschafter darüber herbeizuführen, ob und in welchem Umfang die für Kapitalgesellschaften geltenden Vorschriften angewandt werden sollen.

Der Steuerberater hat erforderlichenfalls seinen Auftraggeber über gesetzliche Fristen zur Aufstellung, Feststellung und Offenlegung des Jahresabschlusses sowie zur Aufstellung und Offenlegung des Lageberichts und über die Pflicht zur Prüfung von Jahresabschluss und Lagebericht aufzuklären.

Der Steuerberater muss in seiner Praxis Regelungen einführen, die mit hinreichender Sicherheit gewährleisten, dass bei der Auftragsabwicklung zur Erstellung eines Jahresabschlusses einschließlich der Berichterstattung die gesetzlichen Vorschriften und fachlichen Regeln beachtet werden.

Bei der Erstellung des Jahresabschlusses sind die Grundsätze der Wirtschaftlichkeit und Wesentlichkeit zu beachten.

Die Erstellung eines Jahresabschlusses erfordert die Kenntnis und Beachtung der hierfür geltenden gesetzlichen Vorschriften einschließlich der Grundsätze ordnungsmäßiger Buchführung, einschlägiger Bestimmungen des Gesellschaftsvertrags sowie der einschlägigen fachlichen Verlautbarungen.

Zur Durchführung des Auftrags benötigt der Steuerberater die für die jeweilige Auftragsart erforderlichen Kenntnisse über die Branche, den Rechtsrahmen und die Geschäftstätigkeit des Unternehmens seines Auftraggebers.

Der Steuerberater darf nicht an erkannten unzulässigen Wertansätzen und Darstellungen im Jahresabschluss mitwirken. Verlangt der Mandant entsprechende Wertansätze und Darstellungen oder verweigert er erforderliche Korrekturen, so hat der Steuerberater dies in geeigneter Weise in seiner Bescheinigung sowie ggf. in seinem Erstellungsbericht zu würdigen oder den Auftrag niederzulegen. Dies gilt insbesondere, wenn Vermögensgegenstände oder Schulden unter Annahme der Fortführung der Unternehmenstätigkeit bewertet wurden, obwohl dem tatsächliche oder rechtliche Gegebenheiten offensichtlich entgegenstehen.

Hat der Steuerberater Zweifel an der Ordnungsmäßigkeit der vorgelegten Unterlagen, so hat er diese zu klären. Falls sich die Zweifel bestätigt haben und die diesbezüglichen Mängel nicht beseitigt wurden, sind sich daraus ergebende Einwendungen, soweit sie wesentlich für den Jahresabschluss sind, in der Bescheinigung zum Ausdruck zu bringen. Verweigert der Mandant Aufklärungen oder die Vorlage von Unterlagen, die zur Klärung erforderlich sind oder die Durchführung entsprechender Beurteilungen, hat der Steuerberater den Auftrag niederzulegen.

Bei schwerwiegenden, in ihren Auswirkungen nicht abgrenzbaren Mängeln in der Buchführung, den Inventuren oder anderen, nicht in den Auftrag eingeschlossenen Teilbereichen des Rechnungswesens, die der Auftraggeber nicht beheben will oder kann, darf eine Bescheinigung nicht erteilt werden. In Fällen dieser Art sind dem Auftraggeber die Mängel schriftlich mitzuteilen. Der Steuerberater hat zu entscheiden, ob eine Kündigung des Auftrags angezeigt ist.

4.2 Besondere Anforderungen

4.2.1 Erstellung ohne Beurteilungen

Gegenstand der Erstellung eines Jahresabschlusses ohne Beurteilungen ist die Entwicklung der Bilanz und der Gewinn- und Verlustrechnung sowie ggf. die Erstellung des Anhangs und weiterer Abschlussbestandteile auf Grundlage der Buchführung und des Inventars sowie der Vorgaben zu den anzuwendenden Bilanzierungs- und Bewertungsmethoden.

Dabei verwendet der Steuerberater die ihm vorgelegten Unterlagen, ohne deren Ordnungsmäßigkeit oder Plausibilität zu beurteilen. Dies setzt voraus, dass ihm keine offensichtlichen Anhaltspunkte vorliegen, die Anlass zu Zweifeln an der Ordnungsmäßigkeit der Unterlagen und des daraus entwickelten Jahresabschlusses geben. Bei diesem Auftrag ist der Steuerberater nur für die normentsprechende Entwicklung des Jahresabschlusses aus den vorgelegten Unterlagen unter Berücksichtigung der erhaltenen Informationen sowie für die von ihm daraufhin vorgenommenen Abschlussbuchungen verantwortlich. Vom Steuerberater im Rahmen seines Auftrags nicht entdeckte Mängel der Unterlagen und Informationen sowie sich daraus ergebende Folgewirkungen für den Jahresabschluss fallen nicht in die Verantwortlichkeit des Steuerberaters.

Der Auftrag erstreckt sich nicht auf die Beurteilung der Angemessenheit und Funktion interner Kontrollen sowie der Ordnungsmäßigkeit der Buchführung. Insbesondere gehört die Beurteilung der Inventuren, der Periodenabgrenzung sowie von Ansatz und Bewertung nicht zum Auftragsumfang.

Werden Abschlussbuchungen vorgenommen, z. B. die Berechnung von Abschreibungen, Wertberichtigungen, Rückstellungen, so beziehen sich diese auf die vorgelegten Unterlagen und erteilten Auskünfte ohne eine Beurteilung ihrer Richtigkeit.

Auch wenn bei der Erstellung ohne Beurteilungen auftragsgemäß keine Beurteilungen der Belege, Bücher und Bestandsnachweise vorgenommen werden, hat der Steuerberater den Mandanten auf offensichtliche Unrichtigkeiten in den vorgelegten Unterlagen, die ihm als Sachverständigen bei der Durchführung des Auftrags unmittelbar auffallen, hinzuweisen, Vorschläge zur Korrektur zu unterbreiten und ggf. auf die entsprechende Umsetzung im Jahresabschluss zu achten.

4.2.2 Erstellung mit Plausibilitätsbeurteilungen

Der Auftrag zur Erstellung des Jahresabschlusses mit Beurteilungen der Plausibilität der vorgelegten Unterlagen erfordert neben den eigentlichen Erstellungstätigkeiten die Durchführung von Befragungen und analytischen Beurteilungen. Die Plausibilitätsbeurteilungen sollen dem Steuerberater mit einer gewissen Sicherheit die Feststellung ermöglichen, dass ihm keine Umstände bekannt geworden sind, die gegen die Ordnungsmäßigkeit der vorgelegten Belege, Bücher und Bestandsnachweise in allen für den Jahresabschluss wesentlichen Belangen sprechen.

Bei diesem Auftrag erstreckt sich die Verantwortlichkeit des Steuerberaters insoweit auch auf die Beurteilung der Plausibilität der ihm vorgelegten Unterlagen. Dementsprechend muss der Steuerberater Plausibilitätsbeurteilungen durchführen, um mit einer gewissen Sicherheit ausschließen zu können, dass die ihm vorgelegten Unterlagen nicht ordnungsgemäß sind.

Weitergehende Beurteilungen von erhaltenen Auskünften und sonstigen Unterlagen sind nur erforderlich, wenn der Steuerberater Grund zu der Annahme hat, dass diese Informationen wesentliche Fehler enthalten oder Hinweise auf falsche Auskünfte vorliegen.

Zur Beurteilung der Plausibilität der für die Erstellung des Jahresabschlusses vorgelegten Unterlagen bedarf es regelmäßig zumindest folgender Maßnahmen:

- Befragung nach den angewandten Verfahren zur Erfassung und Verarbeitung von Geschäftsvorfällen im Rechnungswesen
- Befragung zu allen wesentlichen Abschlussaussagen
- Analytische Beurteilungen der einzelnen Abschlussaussagen (z. B. Vergleiche mit Vorjahreszahlen, Kennzahlenvergleiche
- Befragung nach Gesellschafter- bzw. Aufsichtsratsbeschlüssen mit Bedeutung für den Jahresabschluss
- Abgleichung des Gesamteindrucks des Jahresabschlusses mit den im Verlauf der Erstellung erlangten Informationen

Die einzelnen Arten der Plausibilitätsbeurteilung (Beurteilung von Zahlenverhältnissen, von Befragungsergebnissen und von Einzelsachverhalten) bedingen und beeinflussen einander. Der Umfang der vorzunehmenden Plausibilitätsbeurteilungen hängt von dem Grad der Wesentlichkeit und dem Fehlerrisiko der betreffenden Abschlussaussage ab.

Die Befragungen sind im Wesentlichen darauf auszurichten, die für die Auftragsdurchführung erforderlichen rechnungslegungsbezogenen internen Prozesse zu verstehen. Eigenständige Aufbau- und Funktionsbeurteilungen sind nicht vorzunehmen.

Führen die dem Steuerberater erteilten Informationen oder seine Feststellungen zu Zweifeln an der Ordnungsmäßigkeit der Grundlagen für den zu erstellenden Jahresabschluss, so hat er den Zweifeln nachzugehen.

Stellt der Steuerberater im Rahmen seiner Plausibilitätsbeurteilungen oder in der Verfolgung von Zweifeln Fehler in den Grundlagen für den zu erstellenden Jahresabschluss fest, so hat er Vorschläge zu deren Korrektur zu unterbreiten und auf die entsprechende Umsetzung im Jahresabschluss zu achten.

4.2.3 Erstellung mit umfassenden Beurteilungen

Für einen Auftrag zur Erstellung des Jahresabschlusses mit umfassenden Beurteilungen der vorgelegten Unterlagen muss der Steuerberater hinreichende Sicherheit über die Ordnungsmäßigkeit dieser Unterlagen erlangen. Die Handlungen zur Beurteilung der Ordnungsmäßigkeit der vorgelegten Belege, Bücher und Bestandsnachweise sind daher so zu planen und durchzuführen, dass ein hinreichend sicheres Urteil hierzu abgegeben werden kann.

Die Erstellung mit umfassenden Beurteilungen umfasst die Beurteilung der Ordnungsmäßigkeit der Buchführung und der Angemessenheit sowie der Wirksamkeit des rechnungslegungsbezogenen internen Kontrollsystems. Vom Ergebnis dieser Beurteilungen hängt es ab, ob beurteilt werden kann, dass

Buchführung und Bestandsnachweise mit hinreichender Sicherheit geeignet sind, um daraus einen Jahresabschluss zu erstellen, der den gesetzlichen Vorschriften entspricht.

Umfang und Intensität der auf die Buchführung und Bestandsnachweise gerichteten Tätigkeiten im Rahmen der Erstellung des Jahresabschlusses sind in Abhängigkeit von den zum Fehlerrisiko getroffenen Feststellungen zu bestimmen.

Sofern der Steuerberater selbst die Buchführung oder Teile davon übernommen hat, entfallen Beurteilungen zu deren Ordnungsmäßigkeit.

Im Rahmen der Durchführung eines Auftrags zur Erstellung mit umfassenden Beurteilungen hat sich der Steuerberater durch geeignete Maßnahmen von der Ordnungsmäßigkeit der ihm vorgelegten Belege, Bücher und Bestandsnachweise zu überzeugen. Beispielhaft sind zu nennen:

- Sind die Vorräte des Unternehmens von wesentlicher Bedeutung für den Jahresabschluss, muss der Steuerberater – soweit durchführbar – die körperliche Bestandsaufnahme beobachten.
- Der Steuerberater hat zu entscheiden, ob Saldenbestätigungen bei Forderungen und Verbindlichkeiten sowie Bank- und Rechtsanwaltsbestätigungen einzuholen sind, um hinreichende Sicherheit darüber zu erlangen, dass die ihm vorgelegten Unterlagen keine wesentlichen Fehler enthalten.
- Zur Bewertung der Vermögensgegenstände und Schulden sowie zur Bildung und Bewertung von Rückstellungen muss der Steuerberater Informationen über bestehende Risiken erlangen und diese einschätzen. Hierzu muss er veranlassen, dass risikobehaftete Vermögensgegenstände bei der Aufstellung der Inventare gesondert erfasst werden. Ferner hat er u. a. Verträge über Liefer- und Leistungsbeziehungen auf ungewisse Verbindlichkeiten und auf drohende Verluste zu untersuchen."

8. Größenklassen und ihre Folgen für den Jahresabschluss

Der Umfang von Rechnungslegungspflichten hängt u. a. von der Rechtsform und der Größe eines Unternehmens ab.

Nach § 267 HGB sind alle Kapitalgesellschaften in drei Größenklassen eingeteilt. Zusätzlich ist durch die Einführung des § 267a HGB eine 4. Größenklasse von Kleinstkapitalgesellschaften geschaffen worden.

Die Einteilung einer Gesellschaft in eine bestimmte Größenklasse erfolgt anhand von drei Kriterien (Bilanzsumme, Umsatzerlöse und Mitarbeiterzahl). Mindestens zwei der drei Kriterien müssen an zwei aufeinander folgenden Bilanzstichtagen erfüllt sein, damit eine Einstufung in die jeweilige Kategorie erfolgt.

§ 267 HGB – Umschreibung der Größenklassen (nach BilRUG)

„(1) Kleine Kapitalgesellschaften sind solche, die mindestens zwei der drei nachstehenden Merkmale nicht überschreiten:

1. 6 000 000 € Bilanzsumme nach Abzug eines auf der Aktivseite ausgewiesenen Fehlbetrags (§ 268 Abs. 3 HGB).
2. 12 000 000 € Umsatzerlöse in den zwölf Monaten vor dem Abschlussstichtag.
3. Im Jahresdurchschnitt fünfzig Arbeitnehmer.

(2) Mittelgroße Kapitalgesellschaften sind solche, die mindestens zwei der drei in Abs. 1 bezeichneten Merkmale überschreiten und jeweils mindestens zwei der drei nachstehenden Merkmale nicht überschreiten:

1. 20 000 000 € Bilanzsumme nach Abzug eines auf der Aktivseite ausgewiesenen Fehlbetrags (§ 268 Abs. 3 HGB).

2. 40 000 000 € Umsatzerlöse in den zwölf Monaten vor dem Abschlussstichtag.

3. Im Jahresdurchschnitt zweihundertfünfzig Arbeitnehmer.

(3) Große Kapitalgesellschaften sind solche, die mindestens zwei der drei in Abs. 2 bezeichneten Merkmale überschreiten. Eine Kapitalgesellschaft i. S. des § 264d HGB gilt stets als große.

(4) Die Rechtsfolgen der Merkmale nach den Absätzen 1 bis 3 Satz 1 treten nur ein, wenn sie an den Abschlussstichtagen von zwei aufeinanderfolgenden Geschäftsjahren über- oder unterschritten werden. Im Falle der Umwandlung oder Neugründung treten die Rechtsfolgen schon ein, wenn die Voraussetzungen des Absatzes 1, 2 oder 3 am ersten Abschlussstichtag nach der Umwandlung oder Neugründung vorliegen."

9. Die einzelnen Posten der Bilanz

Zuvor haben wir dir schon gezeigt, wie der Gesetzgeber sich im Handelsgesetzbuch den Aufbau der Bilanz vorstellt. Jetzt wollen wir dir kurz darstellen, was sich hinter den einzelnen Posten verbirgt.

9.1 Aktivseite der Bilanz

9.1.1 Anlagevermögen

Vermögensgegenstände werden üblicherweise grob in Anlagevermögen (AV) und Umlaufvermögen (UV) unterschieden.

Als Anlagevermögen bezeichnet man das auf der Aktivaseite der Bilanz ausgewiesene Vermögen, das dazu bestimmt ist, dauerhaft dem Geschäftsbetrieb zu dienen (vgl. hierzu § 247 Abs. 2 HGB).

Zum Anlagevermögen gehören z. B. Patente, Software, Grundstücke und Gebäude, Maschinen oder Pkw des Unternehmens – man bezeichnet diese entsprechend als Anlagegüter.

Es gibt

- abnutzbares Anlagevermögen wie Pkws, Maschinen, Gebäude, Software oder Patente, die über die Nutzungsdauer planmäßig abgeschrieben werden, sowie
- nicht abnutzbares Anlagevermögen wie Grundstücke, Anlagen im Bau oder Wertpapiere.

Nach der für Kapitalgesellschaften geltenden Bilanzgliederung des § 266 HGB unterteilt man das Anlagevermögen in drei Oberkategorien:

- immaterielle Vermögensgegenstände,
- Sachanlagen und
- Finanzanlagen.

Das Anlagevermögen wird i. d. R. planmäßig abgeschrieben – es gilt das gemilderte Niederstwertprinzip (siehe § 253 Abs. 3 Satz 3 HGB).

Die Entwicklung des Anlagevermögens in einem Geschäftsjahr (Zugänge, Abgänge, Abschreibungen) müssen Kapitalgesellschaften darüber hinaus in einer als Anlagengitter oder Anlagenspiegel bezeichneten tabellarischen Übersicht nach § 268 Abs. 2 HGB darstellen.

9.1.2 Umlaufvermögen

Das Pendant zum Anlagevermögen ist das Umlaufvermögen. Dieses soll nicht dauerhaft im Betrieb bleiben, sondern wie z. B. die Vorräte kurzfristig umgeschlagen werden.

Für das Umlaufvermögen gilt das strenge Niederstwertprinzip (siehe § 253 Abs. 4 HGB).

Die Einordnung in das Anlage- und Umlaufvermögen ergibt sich aus der beabsichtigten Verwendung im Unternehmen:

9.1.3 Aktive Rechnungsabgrenzungsposten

Zu den aktiven Rechnungsabgrenzungsposten gibt uns das HGB folgende Erläuterung.

„§ 250 HGB – Rechnungsabgrenzungsposten

(1) Als Rechnungsabgrenzungsposten sind auf der Aktivseite Ausgaben vor dem Abschlussstichtag auszuweisen, soweit sie Aufwand für eine bestimmte Zeit nach diesem Tag darstellen.

(3) Ist der Erfüllungsbetrag einer Verbindlichkeit höher als der Ausgabebetrag, so darf der Unterschiedsbetrag in den Rechnungsabgrenzungsposten auf der Aktivseite aufgenommen werden. Der Unterschiedsbetrag ist durch planmäßige jährliche Abschreibungen zu tilgen, die auf die gesamte Laufzeit der Verbindlichkeit verteilt werden können."

Mit Hilfe des Rechnungsabgrenzungspostens werden die Aufwendungen und Erträge der Periode zugeordnet werden, in der sie verursacht worden sind. Ziel ist eine periodengerechte Abgrenzung nach § 252 Abs. 1 Nr. 5 HGB.

„§ 252 HGB – Allgemeine Bewertungsgrundsätze

(1) Bei der Bewertung der im Jahresabschluss ausgewiesenen Vermögensgegenstände und Schulden gilt insbesondere folgendes:

(...)

Nr. 5 Aufwendungen und Erträge des Geschäftsjahrs sind unabhängig von den Zeitpunkten der entsprechenden Zahlungen im Jahresabschluss zu berücksichtigen."

Die aktiven Rechnungsabgrenzungsposten beinhalten also Zahlungen für Aufwendungen des nächsten Wirtschaftsjahres, die bereits in dieser Periode geleistet wurden. Diese Ausgaben sind auf der Aktivseite vor dem Bilanzstichtag zu aktivieren und werden nicht sofort als Aufwand in der GuV ausgewiesen (§ 250 Abs. 1 HGB).

Zu den typischen Rechnungsabgrenzungsposten gehören z. B. Miete, Versicherungsprämien, Zinsen, Damnum oder Leasing-Sonderzahlungen.

Im nächsten Wirtschaftsjahr werden die Aktiven Rechnungsabgrenzungsposten teilweise oder ganz durch Umbuchung auf das entsprechende Aufwandskonto aufgelöst. Die Auflösung des Postens kann sich auch über mehrere Wirtschaftsjahre erstrecken, das klassische Beispiel ist die Leasingsonderzahlung. Wenn sie sich über mehrere Wirtschaftsjahre erstrecken, erfolgt eine zeitanteilige Auflösung – allerdings nur auf die Zeitperioden, zu denen sie wirtschaftlich gehören.

9.1.4 Aktive latente Steuern

Mit Steuern kennen wir uns ja in unserem Job aus, aber was an denen ist aktiv und latent?

Latente Steuern können als Aktiv- oder Passivposten in der Bilanz angesetzt werden. Sie dienen dazu, eine mögliche Differenz zwischen der Steuerschuld aus der Steuerbilanz und der Handelsbilanz auszugleichen.

Der handelsrechtliche und steuerliche Gewinn bzw. Verlust eines Unternehmens muss nicht immer gleich sein, dieser kann in verschiedener Höhe bemessen werden. Dies ergibt sich in erster Linie aus den steuerlichen Bilanzierungsvorschriften, die in der Handelsbilanz keine Anwendung finden. Um eine mögliche Differenz – ob positiv oder negativ – nun zu begleichen, werden latente Steuern angesetzt.

Bei aktiven latenten Steuern kann nach § 274 Abs. 2 HGB eine Bilanzierungshilfe aktiviert werden (Bilanzierungswahlrecht). Die dazugehörige Erläuterung ist im Anhang zu machen.

Wir haben dir den entsprechenden Gesetzestext beigefügt:

„§ 274 HGB – Latente Steuern

(1) Bestehen zwischen den handelsrechtlichen Wertansätzen von Vermögensgegenständen, Schulden und Rechnungsabgrenzungsposten und ihren steuerlichen Wertansätzen Differenzen, die sich in späteren Geschäftsjahren voraussichtlich abbauen, so ist eine sich daraus insgesamt ergebende Steuerbelastung als passive latente Steuern (§ 266 Abs. 3 HGB) in der Bilanz anzusetzen. Eine sich daraus insgesamt ergebende Steuerentlastung kann als aktive latente Steuern (§ 266 Abs. 2 HGB) in der Bilanz angesetzt werden. Die sich ergebende Steuerbe- und die sich ergebende Steuerentlastung können auch unverrechnet angesetzt werden. [4]Steuerliche Verlustvorträge sind bei der Berechnung aktiver latenter Steuern in Höhe der innerhalb der nächsten fünf Jahre zu erwartenden Verlustverrechnung zu berücksichtigen."

9.1.5 Aktiver Unterschiedsbetrag aus der Vermögensverrechnung

Der Aktive Unterschiedsbetrag aus der Vermögensverrechnung resultiert aus § 246 Abs. 2 Satz 2 und 3 HGB.

„§ 246 HGB – Vollständigkeit. Verrechnungsverbot

(2) [1]Posten der Aktivseite dürfen nicht mit Posten der Passivseite, Aufwendungen nicht mit Erträgen, Grundstücksrechte nicht mit Grundstückslasten verrechnet werden. [2]Vermögensgegenstände, die dem Zugriff aller übrigen Gläubiger entzogen sind und ausschließlich der Erfüllung von Schulden aus Altersversorgungsverpflichtungen oder vergleichbaren langfristig fälligen Verpflichtungen dienen, sind mit diesen Schulden zu verrechnen; entsprechend ist mit den zugehörigen Aufwendungen und Erträgen aus der Abzinsung und aus dem zu verrechnenden Vermögen zu verfahren. [3]Übersteigt der beizulegende Zeitwert der Vermögensgegenstände den Betrag der Schulden, ist der übersteigende Betrag unter einem gesonderten Posten zu aktivieren."

Hört sich zunächst kompliziert an. Gemeint sind Altersversorgungsverpflichtungen, die durch Vermögensgegenstände besichert sind, die dem Zugriff aller übrigen Gläubiger (d. h. mit Ausnahme der Arbeitnehmer) entzogen wurden und die ausschließlich der Erfüllung von Schulden aus Altersversorgungsverpflichtungen oder vergleichbaren langfristig fälligen Verpflichtungen dienen (sog. Deckungsvermögen), gedeckt werden.

9.2 Passivseite der Bilanz

9.2.1 Eigenkapital

Unter dem Eigenkapital versteht man den Teil des Kapitals, welcher dem Unternehmen durch seine Gesellschafter zeitlich unbefristet zur Verfügung gestellt wird. Das Eigenkapital unterliegt keiner Rückzahlungsverpflichtung.

„§ 272 HGB – Eigenkapital

(1) Gezeichnetes Kapital ist das Kapital, auf das die Haftung der Gesellschafter für die Verbindlichkeiten der Kapitalgesellschaft gegenüber den Gläubigern beschränkt ist. Es ist mit dem Nennbetrag anzusetzen. Die nicht eingeforderten ausstehenden Einlagen auf das gezeichnete Kapital sind von dem Posten „Gezeichnetes Kapital" offen abzusetzen; der verbleibende Betrag ist als Posten „Eingefordertes Kapital" in der Hauptspalte der Passivseite auszuweisen; der eingeforderte, aber noch nicht eingezahlte Betrag ist unter den Forderungen gesondert auszuweisen und entsprechend zu bezeichnen.

(2) Als Kapitalrücklage sind auszuweisen

1. der Betrag, der bei der Ausgabe von Anteilen einschließlich von Bezugsanteilen über den Nennbetrag oder, falls ein Nennbetrag nicht vorhanden ist, über den rechnerischen Wert hinaus erzielt wird;

2. der Betrag, der bei der Ausgabe von Schuldverschreibungen für Wandlungsrechte und Optionsrechte zum Erwerb von Anteilen erzielt wird;

3. der Betrag von Zuzahlungen, die Gesellschafter gegen Gewährung eines Vorzugs für ihre Anteile leisten;

4. der Betrag von anderen Zuzahlungen, die Gesellschafter in das Eigenkapital leisten.

(3) Als Gewinnrücklagen dürfen nur Beträge ausgewiesen werden, die im Geschäftsjahr oder in einem früheren Geschäftsjahr aus dem Ergebnis gebildet worden sind. Dazu gehören aus dem Ergebnis zu bildende gesetzliche oder auf Gesellschaftsvertrag oder Satzung beruhende Rücklagen und andere Gewinnrücklagen."

Den Ausweis in der Bilanz hat der Gesetzgeber sich wie folgt vorgestellt.

„§ 266 HGB Gliederung der Bilanz

(3) Passivseite

A. Eigenkapital

I. Gezeichnetes Kapital

II. Kapitalrücklage

III. Gewinnrücklagen

1. gesetzliche Rücklage
2. Rücklage für Anteile an einem herrschenden oder mehrheitlich beteiligten Unternehmen
3. satzungsmäßige Rücklagen
4. andere Gewinnrücklagen

IV. Gewinnvortrag/Verlustvortrag

V. Jahresüberschuss/Jahresfehlbetrag“

Merke dir: Das Eigenkapital ist das Kapital, das einem Unternehmen zur Verfügung steht, wenn der Gesellschaft alle Schulden, Verbindlichkeiten und auch das Fremdkapital abgezogen wurden.

Das Eigenkapital kommt zum einen aus dem Kapital, welches die Gesellschafter in das Unternehmen eingebracht haben (Stichwort: Außenfinanzierung) – also die eigenen Einlagen, und zum anderen aus den erwirtschafteten Gewinnen, die in der Gesellschaft verblieben sind (Stichwort: Innenfinanzierung).

Das Eigenkapital wird bei der GmbH und bei der AG unterschiedlich bezeichnet, meint aber inhaltlich dasselbe.

Bei einer Aktiengesellschaft wird es Grundkapital genannt, während es bei einer GmbH als Stammkapital bezeichnet wird. Siehe § 6 AktG und § 5 GmbHG.

Die Bedeutung des EK:

- Sicherheit: Eigenkapital kann die Gefahr von Liquiditätsproblemen verringern.
- Unabhängigkeit: Wer über ausreichendes Eigenkapital verfügt, kann auch schnell und flexibel auf erneuten Finanzierungsbedarf (z. B. Investitionen bei Marktänderungen) reagieren, die Gesellschaft ist somit unabhängiger von Fremdkapitalgebern.
- Vertrauen: Das eingesetzte Eigenkapital gilt für die Kreditinstitute als Indikator für die Ernsthaftigkeit eines Vorhabens.

9.2.2 Rückstellungen

Im Rechnungswesen sind Rückstellungen Passivpositionen in der Bilanz, die hinsichtlich ihres Bestehens oder der Höhe ungewiss sind, aber mit hinreichend großer Wahrscheinlichkeit erwartet werden.

§ 266 HGB gibt uns drei Arten von Rückstellungen vor, die in der Bilanz separat ausgewiesen werden dürfen. Es handelt sich um die Rückstellungen für Pensionen und ähnliche Verpflichtungen, Steuerrückstellungen und sonstige Rückstellungen, dort werden alle anderen Rückstellungen ausgewiesen.

Die Bewertung von Rückstellungen erfolgt mit dem nach vernünftiger kaufmännischer Beurteilung erforderlichen Erfüllungsbetrag, der erwartete Kosten- und Preissteigerungen berücksichtigt. Langfristige Rückstellungen mit einer Restlaufzeit von mehr als einem Jahr sind abzuzinsen.

9.2.3 Verbindlichkeiten

Verbindlichkeiten gehören – neben den Rückstellungen – zum Fremdkapital bzw. zu den Schulden.

Verbindlichkeiten stehen für die Summe der noch offenen finanziellen Verpflichtungen eines Unternehmens gegenüber seinen Lieferanten und sonstigen Gläubigern.

Verbindlichkeiten zählen zu den Schulden und sind – im Gegensatz zu Rückstellungen – prinzipiell dem Grunde und der Höhe nach gewiss.

9.2.4 Passive Rechnungsabgrenzungsposten

Das Pendant – die aktiven Rechnungsabgrenzungsposten – haben wir dir auf S. 326 bereits erklärt.

Die passiven Rechnungsabgrenzungsposten beinhalten die erhaltenen Zahlungen für die Leistungen, die das Unternehmen erst in der nächsten Periode erbringt.

Sie sind auf der Passivseite vor dem Bilanzstichtag auszuweisen (§ 250 Abs. 2 HGB). Die RAP werden in der nächsten Periode wieder aufgelöst. Wenn sie über mehrere Jahre abzurechnen sind, dann müssen die RAP zeitanteilig aufgelöst werden.

Das HGB drückt sich so aus:

„§ 250 HGB – Rechnungsabgrenzungsposten

(2) Auf der Passivseite sind als Rechnungsabgrenzungsposten Einnahmen vor dem Abschlussstichtag auszuweisen, soweit sie Ertrag für eine bestimmte Zeit nach diesem Tag darstellen."

9.2.5 Passive latente Steuern

Auch für die passiven latenten Steuern gibt uns der Gesetzgeber eine Erläuterung.

„§ 274 HGB – Latente Steuern

(1) Bestehen zwischen den handelsrechtlichen Wertansätzen von Vermögensgegenständen, Schulden und Rechnungsabgrenzungsposten und ihren steuerlichen Wertansätzen Differenzen, die sich in späteren Geschäftsjahren voraussichtlich abbauen, so ist eine sich daraus insgesamt ergebende Steuerbelastung als passive latente Steuern (§ 266 Abs. 3 HGB) in der Bilanz anzusetzen."

Demnach ist eine Rückstellung im Falle einer passiven latenten Steuer anzusetzen (Bilanzierungspflicht). Schaue bei den aktiven latenten Steuern, hier sieht der Gesetzgeber ein Ansatzwahlrecht vor.

Kleine Kapitalgesellschaften sind gem. § 274a Nr. 5 HGB von der Bilanzierung latenter Steuern befreit. Wirtschaftlich sind passive latente Steuern wie eine Verbindlichkeit gegenüber dem Finanzamt zu verstehen.

9.2.6 Gewinn- und Verlustrechnung

Nach § 242 HGB hat der Kaufmann am Schluss eines jeden Geschäftsjahres eine Gegenüberstellung der Aufwendungen und Erträge aufzustellen.

Die Gewinn und Verlustrechnung stellt die Erträge und Aufwendungen eines Unternehmens dar und ermittelt daraus den unternehmerischen Erfolg (= Gewinn oder Verlust). Daher wird bei der Gewinn- und Verlustrechnung auch von der Erfolgsrechnung gesprochen.

Die Gewinn- und Verlustrechnung (GuV) ist Bestandteil des Jahresabschlusses, siehe § 242 Abs. 3 HGB.

Für Einzelunternehmen und Personengesellschaften gibt es keine detaillierten Vorschriften für die Erstellung der Gewinn- und Verlustrechnung; es müssen lediglich die Grundsätze ordnungsmäßiger Bilanzierung (Ordnungsmäßigkeit der Bilanzierung) eingehalten werden.

Bei Kapitalgesellschaften hat die Gliederung der Gewinn- und Verlustrechnung in Staffelform zu erfolgen (§ 275 HGB). Den Aufbau haben wir dir auf S. 317 gezeigt. Hierbei ist es möglich, dass zusammengehörende Aufwands- und Ertragspositionen zusammengefasst werden und die entsprechenden Zwischensummen z. B. als Betriebs-, Finanz-, Geschäfts- oder außerordentliches Ergebnis ausgewiesen werden.

Das HGB unterscheidet zwischen zwei Gliederungsschemata (§ 275 Abs. 1 HGB):

„(1) Die Gewinn- und Verlustrechnung ist in Staffelform nach dem Gesamtkostenverfahren oder dem Umsatzkostenverfahren aufzustellen. Dabei sind die in Absatz 2 oder 3 bezeichneten Posten in der angegebenen Reihenfolge gesondert auszuweisen."

Bei dem Gesamtkostenverfahren erfolgt die Gliederung nach den Aufwandsarten, somit werden Umsatzerlöse den Aufwendungen gegenübergestellt. Daneben das Umsatzkostenverfahren, hier werden den Umsatzerlösen die Herstellungskosten/Umsatzaufwendungen gegenübergestellt.

Egal für welche Darstellung du dich entscheidest, es haben beide **Gliederungsverfahren** die allgemeinen **Grundsätze** zu beachten:

- Zu jeder Position der Gewinn- und Verlustrechnung sind die Vorjahreszahlen anzugeben (§ 265 Abs. 2 HGB).
- Leerpositionen brauchen nicht ausgewiesen zu werden, wenn auch im Vorjahr unter diesem Posten keine Beträge ausgewiesen wurden (§ 265 Abs. 8 HGB).
- Beide Gliederungsschemata verlangen die Einhaltung des Bruttoprinzips. Ertrags- und Aufwandsteile sind einzeln und in voller Höhe anzugeben und dürfen nicht saldiert werden (§ 246 Abs. 2 HGB).

10. Wahlrechte im Jahresabschluss

Der Gesetzgeber hat nicht alles vorgegeben. Es existieren auch Wahlrechte die ausgeübt werden können aber nicht müssen.

Die drei gängigsten Wahlrechte sind:

- **Ansatzwahlrechte**
  - selbst geschaffene immaterielle VG des AV (§ 248 Abs. 2 Satz 1 HGB)
  - Disagio (§ 250 Abs. 3 HGB)
  - aktive latente Steuern (§ 274 Abs. 1 Satz 2 HGB)
- **Bewertungswahlrechte**
  - Bewertungsvereinfachungsverfahren (§ 256 i.V. mit § 240 Abs. 3 bis 4 HGB)
  - gemildertes Niederstwertprinzip für das FAV (§ 253 Abs. 3 Satz 4 HGB)
  - Einbeziehung von Verwaltungskosten sowie Fremdkapitalzinsen, die zur Finanzierung der Herstellung eines VG aufgewendet werden, soweit sie auf den Zeitraum der Herstellung entfallen (§ 255 Abs. 2 und 3 HGB).

- **Ausweiswahlrechte**:
  - offene Absetzung der erhaltenen Anzahlungen von den Vorräten (§ 268 Abs. 5 Satz 2 HGB).

11. Veröffentlichung eines Jahresabschlusses

Die gesetzliche Grundlage sind die § 325 ff. HGB.

Was versteht man eigentlich unter Veröffentlichung? Es handelt sich um die Publizitätspflicht oder Offenlegungspflicht, dies ist die gesetzliche Pflicht von bestimmten Unternehmen, Informationen zu veröffentlichen.

Die Pflicht und der Umfang der Offenlegung ist abhängig vom Unternehmen und von der Größe des Unternehmens. Grundsätzlich sind alle Kapitalgesellschaften publizitätspflichtig .Daneben sind Personengesellschaften publizitätspflichtig, deren persönlich haftender Gesellschafter keine natürliche Person ist, hierunter fallen z. B. die typischen GmbH & Co. KG´s. Bei denen ist der Komplementär, also die Person die unbeschränkt haftet, eine GmbH. Daneben kann die Publizitätspflicht auch für andere Unternehmen gelten, wenn diese die folgenden Größen in drei aufeinander folgenden Jahren überschreiten:

- Bilanzsumme von mehr als 65 Mio. €,
- Umsatzerlöse von mehr als 130 Mio. € und
- mehr als 5.000 Arbeitnehmer

Diese Unternehmen müssen den Jahresabschluss spätestens zwölf Monate nach Abschlussstichtag im Bundesanzeiger (bzw. ebundesanzeiger, online) veröffentlichen.

IV. Steuererklärungen

1. Einkommensteuererklärung

1.1 Steuerpflicht

Das Einkommensteuergesetz unterscheidet zwischen der persönlichen Steuerpflicht und der sachlichen Steuerpflicht.

Die persönliche Steuerpflicht betrifft die Frage, welcher Personenkreis unter das EStG fällt; die sachliche Steuerpflicht regelt die Frage, ob ein Tatbestand verwirklicht ist, der eine Einkommensteuerschuld entstehen lässt.

1.1.1 Persönliche Steuerpflicht

Bei der persönlichen Steuerpflicht ist zu unterscheiden zwischen der unbeschränkten Steuerpflicht und der beschränkten Steuerpflicht.

1.1.1.1 Unbeschränkte Steuerpflicht

Unbeschränkt einkommensteuerpflichtig sind nach § 1 Abs. 1 Satz 1 EStG alle natürlichen Personen, die im Inland einen Wohnsitz oder ihren gewöhnlichen Aufenthalt haben.

Natürliche Personen sind alle lebenden Menschen. Die Steuerpflicht beginnt mit der Vollendung der Geburt und endet mit dem Tod. Mit dem Tod endet zwar die persönliche Steuerpflicht. Eine bereits entstandene Einkommensteuerschuld erlischt damit jedoch nicht automatisch. Diese ist vielmehr von dem(/n) Erben als Nachlassverbindlichkeit zu begleichen (§ 45 AO).

Für die Frage der unbeschränkten Steuerpflicht sind ohne Bedeutung:

- das Alter,
- das Geschlecht,
- der Familienstand,
- die Staatsangehörigkeit oder
- das Vorhandensein von Einkünften.

Keine natürlichen Personen sind die juristischen Personen (z. B. AG, GmbH). Juristische Personen unterliegen deshalb nicht der Einkommen-, sondern der Körperschaftsteuer.

Personengesellschaften (z. B. OHG, KG) sind weder natürliche noch juristische Personen. Sie unterliegen daher weder der Einkommen- noch der Körperschaftsteuer. Der Gewinn einer Personengesellschaft wird bei der Einkommensteuer dadurch erfasst, dass der Gewinn der Gesellschaft festgestellt wird und die Gewinnanteile den einzelnen Gesellschaftern als Einkünfte zugerechnet werden.

Einen Wohnsitz hat nach § 8 AO jemand dort, wo er eine Wohnung unter Umständen innehat, die darauf schließen lässt, dass er die Wohnung beibehalten und benutzen wird.

Mit Wohnung sind die objektiv zum Wohnen geeigneten Wohnräume gemeint. Es genügt insofern eine bescheidene Bleibe. Nicht erforderlich ist eine abgeschlossene Wohnung mit Küche und separater Waschgelegenheit.

Der Steuerpflichtige muss diese Wohnung innehaben, d. h. er muss tatsächlich über sie verfügen können und sie als Bleibe nicht nur vorübergehend nutzen, wobei allerdings eine ständige Anwesenheit nicht erforderlich ist. Die An- und Abmeldung bei der Ordnungsbehörde kann im Allgemeinen als Indizien dafür angesehen werden, dass der Steuerpflichtige seinen Wohnsitz unter der von ihm angegebenen Anschrift begründet bzw. aufgegeben hat.

Eine natürliche Person kann mehrere Wohnsitze haben, auch gleichzeitig im In- und Ausland. Entscheidend für die unbeschränkte Einkommensteuerpflicht ist jedoch, dass ein Wohnsitz im Inland besteht.

Zum Inland gehört das Gebiet der Bundesrepublik Deutschland, § 1 Abs. 1 Satz 2 EStG.

Bei Fehlen eines Wohnsitzes kann bereits durch den gewöhnlichen Aufenthalt die unbeschränkte Steuerpflicht begründet werden.

Den gewöhnlichen Aufenthalt hat nach § 9 Satz 1 AO jemand dort, wo er sich unter Umständen aufhält, die erkennen lassen, dass er an diesem Ort oder in diesem Gebiet nicht nur vorübergehend verweilt. Als gewöhnlicher Aufenthalt ist stets und von Beginn an ein zeitlich zusammenhängender Aufenthalt von mehr (!) als sechs Monaten Dauer anzusehen; kurzfristige Unterbrechungen bleiben dabei unberücksichtigt (§ 9 Satz 2 AO).

Als **kurzfristige Unterbrechungen** kommen z. B. in Betracht:

- Familienheimfahrten,
- Jahresurlaub,
- (längerer) Heimaturlaub,
- Kur und Erholung.

Die 6-Monate-Regel gilt allerdings nicht, wenn der inländische Aufenthalt ausschließlich zu Besuchs-, Kur- oder ähnlichen privaten Zwecken genommen wird und nicht länger als ein Jahr dauert (§ 9 Satz 3 AO).

Bei unbeschränkter Steuerpflicht wird das in- und ausländische Einkommen, das sog. Welteinkommen, einer natürlichen Person besteuert.

Die Besteuerung des Welteinkommens kann dazu führen, dass ein inländischer Steuerpflichtiger für ein vermietetes Gebäude im Ausland seine Mieteinnahmen sowohl im Ausland als auch in der Bundesrepublik Deutschland versteuern müsste. Das Mietobjekt würde daher zu einer doppelten Besteuerung herangezogen werden. Zur Vermeidung dieser Doppelbesteuerung hat die Bundesrepublik Deutschland mit den meisten europäischen und überseeischen Staaten sog. Doppelbesteuerungsabkommen abgeschlossen, in denen die jeweiligen Vertragsstaaten ihre Besteuerungsrechte beschränken. Dies geschieht entweder dadurch, dass der Wohnsitzstaat auf die volle Besteuerung der ausländischen Einkünfte verzichtet und nur eine verminderte Steuer erhebt oder dass die gezahlte ausländische Steuer ganz oder zum Teil auf die inländische Einkommensteuer angerechnet wird.

1.1.1.2 Erweiterte unbeschränkte Steuerpflicht

Die erweiterte unbeschränkte Steuerpflicht richtet sich nach § 1 Abs. 2 EStG.

Die unbeschränkte Steuerpflicht erfährt durch § 1 Abs. 2 EStG eine personelle Erweiterung. Diese erweiterte unbeschränkte Steuerpflicht greift bei

- deutschen Staatsangehörigen,
- die im Inland weder einen Wohnsitz noch ihren gewöhnlichen Aufenthalt haben und
- zu einer inländischen juristischen Person des öffentlichen Rechts in einem Dienstverhältnis stehen und dafür Arbeitslohn aus einer inländischen öffentlichen Kasse beziehen.

Unbeschränkt einkommensteuerpflichtig sind nach § 1 Abs. 2 EStG insbesondere von der Bundesrepublik Deutschland ins Ausland entsandte deutsche Staatsangehörige, die Mitglied einer diplomatischen Mission oder konsularischen Vertretung sind sowie Auslandskorrespondenten der öffentlich-rechtlichen Fernsehanstalten.

Diese erweiterte unbeschränkte Steuerpflicht führt dazu, dass auch dieser Personenkreis die Vergünstigungen in Anspruch nehmen kann, die eine unbeschränkte Steuerpflicht voraussetzen (z. B. Ehegatten-Splittingtarif).

1.1.1.3 Fiktive unbeschränkte Steuerpflicht

Natürliche Personen, die im Inland weder einen Wohnsitz noch ihren gewöhnlichen Aufenthalt haben, werden nach § 1 Abs. 3 EStG als unbeschränkt einkommensteuerpflichtig behandelt, soweit sie inländische Einkünfte i. S. des § 49 EStG beziehen.

Diese fiktive unbeschränkte Steuerpflicht setzt aber weiter voraus, dass

- ein Antrag vorliegt und
- die Einkünfte im Kalenderjahr mindestens zu 90 % der deutschen ESt unterliegen oder
- die nicht der deutschen Einkommensteuer unterliegenden Einkünfte den Grundfreibetrag nach § 32a Abs. 1 Satz 1 Nr. 1 EStG (VZ 2018: 9.000 €) nicht übersteigen, wobei diese Einkünfte durch eine Bescheinigung der zuständigen ausländischen Steuerbehörde nachgewiesen werden. Unberücksichtigt bleiben die ausländischen Einkünfte, die im Ausland nicht besteuert werden, soweit vergleichbare Einkünfte im Inland steuerfrei sind.

Diese fiktive unbeschränkte Steuerpflicht ist unabhängig von der Staatsangehörigkeit des Steuerpflichtigen und der Einkunftsart anzuwenden. Diese Regelung bedeutet im Ergebnis eine Erweiterung der unbeschränkten Einkommensteuerpflicht bei den sog. „Grenzpendlern".

Die fiktive unbeschränkte Steuerpflicht nach § 1a EStG bietet Grenzpendlern, die nach § 1 Abs. 3 EStG auf Antrag unbeschränkt einkommensteuerpflichtig zu behandeln sind, folgende steuerliche Vergünstigungen, wenn sie z. B. ihren Wohnsitz in einem Staat der Europäischen Union haben:

- Realsplitting
- Ehegatten-Splittingtarif.

1.1.1.4 Beschränkte Steuerpflicht

Natürliche Personen, die im Inland weder einen Wohnsitz noch ihren gewöhnlichen Aufenthalt haben, sind – soweit § 1 Abs. 2 und 3 EStG sowie § 1a EStG keine Anwendung finden – beschränkt steuerpflichtig, wenn sie inländische Einkünfte i. S. des § 49 EStG erzielen (§ 1 Abs. 4 EStG). Das Besteuerungsrecht dieser inländischen Einkünfte muss der Bundesrepublik Deutschland zustehen. Die beschränkte Einkommensteuerpflicht erstreckt sich dann nur auf die inländischen Einkünfte.

MERKE

Besteht während eines Kalenderjahrs die beschränkte und die unbeschränkte Steuerpflicht, sind die Einkünfte der beschränkten Steuerpflicht in die Besteuerung der unbeschränkten Steuerpflicht mit einzubeziehen. Es erfolgen keine zwei Veranlagungen.

1.1.2 Sachliche Steuerpflicht

Die Bemessungsgrundlage für die tarifliche Einkommensteuer bildet das zu versteuernde Einkommen, dass der Steuerpflichtige innerhalb eines Kalenderjahrs bezogen hat (§ 2 Abs. 5 Satz 1, Abs. 7 Satz 2 EStG).

Das zu **versteuernde Einkommen** ermittelt sich gem. § 2 Abs. 1 bis 5 EStG wie folgt:

Ermittlung des zu versteuernden Einkommens
Gewinneinkünfte (§ 2 Abs. 2 Nr. 1 EStG):
Einkünfte aus Land- und Forstwirtschaft (§ 13)
+ Einkünfte aus Gewerbebetrieb (§ 15 EStG)
+ Einkünfte aus selbständiger Arbeit (§ 18 EStG)
Überschusseinkünfte (§ 2 Abs. 2 Nr. 2 EStG):
+ Einkünfte aus nichtselbständiger Arbeit (§ 19 EStG)
+ Einkünfte aus Kapitalvermögen (§ 20 EStG)
+ Einkünfte aus Vermietung und Verpachtung (§ 21 EStG)
+ Sonstige Einkünfte (§ 22 EStG)
= Summe der Einkünfte
./. Altersentlastungsbetrag (§ 24a EStG)
./. Entlastungsbetrag für Alleinerziehende (§ 24b EStG)
./. Freibetrag für Land- und Forstwirte (§ 13 Abs. 3 EStG)
= Gesamtbetrag der Einkünfte (§ 2 Abs. 3 EStG)
./. Verlustabzug (§ 10d EStG)
./. Sonderausgaben (§§ 10, 10b, 10c EStG)
= Einkommen (§ 2 Abs. 4 EStG)
./. Freibeträge nach § 32 Abs. 6 EStG (sofern die gebotene steuerliche Freistellung durch das Kindergeld nicht in vollem Umfang bewirkt wird)
./. Härteausgleich (§ 46 Abs. 3 EStG, § 46 Abs. 5 EStG i. V. mit § 70 EStDV)
= Zu versteuerndes Einkommen (§ 2 Abs. 5 EStG)
Die tarifliche Einkommensteuer ergibt sich dann durch Anwendung der Grundtabelle bzw. Splittingtabelle auf das zu versteuernde Einkommen.

Der Einkommensteuer unterliegen ausschließlich die oben erwähnten sieben Einkunftsarten (Gewinn- und Überschusseinkünfte).

Diese Aufzählung ist abschließend und daher nicht verlängerbar.

Folgende Geldzuflüsse unterliegen nicht der Einkommensteuer, da sie keiner dieser sieben Einkunftsarten zuzuordnen sind:

- Erbschaften, Lotto-, Lotterie- und andere Spiel(bank)gewinne
- Streikunterstützungen.

1.1.3 Veranlagungszeitraum (§ 2 Abs. 7 EStG)

Die Einkommensteuer ist eine Jahressteuer. Die Grundlagen für ihre Ermittlung sind jeweils für ein Kalenderjahr zu ermitteln (sog. Abschnittsbesteuerung). Dieses Prinzip hat zur Folge, dass bestimmte Sachverhalte in jedem Kalenderjahr wieder neu zu prüfen und zu beurteilen sind. Durch die jährliche Veranlagung kann es bei stark schwankenden Einkünften zu ungerechten Steuerbelastungen kommen.

1.2 Tarifanwendungen

1.2.1 Allgemeines

Bei der Einkommensteuerberechnung sind zwei Tarife zu unterscheiden:

- Grundtarif (§ 32a Abs. 1 EStG)
- Splittingtarif (§ 32a Abs. 5, 6 EStG)
- Der jeweils anzuwendende Tarif ist grundsätzlich von der Veranlagungsform abhängig:
  - Zusammenveranlagung: (immer) Splittingtarif
  - getrennte Veranlagung: (immer) Grundtarif

1.2.2 Tarifaufbau

Rechts-norm		2016	2017	2018
§ 32a EStG	Grundfreibetrag	8.652 €	8.820 €	9.000 €
	Tarifzone I	von 14 % bis 23,97 % von 8.652 € bis 13.669 €	von 14 % bis 23,97 % von 8.851 € bis 13.769 €	von 14 % bis 23,97 % von 9.000 € bis 13.996 €
	Tarifzone II	von 23,97 % bis 42 % von 13.670 € bis 53.665 €	von 23,97 % bis 42 % von 13.770 € bis 54.057 €	von 23,97 % bis 42 % von 13.997 € bis 54.949 €
	Proportionalzone	42 % ab 53.665 €	42 % ab 54.058 €	42 % ab 54.950 €
	Proportionalzone II (Reichensteuer)	45 % ab 254.447 €	45 % ab 256.304 €	45 % ab 260.533 €

Bei Zusammenveranlagung sind jeweils die doppelten Werte anzusetzen.

Für nach dem Grundtarif zu versteuernde Einkommen ab 260.533 € errechnet sich die tarifliche Einkommensteuer aus der Formel gem. § 32a Abs. 1 Nr. 5 EStG wie folgt (VZ 2017):

Einkommensteuer = 0,45 * zvE ./. 16.437,70

1.2.3 Verwitwetensplitting

Obwohl im folgenden Veranlagungsjahr nach dem Tod eines Ehegatten für den überlebenden Ehegatten eine Einzelveranlagung durchzuführen ist, kann ihm trotzdem der Splittingtarif (sog. Verwitwetensplitting) gewährt werden, wenn die folgenden Voraussetzungen des § 32a Abs. 6 Nr. 1 EStG sämtlich erfüllt sind:

- Der Steuerpflichtige muss verwitwet sein.
- Die Verwitweteneigenschaft besteht in dem Folgejahr des Todes.

Bei dem Steuerpflichtigen und seinem verstorbenen Ehegatten haben die Voraussetzungen des § 26 Abs. 1 Satz 1 EStG im Zeitpunkt des Todes vorgelegen.

1.2.4 Gnadensplitting

Obwohl für den Steuerpflichtigen eine Einzelveranlagung durchzuführen ist, kann ihm trotzdem der Splittingtarif (sog. Gnadensplitting) gewährt werden, wenn die folgenden Voraussetzungen des § 32a Abs. 6 Nr. 2 Satz 1 EStG sämtlich erfüllt sind:

- Die Ehe des Steuerpflichtigen ist im Laufe des VZ aufgelöst worden.
- Der Steuerpflichtige und sein bisheriger Ehegatte haben die Voraussetzungen des § 26 Abs. 1 Satz 1 EStG erfüllt.
- Der bisherige Ehegatte hat wieder geheiratet.

► Der bisherige Ehegatte und dessen neuer Ehegatte erfüllen ebenfalls die Voraussetzungen des § 26 Abs. 1 Satz 1 EStG.

1.3 Einkünfte (§ 2 EStG)

Einkunftsarten		Einnahmen	Ausgaben	Einkünfte
Gewinneinkünfte		Betriebseinnahmen	Betriebsausgaben	Gewinn oder Verlust
1.	aus Land- und Forstwirtschaft			
2.	aus Gewerbebetrieb			
3.	aus selbständiger Arbeit			
Überschusseinkünfte		Einnahmen	Werbungskosten	Überschuss oder Verlust
4.	aus nichtselbständiger Arbeit			
5.	aus Kapitalvermögen			
6.	Vermietung und Verpachtung			
7.	sonstige Einkünfte § 22			

2. Umsatzsteuererklärung

2.1 Einführung

Die Umsatzsteuer ist nach der Lohnsteuer eine der größten steuerlichen Einnahmequellen des Bundes und der Länder. Allein im Jahr 2016 betrug das Steueraufkommen aus der Umsatzsteuer rd. 217 Mrd. € bei einem Gesamtsteueraufkommen von rd. 648 Mrd. € (ohne Gemeindesteuern) und bildet damit ein solides Fundament der öffentlichen Haushalte. Interessanterweise nehmen die Finanzämter aus steuerlichen Betriebsprüfungen zusätzlich jedes Jahr rund 2 Mrd. € Umsatzsteuer ein.

TKP-TIPP

Umsatzsteuer-Anwendungs-Erlass

Normalerweise hast du als Steuerfachangestellte/r vielleicht weniger mit den Steuerrichtlinien zu tun und googelst bei Fragen im Internet oder schaust in einer Online-Datenbank nach.

Bei der Umsatzsteuer solltest du da bei Fragen am besten den Umsatzsteuer-Anwendungs-Erlass (UStAE) zu Rate ziehen. Du findest ihn in der NWB-Datenbank unter der DokID: XAAAD-54581.

Der Erlass ist aufgebaut wie das Gesetz und gibt die Auffassung der Finanzverwaltung wieder, in Zweifelfällen sollte man also immer nochmal die aktuelle Rechtsprechung oder Fachliteratur heranziehen.

2.2 Regelungssystematik

Bei der Umsatzsteuer wird – ganz allgemein ausgedrückt – das „Geldausgeben" besteuert. Das Problem liegt heute oftmals darin, die Quellen des Geldverkehrs zu kontrollieren und auszuwerten. Hier werden wir bereits jetzt mit technischen Prozessen der Datenverarbeitung und -sicherheit konfrontiert. In Zukunft wird dies immer wichtiger werden und das Berufsbild sich entsprechend anpassen – das bietet interessante Ansätze in der Beratung deiner Mandanten.

Die Umsatzsteuer gehört zu den Verkehrssteuern, weil sie in ihrem Haupttatbestand an Vorgänge des Wirtschaftsverkehrs anknüpft. Es gibt natürlich noch andere Verkehrssteuern, wie z. B. die Grunderwerbsteuer. Wenn hier das Potenzial für Doppelbesteuerungen besteht, regelt der Gesetzgeber Ausnahmen oder Steuerbefreiungen.

Die Umsatzsteuer ist eine **indirekte Steuer**: Das bedeutet, dass der wirtschaftliche Steuerträger und der eigentliche Steuerzahler nicht identisch sind. Ein Unternehmer, der einen Umsatz macht, ist bestrebt, die Umsatzsteuer auf seinen jeweiligen Kunden abzuwälzen – und zwar so lange, bis du als Endverbraucher das Produkt in den Händen hältst. Die Umsatzsteuer durchläuft damit alle Phasen in einer Handels- oder Dienstleistungskette. Bei jedem normalen Umsatz zwischen Unternehmern im Inland wird also die Umsatzsteuer auf den Umsatz abgeführt und die Vorsteuer aus der Rechnung des Lieferanten gezogen. Dadurch wird das System aber auch anfällig, da in jeder dieser Phasen in irgendeiner Form eine Kontrolle ausgeübt werden sollte. Bei der Erstellung von Umsatzsteuervoranmeldungen hast du das bestimmt schon einmal erlebt.

TKP-TIPP

Für den Unternehmer ist die Umsatzsteuer i. d. R. kein Kostenfaktor. Aus diesem Grund interessiert er sich vielleicht nicht so sehr dafür. Wenn dein Mandant Beratungsbedarf hat, erläutere ihm, welche wirtschaftlichen Folgen beispielsweise formale Mängel haben können.

Das Umsatzsteuerrecht ist durch das europäische Recht bestimmt. Seit 2007 bestimmt die Mehrwertsteuersystemrichtlinie (MwStSystRL) den Rahmen des Umsatzsteuerrechts. Jeder Mitgliedsstaat hat nationale Rechtsvorschriften – aber im Zweifel ist der Rahmen der MwStSystRL einzuhalten. Bei Rechtsfragen grundlegender Bedeutung – das betrifft z. B. Fragen der Vereinbarkeit des nationalen Rechts mit einer Richtlinie – können nationale Gerichte den Europäischen Gerichtshof anrufen. Im Rechtsbehelfsverfahren gegenüber dem Finanzamt kannst du dich zudem auf günstigeres EU-Recht berufen.

2.3 Steuerbare Umsätze

Steuerbar sind nach § 1 Abs. 1 Nr. 1 UStG

- Lieferungen und sonstige Leistungen,
- die ein Unternehmer
- im Inland
- gegen Entgelt
- im Rahmen seines Unternehmens ausführt.

Lass uns diese Definition noch etwas vertiefen:

Eine **Lieferung** ist die Verschaffung von Verfügungsmacht an einem Gegenstand (§ 3 Abs. 1 UStG), dagegen stellt eine sonstige Leistung nach § 3 Abs. Nr. 9 UStG eine Form einer Dienstleistung dar.

Wer **Unternehmer** ist, wird in § 2 UStG definiert. Notwendige Merkmale sind, dass der Unternehmer eine nachhaltige Tätigkeit zur Erzielung von Einnahmen ausübt.

Das Erfordernis der **nachhaltigen Tätigkeit** ist hier am schwersten zu beurteilen. Indizien dafür können sein: Planmäßiges Handeln, auf Wiederholung ausgelegte Tätigkeit, Ausführung mehr als nur eines Umsatzes, Beteiligung am Markt, Auftreten wie Händler, Unterhalten eines Geschäftslokals oder Auftreten nach außen. Auch die Abgrenzung der Selbständigkeit von der Unselbständigkeit lässt sich nur nach den Umständen des Einzelfalls beurteilen. Im Zweifel kommt es auf das Gesamtbild der Verhältnisse an.

Unternehmer i. S. des § 2 UStG können grundsätzlich alle natürlichen und juristischen Personen sein – und damit beispielsweise auch die folgenden rechtlichen Organisationsformen:

- Aktiengesellschaft (AG),
- Gesellschaft mit beschränkter Haftung (GmbH),
- Europäische Gesellschaft (SE),
- Kommanditgesellschaft auf Aktien (KGaA),
- Genossenschaften,
- eingetragene Vereine (e.V.),
- Gesellschaften bürgerlichen Rechts (GbR),
- Offene Handelsgesellschaft (OHG),
- Kommanditgesellschaft (KG),
- Partnerschaftsgesellschaft (PartG),
- nicht (eingetragener) rechtsfähiger Verein,
- Bruchteilsgemeinschaften,
- Erbengemeinschaften

Für die Unternehmereigenschaft einer Personengesellschaft ist es dabei unerheblich, ob die Gesellschafter Mitunternehmer i. S. des § 15 Abs. 1 Nr. 2 EStG sind.

TKP-TIPP

Bei der Umsatzsteuer kommt es nicht auf die Gewinnerzielungsabsicht, sondern einzig und allein auf die Einnahmeerzielung an. Dadurch kann es zu unterschiedlich hohen steuerlichen Bemessungsgrundlagen bei der Umsatz- und der Einkommensteuer kommen. Auch wenn beispielsweise bei der Einkommensteuer Liebhaberei angenommen wird, kann bei der Umsatzsteuer aufgrund einer unternehmerischen Tätigkeit eine Steuerpflicht entstehen.

Was zum **Inland** gehört, ist eigentlich nicht schwer zu sagen. Aber das Umsatzsteuerrecht grenzt den Begriff mit interessanten Details ein. § 1 Abs. 2 UStG definiert den Begriff des Inlands als das Gebiet der Bundesrepublik Deutschland mit Ausnahme des Gebiets von Büsingen, der Insel Helgoland, der Freihäfen, der Gewässer und Watten zwischen der Hoheitsgrenze und der jeweiligen Strandlinie sowie der deutschen Schiffe und der deutschen Luftfahrzeuge in Gebieten, die zu keinem Zollgebiet gehören.

TKP-TIPP

Anders als im Ertragssteuerrecht kommt es bei der Umsatzsteuer nicht darauf an, ob der Unternehmer die deutsche Staatsangehörigkeit oder im Inland seinen Wohnsitz oder eine Betriebsstätte hat. Entscheidend ist hier die Bestimmung des Ortes der Lieferung, der sonstigen Leistung, des Ortes der unentgeltlichen Lieferungen und sonstigen Leistungen sowie des innergemeinschaftlichen Erwerbs.

Entgelt – du ahnst es schon – ist nicht nur das Geld, das fließt. Darunter versteht man nämlich auch die Leistung des Leistungsempfängers ohne Umsatzsteuer, die der leistende Unternehmer im Rahmen des Leistungsaustauschs erhält. Damit sind z. B. auch sog. tauschähnliche Umsätze eingeschlossen.

Und als Letztes müssen wir noch definieren, was den **Rahmen des Unternehmens** ausmacht. Auch das kennst du aus der Praxis. Ein Unternehmer mag zwar verschiedene gewerbliche Betriebe haben und freiberufliche Tätigkeiten ausüben – er gibt aber nur eine Umsatzsteuererklärung ab. Das heißt, dass das umsatzsteuerlich definierte Unternehmen die gesamte gewerbliche oder berufliche Tätigkeit des Unternehmers erfasst. Nicht zum Unternehmen gehört der private Bereich.

TKP-TIPP

Zum Rahmen des Unternehmens gehören auch Hilfsgeschäfte (z. B. die Veräußerung von gebrauchten Wirtschaftsgütern des Anlagevermögens oder die Entsorgung von Schrott). Auch Nebengeschäfte gehören dazu, also Umsätze die zwar nicht üblicherweise anfallen, aber durch das Unternehmen veranlasst sind (z. B. das Erstellen von Gutachten oder eine Dozententätigkeit).

2.4 Steuerfreie Umsätze (§ 4 UStG)

§ 4 UStG enthält eine Reihe von Ausnahmen von der Umsatzsteuerpflicht, von denen du diese kennen solltest:

- Lieferung von Waren ins Ausland (§ 4 Nr. 1 UStG): Dadurch soll eine Doppelbesteuerung im Export- und Importland vermieden werden.
- Umsätze im Geld und Kapitalverkehr (§ 4 Nr. 8 UStG)
- Vermeidung der Doppelbelastung mit USt und Verkehrssteuern bei
  - Grundstückslieferungen (§ 4 Nr. 9a UStG)
  - Umsätzen, die der Versicherungssteuer unterliegen (§ 4 Nr. 10 UStG)
- Verbilligung aus sozialpolitischen Gründen, z. B.
  - Grundstücksvermietung (§ 4 Nr. 12 UStG)
  - Arzt- und Gesundheitsleistungen (§ 4 Nr. 14-17 UStG)
  - Wohlfahrtsverbände (§ 4 Nr. 18 UStG)
  - Jugendhilfe (§ 4 Nr. 23 bis 25 UStG)
  - Umsätze von blinden Unternehmern und von Blindenwerkstätten (§ 4 Nr. 19 UStG)
- Verbilligung kultureller Leistungen:
  - Theater, Orchester; Museen, Bibliotheken, zoologische Gärten (§ 4 Nr. 20 UStG)
  - Privatschulen, private Bildungsträger (§ 4 Nr. 21 UStG)
- Entschädigung für ehrenamtliche Tätigkeit (§ 4 Nr. 26 UStG)

Es gibt insgesamt drei Gruppen von steuerfreien Umsätzen:

- Steuerbefreiung ohne Vorsteuerabzug
  Das ist der Grundsatz: wer steuerfreie Umsätze erbringt, hat keinen Vorsteuerabzug (§ 15 Abs. 2 Nr. 1 UStG), dies trifft beispielsweise auf Ärzte, Versicherungen oder staatliche Theater und Museen zu.

- Steuerbefreiung mit Option zur Steuerpflicht
  Wenn ein Unternehmer Privatleute als Kunden hat, dann verteuert ein fehlender Vorsteuerabzug seinen Wareneinkauf und er muss dies auf den Endpreis umlegen. Das ist natürlich schnell ein kostspieliger Wettbewerbsnachteil. § 9 UStG regelt für solche Fälle die Möglichkeit, auf die Steuerfreiheit zu verzichten. Anwendungsfälle sind oft die Vermietung von Räumlichkeiten an Unternehmer, die der Umsatzsteuerpflicht unterliegen oder Umsätze im Geld- und Kapitalverkehr, wie die Darlehenszinsen einer Bank an einen Unternehmer.
- Steuerfreie Umsätze mit Vorsteuerabzug
  Dies betrifft hauptsächlich den steuerbefreiten Export (§ 15 Abs. 3 UStG): Um Wettbewerbsnachteile auszuschließen, wird hier der Vorsteuerabzug zugelassen.

2.5 Ort der Leistung

Bei der Bestimmung des Leistungsorts handelt es sich um die Königsdisziplin des Umsatzsteuerrechts. Vor der viele kapitulieren. In der Praxis ist das Thema für dich interessant, wenn dein Mandant fragt, wie er die Rechnung schreiben soll.

An dieser Stelle kann nur ein grober Überblick gegeben werden.

Lieferungen: Der Ort der Lieferung bestimmt sich nach den Vorschriften § 3 Abs. 6 und 7 UStG. Soweit es sich um eine „bewegte“ Lieferung handelt, kommt bei einer Beförderungslieferung als Ort der Lieferung die Position bei Beförderungsbeginn und bei einer Versendungslieferung durch einen Dritten der Ort bei Übergabe an den Beauftragten in Frage. Kurz gesagt: Es kommt darauf an, wo die Lieferung beginnt.

Es gibt aber auch ruhende Lieferungen, z. B. in Verbindung mit einem Grundstück. Hier kommt es darauf an, wo sich der Gegenstand zum Zeitpunkt der Verschaffung der Verfügungsmacht befindet.

Sonstige Leistungen: Hier sollte man sich etwas mehr Zeit nehmen, da die Regelungen zum Ort der sonstigen Leistung – vor allem aufgrund der Frage, ob hier ein Unternehmer oder eine Privatperson Leistungsempfänger ist – recht komplex sind.

Handelt es sich um einen sog. **B2B**-Umsatz (also einen Umsatz zwischen Unternehmen), dann gilt der Grundsatz: Die sonstige Leistung erfolgt an dem Ort, von dem aus der die Leistung empfangende Unternehmer sein Unternehmen betreibt (§ 3a Abs. 1 UStG). Man nennt das auch das Empfängerortprinzip (§ 3 Abs. 2 UStG).

Es bestehen aber viele Sonderregelungen, die ebenfalls in § 3a UStG enthalten sind, beispielsweise:

- Dienstleistungen im Zusammenhang mit einem Grundstück (§ 3a Abs. 3 Nr. 1 UStG): Belegenheitsort des Grundstücks
- Kulturelle, künstlerische, wissenschaftliche, unterrichtende, sportliche, unterhaltende oder ähnliche Tätigkeit (§ 3a Abs. 3 Nr. 3 Buchst. a UStG): Ort der Tätigkeit
- § 3a Abs. 4 UStG: Bestimmte Katalogleistungen an Nichtuntemehmer im Drittland (**B2C**-Umsätze = Unternehemer zu Endverbraucher) werden abweichend von § 3a Abs. 1 UStG am Wohnsitz des Empfängers, also im Drittland erbracht und sind damit nicht steuerbar (z. B. Rechtsanwalt, Steuerberater, Datenverarbeitung).

Weitere Ausnahmetatbestände gelten für:

- Vermittlungsleistungen (§ 3a Abs. 3 Nr. 4 UStG)
- Arbeiten an beweglichen körperlichen Gegenständen (§ 3a Abs. 3 Nr. 3 Buchst. c UStG)
- Güterbeförderung (§ 3a Abs. 1 UStG)

2.6 Grenzüberschreitende Lieferungen

Hier wird danach unterschieden, ob eine Warenbewegung aus oder in ein Drittland (Nicht-EU-Ausland) oder einen EU-Staat stattgefunden hat.

Am einfachsten ist das i. d. R. beim Nicht-EU-Ausland zu beurteilen: Der **Export** aus Deutschland ist nach § 4 Nr. 1a UStG steuerfrei. Nachgewiesen wird dies durch eine entsprechende Bescheinigung der Zollverwaltung (§ 6 Abs. 3 UStG). Eine bloße Absichtserklärung des Käufers z. B. einen Pkw in ein Drittland zu überführen, reicht nicht für die Anerkennung als steuerfreie Ausfuhrlieferung aus. Auf der anderen Seite erfolgt bei der **Einfuhr** von Waren aus einem Drittland eine zollamtliche Erfassung und die Erhebung der Einfuhrumsatzsteuer (§ 1 Abs. 1 Nr. 4 UStG). Die Einfuhrumsatzsteuer ist bei einem steuerpflichtigen inländischen Unternehmer unter den sonstigen Voraussetzungen wieder als Vorsteuer abzugsfähig.

Bei grenzüberschreitenden Lieferungen innerhalb der EU sollte alles einfacher sein, aber auch hier gibt es zahlreiche Ausnahmen und manchmal schwer durchschaubare Sachverhalte. Als Kontrollsystem dienen daher die (elektronisch überprüfbare) Umsatzsteueridentifikationsnummer eines in einem Mitgliedstaat der EU registrierten Unternehmens und die sog. Zusammenfassende Meldung nach § 18a UStG.

Die Lieferung in ein anderes EU-Land ist nach § 4 Nr. 1b UStG grundsätzlich steuerfrei.

Erst beim Import der Ware innerhalb der EU unterliegt diese der sog. Erwerbsbesteuerung nach § 1 Abs. 1 Nr. 5 UStG, man spricht auch von einer Umkehr der Steuerschuldnerschaft oder Reverse-Charge. Beim steuerpflichtigen Unternehmer entsteht mit der abzuführenden Umsatzsteuer auch ein Vorsteuerabzug in gleicher Höhe.

2.7 Steuersatz und Bemessungsgrundlage

In § 12 Abs. 1 UStG ist bestimmt, dass der Regelsteuersatz 19 % – bezogen auf das Nettoentgelt – beträgt. Der ermäßigte Steuersatz beträgt 7 % (§ 12 Abs. 2 UStG), ausführlich erläutert in der Anlage 2 zum Umsatzsteuergesetz.

Die wichtigsten Anwendungsfälle für den **ermäßigten Steuersatz** sind:

- Lieferung der in der Anlage 2 zum UStG genannten Gegenstände (§ 12 Abs. 2 UStG Nr. 1 UStG)
  - Lebensmittel
  - Milch und Leitungswasser (andere Getränke unterliegen dem Regelsteuersatz)
  - land- und forstwirtschaftliche Erzeugnisse
  - Bücher, Zeitungen und andere Druckerzeugnisse, bei denen der Werbecharakter nicht überwiegt (Anlage Nr. 49)
  - Bedarf für Körperbehinderte (Anlage Nr. 51 und 52)
  - Kunst und Sammlungsgegenstände (Anlage Nr. 53 und 54)

- Vermietung dieser Gegenstände (§ 12 Abs. 2 Nr. 2 UStG)
- kulturelle Leistungen, wie Theater, Museen, Zirkus (§ 12 Abs. 2 Nr. 7 UStG)
- Leistungen gemeinnütziger Einrichtungen (§ 12 Abs. 2 UStG Nr. 8 UStG)
- Leistungen von Schwimmbädern (§ 12 Abs. 2 Nr. 9 UStG)
- Personenbeförderung im Öffentlichen Nahverkehr (§ 12 Abs. 2 Nr. 10 UStG)

2.8 Erstellung von Rechnungen

Hier gilt der bewährte Grundsatz: Ein Blick ins Gesetz schafft Klarheit und erleichtert die Rechtsfindung.

In diesem Fall ist es der § 14 Abs. 4 UStG. Danach muss eine **Rechnung** folgende **Angaben** enthalten:

1. den vollständigen Namen und die vollständige Anschrift des leistenden Unternehmers und des Leistungsempfängers,
2. die dem leistenden Unternehmer vom Finanzamt erteilte Steuernummer oder die ihm vom Bundeszentralamt für Steuern erteilte Umsatzsteuer-Identifikationsnummer,
3. das Ausstellungsdatum,
4. eine fortlaufende Nummer mit einer oder mehreren Zahlenreihen, die zur Identifizierung der Rechnung vom Rechnungsaussteller einmalig vergeben wird (Rechnungsnummer),
5. die Menge und die Art (handelsübliche Bezeichnung) der gelieferten Gegenstände oder den Umfang und die Art der sonstigen Leistung,
6. den Zeitpunkt der Lieferung oder sonstigen Leistung; in den Fällen des § 14 Abs. 5 Satz 1 UStG den Zeitpunkt der Vereinnahmung des Entgelts oder eines Teils des Entgelts, sofern der Zeitpunkt der Vereinnahmung feststeht und nicht mit dem Ausstellungsdatum der Rechnung übereinstimmt,
7. das nach Steuersätzen und einzelnen Steuerbefreiungen aufgeschlüsselte Entgelt für die Lieferung oder sonstige Leistung (§ 10 UStG) sowie jede im Voraus vereinbarte Minderung des Entgelts, sofern sie nicht bereits im Entgelt berücksichtigt ist,
8. den anzuwendenden Steuersatz sowie den auf das Entgelt entfallenden Steuerbetrag oder im Fall einer Steuerbefreiung einen Hinweis darauf, dass für die Lieferung oder sonstige Leistung eine Steuerbefreiung gilt,
9. in den Fällen des § 14b Abs. 1 Satz 5 UStG einen Hinweis auf die Aufbewahrungspflicht des Leistungsempfängers und
10. in den Fällen der Ausstellung der Rechnung durch den Leistungsempfänger oder durch einen von ihm beauftragten Dritten gemäß § 14 Abs. 2 Satz 2 UStG die Angabe „Gutschrift“.

Die Grenze für **Kleinbetragsrechnungen** (§ 33 UStDV) wurde rückwirkend zum 1. 1. 2017 von 150 € auf 250 € angehoben. Hier sind folgende Pflichtangaben vorgesehen:

1. vollständiger Name und vollständige Anschrift des leistenden Unternehmers,
2. Ausstellungsdatum,

3. Menge und Art (handelsübliche Bezeichnung) der gelieferten Gegenstände bzw. Umfang und Art der sonstigen Leistung,
4. Entgelt und Steuerbetrag für die Lieferung oder sonstige Leistung in einer Summe,
5. anzuwendender Steuersatz oder ggf. Hinweis auf eine Steuerbefreiung.

Wird in einer Rechnung über Leistungen abgerechnet, die verschiedenen Steuersätzen unterliegen, müssen die, für die verschiedenen Steuersätzen unterliegenden Leistungen, die jeweiligen Summen angegeben werden.

2.9 Die Kleinunternehmerregelung gem. § 19 UStG

Als **Kleinunternehmer** gilt, wer folgende Voraussetzungen erfüllt:

- Gesamtumsatz des vorangegangenen Jahres übersteigt nicht 17.500 € brutto
- Gesamtumsatz des laufenden Jahres übersteigt voraussichtlich nicht 50.000 € brutto

Nicht zum Gesamtumsatz gehören Umsätze aus dem Verkauf von Anlagevermögen oder bestimmte steuerfreie Umsätze wie die Tätigkeit als Arzt oder die steuerfreie Vermietung von Immobilien.

Wie ist das nun im Erstjahr? Hier wird geprüft, ob der laufende Umsatz 17.500 € übersteigt. Wer im Laufe des Jahres seine Geschäftstätigkeit beginnt, der muss seinen Umsatz in einen Jahresumsatz hochrechnen. (Abschnitt 19.1 Abs. 4 UStAE).

Die Finanzverwaltung geht davon aus, dass der Beginn der Tätigkeit als Kleinunternehmer erst mit den ersten getätigten Umsätzen zusammenfällt. Das kann nicht immer vorteilhaft sein. Mancher Kleinunternehmer erzielt in einer Vorbereitungsphase noch keine Umsätze, ist aber sehr wohl bereits unternehmerisch tätig. Dies wurde so auch in einem aktuellen Urteil des FG Thüringen festgehalten (Urteil v. 11. 1. 2017 - 3 K 758/15): Ein Kleinunternehmer hatte im Vorjahr Vorbereitungshandlungen vorgenommen, aber noch keine Umsätze erzielt. Im Folgejahr betrug sein Umsatz mehr als 17.500 €. Das FG stellte fest, dass es für die Anwendung der Kleinunternehmerregelung im Vorjahr ausreicht, dass Vorbereitungshandlungen dokumentiert sind; tatsächliche Umsätze sind nicht nötig. So kann die die Kleinunternehmerregelung noch über ein weiteres Jahr gerettet werden, was insbesondere dann vorteilhaft ist, wenn man Umsätze an private Endverbraucher erbringt. Als Vorbereitungshandlungen zählen unter anderem Verhandlungen mit potenziellen Auftraggebern und Ausgabenbelege z. B. für bezogene Dienstleistungen. Eine Schulung, z. B. ein allgemeines Existenzgründerseminar ist aus meiner Sicht nicht ausreichend.

Ein Kleinunternehmer kann aber auch auf die Anwendung des § 19 Abs. 1 UStG verzichten. Der Verzicht ist dann für fünf Jahre bindend. Das kann bspw. vorteilhaft sein, wenn zu Beginn Investitionen von Wirtschaftsgütern des Anlagevermögens notwendig sind oder man ausschließlich umsatzsteuerpflichtige Unternehmer als Kunden hat. Diese Option kann durch Abgabe einer Umsatzsteuerjahreserklärung ausgeübt werden. In den Ausgangsrechnungen muss auf die Kleinunternehmereigenschaft hingewiesen werden, ein gesonderter Ausweis der Umsatzsteuer führt immer zu einer Steuerpflicht.

TKP-TIPP

Ein Kleinunternehmer schuldet nach § 14c Abs. 2 UStG auch dann die Umsatzsteuer, wenn er Quittungsvordrucke mit der Angabe „inkl. 19 % Umsatzsteuer“ verwendet. Darauf musst du Neumandanten unbedingt hinweisen.

2.10 Besteuerungsverfahren

Grundsätzlich entsteht die Umsatzsteuer mit Ablauf des Voranmeldungszeitraums, in dem die Leistung ausgeführt wurde (§ 13 Abs. 1 Nr. 1 Buchstabe a UStG). Man spricht hier von einer Versteuerung nach vereinbarten Entgelten oder Sollversteuerung.

Erhaltene Anzahlungen müssen mit Eingang des Entgelts versteuert werden (Mindest-Ist-Besteuerung nach § 13 Abs. 1 Nr. 1 Buchst. a Satz 4 UStG).

Wer eine Einnahmenüberschussrechnung nach § 4 Abs. 3 EStG aufstellt und dessen Gesamtumsatz 500.000 € im Jahr nicht überschreitet, der hat nach § 20 UStG die Möglichkeit, seine Umsätze nach vereinnahmten Entgelten (Ist-Besteuerung) zu versteuern. Voraussetzung dafür ist ein Antrag beim zuständigen Finanzamt. Dies bietet gerade in Fällen von längeren Zahlungsfristen oder säumigen Zahlern Liquiditätsvorteile.

§ 18 UStG regelt die Abgabe von Umsatzsteuervoranmeldungen und der Umsatzsteuerjahreserklärung. Hier läuft schon seit längerem die Übermittelung an die Finanzverwaltung auf elektronischem Wege.

Beträgt die Steuer für das vorangegangene Kalenderjahr mehr als 7.500 €, ist der Kalendermonat Voranmeldungszeitraum. Beträgt die Steuer für das vorangegangene Kalenderjahr nicht mehr als 1.000 €, kann das Finanzamt den Unternehmer von der Verpflichtung zur Abgabe der Voranmeldungen und Entrichtung der Vorauszahlungen befreien. Nimmt der Unternehmer seine berufliche oder gewerbliche Tätigkeit auf, ist im laufenden und folgenden Kalenderjahr Voranmeldungszeitraum der Kalendermonat. Der Unternehmer kann an Stelle des Kalendervierteljahrs den Kalendermonat als Voranmeldungszeitraum wählen, wenn sich für das vorangegangene Kalenderjahr ein Überschuss zu seinen Gunsten von mehr als 7.500 € ergibt.

Natürlich ist es im Kanzleialltag nicht möglich, alle Umsatzsteuervoranmeldungen bis zum 10. des Folgemonats fertigzustellen. Nach § 46 UStDV ist es möglich, die Frist zur Abgabe der Umsatzsteuervoranmeldung und der damit verbundenen Zahlung in Verbindung mit einer Dauerfristvorauszahlung von 1/11 der Jahressumme der Voranmeldungen des Vorjahrs um einen Monat zu verlängern.

Die Umsatzsteuerjahreserklärung ist jährlich als Steueranmeldung nach § 150 Abs. 1 Satz 3 AO beim Finanzamt einzureichen. Bei größeren Abweichungen zu den eingereichten Voranmeldungen, sollten grundsätzlich die betroffenen Umsatzsteuervoranmeldungen korrigiert werden. Größere Abschlusszahlungen oder Erstattungen können das Finanzamt auf Unstimmigkeiten bei der Buchführung hinweisen und im Rahmen des Risikomanagements der Finanzverwaltung zu Prüfungshandlungen führen.

TKP-TIPP

Was interessiert deine Mandanten im Bereich der Umsatzsteuer? Das kann je nach Branche ganz unterschiedlich sein. Denke mit und mach dich mit den Antworten vertraut, bevor die Fragen kommen. Wichtige Schwerpunkte sind zum Beispiel:

- Kleinunternehmerregelung und Wechsel zur Regelbesteuerung
- richtige Rechnungen erstellen
- Import/Export
- branchenspezifische Besonderheiten

3. Körperschaftsteuererklärung

3.1 Steuerpflicht

§ 1 Abs. 1 KStG zählt abschließend auf, wer Körperschaftsteuer zahlen muss:

Nr. 1: Die wichtigsten Körperschaften sind die Kapitalgesellschaften, insbesondere die Gesellschaft mit beschränkter Haftung (GmbH) und die Aktiengesellschaft (AG) und die Kommanditgesellschaft auf Aktien (KGaA).

Nr. 2: Genossenschaften,

Nr. 3: Versicherungs- und Pensionsfondsvereine auf Gegenseitigkeit,

Nr. 4: sonstige juristische Personen des privaten Rechts [Vereine und Stiftungen),

Nr. 5: nicht rechtsfähige Vereine, Stiftungen und Zweckvermögen,

Nr. 6: Betriebe gewerblicher Art der öffentlichen Hand.

Die Anteilseigner einer Körperschaft müssen nur dann KSt zahlen, wenn die Körperschaft den Gewinn ausschüttet (Trennungsprinzip). Bei Personengesellschaften gilt dahingegen das Transparenzprinzip: Personengesellschaften sind weder in § 1 KStG noch in § 1 EStG genannt. Sie müssen folglich weder ESt noch KSt zahlen. Der Gewinn wird auf die Gesellschafter verteilt und von diesen versteuert

Der Staat muss grundsätzlich keine Steuern zahlen. Davon gibt es aber eine Ausnahme: Der Staat muss immer dann KSt zahlen, wenn er in Konkurrenz zur Privatwirtschaft tritt. Hier spricht man von einem Betrieb gewerblicher Art, §§ 1 Abs. 1 Nr. 6, 4 KStG.

3.2 Was muss versteuert werden?

Körperschaften mit Sitz oder Geschäftsleitung im Inland sind unbeschränkt steuerpflichtig, § 1 Abs. 1 Satz 1 KStG. Das bedeutet, dass sie ihre in und ausländischen Einkünfte (Welteinkommen) in Deutschland versteuern müssen, sofern dies nicht durch ein Doppelbesteuerungsabkommen eingeschränkt wird. Geschäftsleitung ist der Mittelpunkt der geschäftlichen Überleitung, § 10 AO. Der Sitz einer Körperschaft wird in der Satzung festgelegt, § 11 AO. Eine Kapitalgesellschaft muss bei dem Handelsregister angemeldet werden, in deren Gebiet sie ihren Sitz hat.

Körperschaften, die im Inland weder Sitz noch Geschäftsleitung haben, sind beschränkt steuerpflichtig, § 2 Nr. 1 KStG. Sie müssen in Deutschland nur ihre inländischen Einkünfte nach § 49 EStG versteuern.

Die Körperschaftsteuer bemisst sich nach dem zu versteuernden Einkommen, welches nach dem EStG zu ermitteln ist, § 8 Abs. 1 KStG i.V. mit § 2 Abs. 1 und 2 EStG. Es gelten also prinzipiell die sieben Einkunftsarten, wobei es zu Einkünften aus unselbständiger Arbeit durch eine Körperschaft nicht kommen kann.

3.3 Ermittlungsschema

Die KSt ist bei einer Kapitalgesellschaft in folgenden Schritten zu ermitteln:

Erklärter Jahresüberschuss

+/- handelsrechtliche Korrekturen

= handelsrechtlicher Jahresüberschuss

+/- Korrekturen innerhalb der Bilanz nach § 60 Abs. 2 EStDV

= steuerlicher Jahresüberschuss

- Kürzungen

1) Verdeckte Einlagen, § 8 Abs. 3 Satz 3 bis 6 KStG
2) 95 % der Gewinnausschüttungen einer Kapitalgesellschaft, § 8b Abs. 1, 5 KStG
3) DBA-steuerfreie Einnahmen
4) steuerfreie Investitionszulage, § 13 InvZulG

+ Hinzurechnungen: nicht abziehbare Ausgaben

1) Geschenke über 35 €, § 4 Abs. 5 Nr. 1 EStG
2) 30 % des Bewirtungsaufwands, § 4 Abs. 5 Nr. 6 EStG
3) Geldbußen, § 4 Abs. 5 Nr. 10 EStG
4) GewSt-Aufwand, § 4 Abs. 5b EStG
5) Parteispenden, § 4 Abs. 6 EStG
6) nicht abziehbare Zinsen (Zinsschranke), § 4h EStG i.V. mit § 8a KStG
7) Spenden (unabhängig von der Abzugsfähigkeit), § 9 Abs. 1 Nr. 2 KStG
8) Ausgaben ohne Empfängernachweis, § 160 AO
9) verdeckte Gewinnausschüttungen, § 8 Abs. 3 Satz 2 KStG
10) KSt und SolZ-Aufwand, § 10 Nr. 2 KStG
11) Hälfte der Aufsichtsratsvergütungen, § 10 Nr. 4 KStG

Einkünfte aus § 15 EStG = Summe der Einkünfte

- abziehbare Spenden, § 9 Abs. 1 Nr. 2 KStG

= Gesamtbetrag der Einkünfte

- Verlustabzug, § 10d EStG

= Einkommen = zvE

4. Gewerbesteuererklärung

Die Gewerbesteuer ist eine Steuer auf den Gewerbebetrieb im Inland (§2 Abs. 1 Satz 1 GewStG). Das GewStG definiert nicht selbst, was dem Gewerbebetrieb ist, sondern verweist auf die Definition des EStG, § 2 Abs. 1 Satz 2 GewStG. Wer gewerbliche Einkünfte erzielt, muss GewSt zahlen. Ein Gewerbebetrieb ist definiert in § 15 Abs. 2 EStG.

Es müssen vier positive und drei negative Merkmale gegeben sein, nämlich eine

- selbständige,
- nachhaltige Betätigung mit Gewinnerzielungsabsicht und einer
- Beteiligung am allgemeinen wirtschaftlichen Verkehr, die
- keine Land- und Forstwirtschaft,
- keine selbständige Tätigkeit nach § 18 EStG und
- keine private Vermögensverwaltung ist.

Im GewStG heißt der Steuerpflichtige „Steuerschuldner" (§ 5 GewStG). Schuldner der GewSt ist der Unternehmer, für dessen Rechnung das Unternehmen betrieben wird. Steuerschuldner können somit Einzelunternehmer, Kapitalgesellschaften und Personengesellschaften sein. Die GewSt ist eine Objektsteuer, die Höhe der Steuer ist also vom Steuerobjekt des Gewerbebetriebs abhängig.

4.1 Hinzurechnungen und Kürzungen

Gewerbeertrag ist der nach den Vorschriften des EStG oder des KStG zu ermittelnde Gewinn aus Gewerbebetrieb vermehrt und vermindert um die in den §§ 8 und 9 bezeichneten Beträge (§ 7 GewStG). Das bedeutet, dass zunächst die nach dem EStG und dem KStG ermittelten Einkünfte aus Gewerbebetrieb übernommen werden. Darin liegt eine große Vereinfachung, die Einkünfte müssen nicht zweimal ermittelt werden. Der Steuerbilanzgewinn muss dann gewerbesteuerlich modifiziert werden (Hinzurechnungen und Kürzungen, §§ 8 und 9 GewStG).

4.2 Ermittlungsschema

Gewinn aus Gewerbebetrieb, §§ 6, 7 GewStG i.V. mit § 15 EStG

+ Hinzurechnungen, § 8 GewStG

- Kürzungen, § 9 GewStG

- Verlustvortrag, § 10a GewStG

= Gewerbeertrag (abrunden auf volle 100 €)

- Freibetrag, § 11 Abs. 1 GewStG (nicht bei Kapitalgesellschaften)

= gekürzter Gewerbeertrag

x 3,5 % Steuermesszahl, § 11 Abs. 2 GewStG

= Gewerbesteuermessbetrag

x Hebesatz, § 16 GewStG

= Gewerbesteuer

Die Gewerbesteuer steht den Gemeinden zu (§ 1 GewStG). Die Veranlagung wird aber grundsätzlich von den Finanzämtern durchgeführt. Der so ermittelte Gewerbesteuermessbescheid wird an die Gemeinde übermittelt, die aufgrund des von ihr festgesetzten Hebesatzes einen Gewerbesteuerbescheid erlässt.

Wenn ein Betrieb in mehreren Gemeinden tätig ist, soll jede Gemeinde einen Anteil an der GewSt erhalten, § 28 GewStG. Dazu wird der GewSt-Messbetrag auf die Gemeinden zerlegt, in denen sich eine Betriebsstätte befindet. Die Aufteilung erfolgt im Verhältnis der gezahlten Löhne. Jede Gemeinde kann dann ihren Hebesatz auf den auf sie entfallenden Anteil am Messbetrag anwenden.

5. Feststellungserklärung

In einigen gesetzlich bestimmten Fällen werden die Besteuerungsgrundlagen gesondert festgestellt, vor allem aus Gründen der Zweckmäßigkeit. So werden beispielsweise die Gewinnanteile der Gesellschafter einer Personengesellschaft gesondert von den übrigen Einkünften der Gesellschafter festgestellt, und zwar einheitlich für alle Gesellschafter. Das durch das Betriebsstättenfinanzamt festgestellte steuerliche Betriebsergebnis wird dann von Amts wegen bei der Einkommensteuerveranlagung durch das Wohnsitzfinanzamt berücksichtigt.

Vorschriften zur gesonderten Feststellung sind in den §§ 179 ff. AO zu finden. § 180 AO schreibt die gesonderte und einheitliche Feststellung insbesondere vor für

1. Einheitswerte nach dem Bewertungsgesetz
2. Einkommensteuer- und körperschaftsteuerpflichtige Einkünfte, wenn an den Einkünften mehrere Personen beteiligt sind und die Einkünfte diesen Personen zuzurechnen sind,
3. Einkünfte aus Land- und Forstwirtschaft Gewerbebetrieb oder einer freiberuflichen Tätigkeit, wenn das zuständige Betriebsfinanzamt nicht zugleich für die Festsetzung der Einkommensteuer zuständig ist.

Gemäß §§ 347 ff. AO können Feststellungsbescheide wie Steuerbescheide durch Einspruch angefochten werden. Geschieht dies nicht, sind die Feststellungen für die Steuerfestsetzung bindend, weil der Feststellungsbescheid als Grundlagenbescheid wirkt. Eine Anfechtung des Grundlagenbescheids im Rahmen der späteren Steuerfestsetzung schließt § 351 Abs. 2 AO aus.

Die Erklärungen zur gesonderten (und einheitlichen) Feststellung von Besteuerungsgrundlagen für die Einkommensbesteuerung sind für nach dem 31.12.2010 beginnende Feststellungszeiträume nach amtlich vorgeschriebenem Datensatz ausschließlich elektronisch durch Datenfernübertragung zu übermitteln (§ 181 Abs. 2a AO).

V. Betriebsprüfung

1. Einstieg

An dieser Stelle wollen wir Euch nochmal einen groben Überblick über die theoretischen Grundlagen geben. Die Regelungen zur Betriebsprüfung oder korrekt gesagt zur „Außenprüfung" stehen in der Abgabenordnung (§§ 193 ff. AO). Wichtige Hinweise gibt aber auch die sog. „Betriebsprüfungsordnung" (BpO).

Es gibt verschiedene Arten der Außenprüfung. Einige Außenprüfungen werden auf einzelne Steuerarten beschränkt – beispielsweise die Lohnsteuer-Außenprüfung oder Umsatzsteuer-Sonderprüfung. Letztere wird oft sogar auf einzelne Sachverhalte beschränkt, die von besonderer Bedeutung für die Steuerveranlagung des Mandanten sind. Wir wollen uns hier aber im Wesentlichen auf die allgemeine Außenprüfung beschränken. Diese umfasst i. d. R. alle Steuerarten, für die der jeweilige Mandant veranlagt wird und umfasst mehrere Veranlagungszeiträume – meistens jedoch nicht mehr als drei Veranlagungszeiträume.

2. Zulässigkeit der Außenprüfung

Die erste Frage, die man von Mandanten zu hören bekommt, ist meistens: „Wieso prüfen die denn gerade mich?" Grundsätzlich dürfen nach § 193 AO bei allen Steuerpflichtigen Außenprüfungen durchgeführt werden, die gewerbliche, land- und forstwirtschaftliche oder freiberufliche Einkünfte erzielen. Eine lückenlose Prüfung aller Betriebe ist aufgrund der großen Anzahl und der begrenzten Personalressourcen der Finanzbehörden nicht möglich. Daher erfolgt gem. § 3 BpO für Fertigungsunternehmen mit Stand 1. 1. 2016 eine Einteilung in:

	Umsatz	Gewinn
Großbetriebe	> 4,8 Mio. €	> 280.000 €
Mittelbetriebe	> 560.000 €	> 62.000 €
Kleinbetriebe	> 190.000 €	> 40.000 €
Kleinstbetriebe	< 190.000 €	< 40.000 €

Die Größenkriterien werden in Abhängigkeit von der Art der Unternehmen (bspw. Handels- oder Fertigungsunternehmen, Freie Berufe, etc.) vom BMF und den Landesfinanzbehörden festgelegt. Sie sind daher nur Richtwerte für dich, damit du eine grobe Einschätzung vornehmen kannst. Die jeweiligen Werte werden in der Betriebsprüfungsstatistik jährlich durch das BMF veröffentlicht.

Großbetriebe und Konzerne werden durchgehend geprüft (vgl. § 4 Abs. 2 BpO), d. h.: Sobald fünf Jahre vergangen sind, erfolgt eine Außenprüfung (bei Großbetrieben werden i. d. R. fünf Jahre geprüft). Mittelbetriebe werden regelmäßig, aber nicht durchgehend geprüft; zwischen zwei Prüfungen können somit drei oder mehr Jahre ungeprüft bleiben. Kleinbetriebe und Kleinstbetriebe werden i. d. R. sehr selten oder sogar gar nicht geprüft.

Als Auswahlkriterien des Finanzamts für Mittel-, Klein- und Kleinstbetriebe kommt in Betracht, dass der Mandant besonders lange oder eventuell noch nie geprüft wurde. Vielleicht erfolgt die Prüfung rein zufällig durch eine Computerauswahl. Oder das Mandat hat irgendwie die Aufmerksamkeit des Finanzamts erregt.

Neben Betrieben dürfen auch die sog. „Einkunftsmillionäre“ (vgl. § 147a AO), also Steuerpflichtige mit positiven Einkünften über 500.000 € (aus DM-Zeiten: 1.000.000 DM) geprüft werden.

Wichtig ist noch zu wissen, dass bei Betriebsprüfungen von Personengesellschaften auch die steuerlichen Verhältnisse der Gesellschafter geprüft werden, sofern diese für die gesondert und einheitliche Feststellung der Besteuerungsgrundlagen relevant sind.

3. Vorwissen der Prüfer

Manchmal wenig, oft aber auch mehr als man glaubt! Der Prüfer hat Zugriff auf alle abgegebenen Unterlagen. Das sind im Wesentlichen: Steuererklärungen, Jahresabschlüsse, eingereichte Dokumente, Belege und Verträge. Vielleicht liegen zudem besondere Informationen aus Prüfungen bei Geschäftspartnern des Mandanten, von anderen Behörden oder aus Gerichtsakten vor (sog. Kontrollmitteilungen, § 194 Abs. 3 AO). Es ist zudem möglich, dass interne, vertrauliche Informationen aus Insider-Kreisen an das Finanzamt weitergeleitet wurden.

4. Prüfungsanordnung

In der schriftlichen Prüfungsanordnung (vgl. § 196 AO) legt der zuständige Prüfer Ort und Beginn der Prüfung fest. Aus der Prüfungsanordnung müssen nach § 5 Abs. 2 BpO zudem hervorgehen:

- die Rechtsgrundlage der Prüfung (bspw. § 193 Abs. 1 AO),
- eine Begründung,
- die zu prüfenden Steuern (bspw. Einkommensteuer, Gewerbesteuer, Umsatzsteuer),
- zu prüfende Sondersachverhalte (soweit vorhanden),
- der Prüfungszeitraum (bspw. 2009 bis 2011) und
- der Name des Prüfers.

Die Prüfungsanordnung als Verwaltungsakt muss ordnungsgemäß bekannt gegeben werden (vgl. § 122 Abs. 1 AO). Seit dem Schwarzgeldbekämpfungsgesetz aus 2011 tritt mit der Bekanntgabe der Prüfungsanordnung eine Sperrwirkung für die strafbefreiende Selbstanzeige nach § 371 AO ein. Das bedeutet, dass eine solche Selbstanzeige ab dem Moment der Bekanntgabe der Prüfungsanordnung nicht mehr strafbefreiend wirkt (§ 371 Abs. 2 Nr. 1 Buchst. a AO) und daher nur in den wenigsten Fällen sinnvoll ist.

Gegen fehlerhafte Prüfungsanordnungen ist der Einspruch zulässig (§§ 347 ff. AO). Werden fehlerhafte Prüfungsanordnungen nicht angefochten, werden Sie bestandskräftig. Ein Verwertungsverbot der Prüfungsfeststellungen durch das Finanzamt ist nur bei nichtigen (besonders schwerwiegenden Mängeln, § 125 Abs. 1 AO) und bei fehlenden Prüfungsanordnungen gegeben.

Sollte die Prüfung für den Mandanten zur Unzeit geplant sein und gute Gründe hierfür vorliegen (Krankheit, Hochsaison, Urlaub), kann versucht werden die Prüfung zu verschieben (vgl. § 197 Abs. 2 AO).

Grundsätzlich soll die Prüfung in den Räumlichkeiten des Betriebs stattfinden (§ 6 BpO). Da jedoch gerade bei kleineren Betrieben viele Gründe dafür sprechen, dass die Prüfung in den Kanzleiräumen des Steuerberaters stattfindet, ist dies nach Absprache mit dem Prüfer in Ausnahmefällen möglich. In der Regel möchte der Prüfer dann aber eine Betriebsbesichtigung machen.

5. Mitwirkungspflichten des Steuerpflichtigen

Der Mandant ist verpflichtet dem Prüfer Auskünfte zu erteilen oder ihm eine Auskunftsperson zu benennen (vgl. § 200 AO). Grundsätzlich ist jeder (bspw. auch Geschäftspartner und Mitarbeiter) gesetzlich verpflichtet, die Fragen des Prüfers zu beantworten. Ausgenommen hiervon sind die engsten Familienangehörigen und der Mandant selbst, sofern er sich durch die Aussage mit einer Straftat oder Ordnungswidrigkeit belasten würden.

Darüber hinaus benötigt der Prüfer i. d. R. alle Geschäftsunterlagen des Prüfungszeitraums (regelmäßig drei Jahre) sowie wesentliche langfristige Verträge (bspw. Gesellschafts-, Miet-, Darlehensverträge). Die Buchhaltungsdaten erhält der Prüfer in elektronischer Form (GDPdU-Export).

Der Prüfer darf grundsätzlich weder die Privatwohnung des Mandanten aufsuchen (ausgenommen dort befindet sich ein Arbeitszimmer) noch Einsicht in die Privatkonten oder privaten Anschaffungen des Mandanten nehmen. Sollte jedoch der Verdacht bestehen, dass die private Lebensführung nicht mit den erklärten Einkünften des Mandanten gedeckt ist, sind Ermittlungen im privaten Bereich möglich.

6. Prüfungsfeststellungen

Der Prüfer hat die tatsächlichen und rechtlichen Verhältnisse zu ermitteln, das bedeutet, dass er verpflichtet ist, sowohl zuungunsten als auch zugunsten des Steuerpflichtigen zu ermitteln (vgl. § 199 Abs. 1 AO). Als Ausprägung des rechtlichen Gehörs bestimmt § 199 Abs. 2 AO, dass der Prüfer bereits während der Prüfung über festgestellte Sachverhalte und deren steuerliche Auswirkungen zu unterrichten hat. Die Prüfung insgesamt ist auf das Wesentliche zu beschränken (§ 7 BpO).

7. Schlussbesprechung

Bei der sog. Schlussbesprechung (§ 201 AO) am Ende der Prüfung werden nun nochmals alle offenen Feststellungen erörtert. Dabei kann zusätzlich auch der Vorgesetzte des Prüfers (Sachgebietsleiter oder Vorsteher) anwesend sein. Eine Schlussbesprechung ist verpflichtend, es sei denn der Steuerpflichtige verzichtet hierauf.

8. Betriebsprüfungsbericht und Änderung der Steuerbescheide

Nach der Schlussbesprechung dauert es noch ca. ein bis zwei Monate bis der Betriebsprüfungsbericht (§ 202 AO) vorliegt. Dieser Bericht ist kein eigener Verwaltungsakt, sondern eine finanzamtsinterne Mitteilung. Das bedeutet, dass der Prüfungsbericht nicht mit dem Einspruch angefochten werden kann (vgl. § 347 Abs. 1 AO). Auf Antrag des Steuerpflichtigen ist der Bericht vorab zu übersenden (vgl. § 202 Abs. 2 AO). Der Betriebsprüfungsbericht wird dann durch die Veranlagungsbeamten ausgewertet und in geänderten Steuerbescheiden verarbeitet. Die Sachbearbeiter der Veranlagung sind grundsätzlich nicht an die Rechtsauffassungen des Prüfers im Prüfungsbericht gebunden. Gibt es unterschiedliche Rechtsauffassungen zwischen Veranlagungsbeamten und den Prüfern, ist die Auffassung des Veranlagungsbeamten ausschlaggebend. Aus diesem Grund ist in der Schlussbesprechung häufig auch ein entscheidungsbefugter Beamter anwesend (Sachgebietsleiter oder Vorsteher).

Nach Zugang der Änderungsbescheide bleibt dem Mandanten für eine eventuelle Nachzahlung dann ein weiterer Monat Zeit.

Sollte bei bestimmten Themen in der Schlussbesprechung keine Einigung erzielt worden sein, sind nach Vorliegen der entsprechenden Steuerbescheide Rechtsbehelfs-/Klageverfahren möglich.

Jeder Betriebsprüfungsbericht geht auch zur Buß- und Strafsachenstelle des Finanzamts. Bei Verdacht einer Steuerhinterziehung oder leichtfertigen Steuerverkürzung wird dann ein Steuerstrafverfahren eingeleitet.

VI. Rechtsbehelfsverfahren

Wie du bereits weißt, gibt es in unserem Rechtssystem verschiedene Rechtsbehelfsverfahren, die aufeinander aufbauen und in außergerichtliche und gerichtliche Rechtsbehelfsverfahren unterschieden werden können. Im Folgenden wollen wir die theoretischen Grundlagen dieser Rechtsbehelfsverfahren für dich darstellen.

1. Einspruchsverfahren

„Ein Einspruch hat Aussicht auf Erfolg, wenn er zulässig und begründet ist“. Diesen Spruch habe ich mittlerweile bestimmt tausendfach zu hören bekommen. Zuallererst sollten wir daher mal klären, was denn nun „Zulässigkeit“ und „Begründetheit“ bedeuten.

1.1 Zulässigkeit eines Einspruchs

Hier geht es darum, wann ein Einspruch getätigt werden darf und welche Voraussetzungen erfüllt sein müssen. Liegen nicht alle Voraussetzungen vor, so scheidet der Einspruch als geeignetes Mittel zur Wahrung der Rechte des Mandanten aus.

1.1.1 Statthaftigkeit

Ein Einspruch ist grundsätzlich möglich bei allen Verwaltungsakten in Abgabenangelegenheiten (§ 347 Abs. 1 Satz 1 Nr. 1 AO) oder in den Ausnahmefällen nach § 347 Abs. 1 Satz 1 Nr. 2 bis 4 AO. Verwaltungsakte sind gesetzlich in § 118 Abs. 1 AO definiert als Verfügungen, Entscheidungen und andere Maßnahmen, die eine Behörde (also das Finanzamt) zur Regelung eines Einzelfalls (eines Steuerpflichtigen) auf dem Gebiet des öffentlichen Rechts (bspw. Steuerrecht) trifft und die eine Rechtswirkung nach außen (auf den Steuerpflichtigen) entfalten.

Der Theorie folgen nun typische Beispiele für „Verwaltungsakte in Abgabenangelegenheiten“:

- Steuerbescheide (z. B.: Einkommensteuer- oder Umsatzsteuerbescheid),
- Feststellungsbescheide,
- also wenn bspw. für eine Personengesellschaft die Besteuerungsgrundlagen festgestellt werden,
- Steuermessbescheide (z. B. beim Gewerbesteuermessbetrag),
- Anrechnungsverfügungen:
  Hierbei handelt es sich um den Abrechnungsteil eines Steuerbescheids indem Vorauszahlungen oder bereits einbehaltene Kapitalertragsteuern abgezogen/angerechnet werden. In diesem Fall liegen eigene Verwaltungsakte vor.
- Haftungsbescheide,
- Verbindliche Auskünfte der Finanzverwaltung,
- Androhung oder Festsetzung von Zwangsgeldern oder Verspätungszuschlägen,
- Festsetzungen von Zinsen.

Die Aufzählung ist natürlich nicht vollständig, dürfte aber die gängigsten Verwaltungsakte umfassen. Daneben ist ein Einspruch auch möglich, wenn das Finanzamt eine Entscheidung bzw. den Erlass eines Verwaltungsaktes unangemessen verzögert – sog. „Untätigkeitseinspruch“ (§ 347 Abs. 1 Satz 2 AO). Als grober Wert für eine unangemessene Verzögerung dürften sechs

Monate gelten. Außerdem kann auch Einspruch eingelegt werden gegen sogenannte „Scheinverwaltungsakte", also Verwaltungsakte, die einen so schwerwiegenden Fehler aufweisen, dass von Ihnen keine Rechtswirkung ausgeht und sie nichtig sind (bspw. ein Steuerbescheid von einem falschen Finanzamt).

1.1.2 Form- und Inhaltsvoraussetzungen

An die Form eines Einspruchs stellt das Gesetz keine hohen Anforderungen. Der Einspruch ist nach § 357 Abs. 1 AO schriftlich, d. h. per Brief oder Fax, elektronisch (z. B. per E-Mail) oder zur Niederschrift einzulegen. Brief und/oder Fax sind wohl die praktikabelsten Lösungen. Einsprüche per E-Mail oder zur Niederschrift sind noch nicht bzw. nicht mehr gängig. Eine falsche oder auch fehlende Bezeichnung als Einspruch ist nicht schädlich und eine Unterschrift nicht notwendig. Einzig derjenige, der Einspruch einlegt, muss genannt werden.

Der Einspruch ist immer an die Behörde zu richten, deren Verwaltungsakt angefochten wird (§ 357 Abs. 2 AO). Ein Feststellungsbescheid kann ausnahmsweise auch bei der Behörde angefochten werden, die den Steuerbescheid (= Folgebescheid) erlässt.

Alle weiteren Vorgaben der AO sind nicht zwingend aber hilfreich, um die Bearbeitung des Einspruchs zu vereinfachen. So soll nach § 357 Abs. 3 AO auch der angefochtene Verwaltungsakt bezeichnet werden. Ferner ist eine Begründung und ggf. die Beifügung von Beweismitteln hilfreich.

1.1.3 Frist

Der Fristberechnung kommt in der Praxis eine hohe Bedeutung zu. Grundsätzlich regelt § 355 Abs. 1 AO, dass die Einspruchsfrist einen Monat beträgt. Beachte: „Ein Monat ist nicht vier Wochen!"

Ausgangspunkt jeder Fristberechnung ist die wirksame Bekanntgabe des anzufechtenden Verwaltungsakts. Diese richtet sich nach § 122 AO. Die Bekanntgabe ist erfolgt, wenn der Verwaltungsakt in den Machtbereich des Empfängers übergegangen ist. Das heißt vereinfacht gesagt, wenn der Brief im Briefkasten des Mandanten oder der Kanzlei liegt oder er persönlich entgegen genommen wurde.

Enthält der Bescheid wesentliche Adressierungsmängel, gilt dieser nicht als Bekanntgegeben und ist dadurch unwirksam – er entfaltet keinerlei Rechtswirkung.

Wenn eine entsprechende Vertretungs- und Empfangsvollmacht des Mandanten vorliegt, muss die Bekanntgabe an den Steuerberater erfolgen. Erfolgt in einem solchen Fall die Bekanntgabe trotzdem an den Mandanten, liegt ein Übermittlungsfehler vor. Die wirksame Bekanntgabe und damit der Fristbeginn liegen dann erst vor, wenn der Mandant den Verwaltungsakt dem Steuerberater übergibt, d. h., der richtige Empfänger den Bescheid tatsächlich erhalten hat.

Anders ist es, wenn keine Vertretungs- und Empfangsvollmacht des Mandanten vorliegt. Die Bekanntgabe an den Mandanten ist dann wirksam und die Frist startet unabhängig davon, wann der Mandant den Verwaltungsakt beim Steuerberater abgibt.

Da der Postversand nicht immer gleich lang dauert, fingiert § 122 Abs. 2 Nr. 1 AO den Zugang und damit die Bekanntgabe drei Tage nach Postaufgabe durch das Finanzamt bei Zustellung mittels einfachem Brief. Ein tatsächlich späterer Zugang sollte immer berücksichtigt werden, die Beweislast liegt hier aber beim Mandanten.

TKP-TIPP

Da die Versäumnis der Frist große negative Auswirkungen für den Mandanten haben kann, empfehlen wir dir bei Steuerbescheiden und anderen Verwaltungsakten zuallererst die Einspruchsfrist zu prüfen und die Bescheide möglichst innerhalb von 3 bis 5 Tagen nach Erhalt zu prüfen. Wenn dann ein Einspruch notwendig erscheint, sollte dieser im Zweifel auch ohne Begründung und Beweismittel fristwahrend eingelegt werden. Die Begründung kann dann nachgereicht werden.

Eine weitere wichtige Regelung im Zusammenhang mit der Fristberechnung ist § 108 Abs. 3 AO: Fällt das Ende einer Frist auf ein Wochenende oder einen Feiertag, so endet diese erst mit Ablauf des nächsten Werktags.

Im Folgenden zwei kleine Beispiele zur Veranschaulichung der Fristberechnung:

BEISPIEL 1: ▸ Der ESt-Bescheid 2015 von Herrn Mustermann wurde durch das Finanzamt am 18. 1. 2017 mit einfachem Brief an den empfangsbevollmächtigten Steuerberater Schlau versendet. Wann endet die Einspruchsfrist?

18. 1. 2017 + 3-Tage-Zugangsfiktion: 21. 1. 2017

Da dies ein Samstag ist, beginnt die Frist am Montag, 23. 1. 2017 und endet nach einem Monat mit Ablauf des 23. 2. 2017. Dies ist ein Donnerstag, daher erfolgt keine weitere Anwendung von § 108 Abs. 3 AO.

BEISPIEL 2: ▸ Der ESt-Bescheid 2015 von Herrn Mustermann wurde durch das Finanzamt am 18. 1. 2017 mit einfachem Brief versendet. Eine Empfangsvollmacht liegt nicht vor. Da Herr Mustermann im ausgedehnten Karibik-Urlaub war, findet er den Bescheid am Samstag, 18. 2. 2017 in seinem Briefkasten und gibt ihn am folgenden Montag, 20. 2. 2017 bei seinem Steuerberater ab. Wann endet die Einspruchsfrist?

Die Bekanntgabe erfolgte mit der Zustellung des Briefes unter Berücksichtigung der Zugangsfiktion wie in Beispiel 1 am 24. 1. 2017. Somit endet die Frist am 24. 2. 2017. Die Weitergabe an den Steuerberater hat keine Auswirkung auf die Einspruchsfrist.

Sollte die Einspruchsfrist versäumt worden sein, ist die Möglichkeit der Wiedereinsetzung in den vorherigen Stand nach § 110 AO zu prüfen. Diese ist jedoch nur bei schuldloser Fristversäumnis möglich, d. h., weder der Steuerpflichtige noch der Steuerberater darf die Nicht-Einhaltung der Frist zu verantworten haben. Daher kommt die Möglichkeit der Wiedereinsetzung insbesondere in Fällen von Krankheit oder objektiv äußerer Einflüsse in Betracht.

Nach Ablauf der Einspruchsfrist ist eine Änderung von Steuerbescheiden nur noch nach §§ 164, 165 AO (Vorbehalt der Nachprüfung, Vorläufigkeitsvermerk) oder nach den Korrekturvorschriften (§§ 172 ff. AO) möglich, soweit die Festsetzungsfrist nach §§ 169 bis 171 AO noch nicht abgelaufen ist.

1.1.4 Beschwer und Einspruchsbefugnis

Nach § 350 AO muss der Einspruchsführer beschwert sein. Demnach kann Einspruch nur einlegen, wer durch die Auswirkungen des Bescheids belastet ist. Von diesem Grundsatz macht § 352 AO eine wichtige Ausnahme. So ist bei Feststellungsbescheiden (bspw. bei Personengesellschaften) der zur Vertretung berufene Geschäftsführer anstelle der „beschwerten" Gesellschafter einspruchsbefugt. Wenn es keinen Geschäftsführer gibt, ist jeder Feststellungsbeteiligte (Gesellschafter) zur Einlegung eines Einspruchs berechtigt. Das gleiche gilt für ausgeschiedene Gesellschafter – auch diese haben immer ein Recht Einspruch einzulegen.

1.2 Begründetheit

Begründet ist ein Einspruch, wenn der angefochtene Bescheid gegen formelles Recht (Verfahrensfehler, Formfehler, Fehler in der Zuständigkeit) oder gegen materielles Recht (Regelungen der Einzelsteuergesetze) verstößt. Die Begründetheit ist in der Praxis der wesentlichste Teil des Einspruchs. Sie spiegelt sich in der Begründung des Einspruchs wider und zeigt das fehlerhafte Verhalten des Finanzamts auf.

1.3 Folgen eines Einspruchs

Der Einspruch führt zur Gesamtaufrollung des Falls (§ 367 Abs. 2 AO). Dabei kann der angefochtene Verwaltungsakt auch zuungunsten des Mandanten geändert werden. Eine Verböserung – also eine negative Auswirkung – durch einen Einspruch ist nur möglich, wenn vorher auf diese Verböserung hingewiesen wurde. In diesem Fall solltest du zur Vermeidung der negativen Folgen für den Mandanten die Rücknahme des Einspruchs nach § 362 AO zu prüfen.

Die Gesamtaufrollung hat zwei wesentliche Begrenzungen:

- Einsprüche gegen Änderungsbescheide

Im Rahmen von Einsprüchen gegen Änderungs-/Korrekturbescheide ist zu beachten, dass der Einspruch diese Bescheide nach § 351 Abs. 1 AO nur insoweit anfechtet, als die Änderungen/Korrekturen reichen. Der Steuerpflichtige muss also die Bestandskraft des Erstbescheids gegen sich gelten lassen.

BEISPIEL: Die ESt 2015 von Herrn Mustermann wurde mit 60.000 € festgesetzt. Im Rahmen einer Änderung aufgrund neuer Tatsachen (nach § 173 AO) wird der Bescheid auf 61.000 € geändert. Im Erstbescheid war ein Rechtsfehler i. H. von 5.000 € enthalten.

Der ursprüngliche Rechtsfehler kann im Einspruchsverfahren gegen den Änderungsbescheid nur in Höhe der durch den neuen Bescheid erhöhten Steuer geltend gemacht werden. Somit würden gegen Herrn Mustermann unverändert 60.000 € festgesetzt werden.

Die „ungenutzten" 4.000 € könnten ggf. im Rahmen einer Korrekturvorschrift geltend gemacht werden.

- Einsprüche gegen Grundlagenbescheide

Wichtig für die Praxis zu beachten ist auch, dass ein Fehler in einem Grundlagenbescheid (bspw. Feststellungs- oder Gewerbesteuermessbescheid) immer nur durch einen Einspruch gegen diesen Grundlagenbescheid angefochten werden kann. Ein Einspruch gegen den Folgebescheid ist nicht zielführend.

BEISPIEL: Herr Mustermann ist an der „MeinSchiff KG" beteiligt. In seinem Einkommensteuerbescheid werden die Einkünfte aus der Beteiligung mit 5.000 € durch das Finanzamt angesetzt. In dem Feststellungsbescheid der „MeinSchiff KG" wurden Sonderbetriebsausgaben des Herrn Mustermann i. H. von 1.000 € fehlerhaft nicht erfasst.

Ein Einspruch gegen den Einkommensteuerbescheid 2015 aufgrund der fehlenden Betriebsausgaben ist unbegründet, da das Finanzamt den Feststellungsbescheid korrekt ausgewertet hat. Herr Mustermann muss Einspruch gegen den Grundlagenbescheid, also den Feststellungsbescheid einlegen und die Berücksichtigung der Sonderbetriebsausgaben beantragen.

1.4 Beendigung Einspruchsverfahren

Das Einspruchsverfahren endet im günstigsten Fall mit geänderten Bescheiden (§ 367 Abs. 2 Satz 3 AO), die dann der von dir vertretenen Auffassung entsprechen. In diesem Fall wurde deinem Einspruch in vollem Umfang entsprochen. Eine separate Einspruchsentscheidung ist dann nicht notwendig.

Solltest du während des Verfahrens merken, dass der Einspruch nicht erfolgversprechend ist, da beispielsweise eine Begründung oder Beweismittel zu einem fristwahrenden Einspruch nicht zum gewünschten Ziel führen oder aufgrund einer drohenden Verböserung das Einspruchsverfahren beendet werden sollte, ist dies durch die Rücknahme des Einspruchs möglich (§ 362 AO). Eine Rücknahme sollte stets wohlüberlegt sein, da anschließend keine Rückkehr in das Rechtsbehelfsverfahren möglich ist.

Sollte dein Einspruch abgelehnt werden, so erfolgt dies durch eine Einspruchsentscheidung (§ 366 AO). Diese ist durch das Finanzamt schriftlich zu erteilen und die Gründe der Ablehnung sind aufzuführen. Außerdem muss eine Rechtsbehelfsbelehrung enthalten sein. Die Einspruchsentscheidung ist dem Einspruchsführer bekannt zu geben.

TKP-TIPP

In kritischen Fällen kann es sinnvoll sein, im Einspruchsverfahren vor einer Einspruchsentscheidung die Erörterung des Sach- und Rechtsstandes nach § 364a AO zu beantragen. Auf diese Weise können die unterschiedlichen Argumente eventuell besser erläutert werden. Zudem ist das Finanzamt gem. § 91 AO angehalten, vor einer Einspruchsentscheidung zuungunsten des Steuerpflichtigen, dem Einspruchsführer Gelegenheit zu geben sich zu äußern. So können eventuell auch unnötige Klageverfahren verhindert werden.

1.5 Aussetzung der Vollziehung

Die Aussetzung der Vollziehung (AdV) hat in der Praxis große Bedeutung, denn die Vollziehung des angefochtenen Verwaltungsakts (bspw. die Fälligkeit und damit Zahlung der festgesetzten Steuern in einem Steuerbescheid) wird durch die Einlegung eines Einspruchs nicht aufgeschoben. Möchte der Mandant die Steuer zum Fälligkeitszeitpunkt nicht bezahlen, so musst du neben dem Einspruch einen Antrag auf Aussetzung der Vollziehung nach § 361 Abs. 1 AO stellen.

Voraussetzung für eine **AdV** ist, dass

- ein Einspruch gegen einen vollziehbaren Verwaltungsakt (bspw. einen Steuerbescheid) eingelegt wurde und
- ernstliche Zweifel an der Rechtmäßigkeit des angefochtenen Verwaltungsaktes bestehen.

Ernstliche rechtliche Zweifel bestehen, wenn neben der Auffassung des Finanzamt gewichtige Argumente für die Rechtsansicht des Einspruchsführers vorliegen, im Extremfall widersprüchliche Urteile von Finanzgerichten vorliegen, in der Literatur unterschiedliche Meinungen existieren oder ein Sachverhalt eventuell noch gar nicht gerichtlich geklärt wurde. In der Praxis ist es relativ einfach eine AdV zu bekommen, sobald der Einspruch mit gewichtigen Argumenten begründet wurde.

Sollte das Finanzamt den Antrag auf AdV ablehnen, liegt wiederum ein Verwaltungsakt vor der im Einspruchsverfahren angefochten werden kann. In diesem Fall ist jedoch auch ein direkter Antrag auf AdV beim zuständigen Finanzgericht möglich (vgl. § 69 Abs. 3 AO).

Die Aussetzung der Vollziehung bewirkt, dass alle von dem angefochtenen Verwaltungsakt ausgehenden Rechtsfolgen vorerst bis zur Klärung der Angelegenheit nicht eintreten. Also bei Steuerbescheiden die festgesetzte Steuer nicht zu zahlen ist – die Fälligkeit wird hinausgeschoben. Sollte sich im Laufe des Verfahrens herausstellen, dass der Einspruch abzulehnen ist, so werden jedoch für die Zeit der Gewährung der AdV Aussetzungszinsen nach § 237 AO mit 0,5 % pro Monat festgesetzt.

1.6 Ruhen des Verfahrens

Mit Zustimmung des Einspruchsführers kann das Finanzamt auch das Ruhen des Verfahrens bestimmen. Ein entsprechender Antrag kann auch vom Einspruchsführer gestellt werden, soweit die Entscheidung über den strittigen Sachverhalt von einem anhängigen Rechtsstreit bei einem Gericht abhängig ist.

Auf diesem Wege kann man sich mit seinem Einspruchsverfahren an bereits anhängige Gerichtsverfahren „anhängen". In dieser Zeit ruht das Einspruchsverfahren. Sobald die entsprechende Gerichtsentscheidung veröffentlicht wurde, wird auf dieser Basis das Einspruchsverfahren wieder aufgenommen und unter Berücksichtigung des Gerichtsurteils entschieden.

Exkurs: Antrag auf schlichte Änderung

Wir haben gesehen, dass die Einlegung eines Einspruchs immer zur Gesamtaufrollung des Falls führt und auch eine Verböserung möglich ist. Aber was kannst du tun, wenn in einem Bescheid sowohl Fehler zu Gunsten als auch zu Lasten deines Mandanten enthalten sind? Entweder gar nichts machen oder hoffen, dass der Sachbearbeiter im Finanzamt die anderen Fehler zu Lasten des Mandanten nicht findet?

§ 172 Abs. 1 Nr. 2a AO gibt uns die Möglichkeit punktuell begrenzt eine Änderung eines Steuerbescheids zu beantragen. Der sog. Antrag auf schlichte Änderung ist formlos möglich. Er kann also auch telefonisch gestellt werden. Mit diesem Antrag kannst du dann die gewünschte Änderung zu Gunsten des Mandanten beantragen, ohne dass eine Gesamtaufrollung erfolgt.

2. Gerichtliche Rechtsbehelfsverfahren

Gerichtliche Rechtsbehelfsverfahren sind in den allermeisten Fällen erst nach Durchführung und Abschluss des Einspruchsverfahrens möglich. Nach einem erfolglosen Einspruchsverfahren ist der nächste Schritt, um die Rechte des Mandanten durchzusetzen, die Klage vor dem zuständigen Finanzgericht. Gegen ein negatives Urteil beim Finanzgericht sind Rechtsmittel, i. d. R. die Revision zum BFH in München, möglich sofern das Finanzgericht die Revision zugelassen hat. Ist die Revision nicht zugelassen, muss eine sog. Nichtzulassungsbeschwerde beim BFH eingereicht werden. Der Bundesfinanzhof prüft als Revisionsgericht nur die Einhaltung formellen und materiellen Rechts. Das bedeutet, dass bei einem Verfahren vor dem BFH niemals die Ermittlung oder Aufklärung eines Sachverhalts erfolgt, diese Aufgabe ist den Finanzgerichten vorbehalten.

Die Frist zur Einreichung der Klage beträgt ab dem Zeitpunkt der Bekanntgabe der Einspruchsentscheidung einen Monat (§ 47 FGO). Grundsätzlich unterscheidet sich die Klage hinsichtlich Zulässigkeitsvoraussetzungen nicht allzu sehr vom Einspruchsverfahren. Allerdings sind die formellen Anforderungen höher als beim Einspruch. Die einzelnen Regelungen zum finanzgerichtlichen Verfahren ergeben sich aus der Finanzgerichtsordnung (FGO).

In der Praxis erfolgt die Anfertigung der Klageschrift in den allermeisten Fällen unter Anleitung eines Steuerberaters oder eines entsprechenden Fachanwalts. Aus diesem Grund sollen die Details zum Klageverfahren an dieser Stelle nicht ausführlich erläutert werden.

STICHWORTVERZEICHNIS

U

V

W

Z